개정판 사회복지실천론

Social Work Practice

| 개정판 |

사회복지실천론

송한용·김영미·주옥인·김미선 공저

동문사

머 리 말

파릇파릇 새싹이 돋아나는 봄부터 시원한 빗줄기가 연구실 창문을 세차게 두드리는 여름, 너무나도 짧았던 오색의 아름다운 가을을 지나 창밖으로 함박눈이 펑펑 내리던 한 겨울까지 저자들은 이 교재가 사회복지사를 꿈꾸는 많은 학생들에게 조금이나마 현실적인 도움이 되었으면 하는 마음으로 심혈을 기울여 집필하였다.

사회복지실천은 사회복지가 지향하는 이상과 실현의 개입전략이라고 할 수 있다.

사회복지사는 청소년, 노인, 여성, 가족, 장애인 등 다양한 사회적, 개인적 욕구를 가진 사람들의 문제에 대한 사정과 평가를 통해 문제해결을 돕고 지원한다. 사회적, 개인적 문제로 어려움에 처한 의뢰인을 만나 그들이 처한 상황과 문제를 파악하고, 문제를 처리, 해결하는 데 필요한 방안을 찾기 위해 관련 자료를 수집, 분석하여 대안을 제시한다. 재정적 보조, 법률적 조언 등 의뢰인이 필요로 하는 각종 사회복지프로그램을 기획, 시행, 평가하며, 공공복지 서비스의 전달을 위한 대상자 선정 작업, 복지조치, 급여, 생활지도 등을 한다. 사회복지정책 형성과정에 참여하여 정책분석과 평가를 하며 정책대안을 제시하기도 한다.

따라서, 사회복지사는 다른 사람의 욕구와 행동에 적절히 대응할 수 있는 문제해결 능력과 협상, 설득할 수 있는 능력이 필요하다. 인간존중 및 사회정의에 대한 사명의식, 봉사정신이 필요하며 상대방에 대한 배려와 협동심, 원만한 대인관계를 유지시킬 수 있는 의사소통 능력이 요구된다.

향후 사회복지사의 고용은 계속 증가하는 수준이 될 것으로 전망된다.

「2015-2025 중장기 인력수급 수정전망」(한국고용정보원, 2016)에 따르면, 사회복지사는 2015년 약 76.8천 명에서 2025년 약 100.6천 명으로 향후 10년간

23.8천 명(연평균 2.7%) 정도 증가할 것으로 전망된다. 사회가 발전함에 따라 복지 및 삶의 질 향상에 대한 수요가 증가하게 된다. 그러나 우리나라의 사회복지 수준은 OECD 국가와 비교하여 현저히 낮은 수준이다. 향후 정부가 정책적으로 사회복지 정책을 더 확대해야 할 것으로 보인다. 또한, 사회복지가 국가의 주요 정책으로 부각되면서 사회복지 담당 인력에 대한 확충이 논의되고 있다. 사회복지 전담 인력의 업무과중과 그에 따른 사회적 문제(자살, 퇴사 등) 등도 인력 충원을 통해 해결해야 할 과제로 부상하고 있다. 사회복지 전담 공무원 수도 지속적으로 증가하고 있고 향후에도 공무원의 증원이 이루어진다면 제일 먼저 수혜를 볼 영역으로 판단된다. 최근 인구 고령화로 인한 고령인구 및 독거노인 증가 등에 따른 노인복지, 다문화가정의 증가로 인한 다문화가정 복지, 여성 경제활동 참가율 상승에 따른 아동 및 보육복지 등 수요계층에 따라 정부의 복지정책이 다변화되고 있다. 사회복지사의 업무 영역 또한 확대되었는데 과거 아동보육시설과 공공부문에서 주로 활동하였으나 최근에는 기업, 학교, 군대, 병원 등으로 활동영역을 넓히고 있다. 이처럼 다양한 분야에서 사회복지에 대한 수요가 증가하고 있는 만큼 향후 사회 전반에서 사회복지사에 대한 수요가 증가할 것이다. 사회복지관, 노인복지관, 장애인복지관, 지역아동센터 등의 사회복지이용시설이나 장애인재활시설, 아동양육시설, 모 · 부자복지시설, 노인요양시설 등의 사회복지생활시설로 진출한다. 대체로 결원 발생 시 수시채용의 형태로 이루어지며, 시험 및 면접을 거친다.

사회복지사가 되려면 한국사회복지사협회(소관부처: 보건복지부, 법령종류: 보건복지부령)에서 발급하는 사회복지사 자격증이 필요하다. 사회복지사 자격증은 전문대학, 대학교, 대학원 등에서 사회복지학, 사회사업학 등 관련학과를 졸업해서 취득하는 것이 일반적이다. 사회복지사 2급자격증은 자격요건이 충족되면 취득할 수 있으나 1급은 국가시험에 합격해야 한다. 취득 후 주로 정신건강복지센터, 중독재활시설, 정신병원, 학교, 의료시설, 정신질환재활센터, 건강가정지원센터, 사회복지관, 노인복지관, 장애인복지관, 청소년복지관, 지역아동센터 등에서 일할 수 있다.

본서는 사회복지사 1급 시험을 준비하는 수험생에게도 적합하게 구성하였다.

집필자들은 이 교재가 1급 시험에 필요한 내용뿐만 아니라 학생들이 다양한 사회복지현장에서 사회복지사로서 실천 활동을 하는 데 필요한 기초적인 지식과 가치 그리고 이론을 학습하고 전문성을 함양하고 역량을 강화하는 데 조금이나마 기여할 수 있기를 소망해 본다.

본 교재는 아래와 같이 구성하였다.

1부 : 사회복지실천의 개관

CHAPTER 01 사회복지실천의 개념 및 정의
CHAPTER 02 사회복지실천의 가치와 윤리
CHAPTER 03 사회복지실천의 역사적 변천 과정
CHAPTER 04 사회복지실천현장에 대한 이해

2부 : 사회복지실천의 접근방법

CHAPTER 05 사회복지실천 대상 체계와 접근Ⅰ(개인과 가족)
CHAPTER 06 사회복지실천 대상 체계와 접근Ⅱ(집단과 지역사회)
CHAPTER 07 사회복지실천의 관점 : 통합적 접근
CHAPTER 08 관계 형성에 대한 이해

3부 : 사회복지실천의 과정

CHAPTER 09 접수 및 자료수집 과정
CHAPTER 10 사정 과정
CHAPTER 11 계획수립 과정
CHAPTER 12 개입 과정
CHAPTER 13 평가와 종결 과정
CHAPTER 14 사례관리

이상과 같은 내용으로 구성하였기에 사회복지실천현장에서 유용하게 쓰일 수 있을 것이다.

본서에서 부족하고 아쉬운 부분들은 향후 지속적으로 수정하고 보완할 것을 약속드리며, 끝으로 이 책의 출판에 많은 도움을 주신 하남시 장애인복지관 민복기 관장님, 동문사 이중수 사장님과 신명선 부장님, 그리고 편집담당자님께 깊은 감사를 드린다.

2023년 8월 저자 일동

차 례

PART 02 사회복지실천의 접근방법

PART 03 사회복지실천의 과정

사회복지실천론 Social Work Practice

Part > 01

사회복지실천의 개관

사회복지실천론 Social Work Practice

Chapter > 01

사회복지실천의 개념 및 정의

이 장에서는 사회복지실천의 개념과 목적, 기능에 대해 알아보고 사회복지실천의 철학 및 이념적 배경을 이해하도록 한다.

사회복지실천의 정의와 목적에서는 시대와 역사가 변함에 따라 다르게 정의되어 온 사회복지실천의 개념을 알아보고, 이에 따라 사회복지실천의 목적과 기능이 어떻게 달라지는지를 학습해 본다.

사회복지실천의 철학 및 이념적 배경에서는 인도주의, 민주주의, 사회진화론, 개인주의, 다양화 등 사회복지실천에 특히 영향을 미친 철학과 이념적 배경에 대해 알아본다.

제1절 사회복지실천의 개념 및 정의

1. 사회복지실천의 개념

일반적으로 사회복지실천은 인간과 사회환경 간의 관계를 촉진하여 모든 인간의 삶의 질을 향상하기 위한 구체적인 실천개념이다. 또한 전문적인 사회복지실천을 중심으로 다소 미시적인 관점에서 정의할 수도 있다(김용환 외, 2017). 이는 사회복지의 전체적인 구도에 대한 이해가 선행되어야 사회복지실천의 개념을 더욱 명확하게 이해할 수 있음을 의미한다.

사회복지는 경계를 어디까지 설정하느냐에 따라 개념규정이 달라진다. 우선 경계를 매우 광범위하게 설정하는 규정이 있는가 하면, 전문적인 사회복지실천을 중심으로 경계를 설정하려는 규정도 있다. 하지만 일반적으로 사회복지는 개인, 집단, 지역사회, 제도 및 사회적 수준에서 더 나은 사회적 기능과 관계를 목표로 하는 사회적 서비스이자 인간의 복지를 가능하게 하는 과정으로 규정되어 왔다. 이러한 의미의 사회복지는 한마디로 개개인의 행복과 만족을 추구하는 일체의 제도적이고 직접적인 노력이자 과정으로 볼 수 있다(강선경 외, 2009).

사회복지실천이란 용어는 영어로 'Social Work Practice'이며, 실천적 의미가 강조되면서 사회복지의 틀 안에서 사회복지실천을 설명하고 있다. 또한, 모든 사회복지실천은 인간이 개인적인 능력의 신장이나 환경과의 더 나은 상호작용을 통해 만족을 경험할 수 있도록 개인, 가족, 집단, 지역사회를 임파워먼트적 문제해결 접근방법(empowering problem solving method)을 사용하여 사회복지사가 도움을 필요로 하는 사람을 직접 만나 삶의 질 향상과 사회적 안녕 상태를 위해 필요한 구체적인 서비스를 실천에 옮기는 전문적인 활동이나 서비스이다(김기태 외, 2007). 이는 사회구성원의 일반적인 복지 활동 증진뿐만 아니라 사회보험, 사회부조, 환경, 교통 등에 대한 사회복지행정과 정책들을 포함한 사회복지실천 활동이다. 사회복지실천 방법은 대상과 방법에 따라 전통적 분류인 개별사회사업, 집단사회사업, 지역사회조직으로 각각 다른 접근방법을 사용해 왔으나, 1970년대 이후 전통적 세 가지 방법론을 통합하는 통합적 접근방법론이 등장하였다.

2. 사회복지실천의 정의

사회복지실천이란 용어는 처음으로 1970년 캐롤 매이어(Carol Meyer)에 의해 사용되기 시작했지만, 최초의 정의는 1917년 『사회진단』을 저술한 메리 리치몬드(Mary Richmond)의 개별사회사업 정의에서 찾을 수 있다.

리치몬드는 『개별사회사업이란 무엇인가?』에서 개별사회사업이란 개인 대 개인 그리고 인간과 그의 사회환경 사이에서 의식적인 조정을 통해 개개인의 인격발달을 도모하는 여러 가지 과정이라고 정의하였다.

- 펄만(Perlman, 1957)은 사회복지실천을 "문제를 갖고 있는 사람이 전문가의 도움이 제공되는 장소로 나와 주어진 과정에 의하여 도움을 받는 것"이라고 규정하였다(양옥경 외, 2010). 펄만은 사회복지실천의 구성요소를 이른바 4P, 즉 문제(problem), 사람(person), 장소(place), 과정(process)으로 규정하였다.

▼ **표 1-1 사회복지실천의 구성요소(펄만의 4P)**

문제 (problem)	클라이언트가 직면한 고통이나 어려움을 제공하는 상황이나 조건
사람 (person)	자신의 힘으로 해결하기 어려운 문제로 인해 고통받고 있는 사람(클라이언트)
장소 (place)	물리적 공간으로서 클라이언트의 문제해결을 위한 원조 활동이 이루어지는 곳으로서 사회복지사가 소속된 기관 또는 클라이언트의 문제해결을 위한 동원할 수 있는 모든 기관을 말한다.
과정 (process)	문제를 해결하기 위해 클라이언트와 사회복지사가 밟게 되는 일련의 절차들을 말한다. 펄만은 문제해결 과정을 사회복지실천 과정으로 보았다.

- 보엠(Boehm, 1959)은 사회복지실천을 개인 또는 집단의 사회기능을 향상하는 것으로 정의했다. 여기서 사회기능이란 개인과 상호작용을 이루는 사회관계의 활동이다. 즉, 손상된 능력을 복귀시키는 기능, 개인적 또는 사회적 자원을 보충하는 기능, 사회 역기능을 예방하는 기능을 말한다.
- 핀커스와 미나한(Pincus & Minahan, 1973)은 사회사업을 "사람들이 그들의 생활과업을 수행하고 고통을 경감시키며 영감과 가치를 실현하기 위하여 사람들의 능력에 영향을 미치는 환경과 그 사람 사이의 상호작용에 관여하는 것"이라고 하였다.
- 1973년 미국 사회복지사협회(National Association of Social Workers, NASW)는 "개인, 집단 그리고 지역사회가 그들 각자의 사회적 기능을 증진·회복하도록 원조하고 이들의 목적에 알맞은 사회적 조건들을 창출하도록 원조하는 전문적인 활동"이 사회복지실천이라고 하였다.
- 2000년 사회복지사 국제연맹(International Federation of Social Workers, IFSW)에 따르면, 사회복지실천 전문직이란 크게 세 가지 현상의 향상을 위해 노력하는 것이라고 하였다.

  첫째, 약자의 권익증진을 위해 사회변화를 촉진한다.

  둘째, 인간관계 내 문제해결을 촉진한다.

셋째, 개인의 복지증진을 위해 개인의 역량 강화와 함께 개인을 차별과 억압으로부터 해방하기 위해 노력한다.

- 2000년 스키드모어(Skidmore) 등은 사회복지실천을 개인, 집단(특히 가족) 및 지역사회의 문제를 해결하도록 하고 개인, 집단 및 지역사회와의 관계에서 만족을 획득하도록 사람들을 돕는 하나의 예술이자 과학이면 전문직이라고 보았다.
- 임은희(2004)는 사회복지실천이란 "개인의 사회적 기능향상과 사회정의를 위해 사회사업의 전통적인 방법론인 개별사회사업, 집단사회사업, 지역사회조직사업의 3대 방법론을 모두 포함한 통합적인 실천방법"이라고 하였다.
- 양옥경 등(2022)은 사회복지실천(social work practice)은 사람의 삶의 질 향상을 위해 개인, 소집단, 가족 또는 지역사회의 문제 및 욕구와 도전에 임파워먼트적(empowering) 문제해결접근방법(problem-solving method)으로 개입하는 종합적(generic) 전문활동(professional activity)이라고 정의했다.
- 최옥채(2008)는 사회복지실천을 정부의 제도 안에서 개인과 집단, 지역사회를 대상으로 이들의 욕구와 문제를 해결하기 위해 펼치는 전문적 활동이라고 보면서 확대된 사회복지실천의 개념을 클라이언트의 욕구나 문제를 직접 해결하는 데뿐만 아니라 잘못된 사회현상의 변화를 위해서도 개입해야 한다고 보았다.

이상에서 살펴본 사회복지실천의 정의들에 함축된 내용은 다음과 같다(이경준 외, 2018).

첫째, 사회복지실천은 인간의 문제와 욕구에 관심을 가진다.

둘째, 개인의 잠재력 향상과 생활과업 수행을 중요하게 여긴다.

셋째, 개인의 사회적 기능향상 및 개인과 환경 간의 상호작용을 중요하게 여긴다.

넷째, 개인, 가족, 집단, 지역사회가 서비스 단위가 된다.

다섯째, 원조 활동에는 전문적인 지식과 이론이 바탕이 된다.

제2절 사회복지실천의 목적과 기능

1. 사회복지실천의 목적

사회복지실천의 목적을 정의하려는 노력이 구체화되기 시작한 것은 1929년 미국에서 열린 밀포드 회의였으며, 가장 최근에는 1979년 미국 사회복지사협회(NASW)의 주관하에 시카고에서 열린 개념적 틀 정립을 위한 사회복지 전문인 전국 회의에서 이루어졌다. 이 회의에서 사회복지실천의 목적을 핀커스와 미나한(Pincus & Minahan, 1973)은 처음으로 발표했으며 실질적인 성명에서는 "모든 사람의 삶의 질 향상을 위해 개인과 사회 간 서로 유익한 상호작용을 촉진 또는 회복시키는 것"으로 정의했다.

여기에 내포된 사회복지실천의 목표 여섯 가지를 살펴보면 다음과 같다(엄명용 외, 2011).

첫째, 개인이 자신의 역량을 확대하고 문제해결 및 대처능력을 증진할 수 있도록 도움을 제공한다.

- 클라이언트 스스로 자신의 문제 상황에 새로운 시각과 관점을 제시하도록 돕는 일
- 클라이언트 스스로 자신의 장점과 강점을 깨달을 수 있도록 돕는 일
- 주변의 자원이나 잠재적 대처자원을 동원할 방법을 제시하는 일
- 문제해결 전략 및 절차를 교육하는 일

- 대인관계기술을 개발하도록 돕는 일 등

둘째, 각종 자원을 확보할 수 있도록 도움을 제공한다.

- 주거, 음식, 최소한의 생활필수품 등의 유형 서비스
- 의료서비스, 정신상담서비스, 보호서비스, 법률서비스 등의 무형 서비스

셋째, 사람들의 욕구에 반응하는 조직이 될 수 있도록 감시한다.

서비스 제공기관이 클라이언트의 존엄성을 추구하면서 적절한 절차와 기준에 의해 서비스를 제공하는지를 살피는 활동이다. 기관에서 클라이언트에 대한 비인간적인 대우와 인권침해가 있는지, 또는 사회복지 윤리강령을 위반하고 있는지를 감시해야 한다.

넷째, 개인과 개인 주변 환경에 속한 사람들 간의 상호작용을 촉진한다.

모든 인간은 주변과 원만한 상호관계를 구축하지 못할 때 갈등과 분쟁이 초래될 수 있다. 따라서 가족 간의 상호교류, 시설 거주 대상자와 운영진 간의 상호 대화를 촉진하기 위해 의사소통 경로를 마련하고, 소통이 순조롭게 이루어지도록 해야 한다.

다섯째, 조직과 조직, 기관과 기관 사이의 상호작용에 영향력을 행사한다.

클라이언트의 복지를 위해 여러 기관과 조직들 사이에 긴밀하고 원만한 협조가 필요하다. 복합적인 욕구를 가진 클라이언트의 욕구 충족을 위해 공식적·비공식적 기관들과의 조정 및 중재 활동이 원활하게 이루어지도록 해야 한다.

여섯째, 사회환경의 정책에 영향력을 행사한다.

클라이언트의 복지 향상은 반드시 제도적·정책적인 영향을 받게 되어 있다. 사회복지실천에서는 주로 클라이언트와 직접적인 접촉을 위주로 활동이 진행되지만, 클라이언트의 환경개선을 위해 정책형성 및 법 제정을 위한 활동 역시 함께 병행되어야 한다.

1977년 미국 사회복지사협회(NASW)는 다시 사회복지실천의 목적을 '모든

개개인의 삶의 질을 향상하기 위해 개인과 사회 간 상호 유익한 관계를 증진시키거나 회복시키는 것'이라고 제시했다. 이는 개인과 사회환경 간의 관계증진을 통한 인간의 삶의 질 향상과 인간의 사회적 기능증진에 초점을 두는 것이 특징이다.

사회복지실천의 목적을 핀커스와 미나한(Pincus & Minahan, 1973)은 다음과 같이 설명하였다.

첫째, 개인의 문제해결 능력과 대처능력을 향상하고,

둘째, 인간이 필요로 하는 사회자원 및 서비스, 기회를 제공하는 환경체계와 연결하며,

셋째, 이 체계들 즉, 자원과 서비스를 제공하는 다양한 사회복지기관이나 조직이 효과적이고 효율적인 운영을 촉진하는 것이며,

넷째, 사회정책의 개발과 향상에 이바지하는 것을 목적으로 삼고 있다.

여기서 사회복지실천이 생활상 필요한 서비스를 받기 위해 클라이언트 문제에 대한 대처능력 향상이 언급되었고, 체계라는 개념을 사용하여 사회자원(시설, 설비, 제도, 인재 등)과 서비스, 기회를 제공하여 효과성을 언급하여 사회복지실천과 접목되었음을 알 수 있다(김효선 외, 2019; Pincus & Minahan, 1973).

미국 사회복지교육협의회(CSWE, 1994)는 사회복지실천의 목적을 다음과 같이 네 가지로 정의하고 있다(김효선 외, 2019).

첫째, 개인, 가족, 집단, 조직 그리고 지역사회가 목적을 달성하고 고통을 완화하며 자원 활용에 도움을 줌으로써 그들의 사회기능을 촉진, 회복, 유지, 강화한다.

둘째, 인간의 기본 욕구를 충족하고 그들이 가진 잠재력과 가능성 개발을 돕는 데 필요한 서비스 및 자원, 사회정책, 프로그램 등을 계획하고 공식화하여 시행한다.

셋째, 곤궁에 시달리는 집단에 힘을 실어주고 사회적·경제적 정의 실현을 위해 조직적 또는 행정적 옹호 그리고 사회적 또는 정치적 운동을 통해 서비스 및 자원, 사회정책, 프로그램을 추구한다.

넷째, 이러한 목적과 관련된 모든 전문적인 지식과 기술을 개발하고 활용한다.

이와 같은 정의의 특징은 사회복지실천의 목적에 사회적 약자에게 권한을 부여해 주는 임파워먼트(역량 강화)의 개념을 추가하여 사회정의를 위해 적극적인 접근까지 사회복지실천의 범위를 포괄적으로 정의했음을 알 수 있다.

▼ 표 1-2 클라이언트에게 필요한 자원의 목록

인간의 욕구	자원
긍정적 자아개념(정체성, 자존감, 자기확신)	돌봄, 수용, 사랑, 중요한 타자로부터 긍정적 환류(부모, 친척, 교사, 친구, 집단)
정서적 욕구(타인으로부터의 인정, 동료의식, 소속감)	부모, 배우자, 친구, 형제, 기타 사회적 관계망
자기성취(교육, 레크리에이션 성취, 심리적 만족, 종교)	교육, 취미, 종교, 직업, 기타 사회적 기관
신체적 욕구(음식, 의복, 주거, 건강, 안전, 보호)	경제, 법률, 신체적 건강, 공식적 기관(사회복지기관, 법률기관, 응급구조기관)

출처: Hepworth et al. (2002).

2. 사회복지실천의 기능

사회복지실천의 목적은 개인이 자신의 문제를 해결하거나 대처하는 능력을 증진할 수 있도록 도우며, 필요한 자원체계 간의 상호작용을 촉진하고 잘 연결될 수 있도록 돕는 것이다. 이는 사회복지실천이 개인적 또는 사회적으로 어떤 기능이 있으며 어떻게 기능해야 하는가에 따라 실천의 기능이 달라지며 그것은 매우 다양하게 나타나고 있다.

사회복지실천의 기능은 크게 세 가지로 정리된다(Hepworth et al., 2006).
첫째, 개인의 사회적 기능의 향상
둘째, 개인의 역기능 회복 및 치료기능
셋째, 사회정의의 촉진

즉, 사회복지실천의 기능은 인간의 삶의 질을 향상하기 위해 사회복지사가 수행하는 기능으로, 사회복지실천의 개념과 목적에서 기술된 바와 같이 개인의 사회기능 증진뿐만 아니라 사회적, 경제적 정의를 실현하기 위한 조직적, 행정적 옹호를 비롯해 사회운동까지 포함한다.

미국 사회복지사협회(NASW)와 핀커스와 미나한(Pincus & Minahan)은 사회복지실천의 기능을 더 구체화하였다.

1) 미국 사회복지사협회(NASW)의 사회복지실천의 기능

미국 사회복지사협회는 사회복지실천의 기능을 다음 여섯 가지로 세분화하였으며, 사회복지사는 인간과 환경 간의 상호작용에 초점을 두고 다음의 사회복지실천 기능을 달성하기 위해 일하는 전문가라고 규정하였다(Minahan, 1981).

첫째, 사람들의 역량을 확대하고, 문제해결 능력 및 대처능력 향상을 돕는다.

둘째, 사람들의 자원 획득을 돕는다.

셋째, 조직이 사람들에게 반응하도록 돕는다.

넷째, 개인과 환경 내의 다른 사람들과의 상호작용을 촉진한다.

다섯째, 조직과 제도 간의 상호관계에 영향을 미친다.

여섯째, 사회정책 및 환경정책에 영향을 미친다.

2) 핀커스와 미나한(Pincus & Minahan)의 사회복지실천의 기능

핀커스와 미나한은 사회복지실천의 기능을 다음과 같이 설명하였다.

첫째, 클라이언트가 자신의 문제를 해결하거나 처리하는 능력을 향상하며 그 능력을 적절하게 활용할 수 있도록 돕는다.

둘째, 클라이언트와 자원체계 사이에 연결고리를 가지게끔 해준다.

셋째, 클라이언트와 자원체계 사이의 상호작용을 촉진하고 개선하며, 새로운 관계를 수립하게 해 준다.

넷째, 자원체계 내에서 생산적 관계 형성을 가능하게 해 준다.

다섯째, 사회정책의 개발과 수정에 이바지한다.

여섯째, 사회통제의 수단으로서 역할을 담당한다.

제3절 사회복지실천의 철학 및 이념적 배경

이념의 사전적 의미는 어떤 것을 이상적으로 여기는 생각 혹은 견해이다. 즉, 추구하는 가치나 규범을 이념이라고 하고 철학적 의미는 순수한 이성에 의하여 얻어지는 최고 개념을 뜻한다. 똑같은 사물과 상황을 보더라도 보는 관점에 따라 각각 이성이라고 판단하는 생각이 달라진다. 그러므로 인간 사회에서 여러 이념이 존재하고 같은 이념을 가진 사람들끼리 모이게 되는데, 이념이란 사람이 나아가고자 하는 방향의 지표를 말한다.

사회복지실천과 제도는 역사적 흐름으로 볼 때 전문직의 발달과 함께 이념과 철학이 변화하거나 추가되는 등의 영향을 받았다. 사회복지실천에서의 이념과 철학은 매우 다양하고 역사적 발달과 함께 변화했으며, 이러한 변화에 따라 사회복지실천 가치, 원리, 방법 등도 달라지고 있다(강선경 외, 2012).

사회복지실천은 다양한 이념과 철학을 배경으로 하고 있다. 이 중 가장 영향을 준 이념과 철학을 중심으로 인도주의, 민주주의, 사회진화론, 개인주의, 다양화로 나누어 살펴보고자 한다.

1. 인도주의(humanitarianism)

사회복지실천은 1601년 영국의 구빈법(Elizabethan Poor Law)에 그 기원을 두고 있다. 구빈법에 따른 우애방문원들이 사실상 사회복지사의 시작으로 볼 수 있다(양옥경 외, 2005). 박애주의는 '자신의 인격을 존중히 여기는 것처럼 다른 사람을 사랑해야 한다.'라는 것으로, 사랑에서의 평등을 강조한 데서 출발한다. 또한, 인도주의는 '모든 인간을 차별 없이 평등하게 사랑한다.'라는 의미가 포함되어 있다. 인간의 인격과 존엄성을 최고의 가치로 여기고 국가 · 인종 · 종교 · 습관 등의 차이를 초월한 인간애를 말한다(김영미 외, 2022).

인도주의와 박애주의는 사회복지의 근간이 되는 이념으로, 봉사정신과 이타주의를 토대로 하는 사회복지실천의 최초 이념인 자선조직협회의 철학이었으며, 우애방문원은 이러한 인도주의와 박애주의 영향을 받아 빈민 등 취약계층에게 인도주의적 서비스를 제공했다. 이러한 사상은 사회복지실천의 기본정신이 되었다.

2. 민주주의(democracy)

민주주의는 사회복지실천에서 가장 중요한 이념적 배경 중 하나로 국가의 주권이 국민에게 있으며 국민을 위하여 정치가 이루어지는 제도 및 사상이다.

민주주의는 인간의 존엄성을 바탕으로 개인의 권리보장을 제도화하여 인간의 자유와 평등을 지향한다. 이러한 민주주의는 사회복지실천에서 사회진화론과 달리 인간은 누구나 평등하다는 것을 강조하며, 클라이언트의 자기결정권에 영향을 주었다. 즉, 무조건 받도록 결정, 강요가 아니라 받는 자의 평등한 권리를 인정, 클라이언트가 시혜 여부를 결정하는 데 참여하도록 하였다. 또한, 빈곤계층에서도 나름의 가치관이 있으며 이를 동등하게 인정해 주어야 한다는 인보관운동의 이념으로 자리 잡았다(임옥경 외, 2005). 특히 민주주의는 개인의 가능성을 최대한 실현하고 적극적인 사회참여를 통해 개인의 사회적 책임을 이행하는 사회복지실천의 가치에 영향을 주었다.

3. 사회진화론(social darwinism)

진화는 생물 집단이 여러 세대를 거치면서 변화를 축적해 집단 전체의 특성을 변화시키고 더 나아가 새로운 종을 탄생시키는 자연 현상을 가리키는 생물학 용어이다. '사회진화론'은 다윈의 저서 『종의 기원』에서 나온 자연법칙 진화론을 사회법칙 진화론에 적용한 것으로 "살아남은 종은 가장 강한 종도 똑똑한 종도 아니다. 변화에 적응한 종이다"라고 했다. 생물의 종은 매우 다양한 모습과 행동을 하고 있는데, 이러한 다양성은 변화를 거듭하며 후대로 이어지고 유전적 변이나 돌연변이 등에 의한 자연선택을 거치면서 새로운 종으로 진화되어 결국 환경에 잘 적응한 종이 살아남게 된다. 이것이 자연이 선택한 적자생존이다.

사회복지 측면에서 사회진화론을 적용한다면, 부자는 우월하므로 부유층으로 살아남지만 빈곤한 사람은 게으르고 열등한 비도덕적 인간이기 때문에 가난하게 살 수밖에 없다. 이렇게 사람을 계층 지어 구분하는 것은 동식물 생태계의 적자생존 법칙과 유사하다. 열등한 존재는 자연스럽게 소멸된다는 적자생존의 원리를 사회에 적용, 이는 사회적으로 적합한 계층은 살아남고 그렇지 못한 계층은 사라져야 한다는 관점이다(김용환, 2017).

자선조직협회의 우애방문원은 극빈자와 장애인들을 방문하여 자신이 믿는 기독교적 생활을 강요하였고, 그에 맞추어 생활하도록 유도하였다. 또한, 클라이언트 각자가 가지고 있는 도덕관이나 가치관을 무시하고, 새로운 도덕과 윤리를 따르도록 강요하였다. 만약 클라이언트가 따르지 않으면 최소한의 도움만으로 겨우 생존할 수 있는 수준의 도움을 주는 데 그쳤다(김용환 외, 2017).

4. 개인주의(individualism)

개인주의 사상은 두 가지 형태로 나타났다(이경준 외, 2020).

첫째, 자유방임주의를 지향하며 국가의 개입은 개인의 자유를 침해하지 않는 선에서 최소한의 정부의 개입을 주장하였다. 개인주의는 빈곤이나 장애의 원인과 책임이 개인에 있다고 보기 때문에 수혜 자격을 축소하여 수혜자의 정부 보조금이 저임금 노동자의 임금보다는 낮아야 한다는 최소한의 수혜자격 원칙을 만들어 실천의 범위를 제한하였다.

둘째, 개인주의 사상은 개인의 권리를 존중하는 데 영향을 주었다. 이러한 개인주의는 사회복지실천에서 클라이언트마다 개별적 특성과 욕구를 고려하여 실천 계획을 세우고 이에 맞는 개입이 이루어져야 한다는 개별화를 강조하게 되었다.

5. 다양화(diversitism)

다양성은 많은 양 또는 여러 가지의 성질을 가리킨다. 사회는 교통과 통신이 발달함에 따라 국경을 초월한 교류가 활발해지고 과거 소수 강국의 지배체제에서 벗어나 다양한 체제를 수용하는 다양화가 나타나게 되었다(이경준 외, 2020).

사회복지사는 사회복지실천현장에서 만나는 다양한 클라이언트 집단의 행동 및 태도, 정서적으로 중요한 차이점에 대해 잘 알고 있어야 하며, 이러한 정보에 민감하게 해야 한다. 또한, 성공적인 결과를 얻기 위해서 기본적인 틀을 벗어나 독특한 개인들을 원조할 때 반드시 인종, 성별, 나이, 종교, 교육, 성적 취향 등을 비롯해 다른 배경적인 특성을 모두 고려해야 한다(배태순, 2010). 따라서 사회복지실천에서도 다양한 인구집단의 풍부한 문화적 배경과

역사, 견해 등을 반드시 이해하면서도 사회 및 시대 변화에 따라 생겨난 다양한 욕구와 복합적인 문제에 대처할 수 있도록 상대적인 관점에서 바라보고 클라이언트의 독특한 개별화를 동시에 추구하는 실천방법을 따라야 한다(Maguoire, 2007).

사회복지사 1급 기출 및 예상문제

01 펄만(H. Perlman)이 사회복지실천을 구성하는 요소로 제시한 4P에 관한 내용으로 옳은 것을 모두 고른 것은? (20회)

> ㉠ 문제(Problem) – 해결하고자 하는 문제나 욕구
> ㉡ 프로그램(Program) – 문제해결을 위해 시행되는 프로그램
> ㉢ 장소(Place) – 문제해결을 위한 서비스가 제공되는 물리적 공간
> ㉣ 전문가(Professional) – 문제해결을 위해 개입하는 전문가

① ㉠, ㉡ ② ㉠, ㉢ ③ ㉡, ㉣
④ ㉡, ㉢, ㉣ ⑤ ㉠, ㉡, ㉢, ㉣

해설 펄만(Perlman)의 사회복지실천을 구성하는 요소로 제시하는 4P는 문제(problem), 사람(person), 장소(place), 과정(process)으로 규정하였다.

정답 ②

02 전미 사회복지사협회(NASW)가 제시한 사회복지실천의 기능으로 옳지 않은 것은? (12회)

① 사회정책과 환경정책에 영향을 미친다.
② 사람들이 자원을 획득하도록 원조한다.
③ 개인이 조직의 요구에 부응하도록 돕는다.
④ 사람들의 역량을 확대하고 대처능력 향상을 돕는다.
⑤ 조직 간의 상호관계에 영향력을 행사한다.

해설 미국 사회복지사협회는 사회복지실천의 기능을 다음 여섯 가지로 세분화하였으며, 사회복지사는 인간과 환경 간의 상호작용에 초점을 두고 다음의 사회복지실천 기능을 달성하기 위해 일하는 전문가라고 규정하였다.

- 사람들의 역량을 확대하고, 문제해결 능력 및 대처능력 향상을 돕는다.
- 사람들의 자원 획득을 돕는다.
- 조직이 사람들에게 반응하도록 돕는다.
- 개인과 환경 내의 다른 사람들과의 상호작용을 촉진한다.
- 조직과 제도 간의 상호관계에 영향을 미친다.
- 사회정책 및 환경정책에 영향을 미친다.

③은 개인이 조직의 요구에 부응하도록 돕는 것이 아니고, 사람의 욕구에 반응하는 조직이 될 수 있도록 도와야 한다. 즉, 클라이언트에게 서비스를 제공하는 기관들이 클라이언트의 존엄성을 존중하고 클라이언트에게 알맞은 서비스를 적절한 절차와 기준에 따라서 제공하는지를 조사하고 부적절한 경우에는 시정하여야 한다.

정답 ③

03 사회복지실천의 이념적 배경으로 옳지 않은 것은? (11회)

① 인도주의는 빈곤이나 장애를 클라이언트의 책임으로 돌렸다.
② 이타주의는 타인을 위하여 봉사하는 정신으로 실천되었다.
③ 개인주의는 수혜자격의 축소를 가져왔다.
④ 민주주의는 클라이언트의 자기결정권의 강조를 가져왔다.
⑤ 사회진화론은 사회통제의 기능을 갖는다.

해설 인도주의는 '모든 인간을 차별 없이 평등하게 사랑한다.'라는 의미가 포함되어 있다. 인간의 인격과 존엄성을 최고의 가치로 여기고 국가 · 인종 · 종교 · 습관 등의 차이를 초월한 인간애를 말한다. 개인주의는 빈곤이나 장애원인과 책임이 개인에게 있다고 보았다.

정답 ①

04 사회복지실천의 목적에 관한 설명으로 옳은 것은? (2회)

㉠ 사람들의 문제해결 능력을 향상하는 것
㉡ 클라이언트의 전문적 지식과 기술을 발전시키는 것
㉢ 자원/서비스/기회를 제공하는 체계와 연결하는 것
㉣ 특정 정당과 연결하여 사회복지관의 수를 늘리는 것

① ㉠, ㉡, ㉢ ② ㉠, ㉢ ③ ㉡, ㉣
④ ㉣ ⑤ ㉠, ㉡, ㉢, ㉣

해설 핀커스와 미나한(Pincus & Minahan, 1973)은 사회복지실천의 목적은 ① 개인의 문제해결 능력과 대처능력을 향상하고, ② 사람들을 자원 및 서비스, 기회를 제공하는 체계와 연결하며, ③ 이 체계들이 효과적이고 인도적으로 운영되게 장려하고 촉진하는 것이며, ④ 사회정책의 개발과 향상에 이바지하는 것이다.
㉡은 클라이언트의 전문적 지식과 기술을 발전시키는 것이 아니라, 클라이언트가 문제해결 및 대처능력을 향상하는 것을 목적으로 한다.

정답 ②

사회복지실천론 Social Work Practice

Chapter > 02

사회복지실천의 가치와 윤리

사회복지학은 인간과 사회를 대상으로 하는 가치 지향적인 학문으로 실천현장에서 윤리적인 문제가 자주 발생할 수 있다. 가치로부터 무엇이 옳고 그른가를 결정하는 윤리적 판단의 기준과 원칙들이 나오므로 사회복지사는 가치와 윤리를 실천의 연속선상에서 중요하게 다룰 필요가 있다.

가치가 사회복지사의 신념이라고 한다면 윤리는 사회복지사의 판단이라고 할 수 있다. 사회복지사는 개인적 가치, 전문적 가치, 클라이언트와 클라이언트 집단의 가치, 사회의 가치 등에 의해 영향을 받으며, 이러한 가치의 충돌로 윤리적 딜레마에 빠질 수 있다. 사회복지사는 사회복지실천 과정에서 윤리적인 갈등 상황이 발생했을 때 어떤 결정이 바람직한지를 판단해야 한다.

이 장에서는 가치와 윤리에 대한 기본적 이해를 바탕으로 사회복지실천이 추구하는 핵심가치가 무엇인지 살펴보도록 한다. 또한, 윤리적 쟁점들을 사례를 토대로 알아보고, 윤리적 딜레마에 빠졌을 때 바람직한 의사결정을 할 수 있도록 기본 원칙을 제공하고 있는 우리나라 사회복지사 윤리강령의 내용에 초점을 맞추어 학습해 본다.

제1절 사회복지실천의 가치와 윤리

1. 가치에 대한 기본적 이해

1) 사회복지실천에서 가치의 의미와 중요성(조미숙 외, 2018)

가치(value)는 지식(knowledge), 기술(skill)과 함께 사회복지실천의 3대 요소로 "강함, 승리 혹은 그럴 만함"을 의미하는 라틴어 'valere'로부터 파생된 단어이다. 가치는 수년 동안 학문적인 차원에서 폭넓게 정의됐다. 사회사업 사전에 의하면 가치란 "관습이나 신념, 행동의 기준, 그리고 문화나 집단 또는 개인에 의해서 바람직하다고 생각되는 원칙"이다(Baker, 2003). 보일(Boyle) 등은 가치를 우리가 좋다거나 긍정적이라거나 혹은 우리 생활에서 중요하다고 생각하는 것"이라고 규정하였다. 그래서 대부분 사람에게 가치는 인간의 행동을 결정하게 되고 다른 사람들로부터 기대하는 것을 행하게 한다(Boyle et al., 2006). 학자들은 가치에 대해 "평가될 수 있는 모든 것", "모든 욕구의 대상", "외향적이 건 내재적이 건 혹은 개인적 특성이건 집단의 특성이건 간에 어떤 바람직함 이란 개념으로서 인식된다. 가능한 한 여러 수단과 목적 중에서 선택할 때 영향을 미치는 것", "인간의 노력 지침이 되는 바람직한 최종 상태 혹은 사회적 행동을 인도하는 정당화된 목적의 가장 일반적인 진술", "여러 대안적 행동 중에서 선택할 때 영향을 주는 규범적 기준" 등과 같이 정의했다(Reamer, 1999; Rescher, 1969).

조휘일(2005)은 가치란 인간이 자신의 생활에서 추구하는 특정 목표로서 중요한 것과 중요하지 않다고 생각되는 것, 가치가 있는 것과 가치가 없다고 생각하는 것 등에 관련된다고 말했다.

김융일(2001)은 가치란 사람에 관하여 그리고 사람을 다루는 적절한 방법에 대하여 전문직이 가진 신념이라고 하였다. 사회복지실천에서 가치는 사회복지사가 클라이언트의 문제해결을 돕는 과정에서 경험하는 여러 가지 작은 목표설정과 관련이 있다는 것이다.

다시 말해 가치란 어떤 일과 관련하여 나타나는 우선적인 신념이자 의지이며, 더 좋은 것과 바람직한 것 혹은 주관적인 선호를 나타내는 것으로 과학적 근거가 없으며 객관적으로는 증명할 수 없다.

사회복지실천에서 가치의 중요성을 리머(Reamer, 1999)는 다음 네 가지 측면에서 설명하고 있다(이경준 외, 2018).

첫째, 가치는 사회복지실천의 본질적 목적과 사명에 영향을 미친다.

사회복지실천에서 가치는 취약한 사람들을 돕는 것에 관심을 두고 있었던 사회복지 전문직의 창시자들과 현대의 사회복지사들에게 뿌리 깊은 신념을 제공한다(Reid, 1992). 사회복지실천은 단순한 기술이 아닌, 가치에 기초하고 가치에 의해 영향을 받아 정교한 개입 방법을 통해 삶의 어려움을 겪고 있는 사람들을 돕기 위해 고안된 노력이다.

둘째, 사회복지사의 가치는 사회복지사가 클라이언트나 동료, 다른 사회 구성원들과 관계를 맺는 것에 영향을 미친다.

사회복지사는 자신이 함께 일하고 싶은 대상을 선택한다. 예를 들어, 어떤 사회복지사는 학교폭력 피해자나 성범죄 피해자와 같이 피해를 본 클라이언트를 위해 일하지만, 어떤 사회복지사는 아동학대 가해자와 같이 범죄자로 분류되는 클라이언트를 위해 일하고자 한다. 이러한 선택은 사회복지사가 중시하는 가치의 영향을 받는다고 볼 수 있다.

셋째, 사회복지사의 가치는 사회복지사가 사용하는 개입방법과 개입수준의 결정에도 영향을 미친다(Reamer, 1999; Mcdermott, 1975; Varley, 1968).

예를 들어, 어떤 사회복지사는 비행청소년의 행동변화를 위해서는 직면하는 방법이 가장 효과적이라고 믿기 때문에 개입할 때 직면하는 기술을 선호한다. 그러나 가치에 따라 어떤 사회복지사는 같은 대상을 다루더라도 직면하는 방법보다는 간접적으로 클라이언트를 둘러싼 환경에 변화를 주는 기술을 선호할 수 있다. 또한, 어떤 사회복지사는 저소득층 지역주민의 역량을 강화하고 문제를 해결하기 위해 제도 개선에 관여하는 중·거시적 개입을 선호하는 반면, 같은 상황에서 어떤 사회복지사는 문제 상황에 대한 개인의 인식 변화에 초점을 두어 개인을 사회에 적응하도록 돕는 상담을 진행하는 미시적 개입을 선호할 수 있다.

넷째, 가치는 전문직의 의무들이 서로 대립할 때, 윤리적 딜레마를 해결하기 위한 열쇠가 된다.

모든 사람은 저마다 가치를 갖고 살아간다. 이러한 가치 속에는 드러나지 않은 부분이 있는데, 바로 갈등이다. 가치는 갈등을 내포하고 있다. 만약 가치의 우선순위가 정해지지 않으면 갈등을 겪게 되고 윤리적 딜레마를 해결하기 어려우며 모든 상황마다 임기응변으로 선택을 해야만 한다. 그러므로 사회복지사는 윤리적 딜레마에 직면할 때, 사회복지실천 가치의 본질에 대한 믿음을 토대로 상충하는 가치 중에서 먼저 선택해야 할 가치가 무엇인지 결정한다.

따라서 가치는 행동할 때 윤리의 옳고 그른 것, 또는 좋고 나쁜 것을 평가하는 기준이 된다. 인간의 행동에 있어서 바람직한 선택을 하도록 안내하는 역할을 하며, 인생의 중요한 결정을 하는 지침을 제공한다.

2. 가치의 분류

가치는 개인적 가치, 사회적 가치, 기관의 가치, 전문직의 가치로 분류할 수 있다(이경준 외, 2018; Dolgoff et al., 2005; Congress, 1999).

1) 개인적 가치

가족이나 문화, 종교 등에서 비롯되는 가치로 개인적 가치는 개인의 환경에 따라 다르게 형성될 수 있다. 사회복지실천에서 사회복지사는 클라이언트가 자신의 개인적 가치를 언급하지 않더라도 그가 어떠한 가치를 가졌는지 파악하기 위해 노력해야 한다.

2) 사회적 가치

사회의 일반화된 공감대를 반영하는 가치로 역사적으로 형성되었으며, 시대의 변화에 따라 달라지는 특성이 있다. 사회적 가치는 개인적 가치에 영향을 미친다.

3) 기관의 가치

각 기관이 표방하는 역할과 기능, 책임에 따라 가지는 고유한 가치를 말한다. 예를 들어, 아동보호전문기관의 경우 아동보호를 중요한 가치로 여긴다. 그러나 이는 종종 가족의 이익을 증진하려는 기관의 가치와 상충하기도 한다. 또한, 입양기관의 경우 원하지 않는 임신을 했을 때는 입양을 최선의 대안으로 생각할 수 있다. 그러나 입양을 제외한 다른 대안이 있을 수 있음에도 불구하고, 이러한 기관의 고유한 가치는 종종 클라이언트의 가치와 갈등을 유발하기도 한다(이경준 외, 2018).

4) 전문직의 가치

어떠한 직업이 사회에서 전문직으로 인정될 때, 그 전문직의 독특한 실천 활동과 관련하여 요구되는 고유한 가치이다. 사회복지실천에서는 사회복지 가치에 기초한 윤리적 원칙들을 말한다. 1966년 개정된 NASW 윤리강령에서는 사회복지의 6가지 핵심가치와 원칙을 제시해 사회복지전문가로서의 가치를 규정하고 있다. 서비스 제공, 사회적 정의 증진, 인간에 대한 존엄성과 가치, 인간관계의 중요성, 신뢰성 확립, 능력 증진이 이에 해당한다.

3. 윤리에 대한 기본적 이해

윤리(ethics)는 사회적 의식의 한 형태로 인간이 마땅히 행하고 지켜야 하는 규범의 총체를 의미한다. 윤리는 사회적 존재인 인간이 타인과 함께 살아감에 있어서 원칙적으로 지켜야 하는 도리이며, 타인에 대한 책임감에서 드러나는 인간에 대한 기대이다. 베이커(Baker, 1995)는 가치가 주로 무엇이 좋고(good) 바람직한가(desirable)에 관심을 둔다면, 윤리는 이 가치에 대해 무엇이 옳고(right) 바른가(correct)에 대한 구체적인 행동지침에 관심을 둔다. 즉, 사회복지의 가치는 사회복지가 추구해야 하는 이상적인 것, 방향성과 관련되며, 사회복지 윤리는 클라이언트와의 관계 속에서 가치가 어떤 행동으로 나타났을 때, 옳고 그름을 전문가로서 사회복지가 반드시 지켜야 하는 행동의 원칙이나 기준, 지침이라고 할 수 있다.

제2절 사회복지실천의 가치와 윤리성

1. 사회복지실천의 전문적인 가치 범위

가치란 '우리가 인간으로서 존재하고 행동하면서 좋다고 선호되는 것에 대한 지속적인 신념'이라고 할 수 있다. 이러한 의미에서 가치는 좋고 나쁨에 대한 양자 구분의 방향을 제시한다. 즉, 가치는 믿음과 같은 것으로 좋고 바람직한 것에 대한 지침이자 적합한 행동의 선택에 대한 지침이다(Lowenberg et al., 1988). 모든 전문직은 그 영역 안에서 활동하는 전문가에게 활동의 목적과 의미, 방향을 제시하는 가치체계를 갖고 있으며, 이는 사회복지실천 영역 역시 마찬가지이다. 사회복지실천 영역은 사회규범과 사회적 도덕체계를 다루는 가치 관련 부담이 큰 전문직이다. 실제로 사회복지의 목적은 자원의 적합한 활용, 클라이언트의 존엄성 및 개별성 존중, 고유성 보장, 문제해결 능력 및 자기결정 능력 향상, 비밀보장 등에게서 나온다. 이러한 전문적 가치는 사회적 가치와 분리된 존재가 아니며, 특정한 사회적 가치와 연계됨으로써 사회의 양심이나 도덕관념으로 작용하는 경향이 있다(Hepworth & Larsen, 1993). 윤리강령은 전문직의 이러한 윤리적 행위에 관한 내용을 정리한 것이다.

윤리강령은 전문직의 주요 신념과 사상, 전통이 모두 반영되어 있으며 이러한 전문직의 가치를 기반으로 전문가의 책임 있는 행동원칙과 기준을 안내한다. 이는 모든 전문직이 전문성을 인정받는 데 필요로 하는 부분들이다. 사회복지사가 있는 국가에서는 사회복지사가 지켜야 할 윤리강령이 대부분 제정되어 있다. 그러나 이러한 윤리강령이 사회복지사의 전문적 판단에 매번 절대적으로 우선하는 것은 아니다(허정철 외, 2019).

사회복지실천 과정에서 핵심이 되는 전문적 가치를 재스트로(Zastrow, 2004)는 크게 세 가지로 제시하였다(허정철 외, 2019; 김효선 외, 2019).

첫째, 개인의 독특성이다.

인간의 존엄성과 개인의 독특성이다. 모든 인간은 다양한 삶의 방식을 가진 독특한 존재이다. 최종적인 목표, 경제적 자원, 성격, 정서적 신체적 감정, 경험, 인간관계, 우선하는 가치, 자아정체성, 일탈 행동의 방식 등 다양한 측면에서 독특한 존재이며, 사회복지사는 이러한 클라이언트의 독특성을 인정하고 존중해야 하며 실천 과정에서 고려해야 한다. 개별성은 사회복지실천의 기본 가치이다.

둘째, 클라이언트의 자기결정권이다.

자기결정은 클라이언트가 사회복지실천 과정의 참여 여부를 결정하는 것으로 클라이언트는 자신의 의견을 표현할 수 있으며 모든 의사결정 과정에 참여할 수 있는 권리가 있다. 이것은 클라이언트가 문제해결의 책임이 클라이언트에게 있다는 것이며, 자기결정을 방해하는 것은 클라이언트의 문제해결 능력을 약화할 수 있다(김효선 외, 2019). 그러므로 사회복지사가 클라이언트를 위해 무언가를 대신 해주는 것이 아니라 클라이언트와 함께 문제를 해결해 나가는 것을 의미한다. 사회복지사는 최대한 클라이언트가 스스로 결정할 수 있도록 배려해야 한다(이경준 외, 2018).

셋째, 비밀보장이다.

사회복지사가 클라이언트에 대한 개인적인 정보를 절대 외부로 발설하지 않고 비밀을 보장한다는 뜻이다. 만약 클라이언트의 정보와 관련된 사항을 외부 협력을 위해 공유해야 한다면, 반드시 클라이언트의 동의가 필요하다.

사회복지업무를 실천할 때 추구해야 할 가치를 레비(Levy, 1973)는 사람, 결과, 수단으로 구분하여 설명하였다(이경준 외, 2018; 양옥경 외, 2010).

첫째, 사람 우선 가치이다.

인간에 대한 바람직한 개념적 가치로서, 전문직이 기본적으로 갖추고 있어야 하는 사람 자체에 대한 가치관이다. 구체적으로 설명하면 인간의 공통적 욕구, 긍정적인 변화에 대한 욕구, 소속의 욕구, 개인의 독특성에 대한 가치 등을 인정하는 가치이다. 사회복지사는 클라이언트를 개별화된 인간으로 보고, 그의 능력을 인정해 주어야 한다. 예를 들어, 인간의 가치와 존엄성 인정, 개별성에 따른 권한 존중 등이 있다.

둘째, 결과 우선 가치이다.

사람에 대해 서비스를 제공했을 때, 초래하는 결과에 대한 가치로서 바람직한 성취를 위해 필요한 가치관이다. 이는 사회가 개인의 성장과 발전을 위해 사회참여에 대한 동등한 기회를 제공하고 문제를 사전에 방지할 사회적 책임에 대한 가치와 믿음을 말한다. 예를 들어, 인간의 기본적 욕구 충족, 불평등한 교육문제나 주택문제 등의 사회문제를 제거하는 것 등이 있다.

셋째, 수단 우선 가치이다.

사람 우선 가치를 실현하는 수단적 가치로서 서비스 수행방법 및 수단과 도구에 대한 가치관이다. 인간은 존엄성을 존중하고, 사회변화에 참여할 수 있도록 도우며, 하나의 독특한 개인으로 인정해야 한다. 예를 들어, 자기결정권 존중, 비심판적 태도가 있다.

2. 사회복지실천과 윤리적 딜레마

1) 사회복지실천에서 가치갈등

사회복지실천 과정에서 사회복지사는 개인적 가치, 전문적 가치, 클라이언트와 클라이언트 집단의 가치, 사회의 가치에 의해 영향을 받으며, 이러한 가치가 상충하는 경우 윤리적 딜레마에 빠지게 된다.

사회복지사가 겪게 되는 다양한 가치갈등의 유형은 다음과 같이 다섯 가지로 정리할 수 있다(김용환 외, 2022; 양옥경 외, 2005; 엄명용 외, 2002).

(1) 가치 상충

윤리적 딜레마가 가장 빈번히 야기될 수 있는 상황으로 사회복지사는 두 개 또는 그 이상의 가치와 직면하게 되는 경우, 갈등이 발생하는 것으로 윤리적 딜레마에 빠지게 된다. 예를 들어, '클라이언트의 자기결정'이라는 가치와 '인간의 사생활 보호'의 가치 사이에서 윤리적 결정을 내려야 하는 상황이다. 예를 들어, 심각한 유전적 질병이 있다는 사실을 부인에게 숨기고 자녀를 갖고 싶어 하는 클라이언트의 경우 사회복지사는 클라이언트가 자신의 삶을 결정할 가치와 장애아 출산 예방이라는 가치 사이에서 갈등을 겪게 된다.

(2) 의무 상충

사회복지사는 클라이언트에 대한 의무와 기관에 대한 의무가 상충하는 경우이다. 사회복지사는 자신이 속한 기관의 정책과 목표에 따라 이행해야 하지만, 기관의 목표가 클라이언트 이익과 어긋날 때는 기관과 클라이언트 사이에서 가치 상충이 일어나 윤리적인 딜레마에 직면하게 된다.

(3) 클라이언트 체계의 다양성

클라이언트 체계의 다양성이다. 사회복지사는 누구의 이익을 최우선으로 고려하고 어떤 문제에 먼저 개입해야 하는지를 판단하는 것은 어려운 일이다. 예를 들어, 심각한 부부갈등, 아동학대, 가정폭력 등 복합적인 문제를 가진 이혼 부부의 자녀문제를 다룰 때, 누구의 이익을 최우선으로 고려하고 어떤 문제에 먼저 개입해야 하는지, 사회복지사는 클라이언트 대상을 결정하는 데 어려움을 겪는다.

(4) 결과의 모호성

결과의 모호성으로, 사회복지사가 결정할 윤리적 판단의 효과가 모호할 때 사회복지사는 선택의 딜레마에 직면하게 된다. 특히 사회복지사는 클라이언트가 아동일 때 무슨 권리로 아동에 관한 결정을 해야 하는지, 어떤 결정이 아이에게 최선이자 올바른 윤리적 결정인지, 해당 결정이 5~10년 후에도 최선일 수 있는지, 해외 입양 담당 사회복지사는 해외 입양이 아동을 위한 최선의 결정인지를 확신할 수 없으므로 자주 갈등을 겪는다(허정철 외, 2019).

(5) 힘 또는 권력의 불균형

사회복지사와 클라이언트의 관계가 권력적으로 평등하지 않으므로 윤리적 딜레마를 일으킨다. 클라이언트는 도움을 구하는 위치에 있으므로 전문가에 의존하는 관계가 되기 쉽다. 특히 자신의 선택과 결정을 사회복지사에게 의존할 수밖에 없는 미성년자나 지적장애인이면 능력이 제한되어 자신의 알 권리와 자기결정권이 포기될 수 있다(허정철 외, 2019).

2) 윤리적 딜레마 대처방안

(1) 개인적 대처방안

사회복지실천 과정에서 사회복지사는 윤리적 딜레마를 겪게 되는데, 이러한 가치갈등에서 벗어나기 위해서 사회복지사는 꾸준한 훈련과 경험을 수행해야 한다. 사회복지사는 사회적 기능을 수행하면서 기본적으로 바람직한 가치는 무엇이며, 자신의 개인적 가치관은 무엇인지 알아야 한다(김융일 외, 2000). 또한, 사회의 규범이나 도덕, 법에 익숙해져 갈등이나 모순적인 상황에서 올바른 가치판단을 내릴 수 있어야 한다. 즉, 사회복지사는 자신의 가치가 무엇이며, 그 가치가 자신의 행동을 어떻게 규제하여 대인관계에 영향을 미치는가에 관한 문제를 항상 염두에 두어야 한다. 이를 위해 사회복지사는 문학이나 예술, 개인의 생활경험을 통해 다양한 부류의 사람들을 접해 보고 그들의 생활양식과 가치관을 이해하도록 노력해야 한다.

(2) 전문적 대처방안

로웬버그와 돌고프(Lowenberg & Dolgoff, 1966)는 윤리적 의무들이 서로 갈등적인 상황에 놓였을 때 우선시해야 하는 원칙이나 법적 의무를 결정하는 것을 돕기 위한 '윤리원칙 준거 틀'을 제시하였다. 만일 여러 가지 원칙이 충돌하는 경우, 상위의 원칙이 먼저 적용된다. 예를 들어, 생명보호의 원칙과 비밀보장의 원칙 사이에서 윤리적으로 충돌하여 갈등하는 경우에는 생명보호의 원칙이 우선하여 의사결정을 한다. 윤리원칙의 우선순위는 [표 2-1]과 같다.

▼ **표 2-1** 윤리원칙 준거 틀

윤리원칙	준거 틀 내용
첫째 원칙: 생명보호의 원칙	모든 다른 의무나 원칙에 우선하여 발생하며 생명보호는 가장 우선하여 적용한다.
둘째 원칙: 평등과 불평등의 원칙	모든 사람에게 공평하게 적용되어야 하는 원칙이지만 클라이언트가 어떤 상황을 두고 있느냐에 따라서 원칙이 다르게 적용될 수 있다. 즉, 능력이나 권력이 다른 사람들은 다르게 취급받을 권리가 있다.
셋째 원칙: 자율성과 자유의 원칙	사회복지사는 클라이언트가 자율성과 독립성을 지니고 자유롭게 결정을 내리도록 도와야 하지만 제한 없이 허용되지는 않는다. 그 이유는 개인의 자율성보다 생명보호의 원칙이 더 우선시되기 때문에 자신이나 아동학대, 성폭력 등과 같은 학대 또는 타인의 생명에 관한 위험이 있을 때는 이 원칙은 고려되어야 한다.
넷째 원칙: 최소손실의 원칙	선택가능한 대안이 모두 손해가 발생하는 경우, 클라이언트가 가장 빠르고 쉽게 회복할 수 있는 대안을 사회복지사는 선택해야 하는데, 사회복지사는 클라이언트가 경험하는 손해 중 가장 최소한의 손실이 발생하고 쉽게 회복이 가능한 대안을 선택해야 한다.
다섯째 원칙: 삶의 질 원칙	사회복지사는 개인이나 다른 사람들의 삶의 질을 높이려고 선택해야 한다는 원칙이다. 그러므로 사회복지사는 지역사회뿐만 아니라 개인과 모든 사람의 삶의 질을 보다 향상시킬 기회를 선택해야 한다.
여섯째 원칙: 사생활 보호와 비밀보장의 원칙	클라이언트가 사회복지사에게 말하는 사생활과 개인정보 등을 보호하고 비밀을 보장해야 한다는 원칙이다. 따라서 실천 과정에서 알게 된 클라이언트에 관한 사실을 사회복지사는 클라이언트의 동의 없이 다른 사람에게 공개해서는 안 된다.
일곱째 원칙: 진실성과 정보 개방의 원칙	클라이언트에게 사실과 진실을 제대로 전달해야 한다는 원칙이다. 사회복지사는 클라이언트를 비롯한 다른 사람을 속이지 않고 진실하고, 정직에 대해야 하며, 관련 정보를 완전히 개방해야 한다.

양옥경 등(2004)은 윤리적 결정의 우선순위를 다음과 같이 다섯 가지로 제시하였다.

첫째, 생명보호로 사회복지사는 개인이나 사회의 기본적인 생존 보장을 가장 중요하게 생각해야 한다.

둘째, 자기결정권으로 사회복지사는 클라이언트의 자율성과 독립성, 자유를 최대한 존중하는 실천을 해야 한다.

셋째, 비밀보장과 알 권리로 사회복지사는 클라이언트의 정보에 대한 비밀을 보장하고, 클라이언트가 진실을 알고자 할 때는 알 권리를 보장해야 한다.

넷째, 균등한 기회 제공으로 사회복지사는 모든 인간이 소득보장, 학업 및 취업, 의료혜택 등 균등한 기회를 받을 수 있도록 하여야 한다.

다섯째, 규칙 준수로 사회복지사는 자신이 자발적으로 수용하는 규칙과 규정을 따라야 한다.

제3절 사회복지 윤리강령

1. 사회복지사 윤리강령

한국의 사회복지사 윤리강령은 1973년 사회복지사협회 총회에서 초안을 제정하기로 결의했지만 제정하지 못하고, 1982년 1월15일에 제10회 최초로 한국 사회복지사 윤리강령이 공식 제정·공포하였다. 이후 한국 사회복지사 윤리강령은 1988년 4월 1차 개정, 1992년 22일 전국사회복지사대회 개회사에서 10개의 조항으로 2차 윤리강령이 공포되었다.

이 강령은 1965년에 창립총회를 가진 한국사회사업가협회가 1972년에 국제사회사업가협회(IFSW)에 가입한 후 1977년에 한국사회복지사협회(Korea Association of Social Workers)의 윤리강령은 5차에 걸쳐 개정 공포한 것이며, '전문'은 2001년 12월 3차 개정된 내용을 말한다.

한국사회복지사협회 사회 전문직 사회복지사의 기본적 윤리강령은 다음과 같다.

전 문

① 사회복지사는 인본주의 · 평등주의 사상에 기초하여, 모든 인간의 존엄성과 가치를 존중하고 천부의 자유권과 생존권의 보장 활동에 헌신한다. 특히, ② 사회적·경제적 약자들의 편에 서서 사회정의와 평등·자유와 민주주의 가치를 실현하는 데 앞장선다. 또한 ③ 도움을 필요로 하는 사람들의 사회적 지위와 기능을 향상하기 위해 저들과 함께 일하며, 사회제도 개선과 관련된 제반 활동에 주도적으로 참여한다. ④ 사회복지사는 개인의 주체성과 자기 결정권을 보장하는 데 최선을 다하고, 어떠한 여건에서도 개인이 부당하게 희생되는 일이 없도록 한다. 이러한 사명을 실천하기 위하여 ⑤ 전문적 지식과 기술을 개발하고, 사회적 가치를 실현하는 전문가로서의 능력과 품위를 유지하기 위해 노력한다. 이에 우리는 클라이언트, 동료, 기관 그리고, 지역사회 및 전체사회와 관련된 사회복지사의 행위와 활동을 판단, 평가하며 인도하는 윤리기준을 다음과 같이 선언하고 이를 준수할 것을 다짐한다.

2. 사회복지사의 기본적 윤리기준

1) 전문가로서의 자세

(1) 인간 존엄성 존중

① 사회복지사는 모든 인간의 존엄, 자유, 평등을 위해 헌신해야 하며, 사회적 약자를 옹호하고 대변하는 일을 주도해야 한다.

② 사회복지사는 모든 인간의 고유한 존엄성과 가치를 인정하고 존중하며, 이를 기반으로 사회복지를 실천한다.

③ 사회복지사는 클라이언트의 성, 연령, 정신·신체적 장애, 경제적 지위, 정치적 신념, 종교, 인종, 국적, 결혼 상태, 임신 또는 출산, 가족 형태 또는 가족 상황, 성적 지향, 젠더 정체성, 기타 개인적 선호·특징·조건·지위 등을 이유로 차별을 하지 않는다.

④ 사회복지사는 다양한 문화의 강점을 인식하고 존중하며, 문화적 역량을 바탕으로 사회복지를 실천한다.

⑤ 사회복지사는 문화적으로 민감한 실천을 제공하기 위해, 사회복지실천 과정에서 자신의 개인적·사회적·문화적·정치적·종교적 가치, 신념과 편견이 클라이언트와 동료 사회복지사에게 미칠 수 있는 영향을 고려하여 자기 인식을 증진하기 위해 힘쓴다.

(2) 사회정의 실현

① 사회복지사는 사회정의 실현과 클라이언트의 복지 증진에 헌신하며, 이를 위한 국가와 사회의 환경 변화를 위해 노력한다.

② 사회복지사는 사회, 경제, 환경, 정치적 자원에 대한 평등한 접근과 공평한 분배가 이루어지도록 노력한다.

③ 사회복지사는 개인적 · 집단적 · 사회적 · 문화적 · 정치적 · 종교적 특성에 근거해 개인이나 집단을 차별 · 억압하는 것을 인식하고, 이를 해결 또는 예방하기 위해 노력해야 한다.

2) 전문성 개발을 위한 노력

(1) 직무 능력 개발

① 사회복지사는 클라이언트에게 최상의 서비스를 제공하기 위해, 지식과 기술을 개발하는 데 최선을 다하며 이를 활용하고 공유할 책임이 있다.

② 사회복지사는 사회적 다양성의 특징(성, 연령, 정신 · 신체적 장애, 경제적 지위, 정치적 신념, 종교, 인종, 국적, 결혼 상태, 임신 또는 출산, 가족 형태 또는 가족 상황, 성적 지향, 젠더 정체성, 기타 개인적 선호 · 특징 · 조건 · 지위 등), 차별, 억압 등에 대해 교육을 받고 이에 대한 이해를 증진하기 위해 노력한다.

③ 사회복지사는 변화하는 사회복지 관련 쟁점에 대응할 수 있도록 실천 기술을 향상하고, 새로운 실천 기술이나 접근법을 적용하기 위해 적절한 교육, 훈련, 연수, 자문, 슈퍼비전 등을 받도록 노력한다.

④ 사회복지사는 사회복지실천에 필요한 정보통신 관련 지식과 기술을 습득하기 위해 노력하며, 이를 사용하는 과정에서 발생할 수 있는 윤리적 문제를 인식하고 정보통신 관련 지식과 기술을 활용하도록 한다.

(2) 지식기반의 실천 증진

① 사회복지사는 사회복지실천 과정에서 평가와 연구 조사를 함으로써, 사회복지실천의 지식 기반 형성에 기여하고, 궁극적으로 사회복지실천의 질적 향상을 위해 노력한다.

② 사회복지사는 평가나 연구 조사를 할 때, 연구 참여자의 권리를 보장하기 위해, 연구 관련 사항을 충분히 안내하고 자발적인 동의를 얻어야

한다.

③ 사회복지사는 연구 과정에서 얻은 정보를 비밀 보장의 원칙에서 다루며, 비밀 보장의 한계, 비밀 보장을 위한 조치, 조사 자료 폐기 등을 연구 참여자에게 알려야 한다.

④ 사회복지사는 평가나 연구 조사를 할 때, 연구 참여자의 보호와 이익, 존엄성, 자기 결정권, 자발적 동의, 비밀 보장 등을 고려하며, 「생명윤리 및 안전에 관한 법률」 등 관련 법령과 규정에 따라 연구윤리를 준수한다.

3) 전문가로서의 실천

(1) 품위와 자질 유지

① 사회복지사는 전문가로서의 품위와 자질을 유지하고, 자신이 맡고 있는 업무에 대해 책임을 진다.

② 사회복지사는 자신의 이익을 위해 사회복지 전문직의 가치와 권위를 훼손해서는 안 된다.

③ 사회복지사는 전문가로서 성실하고 공정하게 업무를 수행한다.

④ 사회복지사는 부정직한 행위, 범죄행위, 사기, 기만행위, 차별, 학대, 따돌림, 괴롭힘 등 불법적이고 부당한 일을 행하거나 묵인해서는 안 된다.

⑤ 사회복지사는 자신의 소속, 전문 자격이나 역량 등을 클라이언트에게 정직하고 정확하게 알려야 한다.

⑥ 사회복지사는 클라이언트, 학생, 훈련생, 실습생, 슈퍼바이지, 직장 내 위계적 권력 관계에 있는 동료와 성적 관계를 형성해서는 안 되며, 이들에게 성추행과 성희롱을 포함한 성폭력, 성적·인격적 수치심을 주는 행위를 해서는 안 된다.

⑦ 사회복지사는 한국사회복지사협회 등 전문가 단체의 활동에 적극적으로

참여하여, 사회정의 실현과 사회복지사의 권익 옹호를 위해 노력한다.

(2) 자기 관리

① 사회복지사는 정신적 · 신체적 건강 문제, 법적 문제 등이 사회복지실천 과정에서의 전문적 판단이나 실천에 부정적 영향을 주거나 클라이언트의 이익을 저해하지 않도록, 동료, 기관과 함께 적절한 조치를 하도록 노력한다.

② 사회복지사는 클라이언트에게 최상의 사회복지서비스를 제공하기 위해 사회복지사 자신의 정신적 · 신체적 건강, 안전을 유지 · 보호 · 관리하도록 노력한다.

(3) 이해 충돌에 대한 대처

① 사회복지사는 클라이언트의 이익을 우선으로 고려하고, 이해 충돌이 있을 때는 아동, 소수자 등 취약한 자의 이해와 권리를 우선시한다.

② 사회복지사의 개인적 신념과 사회복지사로서 직업적 의무 사이에 이해 충돌이 발생할 때 동료, 슈퍼바이저와 논의하고, 부득이한 경우 클라이언트가 적절한 지원을 받을 수 있도록 클라이언트를 다른 사회복지사에게 의뢰하거나 다른 사회복지서비스로 연결한다.

③ 사회복지사는 전문적 가치와 판단에 따라 업무를 수행하는 과정에서 기관 내외로부터 부당한 간섭이나 압력을 받아서는 안 된다.

(4) 경제적 이득에 대한 실천

① 사회복지사는 클라이언트의 지불 능력에 상관없이 복지 서비스를 제공해야 하며, 이를 이유로 차별해서는 안 된다.

② 사회복지사는 필요한 경우에 제공된 서비스에 대해 공정하고 합리적으

로 이용료를 책정할 수 있다.

③ 사회복지사는 업무와 관련해 정당하지 않은 방법으로 경제적 이득을 취해서는 안 된다.

3. 사회복지사의 클라이언트에 대한 윤리기준

1) 클라이언트의 권익옹호

사회복지사는 클라이언트의 이익을 최우선의 가치로 삼고 이를 실천하며, 클라이언트의 권리를 존중하고 옹호한다.

2) 클라이언트의 자기 결정권 존중

① 사회복지사는 사회복지실천 과정에서 클라이언트의 자기 결정을 존중하고, 클라이언트를 사회복지실천의 주체로 인식하여 클라이언트가 자기 결정권을 최대한 행사할 수 있도록 돕는다.

② 사회복지사는 의사 결정이 어려운 클라이언트에 대해서는 클라이언트의 이익과 권리를 보장하기 위한 적절한 조치를 취해야 한다.

3) 클라이언트의 사생활 보호 및 비밀보장

사회복지사는 클라이언트의 사생활을 존중하고 보호하며, 전문적 관계에서 얻은 클라이언트 관련 정보에 대해 비밀을 유지한다. 그러나 클라이언트 자신과 타인에게 해를 입히거나 범죄행위와 관련된 경우에는 예외로 할 수 있다.

4) 정보에 입각한 동의

사회복지사는 클라이언트의 알 권리를 인정하고 동의를 얻어야 하며, 클라이언트가 받는 서비스의 목적과 내용, 범위, 합리적 대안, 위험, 서비스의 제한, 동의를 거절 또는 철회할 수 있는 클라이언트의 권리 등에 대해 정확하고 충분한 정보를 제공한다.

5) 기록·정보 관리

① 클라이언트에 대한 사회복지실천 기록은 사회복지사의 윤리적 실천의 근거이자 평가·점검의 도구이기 때문에 중립적이고 객관적으로 작성해야 한다.

② 사회복지사는 클라이언트가 자신과 관련된 기록의 공개를 요구하면 정당한 비공개 사유가 없는 한 정보에 접근할 수 있도록 해야 한다.

③ 사회복지사는 클라이언트에 대한 문서 정보, 전자 정보, 기타 민감한 개인 정보를 보호해야 한다.

④ 사회복지사가 획득한 클라이언트 관련 정보나 기록을 법적 사유 또는 기타 사유로 제3자에게 공개할 때는 클라이언트에게 안내하고 동의를 얻어야 한다.

6) 직업적 경계유지

① 사회복지사는 클라이언트와의 전문적 관계를 자신의 개인적 이익을 위해 이용해서는 안 된다.

② 사회복지사는 업무 외의 목적으로 정보통신기술을 사용해 클라이언트와 의사소통을 해서는 안 된다.

③ 사회복지사는 어떠한 상황에서도 클라이언트와 사적 금전 거래, 성적

관계 등 부적절한 행동을 해서는 안 된다.

④ 동료의 클라이언트를 의뢰받을 때는 기관 및 슈퍼바이저와 논의하는 과정을 거쳐야 하며, 클라이언트에게 설명하고 동의를 얻은 후 서비스를 제공한다.

⑤ 사회복지사는 정보처리기술을 이용하는 것이 클라이언트의 권리를 침해할 위험성이 있다는 사실을 인식하고 직업적 범위 안에서 활용한다.

7) 서비스의 종결

① 사회복지사는 클라이언트에게 제공되는 서비스가 더 이상 클라이언트의 이해나 욕구에 부합하지 않으면 업무상 관계와 서비스를 종결한다.

② 사회복지사는 개인적 또는 직업적 이유로 클라이언트와의 전문적 관계를 중단하거나 종결할 때 사전에 클라이언트에게 충분히 설명하고, 다른 기관 또는 다른 전문가에게 의뢰하는 등 필요한 조치를 취한다.

③ 사회복지사는 클라이언트의 고의적 · 악의적 · 상습적 민원 제기에 대해 소속기관, 슈퍼바이저, 전문가 자문 등의 논의 과정을 거쳐 서비스를 중단하거나 거부권을 행사할 수 있다.

4. 사회복지사의 동료에 대한 윤리기준

1) 동료

① 사회복지사는 존중과 신뢰를 기반으로 동료를 대하며, 전문가로서의 지위와 인격을 훼손하는 언행을 하지 않는다.

② 사회복지사는 사회복지 전문직의 권익 증진을 위해 동료와 다른 전문직 동료와도 협력하고 협업한다.

③ 사회복지사는 동료의 윤리적이고 전문적인 행위를 촉진해야 하며, 동료가 전문적인 판단과 실천이 미흡하여 문제를 발생시켰을 때 윤리강령과 제반 법령에 따라 대처한다.

④ 사회복지사는 다른 전문직의 동료가 행한 비윤리적 행위에 대한 윤리강령과 제반 법령에 따라 대처한다.

⑤ 사회복지사는 동료의 직무 가치와 내용을 인정하고 이해하며, 상호 간에 민주적인 직무 관계를 이루도록 노력해야 한다.

⑥ 사회복지사는 동료들에게 정보통신기술을 사용한 비윤리적 행위를 하지 않는다.

⑦ 사회복지사는 동료가 적법하게 업무를 수행하는 과정에서 부당한 조치를 당하면 동료를 변호하고 원조해 주어야 한다.

⑧ 사회복지사는 동료에게 행해지는 어떤 형태의 차별, 학대, 따돌림 또는 괴롭힘과 자신의 전문적 권위를 행사하는 다른 동료와의 부적절한 성적 행동에 가담하거나 이를 용인해서는 안 된다.

⑨ 사회복지사는 슈퍼바이지, 학생, 훈련생, 실습생, 자신의 전문적 권위를 행사하는 다른 동료와의 성적 행위나 성적 접촉과 성적 관계에 관여해서는 안 된다.

2) 슈퍼바이저

① 슈퍼바이저는 슈퍼바이지가 전문적 업무 수행을 할 수 있도록 지원하고 슈퍼바이지는 슈퍼바이저의 전문적 지도와 조언을 존중해야 한다.

② 슈퍼바이저는 전문적 기준에 따라 슈퍼비전을 수행하며, 공정하게 평가하고 평가 결과를 슈퍼바이지와 공유한다.

③ 슈퍼바이저는 개인적인 이익 추구를 위해 자신의 지위를 이용해서는 안 된다.

④ 슈퍼바이저는 사회복지사 수련생과 실습생에게 인격적·성적으로 수치심을 주는 행위를 해서는 안 된다.

5. 사회복지사의 기관에 대한 윤리기준

① 사회복지사는 기관의 사명과 비전을 확인하고, 정책과 사업 목표를 달성하기 위해 노력해야 한다.
② 사회복지사는 소속 기관의 활동에 적극적으로 참여함으로써 기관의 성장과 발전을 위해 노력해야 한다.
③ 사회복지사는 기관의 부당한 정책이나 요구에 대해 전문직의 가치와 지식을 근거로 대응하고, 제반 법령과 규정에 따라 해결하도록 노력해야 한다.

6. 사회복지사의 사회에 대한 윤리기준

① 사회복지사는 자신이 일하는 지역사회를 이해하고, 클라이언트가 지역사회에서 서로 도우며 함께 살아가도록 지원해야 한다.
② 사회복지사는 정치적 영역이 클라이언트의 권익과 사회복지실천에 미치는 영향을 인식하여 사회정의 실현을 위한 사회정책의 수립과 법령 제·개정을 지원·옹호해야 한다.
③ 사회복지사는 사회재난과 국가 위급 상황에서 문제를 해결하기 위해 적극적으로 활동해야 한다.
④ 사회복지사는 지역사회, 국가, 나아가 전 세계와 그 구성원의 복지 증진, 삶의 질 향상을 위해 적극적으로 노력해야 한다.

⑤ 사회복지사는 인간과 자연이 서로 떨어져 살 수 없음을 깨닫고, 인간과 자연환경, 생명 등 생태에 미칠 영향을 생각하며 실천해야 한다.

7. 사회복지윤리위원회의 구성과 운영

① 한국사회복지사협회는 사회복지윤리위원회를 구성하여 사회복지실천의 결정적인 향상을 도모하여야 한다.
② 사회복지윤리위원회는 윤리강령을 위배하거나 저해하는 행위를 접수하여, 공식적인 절차를 통해 대처하여야 한다.
③ 사회복지사는 한국사회복지사협회의 윤리적 권고와 결정을 존중하여야 한다.

사회복지사협회의 윤리강령은 3차 개정까지 하면서 많은 변화를 보여주었고, 2차 개정 시에는 사회복지사가 개인 · 가족 · 집단 · 조직 · 지역과 같은 복지대상과 직접 일하거나 사회제도적 개선과 관련된 여러 가지 활동을 하고 있는데, 3차 개정 시에는 좀 더 적극적으로 사회복지사가 인본주의 · 평등주의 사상에 기초하여 인간의 존엄성과 가치를 존중하고 사회정의와 평등 그리고 자유와 민주주의 가치를 실현하는 데 주목하고 있다(윤대원, 2007). 2021년 4차 개정은 자구 수정에 그쳤으나(성 취향→성적 지향) 2022년 윤리위원회와 함께, 사회복지사 윤리강령 개정방안 도출에 관한 연구 · 수행을 통해 사회복지사 윤리강령을 개정(5차)하였다. 주요 내용으로는 시대와 세계적 기준에 맞춰 개정 작업이 이루어졌으며, 실효성 있는 윤리강령이 될 수 있도록 델파이 조사, 온라인공청회 및 의견 수렴, 전문가 자문 등 다양한 방식으로 의견을 청취하여 오랜 시간 심도 있게 논의하였다.

사회복지사 선서문

나는 모든 사람들이 인간다운 삶을 누릴 수 있도록,
인간존엄성과 사회정의의 신념을 바탕으로,
개인 · 가족 · 집단 · 조직 · 지역사회 · 전체사회와 함께 한다.

나는 언제나 소외되고 고통받는 사람들의 편에 서서, 저들의 인권과 권익을 지키며, 사회의 불의와 부정을 거부하고, 개인이익보다 공공이익을 앞세운다.

나는 사회복지사 윤리강령을 준수함으로써, 도덕성과 책임성을 갖춘 사회복지사로 헌신한다.
나는 나의 자유의지에 따라 명예를 걸고 이를 엄숙하게 선서합니다.

사회복지사 1급 기출 및 예상문제

01 로웬버그와 돌고프(Lowenberg and Dolgoff)가 제시한 윤리적 의사결정의 우선순위를 순서대로 바르게 나열한 것은? (14회)

㉠ 생명보호의 원칙	㉡ 자기결정의 원칙
㉢ 삶의 질 향상의 원칙	㉣ 정보개방의 원칙

① ㉠ → ㉡ → ㉢ → ㉣　② ㉠ → ㉢ → ㉣ → ㉡　③ ㉡ → ㉠ → ㉣ → ㉢
④ ㉢ → ㉡ → ㉠ → ㉣　⑤ ㉣ → ㉠ → ㉢ → ㉡

해설 로웬버그와 돌고프(Lowenberg and Dolgoff)는 윤리적 의무들이 서로 갈등적인 상황에 놓였을 때 우선시해야 하는 원칙이나 법적 의무를 결정하는 것을 돕기 위한 윤리적 의사결정을 할 수 있도록 중요한 원칙은 ① 생명보호의 원칙, ② 평등과 불평등의 원칙, ③ 자율성과 자유의 원칙, ④ 최소 손실의 원칙, ⑤ 삶의 질 원칙, ⑥ 사생활 보호와 비밀보장의 원칙, ⑦ 진실성과 정보개방의 원칙으로 7가지를 순서로 설명하였다.

정답 ①

02 레비(C. Levy)가 구분한 사회복지 전문직 가치로 옳은 것은? (13회)

① 수단우선가치, 결과우선가치, 해결우선가치
② 수단우선가치, 결과우선가치, 평가우선가치
③ 사람우선가치, 결과우선가치, 수단우선가치
④ 사람우선가치, 평가우선가치, 해결우선가치
⑤ 사람우선가치, 결과우선가치, 평가우선가치

해설 ③ 레비는 사회복지업무를 실천할 때 추구해야 할 가치를 사람 우선 가치, 결과 우선 가치, 수단 우선 가치로 구분하여 설명하였다.

※ 참고: 레비가 구분한 사회복지 전문직의 가치

① 사람 우선 가치: 인간에 대한 바람직한 개념적 가치로서, 전문직이 기본적으로 갖추고 있어야 하는 사람 자체에 대한 가치로서, 인간의 공통적 욕구, 긍정적인 변화에 대한 욕구, 소속의 욕구, 개인의 독특성 등을 인정하는 가치를 말한다. 그러므로 사회복지사는 클라이언트를 개별화된 인간으로 보고, 그의 능력을 인정해 주어야 한다. 예를 들어 인간의 가치와 존엄성 인정, 개별성에 따른 권한 존중 등이 있다.
② 결과 우선 가치: 서비스 제공한 후에 초래하는 결과에 대한 가치로서 사회가 개인의 성장과 발전을 위해 사회참여에 대한 동등한 기회를 제공하고 문제를 사전에 방지할 사회적 책임에 대한 가치와 믿음을 말한다. 예를 들어 인간의 기본적 욕구 충족, 불평등한 교육문제나 주택문제 등의 사회문제를 제거하는 것 등이 있다.
③ 수단 우선의 가치: 사람 우선 가치를 실현하는 수단적 가치로서 서비스 수행방법 및 수단과 도구에 대한 가치관이다. 인간은 존엄성을 존중하고, 사회변화에 참여할 수 있도록 도우며, 하나의 독특한 개인으로 인정해야 한다. 예를 들어 자기결정권 존중, 비심판적 태도가 있다.

정답 ③

03 가치와 윤리에 관한 설명으로 옳지 않은 것은? (14회)

① 가치는 좋고 바람직한 것에 대한 믿음이다.
② 윤리는 옳고 그름을 판단하는 도덕적 지침이다.
③ 가치와 윤리는 불변의 특징을 지닌다.
④ 가치는 신념과 관련이 있고, 윤리는 행동과 관련이 있다.
⑤ 사회복지사 윤리강령은 법적 구속력을 가지지 않는 특징이 있다.

해설 ③ 가치는 적합한 행동을 선택할 할 때 윤리의 옳고 그른 것, 또는 좋고 나쁜 것을 평가하는 기준이 된다. 인간의 행동에 있어서 바람직한 선택을 하도록 안내하는 역할을 하며, 인생의 중요한 결정을 하는 지침을 제공한다. 가치와 윤리는 시대와 상황에 따라 변할 수 있으나 궁극적 가치인 인간의 존엄성과 사회정의는 불변의 가치이다.

정답 ③

사회복지실천론 Social Work Practice

Chapter > 03

사회복지실천의 역사적 변천 과정

이 장에서는 사회복지실천의 기틀을 제공한 영국의 역사적 발달 과정, 한국의 사회복지실천 역사적 발달 과정에 대해 알아보고, 한국전쟁 이후의 외원단체 활동에 대하여 이해하도록 한다. 사회복지실천의 역사적 발달 과정에서는 전문적 사회복지실천의 태동기(1900년 전·후), 사회복지실천의 확립기(1900년~1920년대 전·후), 사회복지실천의 분화기(1920년~1950년대), 사회복지실천의 통합기(1950년~1960년대), 사회복지실천의 발전기(1960~1980년), 사회복지실천의 확장기(1980~현재)를 파악함으로써 사회복지사가 사회복지 전문직으로서 지향해야 할 사회복지실천 방향에 대하여 이해하도록 한다.

제1절 서구 사회복지실천의 역사

모든 사회나 국가에서 급격한 사회변화는 개인과 사회, 국가 전체에 영향을 미칠 수밖에 없다. 사회복지실천의 역사는 전반적인 사회복지 발달의 역사 속에서 매우 긴밀하고 중요하게 상호작용해 왔다.

특히 서구사회는 18세기 영국의 산업혁명으로 인해 사회·경제적 구조와 시민사회에 급격한 변화가 일어나 다양한 사회문제를 유발하였고, 이는 개인의 생활까지 영향을 미쳤다. 따라서 서구의 국가들은 가족구조의 변화에 따른 부양문제, 제도 부재에 따른 문제, 사회의 양극화로 인한 빈곤문제 등에 적극적으로 대처하여야만 했다. 그러나 국가 개입을 최소화하여 경제적 발전을 도모하려는 시장경제 원칙과 자유방임적인 사고는 증가하는 사회문제를 탄력적으로 대처하기에는 한계가 있었다. 이러한 한계를 극복하기 위한 노력은 구빈법(1601) 이래 전개된 공적 차원의 개입을 통한 문제해결이 역부족이 되면서, 개인 또는 민간 차원에서 각종 자선사업과 박애사업이 등장하였다. 이로써 사회복지실천의 조직화가 시작되면서 사회복지실천 개입을 위한 기관과 전문직이 탄생하였고, 이후 더욱 발전적인 사회복지실천 논의가 진행되었다.

역사적으로 사회복지 발달은 영국에서 미국으로 이민세대를 통해 실천적 가치와 의미를 가시화하는 대상으로 확대되었으며 실천 분야의 발전에도 이바지하게 되었다. 서구 사회복지실천의 역사적 변천 과정은 [표 3-1]과 같다.

▼ 표 3-1 서구 사회복지실천의 역사적 변천 과정

연도	태동기 (1900년 전 · 후)	확립기 (1900년~1920년대)	분화기 (1920년~1950년대)	통합기 (1950년~1960년대)	발전기 (1960년~1980년대)	확장기 (1980년~현재)
내용	구빈법, 자선조직협회(COS), 인보관운동	전문직화의 움직임(사회복지이론의 전문성 강화, 사회복지실천의 전문성 강화)	3대 방법론 분화(개별사회사업-진단/기능주의, 집단사회사업, 지역사회조직)	통합방법론 발전	현장접근방법 방법론 정착	새로운 모델, 다양한 관점

출처: 박세정 외(2008). 조미숙 외(2018), p. 56 재구성.

1. 사회복지실천의 태동기(1900년 전·후)

이 시기는 전문적인 사회복지실천이 본격적으로 시작되기 이전의 움직임을 말한다. 영국의 산업혁명은 공업 및 산업의 대변혁과 함께 사회조직에 변혁이 일어나 경제적인 번영을 가져왔으나, 노동자들의 비참한 삶은 여전히 문제가 되었다. 산업혁명 이후 영국은 질병, 도시 빈민, 범죄 문제 등 다양한 사회문제가 발생했으며, 이러한 문제에 대응하기 위해 민간 차원에서 자선사업과 박애사업이 시작되었다. 그 결과 19세기 후반에 자선조직협회와 인보관운동이 대도시를 중심으로 활발하게 전개됨으로써 전문적 사회복지실천이 태동하였다(조미숙 외, 2018; 강병철 외, 2015).

1) 자선조직협회(Charity Organization Society, COS)

18세기 말 영국은 산업혁명으로 인해 공업 및 산업의 대변혁과 함께 사회조직에 변혁이 일어나면서 여러 가지 사회문제가 발생했다. 이것을 해결하기 위해 구빈법을 중심으로 한 빈민구제, 경제교육, 의료제도의 개선으로 빈궁방지법을 사용했다. 하지만 차별적이고 무원칙한 시여와 자선단체가 난립하면서 여러 문제가 발생하기 시작했다. 이러한 점을 보완하기 위해 국가 차원에서 나타난 구호정책의 효율성과 경쟁적인 자선활동들을 조정하고 기술적으로 발전시키고자 19세기 후반부터 자선 조직화 운동이 전개되기 시작하였다. 이 시기의 자선활동은 대체로 산업혁명 이후 등장한 중산층 이상의 계층을 중심으로 우애 방문(friendly visiting)을 통해 이루어졌다. 그러나 이 자선단체들은 서로 조정이 되지 않아 산발적으로 흩어져서 활동했기 때문에 서비스의 중복이나 누락, 소외, 비효율적인 운영과 재원의 낭비 등 비효과적인 대처가 일어났고, 비인간적인 처우와 자선단체의 난립, 무계획적인 시여와 비체계성 등의 문제가 발생했다. 이러한 문제들은 빈곤문제를 해결하는 데는 큰 효과가 없었고 클라이언트의 욕구에 효율적으로 대처하기 위한 한계가 있었다. 이 자선단체 간에 연계와 조정을 통해 체계적이며, 과학적인 자선활동이 필요하게 되었다. 이때 등장한 협회가 바로 자선조직협회(COS)이다.

세계 최초의 자선조직협회는 1869년 4월 영국 런던에서 '자선 구제의 조직화와 구걸방지를 위한 협회(The Society for Charitable Relief and Repressing Mendicity)'라는 명칭으로 결성되었으며 이후 '자선조직협회(Charity Organization Society, COS)'로 개칭되었다. 미국은 영국의 자선 조직화 운동에 영향을 받아 1877년 뉴욕 버펄로에서 최초의 자선조직협회가 창립되었다(김혜영 외, 2014).

자선조직협회의 활동 목적은 ① 자선단체 간 협력을 도모하고, ② 무차별적 도움이 아닌 적절한 조사를 통해 빈민에게 알맞은 도움을 제공하며, ③ 빈민의 구걸행위를 방지해 생활조건을 개선하는 것에 있다. 자선조직협회는 빈곤을 개인의 책임으로 보았기 때문에 최소한의 원조를 제공하고, 빈곤의 해결 역시 개인의 변화를 통해 이루려 했다. 자선조직협회의 주요 활동자는 중산층의 부인으로 구성된 자원봉사자인 우애방문원이다. 우애방문원은 빈민가정을 방문해서 면담을 진행하고 생활조건을 조사했으며, 이러한 사례를 바탕으로 개인에게 근면과 절약, 도덕성을 향상하는 교육을 진행했다. 사업의 양이 증가함에 따라 자선조직협회는 무급직원을 유급직원으로 대체하였으며, 신청자에 대한 실태조사 방법을 표준화하였고(NASW, 1995), 구호의 원칙을 방문 구제에서 신청구제로 변경하였으며, 개별적인 보호자 관리 및 서비스 결정을 위한 사례관리방법을 개발하고 사례회의를 개최하였다.

우애방문원의 가정방문, 면담, 사례연구와 같은 활동은 오늘날 개별사회사업(social casework)의 기초로 평가되었고, 지역사회에 있는 다양한 형태의 자선활동들을 조직화하였다는 점에서 지역사회실천 활동에 영향을 미쳐 사회복지활동의 초석이 되었다(조미숙 외, 2018).

2) 인보관운동(Settlement Movement)

자선조직협회는 개인주의 빈곤관을 가졌기 때문에 빈곤의 해결 역시 개인주의적 접근을 통해 이루려 했다. 그러나 이러한 노력만으로는 환경적이고 사회 구조적인 빈곤의 원인을 해결하지 못했기 때문에 한계를 가질 수밖에 없었는데, 인보관운동은 빈곤의 원인을 산업화의 결과로 보았기 때문에 사회구조적이고 환경적인 개선에 초점을 두었다(엄명용 외, 2011). 인보관운동은 빈곤의 원인을 개인적인 도덕성 결여로만 돌리는 자선조직협회의 한계에 대응하고 인구의 도시 집중화 현상으로 빈민 밀집 주거지역이 생겨나 하나의 새로운 도시문제가 대두되었는데, 도시지역의 빈곤문제에 대처하기 위한 목적으로 인보관운동이 대두되었다.

이러한 빈민의 문제를 해결하기 위해 의식 있는 대학생, 종교지도자, 교육자 등 의식 있는 지식인이 중심이 되어 인보관운동이 전개되었다. 인보관운동은 기관의 이름(settlement house)에서 알 수 있듯이 빈민들이 생활하는 지역사회 내에서 함께 살면서 주민들과 하나 되어 변화를 모색해 나가므로 빈민들의 요구와 희망하는 바를 충족시키기 위해 노력하였다(김용환, 2017).

인보관운동의 모토와 목표를 3R로 요약할 수 있다. 이들은 빈민들과 함께 거주하며(Residence), 생활조건과 환경을 조사하고(Research), 사회개혁을 통해(Reform) 문제를 해결하려 하였고, 빈곤 지역의 중심지에서 빈민들과 함께 생활하지 않으면 빈민과 그 주변을 이해할 수 없다는 데서 형성되었다.

구체적으로 설명하면 빈민 지역에 이주하여 빈곤자와 함께 생활하며 그 실태를 조사하여 파악하고, 이에 따라 문맹 퇴치를 위한 교육사업, 지역주민을 위한 보건교육, 취업을 위한 기술교육, 성인교육 사업 등을 전개하였다(조미숙 외, 2020).

최초의 인보관운동은 1884년 영국 런던에 세워진 토인비 홀(Toynbee Hall)이 설립되었다. 이곳은 학생들의 주거지이자 사회봉사를 위한 장소로 이용되었으며, 이곳을 통해 런던의 빈곤한 노동자들의 삶이 일반 대중에게 알려지기 시작했다(김용환, 2017).

미국 최초의 인보관운동은 1886년 뉴욕 근린 길드(Neighborhood Guild)에서 시작되었는데, 미국의 대표적인 인보관은 토인비 홀에서 거주하며 공부를 했던 제인 애덤스(Jane Addams)가 1889년 세운 미국의 시카고 헐 하우스(Chicago Hull House)이다. 헐 하우스에서 일하는 사람은 세틀먼트 하우스(settlement house)라는 명칭이 붙은 기관에서 생활하면서 주택문제, 공공위생문제, 고용착취문제 등에 관심을 두고 사회개혁을 시도한 사람으로서 사회복지실천 역사에서 중요한 기틀을 마련하였다.

인보관운동은 사업의 방법적인 면에서 집단별로 필요한 교육을 위해 집단을 활용한 다양한 프로그램을 전개했다는 점에서 집단사회사업의 발전에 영향을 미쳤다. 또한, 지역사회에 생활하면서 지역사회문제를 직접 확인하고 서비스를 전개하고, 이를 위한 시설을 운영하였다는 점에서 현재의 지역사회복지관의 모체가 되었으며 지역사회복지의 발전에 상당히 이바지한 것으로 평가된다(강병철 외, 2015).

▼ 표 3-2 자선조직협회와 인보관운동 비교

구분	자선조직협회	인보관운동
최초 기관	1887년 거틴 목사 주도로 뉴욕주 버팔로에 설립	1887년 코이트가 뉴욕시 그린조합 설립
이념 및 이론	사회진화론	사회교육, 사회개혁
참여자	우애방문원(우애방문자)	빈민들과 거주하는 자원봉사자
참여 주도층	중산층 부인 중심의 자원봉사자	젊은 대학생이나 의식 있는 지식인(대학생, 종교지도자, 교육자 등)
사회문제의 원인	개인의 속성(도덕성 결핍)	사회환경적인 요소(가정, 직장, 지역사회의 구조적이고 제도적인 문제, 환경)
도덕성에 대한 관점	기독교적 도덕성 강조, 빈자의 나태함 비난	도덕성의 다양한 관점 인정
참여형태	우애방문원의 가정방문	빈곤 지역에 거주하는 자원봉사자
영향	개별사회사업, 지역사회복지 실천방법(공동모금, 사회복지협의회)의 출발점, 개별사회사업의 모태	집단사회사업, 지역사회복지관 형성에 영향

2. 사회복지실천의 확립기(1900~1920년)

사회복지실천이 봉사의 형태에서 전문직으로 발전하게 되는 계기는 보수체계의 정립과 교육 및 훈련제도의 확립이라는 두 가지 맥락에서 볼 수 있다(나동석 외, 2009). 보수체계의 정립은 우애방문자들의 봉사활동에 대가를 지급하면서 이루어졌다. 먼저 무급 자원봉사자인 우애방문원에게 적은 액수지만 보수를 제공하여 지속적인 활동과 책임성이 높아짐과 동시에 그 역할을 확대했다. 단순히 봉사 차원을 넘어서 전문적인 활동으로 인정받게 되었고, 지도 감독하는 역할을 담당할 관리자를 고용하면서 또 다른 형태의 전문가가 탄생하였다(조미숙 외, 2018; 강병철 외, 2015).

자선조직협회의 유급직원들은 그들의 전문성 함양을 위한 다양한 교육적 욕구에 직면하게 되는데, 우애방문원들의 교육과 관리에 필요한 일정의 지침이 마련되어 있지 못함으로써 전문직 과제 수행의 첫 번째 난관에 봉착하게 되었다. 이에 사회복지실천과 전문직의 수행을 위한 교육적 차원에서의 노력이 일어나기 시작했다. 우애방문원들의 역할을 정립하고, 서비스의 질을 향상하기 위하여 일련의 표준 훈련 과정이 개발되었는데, 이것이 사회복지실천가를 위한 전문적 교육과정의 시초라고 알려져 있다(최혜지 외, 2013).

전문적 교육 및 훈련제도의 확립

- 1897년 볼티모어 자선조직협회의 리치몬드는 자선 및 교정학회에서 전문교육을 담당할 기관의 필요성 인식
- 1898년 뉴욕 자선조직협회에 의해 미국 최초의 사회복지인력 훈련과정(6주간 개설)이 뉴욕 자선 학교(현 컬럼비아대학)에서 실시
- 1903년 정규대학과정으로 시카고 대학교, 1904년 컬럼비아 대학교에 사회복지 관련 학과가 개설
- 1905년 의사인 캐봇(Richard C. Cabot)이 매사추세츠 병원에서 의료사회복지사를 정식으로 채용함으로써 최초로 전문사회복지사로서 활동
- 1907년 시카고 대학에 사회복지교육 프로그램 개설
- 1917년 리치몬드에 의해 사회복지실천 과정의 이론을 정리한 『사회진단(social diagnosis)』이 출간됨
- 1919년 미국에는 17개의 사회복지대학(사회복지실천현장 근무 학생, 현장 중심적 교육)이 생겨났으며, 현장 유급직원의 시간제등록 학생을 대상으로 주로 현장 중심의 교육이 이루어짐
- 1920년 연중 전일제 수업을 규정한 석사과정이 생겨나기 시작(당시 교육 과정의 핵심은 개별사회사업)
- 1921년 미국 사회복지사협회(NASW), 1924년 미국 정신의학 사회복지사협회 등의 전문가협회 설립

3. 사회복지실천의 분화기(1920~1950년)

1920년까지 프로이트(Sigmund Freud)의 진단주의가 사회복지실천에 영향을 주었고 점차 사회복지실천이 전문직으로 성장하면서 전문영역의 확장과 이론적 기초를 이루기 위한 성장을 이루었다면, 이 시기는 사회복지실천의 이론적·방법론적 발달이 영역별로 분화되어 발전하는 시기였다(조미숙 외, 2020; 양정남 외, 2008).

제1차 세계대전, 특히 1929년 세계 경제 대공황은 미국 사회가 그동안 가지고 있었던 도시문제, 급격한 산업화와 도시화 현상이 나타났고 빈부격차, 인종 간 대립과 갈등은 심각한 사회문제를 발생시켜, 빈곤의 원인을 개인에게서 사회로 돌리는 중대한 계기를 제공하면서 기능주의 이론이 탄생하였다. 또한, 사회복지실천현장에서 다양한 사회복지실천모델과 집단사회사업이 활용되었고, 1차 세계대전이 시작되면서 지역사회조직이란 용어가 일반화되었다. 사회문제의 해결 방법은 개인의 심리·사회적 역동에 기반을 둔 미시적 접근에서 벗어나 사회 구조적 문제해결과 공적 서비스 제공체계의 역할과 기능을 강조하는 거시적 접근을 시도하기에 이르렀다(이경준 외, 2018; 엄명용 외, 2011).

1) 3대 방법론의 분화

(1) 개별사회사업(Casework)

개별사회사업은 개인을 원조하는 것으로 정신적, 육체적, 사회적으로 부적응 상태에 있는 개인이나 가정을 상대로 하여 문제를 해결 또는 지도하는 사회사업 방법론 중 하나로, 개별사회사업의 시초는 1869년 영국에서 활동한 자선조직협회의(Charity Organization Society, COS)의 운동과 사업에 기반을 두고 있다. 우애방문원을 두어 요보호자를 조사하고, 기록하고 협회에 등록했던 자선조직협회의 활동은 미국으로 건너가 개별사회사업 방법에 크게 이바지했다

(조미숙 외, 2018).

1929년 밀포드(Milford)에서 가진 회의에서 발표한 개별사회사업 방법론을 기본으로 전문직 사회복지사가 갖추어야 할 기본적인 지식 및 방법론에 대한 8개 영역의 공통의 요소는 다음과 같다.

첫째, 사회에서 받아들여지는 규범적 행동에서 벗어난 행동에 관한 지식
둘째, 인간관계 규범의 활용도
셋째, 클라이언트에 관한 사회력(social history)의 중요성
넷째, 클라이언트를 치료하기 위한 방법론
다섯째, 사회치료(social case work)에서 지역사회 자원의 활용
여섯째, 개별사회사업에서 요구되는 과학적 지식과 경험을 적용
일곱째, 개별사회사업의 목적, 윤리, 의무를 결정하는 철학적 배경의 이해
여덟째, 이상의 모든 것을 사회치료에 융합하는 것

개별사회사업의 선두주자인 리치몬드는 『사회진단』에서 클라이언트 문제의 원인을 밝히기 위해서 클라이언트의 환경적 사항에 관한 자료가 충분해야 한다고 했다. 이 시대에 개별사회사업의 주요한 관심은 클라이언트의 문제 원인을 파악하는 것과 클라이언트를 둘러싸고 있는 사회적 요인을 찾는 것이다(김용환 외, 2017; 강병철 외, 2015). 리치몬드에 의해 대표되었던 사회환경론적 견지에서 1920년을 전후로 개별사회사업에 대한 정신분석학적 영향이 직·간접적인 영향을 주었으며, 그중에서도 프로이트의 정신분석학에 의존하는 진단주의 학파와 진단주의 경향에 반대하는 오토 랭크(Otto Rank)의 기능주의 학파가 생겨났다(조미숙 외, 2018).

① 진단주의(diagnostic school)

진단주의는 프로이트의 정신분석학적 관점에 따라 과거 어린 시절에 대한 분석과 진단, 개인의 성격발달과 과거 경험 등을 주요 골자로 개별적으로 접

근하였다.

진단주의의 기본전제는 자아(ego)의 힘이 사회복지 원조에 따라 강화됨으로써 사회적응에 대한 성격의 적응력이 강화될 수 있다는 것이다. 진단주의는 변화의 중심이 문제를 진단해 규정하고 치료계획을 세우는 사회복지실천가에게 있다고 보았다. 진단주의적 접근에서는 원조 과정의 핵심인 조사, 진단, 치료단계를 개념화하고, 사회복지사와 클라이언트 간의 치료적 관계를 중요시하였다. 치료단계에서는 상담 및 치료를 위주로 하고 사회적 자원, 프로그램 개발, 자원 조정 등의 방법으로 부족한 면을 보충하였다(Jonson & Yanca, 2004). 사회복지실천은 진단주의를 근거로 클라이언트의 성격 구조를 과거에서 현재까지의 생활을 분석하고 나아가 현재의 자아 기능을 해명하여 자아의 강화를 도모함으로써 사회환경에 대한 성격의 적응력을 강화하고자 하였다(조미숙 외, 2018). 진단주의는 사회환경에 대한 적응력을 향상하는 것을 목적으로 하며, 진단주의를 '질병의 심리학'이라고도 한다(김용환 외, 2013). 진단주의 이론은 뉴욕 사회사업대학의 해밀턴(Hamilton, 1940) 교수의 저서 『개별사회사업의 이론과 실제』에서 이론적으로 정립되어 홀리스(Hollis, 1972)의 '심리 · 사회적 모델'로 더욱 발전하였다.

② 기능주의(functional school)

기능주의는 1930년대 제2차 세계대전과 대공황으로 인한, 대량 빈곤문제를 경험하게 되면서 진단주의에 불만을 느끼고 기능주의가 등장하게 되었다. 기능주의 모델의 대표적인 학자 오토 랭크는 프로이트의 인간관에 이의를 제기하면서 "인간은 그들 과거의 생산물이 아니라 그들 스스로 계속해서 창조하고 재창조할 수 있다"라는 인간에 대한 낙관적 견해를 채택하였다.

그들의 초점은 사회복지사와 클라이언트와의 관계에 있었다. 랭크는 '질병이론'이 아닌 '성장이론'을, 그리고 '치료'라는 말 대신에 '원조 과정(helping process)'이라는 용어를 사용했으며 인간을 좀 더 창의적, 의지적, 낙관론적으로 보아야 한다는 견해를 주장했다(조미숙 외, 2018). 따라서 사회복지실천가는 원조해야 하는 사람의 성장에 이바지한다는 믿음과 협력적 실천 관계를 중시하며, 문제해결의 중심은 당사자 자신임을 강조한다. 또한, 과거보다는 현재 '여기 그리고 지금(here and now)'의 상황에 초점을 둠으로써 '성장 심리학(인간의 성장 가능성: 변화)'에 근거하고 있으며, 제한된 시간 안에 기관의 기능 범위에 속한 쟁점에 초점을 맞추는 전략을 강조하였고, 성장할 수 있는 클라이언트 내부의 힘에 대한 믿음을 전제로 하여 치료라는 용어보다는 원조 과정(helping process)이라 표현하면서 사회복지실천가는 치료자가 아닌, 전문적 지식을 적용하여 대상자들과 상호협력의 임무를 수행하는 존재로 인식한다(Johnson & Yanca, 2004). 기능주의 특성은 진단주의에 영향을 주어, 진단주의가 개인의 내적 진단을 중시한 프로이트의 영향에서 약간 벗어나 환경 속의 인간을 이해하는 쪽으로 나아가게도 하였다(엄명용 외, 2011).

(2) 집단사회사업(group work)

1920년대 지역사회 공공시설과 지역사회센터 건설 등으로 자발적인 여가 활동과 집단활동이 활성화되면서 체계화된 전문적 기술이 필요해짐에 따라 집단사회사업에 대한 전문교육이 시작되었다. 1923년 웨스턴레저브(Western Reserve) 사회복지대학원에서 처음으로 콜리(Coyly)는 집단사회사업 교과 과정을 갖추어 가르치기 시작하였다. 1936년에는 미국 집단사회사업연구협회가 결성되었고, 1940년대에는 사회복지가로 인정받기를 원하는 집단사회사업가들의 열망뿐만 아니라 정신분석기법을 지향하는 개별사업가들과의 긴밀한 협력으로 인해 집단을 치료 목적으로 활용하는 경우가 늘어나기 시작했다.

집단사회사업은 경쟁보다는 협동에 초점을 두었고 집단 구성원 간의 상호작용을 강조하였으며, 인보관운동, 사회교육운동(YMCA, YWCA, Boy Scout, Girl Scout), 레크리에이션 활동에서 그 기원을 찾을 수 있다. 그 후 이와 같은 활동의 발전과 더불어 사회조사, 소집단 사회학, 집단역학, 사회심리학의 행동과학 분야의 발전된 지식을 도입함으로써 1930년대부터 사회복지의 전문적인 한 방법으로 체계화되었다(조미숙 외, 2018). 1935년 미국 사회복지사 전국대회에 집단사회사업 분과가 생겼고, 1946년 미국 사회복지회의에서 집단사회사업협회가 조직되면서부터 공식적으로 사회복지실천 기술로 인정하였다.

(3) 지역사회조직(community organization)

지역사회조직사업은 1920년대부터 주 단위 공공 복지기관이 설치되면서 새로운 국면에 접어들었다. 대공황으로 한계를 드러낸 민간사회사업은 미국인에게 국가가 국민 개개인의 사회경제 생활에 관여해서는 안 된다는 기존의 사고를 깨고 미국인이 정부의 간섭을 수용하는 계기가 된 중요한 사건이었다. 정부가 적극적으로 나서서 일자리를 창출하고, 빈민구제에 대해서도 연방정부, 주 정부 차원에서 적극적인 지원정책을 요구하였다. 프랭클린 루스벨트는 신속하고 과감하게 새로운 정책인 뉴딜(New Deal)정책을 선포하였다(허정철 외, 2019).

1935년 8월 14일 공적 복지 분야에서 지역사회조직 과정 활용을 강화하는 「사회보장법(Social Security Act)」이 제정되어 미국에서도 공적 사회사업기관이 발달하게 되었고, 1946년 버펄로(Buffalo)에서 열린 전미 사회사업회의로서 지역사회조직 연구회가 발족하였다. 「사회보장법」은 사회복지에 대해 확대된 연방의 책임으로 볼 수 있으며, 동시에 빈곤을 개인적인 측면보다는 사회 구조적 관점에서 바라보는 새로운 시작이라 할 수 있다. 또한, 사회보장법은 연방정부가 관장하는 노령법, 주 정부가 관장하고 연방정부가 재정을 보조하는 실업보험, 주 정부가 관장하고 연방정부가 재정을 보조하는 공공부조와 사회복지서비스로 구성되어 있다(허정철 외, 2019).

이처럼 국가에서 사회사업기관을 설립하고 사업의 목적으로 고용기회와 복지 혜택이 신장하였고, 「노사관계법(National Labor Relations Act)」도 제정되었다. 공공영역에서 사회복지사를 대거 고용하기 시작해 사회복지사가 늘어나면서 지역사회실천이 발달하였을 뿐만 아니라 지역사회조직이 전문화되어 사회사업 방법론의 한 분야로 정착하게 되었다.

4. 사회복지실천의 통합기(1950~1960년)

점점 복잡하고 다양해지는 사회변동과 사회문제를 과거 방법론적 접근방법으로는 대응하기가 힘들어지자 사회복지실천 방법론을 통합하려는 움직임이 일어났다(조미숙 외, 2018). 이처럼 분화되어 있던 진단주의와 기능주의 학파 사이의 갈등은 펄만(Perlman)의 절충주의적 방식을 통해 통합이 모색되기 시작했다. 통합적 방법은 사회복지실천가가 개인, 집단, 지역사회에서 제기되는 사회문제에 활용할 수 있는 공통된 하나의 원리나 개념을 제공하고자 하는 방법의 통합화, 즉 공통된 지식, 가치, 기술에 기반을 두는 것을 말한다(김용환 외, 2013). 1958년에 미국 사회복지사협회(NASW)가 '사회사업실천의 작업 정의' 보고서에서 사회복지실천을 정의 내렸고, 이후 1970년에 바틀렛(Bartlett)이 사회복지실천의 공통기반에서 개인과 환경에 대한 이중초점을 내용으로 하는 사회복지실천의 공통기반을 묶어냈다. 또한, 1970년대에 체계이론이 사회복지실천의 주요 이론으로 활용되면서 '환경 속의 인간(person in environment)' 개념이 확장되었다(김혜영 외, 2020). 이와 함께 1955년에 전문직 단체의 통합도 이루어져 미국 사회사업가협회(NAWS)는 5개 전문직 단체(의료사회사업가협회, 학교사회사업가협회, 사회사업가협회, 정신의료사업가협회, 집단사회사업가협회)와 2개 연구단체(지역사회조직사업, 사회사업조사)를 통합하여 단일 전문직 단체로 출범하게 되었다(조미숙 외, 2018; 양정남 외, 2008).

이 개념에 근거한 대표적 통합 접근모델들로 4체계 모델(Pincus & Minahan,

1973), 단일화 모델(Goldstein, 1973), 문제해결모델(Compton & Galaway, 1975), 생활모델(Germain & Gitterman, 1980) 등이 있다.

5. 사회복지실천의 발전기(1960~1980년)

1960년대 미국의 경제대공황(1929) 등의 여파로 개인에 초점을 둔 사회복지실천이 근본적인 문제해결을 이루기에는 부적절하다는 인식의 영향으로, 사회복지실천의 분화와 통합기를 거치면서 실천의 개입 방향이 사회변화 및 사회적 개입으로 회귀하기 시작했다(조미숙 외, 2018). 1970년대 생태체계이론의 등장으로 인간을 함께 이해하는 관점에서 다양한 실천모델이 등장하였다. 이처럼 사회복지통합이론이 진행되는 한편 전통적인 실천기술도 각기 현실적인 요구에 부응하여 새로운 이론을 형성하면서 서로 의존적으로 발전하는 과정을 겪게 되었다(조미숙 외, 2018; 이영분 외, 2001).

구체적인 분야별 사회복지실천의 발전을 살펴보면 다음과 같다(조미숙 외, 2018).

1) 개별사회사업의 발전

전통적인 개별사회사업에서 클라이언트는 특정 클라이언트에 한정되었으나, 개별사회사업으로 발전하면서 한정된 클라이언트뿐만 아니라 모든 클라이언트로 대상과 기능이 확대되었다. 전통적 사회복지의 흐름을 발전시킨 홀리스(Hollis)의 '심리 · 사회적 모델', 오토 랭크(Otto Rank)의 '기능주의적 모델', 펄만(Perlman)의 '문제해결 모델', 토마스(Thomas)의 '행동주의 모델'이 주요 모델로 등장하였다. 또한, 1970년대를 전후하여 라포포트(Rapoport)의 '위기개입 모델', 리드와 엡스타인(Reid & Epstein)의 '과제 중심 모델' 그리고 저매인(Germain) 등의 '생활모델'에 대한 이론화가 진행되었다.

2) 임상사회사업의 발전

1970년대에 접어들면서 미국은 존슨(Johnson)의 사회복지정책에 대한 보수주의자들의 공격으로 인해 공공부문의 직업과 훈련수당이 삭감되는 등 어려움을 겪게 되었다(조미숙 외, 2018).

임상사회사업은 이때 발전하게 되었다. 미국사회복지사협회(NASW, 1984)는 임상사회사업의 정의를 아래와 같이 정의하고 있다. 임상사회사업은 모든 사회사업실천과 같이 개인과 가족 그리고 소집단의 심리 · 사회적 기능을 향상하고 이를 유지하는 데 그 목적을 둔다. 임상사회사업실천은 정서 및 정신장애를 포함한 심리 · 사회적 역기능과 무능력, 손상을 치료 · 예방하는 사회사업이론과 기술을 전문적으로 적용하는 것이다. 그리고 중요한 관점은 상황 속의 개인이라는 전통적인 사회사업 관점을 중심으로 임상사회사업은 대인 간의 상호작용, 정신계의 역동, 생활지지 및 관리문제에 입각한 개입을 지향한다. 또한, 심리치료 및 상담, 클라이언트 중심의 옹호, 자문, 평가 등을 포함하며, 사정, 진단 치료의 과정으로 구성된다(Minahan, 1981). 아울러 '환경 속의 인간'이라는 관점은 임상사회사업 실천의 핵심이며 인간발달이론을 지식의 기반으로 한다.

3) 집단사회사업의 발전

1960년대 집단사회사업은 전문적 응용 차원에서 성격별로 연구되어 개별사회 사업적 모델, 임상적 모델, 일반적 집단사회사업 모델 등 세 개의 초기 모델로 정비되었다. 이는 다시 발전을 거듭하여 1960년대 후반부터 1970년대에 이르러 사회목표 모델(social goals model), 치료모델(remedical model), 상호작용 모델(reciprocal model), 인본주의 모델, 사회학습 모델, 목표형성 모델(goal formation model) 등 여섯 가지 모델로 성장하게 되었다. 또, 1960년대에 접어들어 미국의 빈곤과 인구문제가 표면화되기 시작했고, 이는 빈곤과 인종차별에 대한 철폐를 요구하는 흑인들의 권리 옹호 등의 시민권 운동으로 전개되었다.

4) 지역사회조직사업의 발전

로스(Ross)는 '지역사회조직사업'에서 사회계획에 대한 지역사회의 참가가 중요하다고 주장했으며, 로스만(Rothman, 1968)은 지역 사회활동을 지역개발(locality development) 모델, 사회계획(social planning) 모델, 사회행동(social action) 모델의 세 가지로 분류하였다. 여기에 이후 개발된 근린지역의 지역사회조직, 기능 지역 지역사회조직, 프로그램 개발과 지역사회 연계, 사회운동, 연대 활동의 다섯 가지 모델이 부가되어 현대 지역사회복지와 문제해결에 준거 틀이 되고 있다.

6. 사회복지실천의 확장기(1980~현재)

영국은 1990년대 중반 이후 늘어나는 복지비용을 감당하기 힘들어지자 복지정책을 축소하기 위한 개인의 책임성을 강조하는 보수적 관점이 뚜렷이 나타나는 경향이 있으며, 공공부문에서 다양한 사회복지 프로그램 예산이 삭감되었다. 해결중심의 단기 개입이 많이 이루어졌으며, 지역사회 내 다른 자원들과 연계하는 데 주안점을 둔 접근이 성행하였다(박세정 외, 2008). 또한, 절대 진리나 절대적 설명체계를 밝히려는 연구의 한계가 드러남에 따라 다중관점의 필요성이 새롭게 대두된 시기이다. 생태학적 모델, 생활모델, 지역사회와 가족 중심의 접근법도 특히 가난하고 불우한 사람들에게 적절한 서비스를 제공하고 프로그램을 폭넓게 수행하기 위해 노력하게 되었으며, 이러한 점에서 주목을 받았다(조미숙 외, 2018).

구체적인 분야별 사회복지실천의 확장을 살펴보면 다음과 같다(조미숙 외, 2018).

1) 개별사회사업실천의 확장

다양한 이론적 관점을 수용하게 되었고 클라이언트의 관점에 더욱 관심을 끌게 되었다(Anderson & Goolishian, 1992). 상황에 맞는 개입뿐만 아니라 클라이언트의 처지와 체질에 맞는 개입이 강조되었으며 역할 및 개입 전략의 다중성이 중요하게 여겨졌다(Germain & Gitterman, 1980). 또, 문제에 대한 사회, 정치적 측면과 아울러 개인적 차원에서 동시에 해결되어야 한다는 필요성이 강조되었다. 개인이나 가족들과 치료 대화를 나누는 이야기 및 해설자적 접근법 등 매우 독특한 치료적 개입기법이 개발되었고, 단기 문제해결 중심의 개입기법이 개발되었다(Borden, 1992).

2) 집단사회사업실천의 확장

1980년대 초 이후 집단실천에 필요한 기본구조를 제공하는 수많은 사업이 등장하였다. 1988년 창간된 영국의 정기간행물 '집단사회사업'은 복합 가족집단, 폭력, 보건단체, 아동, 청소년 등을 주제로 하고 있어 관련자들의 시각을 넓히고 집단사회사업을 발전시키는 데 크게 이바지하고 있다.

3) 지역사회사업실천의 확장

사회적 보호와 지역사회사업의 개념은 상처받기 쉽고 혜택을 받지 못한 집단에 특별히 주안점을 둠으로써 더욱 강화되었다. 권한 부여(empowerment)는 1970년대 이후 사회복지에서 일반체계이론과 생태학 이론을 활용하게 되면서 나타난 일반사회복지실천에서 오랫동안 존재해 왔던 강점 중심의 실천모델이다. 클라이언트를 문제 중심이 아니라 강점 중심으로 봄으로써 클라이언트의 잠재력 및 자원을 인정하고 클라이언트가 건강한 삶을 결정할 수 있도록 권한 혹은 힘을 부여하고자 하는 것이다. 전략은 가난하고 억압받는 집단들을 대상으로 활동하면서 특별히 그 필요성이 인정되었다(Lee, 1994).

전체적으로 서구 사회복지실천 변천 과정은 국가의 기본적인 사회복지제도의 틀 속에서 민간의 책임성을 강조하고 적극적으로 민간 참여를 유도해 나가고 있다. 서구사회는 전문적인 사회사업의 확대와 다양한 복지 욕구에 대처하려는 노력을 병행해 나가고 있음을 알 수 있다.

로마니쉰(Romanyshyn, 1971)은 전 산업사회에서 후기 산업사회로의 이행 과정에서 사회복지의 관점 변화를 다음과 같이 세분화하여 설명하고 있다.

(1) 잔여적 개념에서 제도적 개념으로 변화

① **잔여적 개념:** 일시적, 응급적, 보충적인 사회복지의 개념이자 도움이 필요한 사람들의 기능 부족을 강조하는 개념

② **제도적 개념:** 하나의 사회제도로서 정당한 권리를 누리게 되는 사회복지의 필요성이 강조되었다.

(2) 자선에서 시민의 권리로 변화

① **자선 관점:** 19세기 중산층의 자선관을 반영한 복지 개념

② **시민권적 관점:** 19세기 말 시민계급으로 성장한 노동자들이 사회복지를 시민권의 개념으로 획득하게 되었다.

(3) 특수성에서 보편성으로 변화

① **특수성:** 사회복지는 빈민에 대한 특별한 서비스

② **보편성:** 사회복지를 많은 사람이 보편적으로 가진 욕구를 충족시키는 프로그램으로 보게 되었다.

(4) 최저 수준에서 적정 수준으로 변화

① **최저 수준**: 사회복지의 보장 수준은 최저 생계비 수준

② **적정 수준**: 사회복지의 보장 수준이 적정 생계비 수준으로 발전하였다. 그 변화의 배경에는 사회 생산력이 발전한 것, 절대적 빈곤의 개념을 상대적 빈곤 개념으로 대체한 것이 있다.

(5) 개인에서 사회개혁으로 변화

① **개인**: 사회복지의 근거가 되는 문제 발생 요인을 개인의 도덕적 결함 혹은 기능 부족에서 발견하는 관점

② **사회개혁**: 문제 발생 요인을 구조적인 사회제도의 결함에서 찾게 되는 관점으로 이해하였다.

(6) 자발적 자산에서 공공으로 변화

① **자발적 자선**: 영국의 빈민법(16세기 말~17세기 초)이나 19세기 말 혹은 20세기 초기 미국의 경우 자발적인 사회복지 활동에 크게 의존

② **공공**: 자발적 자선의 한계로 인해 정부의 개입이 점차 증가하였다.

(7) 빈민에 대한 복지에서 복지사회로 변화

① **빈민에 대한 복지**: 초기의 사회복지 개념은 빈민에 대한 복지의 개념

② **복지사회**: 모든 사회제도가 인간의 능력을 동등하게 실현할 수 있도록 돕는 복지사회로 변화되었다.

로마니쉰(Romanyshyn, 1971)은 사회복지 개념이 서구사회를 중심으로 전 산업사회로부터 19세기 자유방임 자본주의를 거쳐 후기 산업사회로 변화함에 따라 자선과 교정, 복지국가, 복지사회로 변화되었다고 말했다.

제2절 한국 사회복지실천의 역사적 발달 과정

1. 한국 사회복지실천

1) 초기 사회복지실천

(1) 고조선에서 조선 시대

고조선에서 조선 시대에 이르기까지 한국 사회복지실천의 역사를 언제부터 시작되는 것으로 규정할 것이냐는 논란의 여지가 많다. 고구려의 진대법은 춘궁기인 3월에서 7월 사이에 관곡을 대여했다가 추수기에 내게 하는 제도로 부양해 줄 가족도 없으면서 경제적으로 혼자 살아갈 수 없는 사람들을 구휼 대상으로 빈민구제를 목적으로 하는 곡물 대여 제도이다.

고려 시대에는 풍년이 들면 국가에서 곡물을 사들여 곡물 가격을 올리고 흉년에는 곡물을 풀어 곡물 가격을 떨어뜨리는 방식으로 물가를 조절하는 기능과 구빈을 함께하는 상평창을 만들었다. 고조선 이래로 수많은 역사를 이어왔으나 흉년이나 가난으로 백성들이 어려울 때 국가에서 비축양식을 풀어 국가 주도의 구휼이나 시혜성격으로 백성들을 구제하는 정책 등이 사회복지실천의 범주에 속하느냐 하는 것은 논란의 여지가 많다. 이런 점에서 우리나라 사회복지실천의 역사적 변천 과정은 근대 이전은 거론하지 않고, 한국전쟁 이후를 중심으로 알아보기로 한다.

(2) 개화기에서 한국전쟁 이후

우리나라의 근대 사회복지실천 도입은 1950년대 한국전쟁 이후 사회복지실천의 근대적 개념이 본격화되었다고 볼 수 있다. 서구, 특히 미국 원조단체들의 지원은 시설 중심의 사회복지를 발전시켰고 우리나라의 사회복지실천 기초를 다지게 하는 계기가 되었으며, 무엇보다도 전쟁으로 인해 혼란한 시대에 구호 활동을 위해 상당한 노력을 기울였다.

1950년 한국전쟁을 전후로 설립된 기독교 아동복지재단, 홀트아동복지회, 선명회 등 외국의 민간 원조단체를 중심으로 개별사회사업을 하였는데, 서구의 역사처럼 서비스의 중복수혜나 사각지대가 발생하면서 서비스의 조직과 전달의 문제가 드러났고, 체계적인 관리체계가 강하게 인식되기 시작하였다. 1952년 3월에는 외원단체들의 협력조직체인 한국 외원단체협의회(Korea Association of Voluntary Agencies, KAVA)가 결성되었다.

2) 사회복지실천의 시작과 발전

(1) 지역사회복지 분야

1921년 우리나라 최초의 사회복지기관인 태화여자관(현재의 태화기독사회복지관)이 설립된 것을 시작으로 지역사회복지사업이 시작되었다. 1983년 개정된 「사회복지사업법」을 토대로 사회복지관의 설립 및 운영을 지원하는 근거가 마련되어 공식적으로 국가의 지원을 받게 되었고, 1985년부터 시 · 도 단위로 종합사회복지관이 설립되었다. 더불어 지역사회 중심의 자원 동원과 서비스 전달체제의 확립 및 지역사회 주민의 조직화 사업을 강화하는 등 지역사회복지의 실천영역을 확대했다. 1987년 사회복지전담요원제도를 도입하여 전국의 읍 · 면 주민센터에 배치하여 생활보장대상자를 중심으로 공공부조 업무에 종사하도록 하였다. 사회복지전담요원제도의 실시는 공공부조 업무의 성과를 가져왔을 뿐만 아니라 지역사회 중심의 공공사회복지 전달체제의 새로운 전기를 마련하기도 하였다.

1989년에 개정된 「주택건설촉진법」에 의해 저소득층 영구임대아파트 건립 시 일정 규모의 사회복지관 건립을 의무화하면서, 저소득층 밀집 지역을 중심으로 사회복지관이 수적으로 증가하고 저소득층 복지 향상에 이바지하게 되었다. 또한, 2003년 7월「사회복지사업법」 개정에 따라 2005년 7월부터 시행되면서 각 지자체는 지역사회복지계획을 수립하여 2006년까지 완료하였고, 2007년부터는 지자체별로 지역 단위의 복지계획을 연차별로 시행계획을 수립하여 실천하도록 하고 있다.

(2) 의료사회복지 분야

1958년 한노병원에서 전문적인 사회사업을 전공한 전문의료사회사업가가 의료기관에서 처음 일을 하기 시작하였다. 이때 노르웨이인인 레보케(Rekkebo)의 지도하에 캐나다 유니태리안 봉사회가 결핵 환자와 그 가정을 위해 인적, 물적 자원의 보조로 도움을 제공하면서 현대적이고 과학적인 의료사회사업이 시작하게 되었으며, 1959년 국립의료원, 원주기독병원 등에서 의료사회사업(medical casework)이 시작되었다.

1973년에는 「의료법」 개정으로 종합병원에 사회사업가 채용 조항이 신설되면서 종합병원 단위의 의료기관에 사회복지사 의무 고용의 법적 근거가 마련되었다. 1973년 '대한의료사회사업가협회'가 창립되었으며, 2000년 대한의료사회복지사협회로 개칭되었다.

(3) 전문가협회

1959년 한국개별사회사업가협회가 창설되었으며, 1965년 한국사회사업교육연합회가 설립되었다. 1967년 한국사회사업가협회가 창설되었고, 1985년 한국사회복지사협회로 개칭하였다.

(4) 교육 분야

1947년 이화여자대학교에 기독교사회사업학과를 설립하여 우리나라에서 최초로 사회복지전문인력이 배출되기 시작했다. 1953년에는 중앙신학교(현 강남대학교)가 최초의 사회복지사 양성을 위한 훈련기관으로 설립되었다. 1965년 한국 사회사업교육연합회(현 한국사회복지교육협의회)가 태동하였다.

(5) 학교사회복지 분야

1977년 교육부에서 '학교사회사업 시범 연구사업'을 시작한 것에서 공식적인 학교사회복지사의 활동이 출발한다. 그러나 공식적인 제도화는 이루어지지 않았다. 1997년 한국학교사회사업학회(현 한국학교사회복지학회)가 창립되었고, 2000년 한국학교사회사업실천가협회가 창립되었다. 2003년에 제1회 사회복지사 1급 자격시험제도가 시행되었으며, 2005년에 제1회 학교사회복지사 자격시험을 시행하였다.

(6) 공공분야

공공분야에는 사회복지 전문요원이 있다. 사회복지 전문요원이란 국민기초생활 보장사업을 비롯해 사회복지업무의 효율적 추진을 위하여 지방자치단체의 장이 「사회복지사업법」 제8조의 규정에 따라 1987년부터 사회복지사 자격을 가진 자 중에서 선발하여 시 · 군 · 구 및 읍 · 면 · 동 등 행정기관에 배치한 사회복지전담공무원을 말한다. 담당업무는 수급 대상자를 선정하거나 아동, 노인, 장애인 복지업무 등을 담당한다.

(7) 정신보건 분야

정신장애인의 격리, 수용보다는 사회복귀와 예방 및 인권 보호에 초점을 맞춘 「정신보건법」이 1995년 제정되고, 1996년부터 시행됨에 따라 1997년에 정신보건 전문요원으로서 정신보건사회복지사 자격을 제정하였다.

(8) 가족복지 분야

다양한 가족지원 정책을 제안하고 실행하기 위해 2004년 제정되고 2005년 1월부터 시행된 「건강가정기본법」에 따라 건강가정지원센터가 설립되었다.

2. 한국사회복지와 외원단체

1) 한국전쟁 이후의 외원단체

한국전쟁이 발발하면서 전쟁으로 인한 물자 상실이나 구호해야 하는 전쟁 난민들은 헤아릴 수 없이 많았고, 전쟁으로 지원할 지원수단이 파괴되어 고통을 받는 이재민과 집을 잃은 피난민, 남한 인구 약 2천백만 명 가운데 빈곤과 인플레이션으로 괴로움을 받는 지방 빈민이 절반이나 되었다. 이런 상황에서 외국의 원조가 시작되었으며 외국의 기독교회와 구호단체들은 한국에 직접 구호활동가를 보내거나 한국교회에 다량의 구호 금품을 보내 구호 활동에 나섰다.

(1) 기독교 아동 복지회(Christian Children's Fund, 현 어린이재단)

1948년 미국 기독교아동복리회(Christian Children's Fund, CCF)의 지원으로 아동복지사업을 시작하여, 1953년부터 1954년까지 전국 71개 시설의 약 8,000명의 아동을 후원하였다. 1972년에 법인의 명칭을 '한국어린이재단'으로 변경하였고, 1986년 현 한국복지재단에 사업을 위임한 후 한국을 떠남에 따라 국내 순수 민간기관으로 독립하여 지금까지 60여 년간 복지사업을 진행해 온 사회복지 전문기관이다. 이후, 한국어린이재단은 1994년 '한국복지재단'으로 바뀌었다가 2008년 1월부터 '어린이재단'으로 변경되었다.

(2) 선명회(World Vision, 현 월드비전)

1950년 한국전쟁 중 미국인 선교사 밥 피어스(Bob Pierce) 목사와 한경직 목사는 한국교회 지도자들과 협력하여 전쟁으로 가족을 잃은 고아와 남편을 잃은 미망인들을 돕기 위해 한국선명회를 1953년 설립하였다. 선명회는 현재 월드비전이라는 이름으로 긴급구호사업, 개발사업, 옹호사업, 아동과 장애인 후원사업 등을 펼치고 있다.

(3) 양친회(Foster Parents' Plan, 현 양친사회복지회)

1953년부터 한국에서 활동한 국제민간기구 양친회는 1974년 양친회의 정신을 이어받은 사회복지법인 '양친사회복지회'를 설립하여 광주시 중부면(현 성남시 중원구 금광동)에서 사회적 약자를 위한 사회복지법인의 역할을 수행하고 있다. 양친회 국제본부는 종교, 정치, 인종을 초월하여 전 세계에 걸쳐 복지사업을 수행하고 있는 순수한 국제 민간원조단체로서 한국전쟁을 계기로 1953년 양친회 한국지회(부산시 전쟁고아를 위한 양친회 한국지부) 지부를 두고 사업 시작하여 1953년부터 1980까지 33개 시설 743명의 아동을 후원하였다. 1979년 대구 양친회신용협동조합 설립, 양친회 병원을 국내에 기증하고 양친회 한국지부 사업 종결로 한국에서 철수하였다.

2) 한국 외원단체협의회(카바: KAVA, Korea Association of Voluntary Agencies)

한국은 6·25 전쟁으로 인해 많은 외국 민간원조단체가 한국에서 사업을 시작하였다. 이후 개별적으로 운영되던 사업형태를 통일하고 협력과 조정의 기능을 강화하기 위해 1952년 3월 외원단체 7개 기관이 모여 카바(KAVA)를 결성하였다. 1954년 이 당시 등록한 외원단체 수는 33개였고, 1955년에는 사무국을 두어 연합회의 기능을 갖추었다. 1962년에는 62개, 1964년에는 70개, 1970년에는 76개의 단체가 카바에 가입하였다. KAVA의 목적은 종교적 선교 활동 및 구호 활동이었기 때문에 사회복지 전문성을 갖춘 활동이라고 볼 수 없으나 사회복지실천현장 측면에서는 실천의 개념과 실천방법이 전파되었다고 본다. KAVA는 의결기관으로 기관대표로 구성된 자문위원회, 사회복지분과위원회, 교육분과위원회, 지역사회분과위원회, 구호분과위원회, 보건분과위원회, 소분과위원회로 구성되어 있다.

3) 외원단체 활동의 계승

1970년대에 한국의 경제 사정이 호전되면서 외원단체들은 한국에서의 사업을 종결하고 떠나기 시작했다. 이에 따라 외원단체에 대한 의존도도 감소하였으며, 전쟁 이후 응급 구호적인 활동의 의미도 퇴색되었다. 외원기관에서 출발하여 한국에서의 사업을 종결한 단체도 있지만, 사회복지사업을 중단하고 선교사업을 중점적으로 수행한 단체도 있다. 또한, 교육 및 의료사업으로 전환하여 한국 사회에 뿌리를 내리고 토착화에 성공한 단체들도 있다.

4) 대표적인 외원 단체들

한미단체(American-Korea Foundation), CARE(Cooperative for American Relief Everywhere), 홀트아동복지회(Holt Adoption Program), 선명회(World Vision of Korea, 현 월드비전), 기독교 세계봉사회(Korean Church World Service), 양친회(Foster Parents' Plan), 가톨릭 구제회(United States Catholic Conference), 세계구호위원회(World Relied Commission), 스웨덴 아동 구호연맹(Swedish Save the Children Federation, SSCF: 현 한국아동복지회) 등이 있다.

01 한국의 사회복지실천의 역사에 관한 설명으로 옳은 것은? (14회)

① 1987년부터 사회복지전문요원이 공공영역에 배치되었다.
② 2000년에 사회복지사 1급 제1회 국가시험이 시행되었다.
③ 2002년부터 노인장기요양보험제도가 실시되었다.
④ 1975년 한국외원단체협의회(KAVA)가 탄생하였다.
⑤ 1931년 태화여자관이 설립되었다.

해설 ① 1987년: 사회복지전담요원제도를 도입하여 전국의 읍 · 면 주민센터에 배치하여 생활보호대상자를 중심으로 공공부조 업무에 종사하도록 하였다.
② 2003년: 제1회 사회복지사 1급 자격시험제도가 시행되었으며, 2005년에 제1회 학교사회복지사 자격시험을 시행하였다.
③ 2008년: 노인장기요양보험제도를 실시하였다.
④ 1952년 3월: 외원단체들의 협력조직체인 한국외원단체협의회(Korea Association of Voluntary Agencies, KAVA)가 결성되었다.
⑤ 1921년: 우리나라 최초의 사회복지기관인 태화여자관(현재의 태화기독사회복지관)이 설립되었다.

정답 ①

02 사회복지실천의 역사에 관한 설명으로 옳지 않은 것은? (15회)

① 우애방문자들은 빈곤가정을 방문하면서 상담 및 교육, 교화를 하는 역할을 수행하였다.
② 우애방문자들은 빈민구제에 도덕적 잣대를 적용하여 빈민을 통제하고자 하였다.
③ 우애방문자들의 개입 대상은 개인이나 가족이었다.
④ 자선조직협회는 연구와 조사를 통해 사회제도를 개혁해야 한다는 기본 개념을 가졌다.
⑤ 인보관운동은 빈곤의 원인을 산업화의 결과로 보았다.

해설 자선조직협회는 국가 차원에서 나타난 구호정책의 효율성과 경쟁적인 자선활동들을 조정하고 기술적으로 발전시키고자 19세기 후반부터 자선 조직화 운동이 전개되기 시작하였다. 이 시기의 자선활동은 대체로 산업혁명 이후 등장한 중산층 이상의 계층을 중심으로 우애방문(friendly visiting)을 통해 이루어졌으며, 자선조직협회는 개인주의 빈곤관을 가졌기 때문에 빈곤의 해결 역시 개인주의적 접근을 통해 이루려 했다. 인보관운동은 개인의 노력만으로는 환경적이고 사회 구조적인 빈곤의 원인을 해결하는 데 한계를 가질 수밖에 없음을 인식하고, 빈곤의 원인을 산업화의 결과로 보았기 때문에 사회 구조적이고 환경적인 개선에 초점을 두었다. ④는 인보관운동에 대한 설명으로 자선조직협회에 관한 설명은 아니다.

정답 ④

03 인보관운동에 관한 내용으로 옳지 않은 것은? (20회)

① 빈민을 통제하는 사회통제적 기능을 담당함
② 인보관에서 일하는 사람은 지역사회에서 함께 살면서 활동함
③ 지역사회 문제에 관한 연구와 조사를 실시함
④ 빈민지역의 주택 개설, 공중보건 향상 등에 관심을 둠
⑤ 사회문제에 대한 집합적이고 개혁적인 해결을 강조함

해설 인보관운동은 빈곤의 원인을 산업화에 따른 노동력 착취로 보는 사회 개혁적인 운동이다. 빈민과 함께 거주하면서 지역사회의 교육 및 환경개선을 주도했던 활동으로 사회통제가 아니라 사회환경의 변화에 더 무게를 두었다.

정답 ①

04 서구 사회복지실천의 역사적 발달 과정에서 옳지 않은 것은? (7회)

① 20세기 초 미국의 의료분야에서 사회복지사를 채용하기 시작하였다.
② 1915년 플렉스너는 사회복지직은 이론체계의 부족으로 전문직이 아니라고 주장하였다.
③ 1929년 밀포드회의에서 빈곤하거나 장애를 가진 소외계층에 대한 임파워먼트가 주장되었다.
④ 대공황 이후 미국정부는 뉴딜정책을 통하여 공공영역에서 사회복지사를 대거 채용하기 시작하였다.
⑤ 제2차 세계대전 속에서 치료적 접근방법이 회생되고 가족치료 분야의 발전과 개입사회복지사가 탄생되었다.

해설 ① 1905년 의사인 캐벗(Richard C. Cabot)이 매사추세츠 병원에서 의료사회복지사를 정식으로 채용함으로써 최초로 전문사회복지사로서 활동했다.

② 플렉스너(Flexner)가 1915년 미국의 전국자선단체 및 교정대회에서 「사회사업은 전문직인가?」라는 논문에서 사회복지는 전문직으로서의 다섯 가지 특성이 결여되어 있다고 주장하였다. 그는 사회복지직은 전문직의 주요 기준에서 결함이 있으므로 전문직이 아니라고 단언하였는데, 플렉스너의 다섯 가지 전문직의 특성으로 결여점은 다음과 같다. ❶ 사회복지는 사회과학적 기초가 결여되어 있다. ❷ 독자적이고 명확한 지식체계 및 전수할 만한 전문기술이 결여되어 있다. ❸ 정부의 책임 아래 실시되는 교육 및 전문적 자격제도가 없다. ❹ 전문적 조직체가 없다. ❺ 전문적 실천에 대한 강령이 없다.

③ 1929년 밀포드(Milford)에서 가진 회의에서 발표한 개별 사회복지실천방법론을 기본으로 전문직 사회복지사가 갖추어야 할 기본적인 지식 및 방법론으로, ❶ 사회에서 받아들여지는 규범적 행동에서 벗어난 행동에 관한 지식, ❷ 인간관계 규범의 활용도, ❸ 클라이언트에 관한 사회력(social history)의 중요성, ❹ 클라이언트를 치료하기 위한 방법론, ❺ 사회치료(social case work)에서 지역사회자원의 활용, ❻ 개별사회사업에서 요구되는 과학적 지식과 경험을 적용, ❼ 개별사회사업의 목적, 윤리, 의무를 결정하는 철학적 배경의 이해, ❽ 이상의 모든 것을 사회치료에 융합하는 것에 대한 8개 영역을 공통요소로 정리하였다.

그러므로 빈곤하거나 장애가 있는 소외계층에 대한 임파워먼트를 주장한 것은 1929년 밀포드(Milford)가 아니고 인보관운동 등이다.

④ 1929년 세계 경제 대공황은 높은 실업률과 빈부격차의 심화로 인한 계층 간의 갈등과 같은 심각한 사회문제를 발생시켜, 빈곤의 원인을 개인에게서 사회로 돌리는 중대한 계기를 제공하였고, 사회문제의 해결 또한 개인의 심리·사회적 역동에 기반을 둔 미시적 접근에서 벗어나 사회 구조적 문제해결과 공적 서비스 제공체계의 역할과 기능을 강조하는 거시적 접근을 시도하였다. 미국 정부는 뉴딜(New Deal)정책을 통하여 공공 영역에서 사회복지사를 대거 고용하기 시작해 사회복지사가 늘어나면서 지역사회실천이 발달하였을 뿐만 아니라 지역사회조직이 전문화되어 사회사업 방법론의 한 분야로 정착하게 되었다.

⑤ 제2차 세계대전(1939년 9월 1일~1945년 9월 2일) 속에서 치료적 접근방법이 회생하였다. 전쟁으로 인해 흩어졌던 가족들이 재결합하고, 가족 내 역할과 관계 등이 변화하면서 부부간의 불화, 이혼, 청소년의 비행, 노인문제 등이 증가하게 되었고, 가족기능의 약화에 따른 문제가 사회문제로 대두됨에 따라 가족치료 분야의 발전과 개입사회복지사가 탄생하였다.

정답 ③

사회복지실천론 Social Work Practice

Chapter > 04

사회복지실천현장에 대한 이해

사회복지실천의 장(場)이란 "사회복지실천이 이루어지는 곳"을 말한다. 사회복지사는 장(場)에서 직접 또는 간접적으로 클라이언트에게 사회복지서비스를 제공함으로써 실천현장을 이해해야 한다.

사회복지실천현장은 단지 '장소'만을 의미하지 않는다. 사회복지실천이 이루어지는 사회복지실천 분야(fields of practice) 또는 서비스 초점이 되는 '세팅(setting)', '문제(problem)', '대상 집단(client)'을 모두 포함하는 포괄적인 개념이다.

이 장에서는 사회복지실천현장의 개념을 정확히 이해한 후 사회복지실천현장이 다양한 기준에 의해 어떻게 분류되는지 알아보도록 한다. 이를 위해 우리나라 사회복지실천현장인 행정기관(공공기관, 민간기관), 서비스기관(지역사회복지관, 아동 및 청소년복지, 노인복지, 여성 및 가족복지, 장애인복지, 정신보건/의료복지, 노숙인복지, 학교사회복지, 교정사회복지, 군사회복지) 등을 파악한다.

또한, 사회복지실천현장의 다양한 문제인 개인, 가족, 집단, 지역사회 문제를 파악하고 사회복지사의 역할 중에서 조력자, 교육자, 중개자, 사례관리자·조정자, 중재자, 옹호자에 대해 이해하도록 한다. 그 밖에 연구자 및 조사활용자, 프로그램개발가, 기획가, 정책개발자 등이 어떤 역할에 해당하는지를 구분하여 이해하도록 한다.

제1절 사회복지실천의 장

1. 사회복지실천현장의 개념

사회복지실천현장은 '사회복지실천이 이루어지는 곳'을 의미한다. 사회복지실천 분야 또는 서비스의 초점이 되는 문제영역을 포괄하는 개념이며, 사회복지서비스를 클라이언트에게 직접 또는 간접적으로 제공하는 장(場, setting)을 말한다(김혜영 외, 2010).

1) 좁은 의미의 사회복지실천현장

좁은 의미의 사회복지실천현장은 사회복지실천이 이루어지는 구체적인 장소나 클라이언트에게 사회복지서비스를 직접 또는 간접적으로 제공하는 사회복지기관을 의미한다. 물리적인 장소의 개념과 사회복지사가 활동하는 장소 사회복지기관을 말한다. 예를 들어, 장애인복지관, 종합사회복지관, 노인복지관 등이 있다.

2) 넓은 의미의 사회복지실천현장

넓은 의미의 사회복지실천현장은 클라이언트에게 서비스를 제공하기 위해 관련되는 모든 현장, 즉 실천이 이루어지는 전문영역이나 전문분야를 말한다.

실천 분야를 기준으로 구분하는 경우 대상별, 영역별, 혹은 장소별로 분류할 수 있다. 대상별 분야에는 노인, 여성, 청소년, 아동, 장애인 등이 있고, 영역별 분야에는 의료, 정신보건, 약물 남용 등이 있으며, 장소별 분야에는 병원, 학교, 기업, 교도소, 군대 등이 있다.

2. 사회복지실천현장의 분류

사회복지실천현장은 사회환경의 변화와 새롭게 나타난 욕구 때문에 점차 다양하게 확대되고 프로그램 및 사회서비스가 본질에서 변화하는 특성이 있으므로 사회복지 실천현장의 기준을 정의하기가 어렵다(Bartlett, 1970).

사회복지실천현장은 기관의 기능이나 목적, 기관의 설립 주체, 재원 조달방식, 서비스 제공방식, 서비스의 내용에 따라 분류할 수 있다.

1) 기관의 기능이나 목적에 따른 분류

기관의 주된 기능과 목적에 따라 1차 현장과 2차 현장으로 구분된다.

(1) 1차 현장(primary setting)

기관은 일차적인 주된 기능과 목적이 사회복지서비스를 제공하기 위해 설립된 것으로 사회복지사가 중심이 되어 활동하는 실천현장이다. 예를 들어, 종합사회복지관, 노인복지관, 사회복귀시설, 아동양육시설, 정신건강복지센터 등이 있다.

(2) 2차 현장(secondary setting)

기관의 일차적인 기능은 따로 있으며, 필요에 의해 부분적으로 사회복지서비스를 제공하는 현장을 말한다. 사회복지 전문기관은 아니지만, 사회복지서비스가 기관 운영과 서비스의 효과를 높이는 긍정적인 영향으로 인해 사회복지서비스가 부분적으로 이루어지고 있는 실천현장을 말한다. 예를 들어, 보건소, 병원, 학교, 교도소, 행정복지센터, 보호관찰소 등이 있다.

2) 기관 설립 주체 및 재원 조달방식에 따른 분류

공공기관과 민간기관으로 구분된다(조미숙 외, 2018).

(1) 공공기관

공공기관은 정부의 지원으로 운영된다. 사회복지사의 업무도 정부 지침에 의해 규정되고 지도 감독받는데, 관료적 위계질서에 의해 통제된다. 사회복지 사업을 총괄하는 중앙부서는 보건복지부이다. 서비스를 계획하고 관리하는 공공기관은 지원하는 행정체계와 서비스를 직접 제공하는 집행체계로 나뉜다. 여기에 각종 사회보험 프로그램과 공공부조 프로그램 등이 모두 포함된다. 예를 들어, 읍·면·동 주민 센터 등이 있다.

(2) 민간기관

민간기관은 사회복지 관련 사업을 주로 하는 민간이 주체가 되어 설립된 기관이다. 순수하게 민간이 운영하거나 공공과 민간이 파트너십을 통해 활동하는 기관이 포함되어 기부금, 후원금 또는 서비스 이용료 등을 주요 재원으로 한다.

민간기관은 서비스를 직접 제공하는 사회복지서비스 기관과 간접서비스나 행정지원을 위해 조직된 협의체로 나뉜다. 예를 들어, 시민사회단체, 사회복지법인 및 재단법인, 사단법인, 종교단체 등을 운영하는 비영리기관 등이 있다.

3) 서비스 제공방식에 따른 분류

서비스 제공방식에 따라 간접적 서비스를 제공하는 행정기관과 직접적 서비스를 제공하는 서비스 기관으로 구분된다.

(1) 행정기관

클라이언트에게 간접서비스를 제공하는 것이 목적이다. 사회복지서비스 전달체계를 효율적으로 운영할 수 있도록 행정기관은 기획, 감독, 조정 등의 업무를 수행하며, 기관 간의 연계와 협의 업무를 수행한다. 사회복지사의 개입이나 사회복지실천현장과의 교류가 필요하므로 중요한 기관이다(조미숙 외, 2018). 예를 들어, 중앙정부의 사회복지 행정기관은 보건복지부, 여성가족부, 고용노동부, 교육부, 문화체육관광부 등이 있고, 지방자치단체 행정기관은 시 · 도, 시 · 군 · 구, 읍 · 면 · 동의 사회복지 관련 부서 등이 있다.

(2) 서비스기관

사회복지실천 대상자인 클라이언트에게 직접 서비스를 제공하는 것이 주된 목적인 기관으로, 주요 대상과 문제의 영역에 따라 다양한 서비스 기관으로 분류할 수 있다. 예를 들어, 종합사회복지관, 지역자활센터, 노인복지관, 장애인복지관, 지역사회복지관, 아동복지관, 가족상담 및 치료관련 기관 등이 있다.

4) 주거서비스 제공 여부에 따른 분류

주거서비스 제공 여부에 따라 생활시설과 이용시설로 구분된다.

(1) 생활시설

생활시설은 주거서비스를 포함한 사회복지서비스를 제공하는 기관으로, 아동, 노인, 장애인 등 클라이언트와 함께 생활하면서 주거서비스와 식생활서비스와 같이 모든 의식주 서비스를 받으며 생활하는 시설을 말한다. 클라이언트는 대부분 가정 내 숙식과 활동을 할 수 없거나 또한, 부양가족이 없거나 부양 능력이 부족하여 주거를 포함한 제반 사회복지서비스가 필요한 사람들이다. 예를 들어, 장애인거주시설, 아동단기보호시설, 청소년쉼터, 노인전문요양시설, 미혼모시설, 그룹홈 등이 있다.

(2) 이용시설

이용시설은 클라이언트가 기본적으로 주거 기능은 그대로 있는 상태에서 사회복지서비스를 혜택으로 받는 시설을 말한다. 즉, 입소하지 않고 지역사회에 거주하는 클라이언트에게 잠깐 이용하는 시설로 본인의 집에 거주하는 클라이언트를 대상으로 복지서비스 프로그램을 제공하는 시설을 말한다. 예를 들어, 종합사회복지관, 노인복지회관, 장애인복지관, 청소년 상담센터, 자활후견기관, 성폭력 피해상담소 등이 있다.

3. 우리나라 사회복지실천현장

1) 행정기관

(1) 공공기관(강병철 외, 2015)

공공기관은 국가의 법에 따르고, 정부의 재정지원과 정부 조직의 결과물에 의해 운영된다. 공공기관은 사회복지정책의 입안과 관련된 사무를 관장하는 중앙정부 기관과 그 집행을 담당하는 지방정부 기관으로 구분된다. 공공기관은 직접적인 서비스를 계획하거나 실천하기보다는 사회복지실천을 위한 지원기관으로 간접적인 서비스를 제공한다.

중앙부처인 보건복지부에서 시작된 공공기관의 사회복지전달체계는 국가예산을 시·도로 전달되고, 시·도는 다시 지방에 배정된 예산을 기초자치단체인 시·군·구로 전달한다. 시·군·구는 보다 구체적인 집행을 일선 기관인 읍·면·동과 사회복지전달체계, 사회복지서비스의 지원기관으로 전달한다. 이는 사회복지전담공무원이나 사회복지기관의 직원으로까지 이어진다.

사회복지전담공무원은 저소득층의 빈곤 예방 및 대상자들의 욕구 충족과 사회적 자활을 지원하기 위해 1987년부터 도입되었으며, 사회복지사업법 제8조에 의해 사회복지사 자격증 소지자만 시·군·구 및 읍·면·동 행정기관에 배치되어 현재의 「국민기초생활보장법」과 관련한 업무를 주로 수행하고 있다. 사회복지전담공무원이 맡은 업무를 분야별로 나누면 보건복지부의 업무인 공공부조로서 기초생활 보장사업 및 자활사업, 의료급여를 사회복지서비스인 저소득 노인, 아동, 장애인 지원사업, 소년소녀가장 지원사업, 노인 일자리 사업이 있다. 사회복지전담공무원은 지방공무원으로서 지방정부의 시책사업과 행정업무를 동시에 수행한다(김혜영 외, 2010).

(2) 민간기관

민간기관은 기부금이나 후원금, 재단전입금, 기타서비스이용료 등을 주요 재원으로 하여 사회복지 관련 사업을 목적으로 하지만, 정부의 보조금을 지원받아서 민간이 운영하는 때도 있다. 사회복지서비스를 직접 제공하는 사회서비스 기관과 간접서비스나 행정지원을 위해 조직된 협의체도 포함이 된다(강병철 외, 2015).

대표적인 민간행정기관은 다음과 같다(김혜영 외, 2010).

① 한국사회복지협의회

한국사회복지협의회는 비영리법인이며 한국의 사회복지관들의 협의체이다. 한국사회복지협의회는 15개 시·도에 지방사회복지협의회를 두고 있다. 1952년 사단법인 한국 사회사업연합회 설립되어 1961년 사단법인 한국 사회복지사업연합회로 변경되었고, 1970년 현재의 사회복지법인 한국사회복지협의회로 변경되었다. 1970년에는 한국 최초의 사회복지 공동모금사업(한국사회복지공동모금회 창립)이 창립되었다.

한국사회복지협의회는 「사회복지사업법」에 따라 설립된 사회복지 공익법인으로 사회복지를 목적으로 하는 각종 사업과 활동을 돕고, 이를 위한 국민의 참여를 촉진한다. 정책개발, 조사 및 연구, 자원봉사활동의 진흥, 정보화 사업 수행, 사회적 취약계층을 위한 교육 및 훈련 등을 통해 우리나라의 사회복지 발전을 목적으로 한다.

② 사회복지공동모금회

사회복지공동모금회는 사랑의 열매를 상징으로 하는 법정 모금 · 배분 기관이다. 1998년 「사회복지공동모금회법」에 따라 중앙과 전국 16개 시 · 도지회의 통합 모금단체로 설립되었다.

1994년 지방자치단체의 부적절한 성금 모금과 사용을 막기 위해 공무원의 모금행위를 금지하고 성금의 용도를 불우 이웃 사업으로 한정하는 내용의 조례가 제정되었다. 사회복지공동모금회는 국민의 성금을 모아 노인 · 여성 · 청소년 · 아동 · 다문화인 지역사회, 해외 등 민간 복지사업을 지원한다. 「사회복지공동모금회법」 제1조 설립목적에 의하면, 사회복지공동모금회의 공동모금을 통해 사회복지에 대한 국민의 이해와 참여를 높일 뿐만 아니라 국민의 자발적 성금으로 조성된 재원을 효율적이고 공정하게 관리 · 운영함을 목적으로 한다.

③ 직능단체

「직능인 경제활동 지원에 관한 법률」 제2조(정의)에 의하면 첫째, '직능인'이란 직업상 전문적인 직무수행 능력을 갖추고 전문 직능분야에서 경제활동에 참여하는 사람을 말한다. 둘째, '직능단체'란 각 전문 직능분야에서의 활동을 위하여 직능인으로 구성된 단체로서 대통령령으로 정하는 기준에 해당하는 단체를 말한다. 직능단체에는 사회복지사협회, 노인복지시설협회, 치매협회,

사회복지관 협회, 장애인재활협회, 장애인복지관 협회, 자활 후견 기관협회, 아동복지시설연합회 등이 있다. 이러한 단체들은 서비스 대상자에게 직접적인 서비스를 제공하기보다는 민간사회복지 행정조직체로서 사회복지기관의 운영을 지원하고 이를 통해 사회복지서비스 대상자들을 간접적으로 지원하는 역할을 한다.

2) 서비스기관

사회복지실천현장은 사회복지실천 과정에 큰 영향을 미치기 때문에 전문사회복지사로서 활동하기 위해서는 사회복지실천현장의 특성을 이해하고 각 현장에 적합한 역할과 기능을 수행하는 것이 필요하다.

우리나라에서 사회복지사가 주로 활동하고 있는 지역사회복지관, 아동·청소년, 장애인, 노인, 여성, 정신보건, 의료영역, 자활, 공공복지 부문 등 사회복지실천 영역을 구분하여 소개하면 다음과 같다(김용환 외, 2017).

(1) 지역사회복지관

지역사회복지관은 지역사회 내에서 일정한 시설과 전문인력을 갖추고 지역사회의 인적·물적 자원을 동원하여 지역사회복지를 중심으로 한 종합적인 사회복지사업을 수행하는 사회복지시설이다. 여기서 지역사회복지란 지역주민의 복지와 삶의 질 향상을 위하여 지역사회에서 전개하는 사회복지를 말한다.

지역사회복지관의 목표는 사회복지서비스 욕구가 있는 모든 지역주민을 대상으로 보호 서비스, 재가 복지서비스, 자립능력 향상을 위한 교육 등 지역주민 복지에 중심적 역할을 수행하고, 가족 기능 강화 및 주민 간 연대감 조성을 통해 각종 지역사회 문제를 예방·치료하는 종합적인 복지서비스를 전달하는 것이다(보건복지부, 2020).

지역사회복지관은 지역사회의 특성과 지역주민의 복지 욕구를 고려하여 지역 복지증진을 위한 사업을 다음과 같은 대상에게 실시한다.

① 「국민기초생활 보장법」에 따른 수급자와 차상위계층
② 장애인, 노인, 한부모가족과 다문화가족
③ 취업 알선이 필요한 자
④ 보호와 교육이 필요한 유아, 아동, 청소년

그 밖에 지역사회복지관의 설치·운영·사업 등에 필요한 사항은 보건복지부령으로 결정한다.

(2) 아동 및 청소년복지 분야

아동 및 청소년복지시설은 아동, 청소년이 건강하고 행복하게 차랄 수 있도록 복지서비스를 제공하는 시설을 말한다.

장인협과 오정수(1984)는 청소년과 아동의 구분 없이 아동·청소년복지는 아동과 청소년의 기본적인 욕구를 충족시키고 건전한 발달과 성장을 위해 여러 활동을 하는 공적인 방법이자 절차라고 정의하였다.

아동복지시설은 「아동복지법」에 따라 국가나 지방자치단체가 설치하거나, 국가나 지방자치단체 외의 자가 관할 시장·군수·구청장에게 신고하고 설치한 시설이며, 아동과 청소년의 건강과 행복을 위해 복지서비스를 제공하는 일을 한다. 시설의 종류는 [표 4-1]과 같다.

▼ 표 4-1 아동복지법 및 청소년활동진흥법에 나타난 아동과 청소년 복지시설

종류	시설	설치 목적
아동 복지시설 (아동복지법 제52조)	아동 양육시설	보호대상아동을 입소시켜 보호, 양육 및 취업훈련, 자립지원 서비스 등을 제공하는 것을 목적으로 하는 시설이다.
	아동일시 보호시설	보호대상아동을 일시보호하고 아동에 대한 향후의 양육대책수립 및 보호조치를 행하는 것을 목적으로 하는 시설이다.
	아동보호 치료시설	아동에게 보호 및 치료 서비스를 제공하는 다음의 시설이다. • 불량행위를 하거나 불량행위를 할 우려가 있는 아동으로서 보호자가 없거나 친권자나 후견인이 입소를 신청한 아동 또는 가정법원, 지방법원소년부지원에서 보호위탁된 19세 미만인 사람을 입소시켜 치료와 선도를 통하여 건전한 사회인으로 육성하는 것을 목적으로 하는 시설 • 정서적·행동적 장애로 인하여 어려움을 겪고 있는 아동 또는 학대로 인하여 부모로부터 일시 격리되어 치료받을 필요가 있는 아동을 보호·치료하는 시설
	공동 생활가정	보호대상아동에게 가정과 같은 주거여건과 보호, 양육, 자립지원 서비스를 제공하는 것을 목적으로 하는 시설이다.
	자립 지원시설	아동복지시설에서 퇴소한 사람에게 취업준비기간 또는 취업 후 일정 기간 동안 보호함으로써 자립을 지원하는 것을 목적으로 하는 시설이다.
	아동 상담소	아동과 그 가족의 문제에 관한 상담, 치료, 예방 및 연구 등을 목적으로 하는 시설이다.
	아동 전용시설	어린이공원, 어린이놀이터, 아동회관, 체육·연극·영화·과학실험 전시 시설, 아동휴게숙박시설, 야영장 등 아동에게 건전한 놀이·오락, 그 밖의 각종 편의를 제공하여 심신의 건강유지와 복지증진에 필요한 서비스를 제공하는 것을 목적으로 하는 시설이다.
	지역아동 센터	지역사회 아동의 보호·교육, 건전한 놀이와 오락의 제공, 보호자와 지역사회의 연계 등 아동의 건전육성을 위하여 종합적인 아동복지서비스를 제공하는 시설이다.

종류	시설	설치 목적
아동 복지시설 (아동복지법 제52조)	아동보호 전문기관	지방자치단체는 학대받은 아동의 치료, 아동학대의 재발 방지 등 사례관리 및 아동학대예방을 담당하는 아동보호전문기관을 시·도 및 시·군·구에 1개소 이상 두어야 한다. 다만, 시·도지사는 관할 구역의 아동 수 및 지리적 요건을 고려하여 조례로 정하는 바에 따라 둘 이상의 시·군·구를 통합하여 하나의 아동보호전문기관을 설치·운영할 수 있다. 아동보호전문기관은 다음의 업무를 수행한다(아동복지법 제45조·제46조). • 피해아동, 피해아동의 가족 및 아동학대행위자를 위한 상담·치료 및 교육 • 아동학대예방 교육 및 홍보 • 피해아동 가정의 사후관리 • 그 밖에 대통령령으로 정하는 아동학대예방사업과 관련된 업무
청소년 복지시설 (청소년복지 지원법 제31조)	청소년 쉼터	가정 밖 청소년에 대하여 가정·학교·사회로 복귀하여 생활할 수 있도록 일정 기간 보호하면서 상담·주거·학업·자립 등을 지원하는 시설이다.
	청소년 치료 재활센터	학습·정서·행동상의 장애를 가진 청소년을 대상으로 정상적인 성장과 생활을 할 수 있도록 해당 청소년에게 적합한 치료·교육 및 재활을 종합적으로 지원하는 거주형 시설이다.
	청소년 회복지원 시설	「소년법」 제32조 제1항 제1호에 따른 감호 위탁 처분을 받은 청소년에 대하여 보호자를 대신하여 그 청소년을 보호할 수 있는 자가 상담·주거·학업·자립 등 서비스를 제공하는 시설이다.
	청소년 자립 지원관	일정 기간 청소년쉼터 또는 청소년회복지원시설의 지원을 받았는데도 가정·학교·사회로 복귀하여 생활할 수 없는 청소년에게 자립하여 생활할 수 있는 능력과 여건을 갖추도록 지원하는 시설이다.
청소년 활동시설 (청소년활동 진흥법 제10조)	청소년 수련관	다양한 청소년수련거리를 실시할 수 있는 각종 시설 및 설비를 갖춘 종합수련시설이다.
	청소년 수련원	숙박기능을 갖춘 생활관과 다양한 청소년수련거리를 실시할 수 있는 각종 시설과 설비를 갖춘 종합수련시설이다.

종류	시설	설치 목적
청소년 활동시설 (청소년활동 진흥법 제10조)	청소년 문화의 집	간단한 청소년수련활동을 실시할 수 있는 시설 및 설비를 갖춘 정보·문화·예술 중심의 수련시설이다.
	청소년 특화시설	청소년의 직업체험, 문화예술, 과학정보, 환경 등 특정 목적의 청소년활동을 전문적으로 실시할 수 있는 시설과 설비를 갖춘 수련시설이다.
	청소년 야영장	야영에 적합한 시설 및 설비를 갖추고, 청소년수련거리 또는 야영편의를 제공하는 수련시설이다.
	유스 호스텔	청소년의 숙박 및 체류에 적합한 시설·설비와 부대·편익시설을 갖추고, 숙식편의 제공, 여행청소년의 활동지원(청소년수련활동 지원은 제11조에 따라 허가된 시설·설비의 범위에 한정한다)을 기능으로 하는 시설이다.
	청소년 이용시설	수련시설이 아닌 시설로서 그 설치 목적의 범위에서 청소년활동의 실시와 청소년의 건전한 이용 등에 제공할 수 있는 시설이다.

출처: 아동복지법[시행 2022. 7. 1.] [법률 제17784호, 2020. 12. 29., 일부개정]
청소년복지 지원법[시행 2023. 6. 28.] [법률 제19131호, 2022. 12. 27., 일부개정]
청소년활동 진흥법[시행 2023. 6. 11.] [법률 제18958호, 2022. 6. 10., 타법개정]

▼ 표 4-2 아동복지법과 청소년복지지원법 비교

아동복지법	청소년복지지원법
"아동복지"란 아동이 행복한 삶을 누릴 수 있는 기본적인 여건을 조성하고 조화롭게 성장·발달할 수 있도록 하기 위한 경제적·사회적·정서적 지원을 말한다(아동복지법 제3조제2호).	"청소년복지"란 청소년이 정상적인 삶을 누릴 수 있는 기본적인 여건을 조성하고 조화롭게 성장·발달할 수 있도록 제공되는 사회적·경제적 지원을 말한다(청소년기본법 제3조제4호).
"보호대상아동"이란 보호자가 없거나 보호자로부터 이탈된 아동 또는 보호자가 아동을 학대하는 경우 등 그 보호자가 아동을 양육하기에 적당하지 아니하거나 양육할 능력이 없는 경우의 아동을 말한다(아동복지법 제3조제4호).	"가정 밖 청소년"이란 가정 내 갈등·학대·폭력·방임, 가정해체, 가출 등의 사유로 보호자로부터 이탈된 청소년으로서 사회적 보호 및 지원이 필요한 청소년을 말한다(청소년복지지원법 제2조제5호).

출처: 아동복지법[시행 2022. 7. 1.] [법률 제17784호, 2020. 12. 29., 일부개정]
청소년기본법[시행 2023. 6. 28.] [법률 제19130호, 2022. 12. 27., 일부개정]

(3) 노인복지 분야

노인복지시설은 건강하고 안정된 노후 생활을 위해 각종 노인복지서비스를 제공하는 시설을 말한다. 「노인복지법」상 노인복지시설은 기능에 따라 노인주거복지시설, 노인의료복지시설, 노인여가복지시설, 재가노인복지시설로 분류된다. 우리나라 노인복지시설 수는 2020년 82,544개, 입소정원은 297,167명이다. 노인복지시설의 종류는 [표 4-3]과 같다.

▼ 표 4-3 노인복지시설의 종류(노인복지법 제31조)

종류	시설	설치 목적
노인주거복지시설	양로시설	노인을 입소시켜 급식과 그 밖에 일상생활에 필요한 편의를 제공함을 목적으로 하는 시설이다.
	노인공동생활가정	노인들에게 가정과 같은 주거여건과 급식, 그 밖에 일상생활에 필요한 편의를 제공함을 목적으로 하는 시설이다.
	노인복지주택	노인에게 주거시설을 임대하여 주거의 편의·생활지도·상담 및 안전관리 등 일상생활에 필요한 편의를 제공함을 목적으로 하는 시설이다.
노인의료복지시설	노인요양시설	치매·중풍 등 노인성질환 등으로 심신에 상당한 장애가 발생하여 도움을 필요로 하는 노인을 입소시켜 급식·요양과 그 밖에 일상생활에 필요한 편의를 제공함을 목적으로 하는 시설이다.
	노인요양공동생활가정	치매·중풍 등 노인성질환 등으로 심신에 상당한 장애가 발생하여 도움을 필요로 하는 노인에게 가정과 같은 주거여건과 급식·요양, 그 밖에 일상생활에 필요한 편의를 제공함을 목적으로 하는 시설이다.

종류	시설	설치 목적
노인여가 복지시설	노인복지관	노인의 교양·취미생활 및 사회참여활동 등에 대한 각종 정보와 서비스를 제공하고, 건강증진 및 질병예방과 소득보장·재가복지, 그 밖에 노인의 복지증진에 필요한 서비스를 제공함을 목적으로 하는 시설이다.
	경로당	지역노인들이 자율적으로 친목도모·취미활동·공동작업장 운영 및 각종 정보교환과 기타 여가활동을 할 수 있도록 하는 장소를 제공함을 목적으로 하는 시설이다.
	노인교실	노인들에 대하여 사회활동 참여욕구를 충족시키기 위하여 건전한 취미생활·노인건강유지·소득보장 기타 일상생활과 관련한 학습프로그램을 제공함을 목적으로 하는 시설이다.
재가노인 복지시설	방문 요양서비스	가정에서 일상생활을 영위하고 있는 노인(이하 "재가노인"이라 한다)으로서 신체적·정신적 장애로 어려움을 겪고 있는 노인에게 필요한 각종 편의를 제공하여 지역사회 안에서 건전하고 안정된 노후를 영위하도록 하는 서비스이다.
	주·야간 보호서비스	부득이한 사유로 가족의 보호를 받을 수 없는 심신이 허약한 노인과 장애노인을 주간 또는 야간 동안 보호시설에 입소시켜 필요한 각종 편의를 제공하여 이들의 생활안정과 심신기능의 유지·향상을 도모하고, 그 가족의 신체적·정신적 부담을 덜어주기 위한 서비스이다.
	단기보호 서비스	부득이한 사유로 가족의 보호를 받을 수 없어 일시적으로 보호가 필요한 심신이 허약한 노인과 장애노인을 보호시설에 단기간 입소시켜 보호함으로써 노인 및 노인가정의 복지증진을 도모하기 위한 서비스이다.
	방문목욕 서비스	목욕장비를 갖추고 재가노인을 방문하여 목욕을 제공하는 서비스이다.
	방문간호 서비스	간호사 등이 의사, 한의사 또는 치과의사의 지시서에 따라 재가노인의 가정 등을 방문하여 간호, 진료의 보조, 요양에 관한 상담 또는 구강위생 등을 제공하는 서비스이다.
	재가노인 지원서비스	재가노인에게 노인생활 및 신상에 관한 상담을 제공하고, 재가노인 및 가족 등 보호자를 교육하며 각종 편의를 제공하여 지역사회 안에서 건전하고 안정된 노후생활을 영위하도록 하는 서비스이다.
	복지용구 지원서비스	「노인장기요양보험법 시행규칙」 제19조제1항에 따른 복지용구(이하 "복지용구"라 한다)를 제공하거나 대여하는 서비스이다.

종류	시설	설치 목적
노인보호전문기관		시·도지사가 기관을 지정 및 운영하고 노인학대 신고, 상담, 보호, 예방 및 홍보, 24시간 신고 상담용 긴급전화(1577-1399)를 운영하는 시설이다.
노인일자리 지원기관		지역사회에서 노인 일자리의 개발·지원·창업·육성 및 노인에 의한 재화의 생산·판매 등을 직접 담당하는 시설이다.
학대피해노인 전용쉼터		노인학대로 피해를 입은 노인을 일정 기간 보호하고 심신치유 프로그램을 제공하는 시설이다.

출처: 보건복지부(2019). 2020 노인복지시설현황(www.mohw.go.kr).
노인복지법[시행 2022. 3. 22.] [법률 제18609호, 2021. 12. 21., 일부개정]

(4) 여성 및 가족복지 분야

여성 및 가족복지는 주로 한부모가족의 생활안정과 복지증진을 위한 시설이 많다. 복지시설의 종류는 [표 4-4]와 같다.

▼ 표 4-4 여성과 가족복지시설의 종류(한부모가족지원법 제19조)

종류	설치 목적
출산지원시설	다음의 어느 하나에 해당하는 자의 임신·출산 및 그 출산 아동(3세 미만에 한정한다)의 양육을 위하여 주거 등을 지원하는 시설이다. • 제4조제1호의 모 • 혼인 관계에 있지 아니한 자로서 출산 전 임신부 • 혼인 관계에 있지 아니한 자로서 출산 후 해당 아동을 양육하지 아니하는 모
양육지원시설	6세 미만 자녀를 동반한 한부모가족에게 자녀를 양육할 수 있도록 주거 등을 지원하는 시설이다.
생활지원시설	18세 미만(취학 중인 경우에는 22세 미만을 말하되, 병역법에 따른 병역의무를 이행하고 취학 중인 경우에는 병역의무를 이행한 기간을 가산한 연령 미만을 말한다) 자녀를 동반한 한부모가족에게 자립을 준비할 수 있도록 주거 등을 지원하는 시설이다.

종류	설치 목적
일시지원시설	배우자(사실혼 관계에 있는 사람을 포함한다)가 있으나 배우자의 물리적·정신적 학대로 아동의 건전한 양육이나 모 또는 부의 건강에 지장을 초래할 우려가 있을 경우 일시적 또는 일정 기간 동안 모와 아동, 부와 아동, 모 또는 부에게 주거 등을 지원하는 시설이다.
한부모가족 복지상담소	한부모가족에 대한 위기·자립 상담 또는 문제해결 지원 등을 목적으로 하는 시설이다.

출처: 한부모가족지원법[시행 2021. 4. 21.] [법률 제17540호, 2020. 10. 20., 일부개정]

(5) 장애인복지 분야

「장애인복지법」에 의하면 장애인은 타인의 도움이 없이 신체적·정신적 장애로 인해 장기간 일상생활 또는 사회생활에 상당한 제약을 받는 자를 말한다. 그러나 최근에는 재가복지시설이나 취업과 재활을 위한 시설, 공동주거시설 등이 늘어나고 있다. 장애인복지시설은 장애인의 인간다운 삶과 권리보장을 위해 장애인의 의료, 교육, 직업 재활, 생활환경 개선 등을 제공하여 장애인의 생활안정에 이바지하는 등의 장애인복지서비스를 제공하는 시설이다. 「장애인복지법」 제58조에 의거 장애인복지시설은 장애인 거주시설, 장애인 지역사회재활시설, 장애인 직업재활시설, 장애인 의료재활시설, 장애인 생산품 판매시설로 구분된다. 장애인복지시설의 종류는 아래 [표 4-5]와 같다(「장애인복지법」 제58조, 「장애인복지법 시행규칙」 제41조 및 별표4).

▼ **표 4-5 장애인복지시설의 종류**

종류	시설 기능
장애인 거주시설	거주공간을 활용하여 일반가정에서 생활하기 어려운 장애인에게 일정 기간 동안 거주·요양·지원 등의 서비스를 제공하는 동시에 지역사회생활을 지원하는 시설이다. • 장애유형별 거주시설: 장애유형이 같거나 유사한 장애를 가진 사람들을 이용하게 하여 그들의 장애유형에 적합한 주거지원·일상생활지원·지역사회생활지원 등의 서비스를 제공하는 시설 • 중증장애인 거주시설: 장애의 정도가 심하여 항상 도움이 필요한 장애인에게 주거지원·일상생활지원·지역사회생활지원·요양서비스를 제공하는 시설 • 장애영유아 거주시설: 6세 미만의 장애영유아를 보호하고 재활에 필요한 주거지원·일상생활지원·지역사회생활지원·요양서비스를 제공하는 시설 • 장애인 단기거주시설: 보호자의 일시적 부재 등으로 도움이 필요한 장애인에게 단기간 주거서비스, 일상생활지원서비스, 지역사회생활서비스를 제공하는 시설 • 장애인 공동생활가정: 장애인들이 스스로 사회에 적응하기 위하여 전문인력의 지도를 받으며 공동으로 생활하는 지역사회 내의 소규모 주거시설
장애인 지역사회 재활시설	장애인을 전문적으로 상담·치료·훈련하거나 장애인의 일상생활, 여가활동 및 사회참여활동 등을 지원하는 시설이다. • 장애인복지관: 장애인에 대한 각종 상담 및 사회심리·교육·직업·의료재활 등 장애인의 지역사회생활에 필요한 종합적인 재활서비스를 제공하고 장애에 대한 사회적 인식 개선사업을 수행하는 시설 • 장애인 주간 보호시설: 장애인을 주간에 일시 보호하여 장애인에게 필요한 재활서비스를 제공하는 시설 • 장애인 체육시설: 장애인의 체력증진 또는 신체기능 회복 활동을 지원하고 이와 관련된 편의를 제공하는 시설 • 장애인 수련시설: 장애인의 문화·취미·오락활동 등을 통한 심신수련을 조장·지원하고 이와 관련된 편의를 제공하는 시설 • 장애인 생활이동지원센터: 이동에 상당한 제약이 있는 장애인에게 차량 운행을 통한 직장 출퇴근 및 외출 보조나 그 밖의 이동서비스를 제공하는 시설 • 한국수어 통역센터: 의사소통에 지장이 있는 청각·언어장애인에게 한국수어 통역 및 상담서비스를 제공하는 시설 • 점자도서관: 시각장애인에게 점자간행물 및 녹음서를 열람하게 하는 시설 • 점자도서 및 녹음서 출판시설: 시각장애인을 위한 점자간행물 및 녹음서를 출판하는 시설

종류	시설 기능
	• 장애인 재활치료시설: 장애아동을 포함한 장애인에게 언어·미술·음악 등 재활 치료에 필요한 치료, 상담, 훈련 등의 서비스를 제공하고 서비스를 이용한 자로부터 비용을 수납하여 운영하는 시설
장애인 직업재활시설	일반 작업환경에서는 일하기 어려운 장애인이 특별히 준비된 작업환경에서 직업훈련을 받거나 직업 생활을 할 수 있도록 하는 시설이다. • 장애인 보호작업장: 직업능력이 낮은 장애인에게 직업적응능력 및 직무기능 향상훈련 등 직업재활훈련 프로그램을 제공하고, 보호가 가능한 조건에서 근로의 기회를 제공하며, 이에 상응하는 노동의 대가로 임금을 지급하며, 장애인 근로사업장이나 그 밖의 경쟁적인 고용시장으로 옮겨갈 수 있도록 돕는 역할을 하는 시설 • 장애인 근로사업장: 직업능력은 있으나 이동 및 접근성이나 사회적 제약 등으로 취업이 어려운 장애인에게 근로의 기회를 제공하고, 최저임금 이상의 임금을 지급하며, 경쟁적인 고용시장으로 옮겨갈 수 있도록 돕는 역할을 하는 시설 • 장애인 직업적응훈련시설: 작업능력이 극히 낮은 장애인에게 작업활동, 일상생활훈련 등을 제공하여 기초작업능력을 습득시키고, 작업평가 및 사회적응훈련 등을 실시하여 장애인 보호작업장 또는 장애인 근로사업장이나 그 밖의 경쟁적인 고용시장으로 옮겨갈 수 있도록 돕는 역할을 하는 시설
장애인 의료재활시설	장애인 의료재활시설: 장애인을 입원 또는 통원하게 하여 상담, 진단·판정, 치료 등 의료재활서비스를 제공하는 시설
그 밖에 대통령령으로 정하는 시설	대통령령으로 정하는 시설이란 장애인 쉼터, 피해장애아동 쉼터, 장애인생산품 판매시설을 말한다. • 장애인 쉼터: 장애인학대로 인하여 인권침해 등의 피해를 입은 장애인의 임시 보호 및 사회복귀 지원을 위한 시설 • 피해장애아동 쉼터: 장애인학대로 인하여 인권침해 등의 피해를 입은 장애아동의 임시보호를 위한 시설 • 장애인생산품 판매시설: 장애인 생산품의 판매활동 및 유통을 대행하고, 장애인 생산품이나 서비스·용역에 관한 상담, 홍보, 판로 개척 및 정보제공 등 마케팅을 지원하는 시설

출처: 장애인복지법[시행 2022. 12. 22.] [법률 제18625호, 2021. 12. 21., 일부개정]

(6) 정신보건 · 의료복지 분야

정신보건시설은 정신의료기관 · 정신질환자 사회복귀시설 및 정신요양시설을 말한다. 즉, 정신장애인과 가족의 욕구에 기초하여 정신장애인의 지역사회 생존과 적응에 필요한 다양한 재활과 복지서비스를 개발 · 연결 · 제공하며, 정신장애인의 능력 고취와 기능 수준 향상을 통해 사회복귀를 돕기 위해 설립된 시설이다.

우리나라 정신건강사회복지는 1960년대 초 정신과에 정신건강사회복지사가 채용된 것에서 시작되었으며, 1995년 「정신보건법」의 제정으로 활동영역이 지역사회의 다양한 실천현장으로 확대되면서 정신건강사회복지사에 대한 전문적인 양성 과정을 위한 수련 과정이 만들어졌다(최선희, 2019). 정신건강사회복지사는 심리 · 사회적 정신적 문제를 해결하는 데 있으며, 환자의 질병에 대한 직접적 치료보다는 문제해결 능력의 향상, 사회적 기능 회복과 재활 관련의 1차적 역할을 한다.

우리나라 정신건강 증진 기관과 주요 기능은 [표 4-6]과 같다.

▼ **표 4-6 정신건강증진 기관 및 시설현황** (2020년 기준/단위: 개소)

구분		기관수	주요 기능
계		2,607	
정신건강복지센터		260	• 지역사회 내 정신질환 예방, 정신질환자 발견 · 상담 · 정신재활훈련 및 사례관리 • 정신건강증진시설 간 연계체계 구축 등 지역사회정신건강사업 기획 · 조정
정신의료시설	국 · 공립	1,892	• 정신질환자 진료, 지역사회 정신건강증진사업 지원
	민간		• 정신질환자 진료
정신요양시설		59	• 가족의 보호가 어려운 만성 정신질환자를 정신요양시설에 입소시켜 요양 및 보호함으로써 이들의 삶의 질 향상 및 사회복귀를 도모한다.

구분	기관수	주요 기능
정신재활시설	348	• 정신의료기관에 입원하거나 정신요양시설에 입소하지 아니한 정신질환자의 사회복귀 촉진을 위하여 사회적응훈련, 작업훈련 등 재활서비스 제공
중독관리 통합지원센터	50	• 지역사회 중심의 통합적인 중독관리 체계 구축을 통해 중독자 조기발견·상담·치료·재활 및 사회복귀를 지원하여 안전한 사회환경 조성 및 국민의 정신건강 증진을 도모한다. • 중독문제가 있는 노숙인 등 사회적 취약계층의 자활을 위한 상담, 치료, 재활 지원서비스를 제공한다.

출처: 보건복지부. 2021년 전국 정신건강사업 안내.

한편, 의료분야에서 일하는 의료사회복지사도 있다. 의료사회복지사는 정신보건의료기관, 사회복귀시설, 정신요양시설 등에서 정신적 장애를 가지고 있는 클라이언트와 그 가족들, 정신건강 예방 욕구가 있는 사람들을 대상으로 사회복지서비스를 제공한다. 의료사회복지사는 클라이언트의 성격이나 정서, 문제를 다루며 이들의 사회적응과 사회복귀를 위한 서비스를 제공한다(조미숙 외, 2018).

의료사회복지사는 주로 병원에 입원한 환자와 그 가족 혹은 의료팀을 대상으로 개인력 조사 및 평가, 심리사회적 상담, 퇴원계획 활동, 정보제공, 지역사회연결 및 사후관리 등 사회적 서비스를 제공한다. 보건의료기관에서 사회복지사가 일하는 법적인 근거는 「의료법 시행령」에 "종합병원에서는 사회복지사업법의 규정에 따른 사회복지사 자격을 가진 자 중에서 환자의 갱생, 재활과 사회복귀를 위한 상담 및 지도 업무를 담당하는 요원을 1인 이상 둔다."라고 규정한 데서 비롯되었다(조미숙 외, 2018 재인용; 남세진 외, 1995).

(7) 노숙인복지 분야

인간다운 생활을 할 권리를 보호하고 노숙인 등의 재활 및 자립을 위한 기반을 조성하여 이들의 건전한 사회복귀와 복지증진에 이바지함을 목적으로 한다. '노숙인 등'이란 상당한 기간 일정한 주거 없이 생활하는 사람, 노숙인 시설에서 생활하는 사람, 주거로서의 적절성이 현저히 낮은 곳에서 생활하는 18세 이상의 사람을 말한다. 노숙인 복지시설의 설치 기준은 10명 미만, 10명 이상 30명 미만, 30명 이상의 세 가지 유형으로 구분한다. 노숙인 복지 관련 시설은 [표 4-7]과 같다.

▼ 표 4-7 노숙인 복지시설(노숙인복지법 시행규칙 제9조)

종류	설치 목적
노숙인 일시보호시설	노숙인 등에 대한 일시적인 잠자리 및 급식 제공, 응급처치 등 일시적인 보호 기능을 수행하면서 종합지원센터에 상담 의뢰, 병원진료 연계, 생활물자 지원·보관 등 부가적 서비스를 제공한다.
노숙인 자활시설	건강상에 특별한 문제가 없고 일할 의지 및 직업능력이 있는 노숙인 등을 입소시켜 생활지도·상담·안전관리 또는 전문적인 직업상담·훈련 등의 복지서비스를 직접 제공하거나 직업훈련기관 또는 고용지원기관 등과의 연계를 통해 노숙인 등의 자활·자립을 지원한다.
노숙인 재활시설	신체장애, 정신장애, 그 밖의 질환 등으로 인하여 자립이 어렵고 치료와 보호가 필요한 노숙인 등을 입소시켜 치료 및 각종 재활프로그램을 제공하고 사회적응훈련을 실시함으로써 노숙인 등의 신체적·정신적 재활을 통한 자립기반 조성을 지원한다.
노숙인 요양시설	건강상의 문제 등으로 인하여 단기간 내 가정 및 사회복귀가 어려운 노숙인 등을 입소시켜 상담·치료 또는 요양서비스를 제한다.
노숙인 급식시설	노숙인 등에게 필요한 급식서비스를 제공한다.
노숙인 진료시설	노숙인 등에 대한 진단·치료·재활 등 의료서비스를 제공한다.
쪽방상담소	쪽방 밀집지역에서 쪽방 거주자에 대한 상담, 취업지원, 생계지원, 그 밖의 행정지원 서비스를 제공한다.

출처: 보건복지부(2018). 2018년 노숙인 등의 복지사업 안내(www.mohw.go.kr).
노숙인 등의 복지 및 자립지원에 관한 법률 시행규칙[시행 2021. 6. 30.] [보건복지부령 제808호, 2021. 6. 30., 일부개정]

(8) 기타 분야

① 학교사회복지

1987년 교육부에서 학교사회사업 시범 연구사업을 시작하면서 공식적인 학교사회복지사 활동이 시작되었으나, 공식적인 학교사회복지 법제화는 이루어지지 않았다. 학교복지사가 해당 학교에 계약직이나 정규직으로 채용되어 활동하거나 지역사회복지기관에 소속된 상태로 학교에 파견되는 형태로 운영되고 있다(강병철 외, 2015).

학교사회복지(school social work)란 학교(school)와 사회복지(social work)의 합성어로서 학교에서 일어나는 학생의 문제 개인의 문제만이 아닌 개인을 둘러싼 환경과의 상호작용의 문제로 보고, 이러한 심리 · 사회적 문제들을 학생 · 학교 · 가정 · 지역사회의 연계(방법)를 통해 예방하고 해결하며, 모든 학생이 자신의 잠재력과 능력을 최대로 발휘할 수 있도록 청소년의 성장과 적응을 도울 수 있는 프로그램을 개발하고 실행하는 전문가이다.

② 교정사회복지

교정사회복지사는 교정사회복지사라는 자격증은 별도로 존재하지 않는다. 공무원 채용 때문에 보호관찰소 등의 법무부 산하의 교정시설에서 범죄인의 재활과 범죄 예방에 개입하는 사회복지 전문직을 교정사회복지사라고 한다. 교정사회복지사의 필요성은 법무부 산하의 교정시설에서 비행청소년과 사회부적응자, 교정 관련 기관에서의 처우 문제 등 범죄인의 사회복지 및 재활을 돕고, 범죄의 처벌 대신 사회인으로의 복귀 및 사후관리까지 도움으로써 지역사회의 범죄 예방과 문제해결을 도모하는 역할을 수행하는 사회복지의 한 분야이다.

③ 군사회복지

군사회복지사는 군무원이라고 생각할 수 있는데, 병영 생활 전문상담관이

올바른 표현이다. 병영 생활 전문상담관은 군 생활에서 부적응 문제를 보이는 병사들의 적응력을 향상하고 지휘관의 의사소통 능력을 증진하기 위해 심리 상담 및 상담교육을 진행하는 상담전문가를 말한다.

군 입대 후 갖게 되는 낯선 환경에 대한 불안과 두려움, 업무 관련 스트레스, 상급자와의 가치관 차이, 병사 상호 간의 심리적 갈등, 상급자의 권위적이고 강압적인 통제, 그리고 외부와 차단되고 고립된 주변 환경 등과 관련이 있다. 병사들의 군 생활 적응문제를 효과적으로 다루어 주기 위해서는 전문 사회복지사의 개입이 필요하다. 군사회복지사(병영 생활 전문상담관)는 병사들의 심리적, 성격적 문제를 치료할 뿐만 아니라 불안 및 스트레스에 대한 대처능력을 강화하고, 구성원 간의 원활한 의사소통을 증진하며, 폭력성과 음주에 대한 통제력을 회복시키고, 긍정적인 자아상을 형성하고 정신건강을 증진하는 기회들을 제공할 수 있다(박미은, 2005), 현재 병영 생활 전문상담관은 군 경력자, 상담경력을 가진 상담사와 사회복지사가 포함되어 있으므로 다양한 전문가와 선발 과정에서 경쟁하고 있다. 병영 생활 전문상담관은 향후 전문적인 사회복지실천현장으로 자리매김할 수 있는 전문분야이다(국방부: www.mnd.go.kr, 허정철 외, 2012).

제2절 사회복지실천현장의 이슈와 문제 유형

1. 사회복지실천현장의 문제들

1) 개인문제

개인적 · 사회적 문제에 직면해 있는 개인을 일대일로 만나 문제해결을 돕는 활동을 개별실천 또는 개별지도라고 한다. 개별실천은 클라이언트가 주변 환경에 적응하도록 도움을 제공하고 사회 · 경제적 결핍상태를 완화하는 활동으로 대부분의 사회복지실천현장에서 가장 빈번하게 활용되는 방법이다(김용환, 2017). 메리 리치몬드(Marry Richmond)는 개별사회사업을 "개인과 개인, 그리고 개인과 그 사회환경 사이에서 의식적인 조정을 통해 개개인의 인격발달을 이루어 가는 과정"으로 정의했다. 펄만(Perlman)은 "개별사회사업이란 사람들이 사회적 기능을 수행하면서 그들의 문제를 보다 효과적으로 처리해 나가도록 돕는 사회복지기관에서 사용되는 한 과정"이라고 하였다(김혜영 외, 2014).

개별실천의 활동은 국민기초생활 보장 활동, 직업훈련 원조 활동, 재가복지 활동, 실직자를 위한 구직활동, 저소득층 자활보호 활동, 학대피해아동을 보호하고 가정에 개입하는 활동, 독거노인 상담, 입양 상담, 미혼모 상담, 학교 부적응 학생 상담, 환자의 의료비 및 퇴원 후 생활문제에 대한 상담, 정신보건센터에서 정신장애인들과의 상담 등이 있다(김용환, 2017).

우리나라는 사회복지관의 사회복지사, 병원의 의료사회복지사, 정신병원 · 정신보건센터의 정신보건사회복지사, 학교의 학교사회복지사, 보육시설, 양로원 등 각종 사회복지 단체와 시설에서 근무하는 사회복지사가 클라이언트에게 직접 서비스를 제공하고 있다.

개별실천은 직접 실천과 간접 실천으로 구분된다. 직접 실천은 문제가 있는 개인을 직접 만나 문제해결을 위한 도움과 서비스를 제공하는 것으로 면접이나 상담을 활용한 접근이다. 간접 실천은 자원연계나 환경적 조정과 같이 클라이언트의 주변 체계에 개입하여 사회복지체계나 관련 자원들을 활용하는 접근이다(이종복 외, 2012).

2) 가족문제

사전적 정의의 가족은 일반적으로 부모와 자식, 형제·자매, 부부 등 혈연이나 혼인 관계 등으로 한 집안을 이룬 사람들의 집단을 말한다.

머독(Murdock, 1949)은 가족을 "부부와 그들의 자녀로 구성되고, 주거와 경제적인 협력을 같이하며 자녀의 출산을 특징으로 하는 집단으로, 사회적으로 인정받는 성적 관계를 유지하는 최소한 두 명의 성인 남녀와 한 명 이상의 자녀로 이루어진 사회집단"으로 정의하였다.

현대 가족은 평균 수명연장과 결혼연령의 상승으로 출산과 양육기는 짧아지고 가구 규모가 축소되며 특히 1인 가구 수와 노인 단독가구가 증가하는 추세이다. 이것은 모두 개인의 자발적 선택에 의한 유연한 가족 구성의 가능성이 커지고 있다 할 수 있다.

자녀의 출가 후 노부부만 남는 빈 둥지 시기는 점차 길어지고 있어 노년기 가족문제가 중요한 가족 대상 실천의 문제로 대두되고 있다. 또한, 한부모가족, 재혼가족, 조손가족 등 다양한 가족 비율이 증가하고 있다. 이에 더해 외국인 노동자와 결혼이주여성이 증가해 다문화가족의 문제가 사회적 이슈로 등장하고 있어 가족문제를 다룰 때 이러한 변화를 고려하여야 한다.

가족실천은 가족을 단위로 서비스를 제공하고, 가족 구성원들 간의 관계에 개입하여 문제를 해결하거나 경감시키기 위한 활동이다. 가족실천은 주로 부부간의 갈등, 부모와 자녀와의 갈등, 다세대 간의 갈등이 다루어진다(김용환 외, 2018). 가족실천 모델은 가족을 다른 사회체계와 마찬가지로 사회환경과 상호작용하며, 발달주기에 따라 변화하는 하나의 개방된 체계로 간주한다. 한 가족 구성원의 변화는 모든 가족 구성원에게 영향을 미치며 가족 구성원 모두는 한 가족 구성원에게 일어나는 일의 영향을 받는다.

3) 집단문제

집단이란 공동 관심사나 목표를 가진 두 사람 또는 그 이상의 사람들로 구성된 모임으로 집단의 크기, 구조, 구성원 간의 유사성 등에 따라 집단의 성격이 결정되는 사회조직의 단위이다. 집단의 유형은 학자마다 다양하게 분류하고 있으나 목적에 다른 집단의 분류에는 치료집단과 과업집단이 있다(Toseland & Rivas, 1995).

집단실천은 주로 우울증, 정신질환, 약물중독, 알코올중독 등의 문제를 가지고 있는 사람, 성폭력 피해자, 이혼 후 충격 상태에 있는 사람 등 같거나 비슷한 문제를 가지고 있는 사람들을 대상으로 실시한다. 이때 사회복지사는 집단 역동에 대한 전문적인 지식을 활용해서 집단 구성원의 상호작용을 촉진하고 그 과정에 개입하여 변화를 유도한다(김용환, 2017).

4) 지역사회 문제

지역사회는 학자들에 따라 다양하게 정의되고 있으나 둘로 나누어 보면 하나는 지리적인 특성을 강조하는 지역사회를, 다른 하나는 사회적인 동질성을 강조하는 지역사회를 나타낸다(김혜영 외, 2014).

지역사회실천에서 사회복지사는 지역주민이 자발적인 상호 협동으로 지역사회 문제를 해결할 수 있도록 도우며, 지역주민들의 참여의식을 고취시켜 스스로 추진할 수 있도록 사회적 기능 향상을 위한 의식개혁, 환경개선, 지역사회 조직화 등을 주체적이고 자발적으로 참여해 나갈 수 있도록 전문가, 조력자, 조정자 등의 역할을 수행한다.

지역사회복지실천은 지역사회 보호 활동과 지역사회 조직 활동이 혼합되었다. 지역사회 보호 활동은 가족의 기능 약화로 노인, 장애인, 소년소녀가장 등의 보호가 절실히 요구될 때 이들을 시설보호가 아닌 지역사회가 중심이 되어 경제적, 정서적인 안정을 도모하는 활동으로 급식 지원서비스, 보건의료 서비스 등이 있다. 지역사회 조직 활동은 지역사회의 문제해결을 위해 주민의 협력을 통해 계획을 세우고, 지역사회 자원을 연결 및 조정하는 과정을 총괄하는 사회복지사의 활동이다. 예를 들어, 주민조직 강화 및 교육, 복지 네트워크 구축, 주민복지지원사업, 자원봉사관리사업 등이 있다.

제3절 사회복지사의 역할

1. 기능에 따른 사회복지사의 역할(Hepworth et al., 2006)

1) 직접 서비스를 제공하는 역할

사회복지사가 클라이언트와 직접 대면하여 서비스를 제공하는 것으로 클라이언트가 필요로 하는 정보를 제공하거나 집단이나 대중에게 효과적인 사회기술을 교육하는 역할을 말한다.

(1) 조력자(enabler)

클라이언트가 스스로 문제를 해결할 수 있는 능력을 기르고 필요한 자원을 찾아낼 수 있도록 클라이언트의 능력을 개발하는 역할이다(Compton &

Galaway, 1989).

(2) 교육자(teacher)

클라이언트의 사회적 기능이나 문제해결 능력 향상을 위해 교육적인 프로그램 및 정보를 제공하거나 기술을 가르치는 역할이다.

2) 체계와 연결하는 역할

클라이언트를 다른 체계와 연결하는 역할이다. 사회복지사는 클라이언트가 기존의 사회기관에서 제공하지 못하는 자원을 필요로 하거나 유용한 자원을 이용하는 능력이나 지식이 부족한 경우에 클라이언트를 다른 자원과 연결해 준다.

(1) 중개자(broker)

클라이언트와 자원 및 서비스를 연결하는 역할이다. 클라이언트가 법률적 도움이나 필요한 자원을 얻도록 도와주고, 지역사회의 다양한 집단, 기관, 단체들이 상호이익을 도모하기 위해 교류할 수 있도록 돕는 것이다. 즉, 사회복지사는 자원을 파악하고 주민들이 요구하는 서비스체계나 자원이 어디에 있는지 가르쳐 줌으로써 자원에 대한 접근을 원활하게 활용할 수 있도록 돕거나 안내해 준다. 이를 위해 사회복지사는 다양한 서비스 종류와 활용 가능한 프로그램에 관한 지식이 있어야 하고, 서비스 전달체계의 다양한 부분들과 지속적인 상호작용 촉진이 필요하다(Compton & Galaway, 1989).

(2) 사례관리자(case manager) · 조정자(coordinator)

특정 기관의 제한된 자원만으로는 클라이언트의 효과적인 문제해결이 어렵거나 다른 체계에 의뢰하는 것만으로는 클라이언트의 능력과 기술, 지식과 자원이 부족한 경우에 사례관리자는 클라이언트의 욕구를 사정하고, 다른 자원에 의해 제공된 필수적 재화와 서비스의 전달을 조정하고, 제때에 적절히 제공될 수 있도록 관리하고 조정하는 역할을 한다(김용환 외, 2022).

(3) 중재자(mediator)

중재자는 양자 간의 논쟁, 즉 기관이나 조직의 차원에서 서로 다른 두 집단 간의 갈등이나 이해관계를 관철하는 역할자로서 견해가 다른 개인이나 집단 사이의 의사소통을 향상하고 타협하도록 도우며, 양측이 서로 간에 만족스러운 결과를 얻을 수 있도록 도와주는 역할이다.

(4) 옹호자(advocator)

옹호의 사전적 의미는 '돕거나 감싸서 지키는 것'이다. 또는 '어떤 대상을 편들어 지킨다'라는 한자어로 '인간으로서 당연히 가지는 권리'라는 뜻과 '이익'이라는 뜻이 내포되어 있다. 옹호자는 개인이나 가족이 권리를 보장받지 못할 때 그 권리를 보장해 줄 수 있는 표적체계에 정책의 변화를 모색하기 위한 옹호 활동을 한다. 즉, 클라이언트의 욕구에 서비스 기관이 반응하지 않거나 서비스 제공을 거절당하는 경우 대상자들이 적절한 서비스를 받을 수 있는 권리를 확보하거나 유지하도록 기관 내 프로그램이나 정책을 변화시키기 위한 적극적인 역할을 수행한다(김용환 외, 2017). 옹호자의 역할은 어느 한쪽 편도 들지 않고 공동의 이해영역을 도출하는 중개자의 역할과는 다르다. 특히 옹호자의 역할은 클라이언트가 필요한 것을 얻을 힘이 거의 없을 때 적절하다(김융일 외, 1995; Compton & Galaway, 1989). 예를 들어, 여성의 고용차별, 노숙인의 인권침해에 대항한 새로운 법률제정 운동, 학대받는 아동의 권리를 확보하기 위한 문제의 심각성을 알리는 공청회 개최, 아동학대 예방을 위한 인식개선 활동 차원의 거리 캠페인 실시 등이 사회복지사의 옹호에 해당한다(이경준 외, 2020).

(5) 연구자 및 조사 활용자(researcher / research consumer)

연구자는 관심 있는 주제에 관한 문헌연구나 자신의 실무에 대한 평가, 프로그램에 대한 분석, 지역사회 욕구 조사 등의 활동을 통해 이론적 또는 실천적인 전문직으로 발전시키는 활동을 수행한다(김용환 외, 2017). 또한, 사회복지사는 클라이언트의 발전을 위해 자신의 실천 활동을 평가하며 서비스와 프로그램의 장점 및 단점을 사정하고 지역사회를 연구 및 조사할 책임이 있다.

3) 체계 개발 역할(system development)

기관의 서비스를 확대하고 개선하기 위해 체계 개발에 관련된 임무를 수행하는 역할이다.

(1) 프로그램 개발자(program developer)

사회복지사는 클라이언트의 욕구 발생에 대응해서 프로그램을 개발하는 역할이다. 예를 들어, 해당 프로그램에는 교육적인 프로그램, 지지집단, 기술개발 프로그램 등이 있는데, 현재 사용하는 프로그램 개입에 사정하여 기관의 서비스를 확대하거나 발전시켜야 한다(김용환 외, 2017).

(2) 기획가(planner)

사회복지사는 정책 등의 거시 차원에서 지역사회나 사회 구조에 관심을 두고, 충족되지 못하거나 새롭게 대두되는 욕구를 충족시키기 위해 기존 서비스를 개선하는 데 필요한 정책과 서비스를 개발하고 프로그램을 계획하는 역할이다.

(3) 정책개발자(policy and procedure developer)

사회복지사는 클라이언트의 욕구를 평가하고 어떤 정책과 절차가 클라이언트의 관심에 부합하는지 평가하는 전략적인 역할이다. 사회복지사는 정책 및 절차와 관련된 의사결정에 적극적으로 참여해야 하는 것이 중요하지만 이러한 정책 등에 관한 의사결정은 대체로 기관의 행정방식에 의해 결정된다.

사회복지사 1급 기출 및 예상문제

01 사회복지실천현장의 기능과 목적에 따른 분류에서 1차 현장에 해당하지 않는 것은? (20회)

① 양로시설　② 교정시설　③ 사회복지관
④ 지역아동센터　⑤ 장애인거주시설

정답 ②

02 사회복지실천의 2차 현장은? (14회)

① 사회복지관　② 보호관찰소　③ 노인복지관
④ 장애인복지관　⑤ 자활 지원센터

해설 2차 현장(secondary setting)은 기관의 일차적인 기능은 따로 있으며, 부수적인 기능으로 사회복지서비스가 이루어지고 있는 실천현장을 말한다. 의료사회복지, 정신보건복지, 학교사회복지, 교정사회복지, 산업복지, 군사회복지 등이 있다.
② 보호관찰소는 교정복지시설로서 2차 현장에 해당한다.

정답 ②

03 다음 중 1차 현장이면서 이용시설에 해당하는 것은? (18회)

① 장애인복지관, 보건소
② 노인복지관, 지역아동센터
③ 아동양육시설, 사회복지관
④ 노인요양시설, 장애인공동생활가정
⑤ 정신건강복지센터, 학교

해설 1차 현장(primary setting)은 기관은 일차적인 주된 기능과 목적이 사회복지서비스를 제공하기 위해 설립된 것이므로 일반적으로 사회복지사가 중심이 되어 활동하는 실천현장이다. 예를 들어, 노인복지(양로원, 노인요양원), 장애인복지(장애인 자립 시설, 장애인복지관), 아동복지(보육원, 어린이집), 지역복지(사회복지관, 지역자활센터) 등이 있다.
① 보건소는 2차 현장이면서 이용시설이다.
② 아동양육시설은 1차 현장이면서 생활시설이다.
③ 노인요양시설은 2차 현장이면서 생활시설인데, 장애인공동생활가정은 1차 현장이면서 생활시설이다.
④ 정신건강복지센터, 학교 모두 2차 현장이면서 이용시설이다.

정답 ②

04 사회복지실천현장에 관한 설명으로 옳은 것을 모두 고른 것은? (13회)

㉠ 장애인주간보호시설은 이용시설이다.
㉡ 보호해야 하는 아동을 입소시켜 돌보는 시설을 아동양육시설이라고 한다.
㉢ 지역아동센터는 민간기관이다.
㉣ 건강가정지원센터의 소관 부처는 보건복지부이다.

① ㉠, ㉡, ㉢ ② ㉠, ㉢ ③ ㉡, ㉣
④ ㉣ ⑤ ㉠, ㉡, ㉢, ㉣

해설 ㉣ 건강가정지원센터의 소관 부처는 여성가족부이다.

정답 ①

사회복지실천론 Social Work Practice

Part > 02

사회복지실천의 접근방법

사회복지실천론 Social Work Practice

Chapter > 05

사회복지실천 대상 체계와 접근 I (개인과 가족)

이 장에서는 사회복지실천의 주요 대상인 개인, 가족, 집단, 지역사회 중 개인과 가족에 대한 기본적 이해를 도모하고 실천적 접근모델 및 기법들을 정리하였다.

개인(체계)과 사회복지실천에서는 개별사회사업의 등장 배경과 개념, 개인 대상 사회복지실천에 대해 학습해 본다.

가족(체계)과 사회복지실천에서는 가족체계의 이해를 위한 주요 개념인 미누친(Minuchin)의 구조적 가족치료를 집중적으로 알아본다. 또한, 실천적 접근을 위한 대표적 치료기법인 보웬(Bowen)의 가족치료, 사티어(Satir)의 경험적 가족치료, 해결중심적 가족치료기법들을 이해하도록 한다.

제1절 개인과 사회복지실천

1. 개별사회사업(casework)의 등장 배경 및 개념

개인 수준에서의 사회복지실천과 그 방법론적 접근은 개별사회사업의 개념 정의를 통해서 이해할 수 있다.

사회복지 최초의 전문화된 방법론인 케이스워크(casework: 개별사회사업)를 미국에서 최초로 체계적 이론으로 전문화하고, 사회사업의 전문교육에서도 지도적 역할을 한 개척자는 메리 리치몬드(Mary Richmond)이다.

리치몬드는 1917년에 『사회진단』이라는 저서를 통해 클라이언트를 돕는 개별사회사업의 접근방법들을 조직함으로써 사회복지 최초로 개인 대상의 실천을 전문적인 사회복지실천 방법으로 제시하였다. 이후 다양한 실천모델을 개발함으로써 개인 대상의 실천유형은 다양하게 전개되어 오고 있다(백은령 외, 2007). 리치몬드는 개별사회사업을 "개개인, 그리고 개인과 사회환경 간에 개별적인 의식적 조정을 통해 개인의 성격을 발달시키는 과정"이라고 하였으며, 개인의 욕구 충족과 인격개발을 목적으로 한 미시적이고 치료 과정이라고 하였다.

절충주의적 관점에서 펄만(Perlman)은 개별사회사업이란 "개인이 사회인의 기능을 수행함에 수반되는 여러 가지 문제를 보다 효과적으로 해결하기 위해 복지기관에서 활용하는 과정"이라고 하였다. 즉, 기관의 기능과 실천가와 클라이언트 간 역할을 강조하는 효과적인 문제해결 과정이라고 볼 수 있다(이경준 외, 2020).

개별사회사업은 직접 실천 중에서도 개인과의 일대일을 기반으로 하는 가장 오래된 사회복지실천사업이다. 이는 개인적인 사회적 부적응 문제에 대해

면접을 통하여 내면의 자아가 강화되도록 지도하거나 외부로부터 각종 사회자원을 활용하게 함으로써 피구호자가 통찰력을 가지고 스스로 문제해결의 의욕과 힘을 되찾아 만족할 만한 사회적 관계와 수준을 회복할 수 있도록 전문적으로 원조하는 과정이다. 이 개별사회사업은 19세기 말 빈민층을 원조하는 기관에서 종사하던 여러 종류의 실천가들의 활동에서 출발했으며, 이 기관 중 많은 영향을 미친 것은 자선조직협회이다(최덕경 외, 2012; 이윤로, 2007). 개별사회사업은 1869년 영국의 자선조직협회(Charity Organization Societies)를 통해 하나의 전문적 원조방법으로 등장했다. 이때부터 빈민들에 대한 원조에 있어서 과학적 방법을 모색하고자 하는 움직임이 나타난다.

2. 개인 대상의 사회복지실천

개인 대상의 사회복지실천은 클라이언트와 사회복지사와의 전문적 관계를 강조하는 실천방법이다. 개인 대상 사회복지실천은 사회복지사가 개인적 또는 사회적 문제에 직면해 있는 개인을 일대일로 만나 문제해결을 원조하는 활동으로, 클라이언트가 주변 환경에 적응하도록 도움을 제공하거나 개인에 영향을 미치는 사회·경제적 결핍상태를 완화해 주기 위한 활동이다(오혜경 외, 2011; 엄명용 외, 2011). 개인 대상 사회복지실천은 개인 내부 측면에서 생물·물리학적 기능, 정서, 인식 및 지각, 감정, 행동에 대한 전문적인 욕구 사정이다. 사회복지사는 이 욕구 사정에 근거한 서비스 계획 및 실행 등의 개입을 통해 사회복지사의 역할을 수행한다(최덕경 외, 2012; 허남순 외, 2004). 개인을 대상으로 한 실천기술에서 대표적인 개입방법은 클라이언트와의 직접적인 대면접촉이다. 이러한 상호작용적 접촉을 치료 상담, 원조 등 다양한 용어로 불린다.

개인 대상의 사회복지실천은 그 발전 과정에서 문제의 원인이나 책임을 개인에게만 한정시킬 위험이 있다는 비판에 직면하기도 했지만, 오늘날 사회·

환경적 차원의 요소들을 함께 고려하는 가운데 여전히 사회복지실천에서 상당한 부분을 차지하고 있다. 대부분의 지역사회복지관에서 지역 내 만성적·복합적 문제를 지닌 개인을 대상으로 사례관리를 시행하고 있다는 사실은 개인 대상 사회복지실천의 중요성을 말해 준다(최덕경 외, 2012; 박지영 외, 2010).

개인 대상 사회복지실천의 특징은 다음과 같다(김영미 외, 2022; 이영주 외 2010).

- 개별사회사업의 대상은 문제를 가진 개인과 가족까지 포함한다.
- 개별사회사업의 주체자는 문제에 대한 과학적 지식과 전문적 기술을 가진 전문가이다.
- 그 방법은 대상에 따라 달라지는 개별적(case by case)이다.
- 개별사회사업은 성격의 성장, 발달과 환경에의 적응을 다루는 의식적인 노력이다.
- 개별사회사업은 과정(process)이며 예술이다.
- 예방보다는 치료적 입장에서 문제해결 및 재조정을 중요시한다.
- 개인과 그의 환경과의 상호작용을 중요시하는 개인의 내면 강화와 환경 조정을 한다.
- 클라이언트의 주체성을 인정한 측면에 도움이다.
- 기관의 기능을 중시한다.

제2절 가족과 사회복지실천

1. 가족 대상의 사회복지실천의 의의

가족은 사회복지실천의 관심체계 중 가장 중요하다. 가족은 구성원들의 사회적, 교육적, 보건적 욕구를 포함하는 기본적인 욕구를 충족시키는 기능을 수행한다(최덕경 외, 2012 재인용). 가족은 구성원들 간에 다양한 방식으로 영향을 주고받는 상호의존 체계이다. 이러한 부분이 불균형을 이룰 때 갈등이 발생한다. 가족은 계속해서 변화하며, 가족 구성원 개개인이 전체 가족을 변화시킬 수도 있고 가족 자체가 개인을 변화시킬 수도 있다(강문희 외, 2011).

가족을 대상으로 한 실천이 다른 분야와 다른 점은 그 대상이 개인이 아닌 가족 전체라는 것으로 가족의 행복이나 안녕을 보장하기 위한 사회적 정책이나 행정, 서비스로 가족을 통합시키고 가족문제의 예방과 해결에 목적이 있다(이광재, 2019).

2. 가족체계의 정의

체계란 상호의존적으로 상호작용하는 부분들로 구성된 전체, 즉 부분 간에 관계를 맺고 있는 일련의 단위를 말한다. 1960년대 이후에 활발하게 발전되고 있는 가족의 체계적 접근(systematic approach)에서는 개인이 가족 환경 내에서 어떠한 기능을 하며, 또 가족 행동에 어떤 영향을 주는가, 그리고 역으로 가족이 어떻게 개인에게 영향을 주느냐에 대한 이해가 필요하다는 독특한 관점과 이론을 제시하고 있다(강문희 외, 2011).

가족의 체계적 접근에서는 인간을 체계 내에서 작용하는 복합적인 존재로 본다. 따라서 한 개인에게 증상이 나타나면, 그것은 체계(가족)가 역기능적으로 작용하기 때문이므로 체계 자체를 수정 · 변화시켜야 한다고 본다(이문행, 1994). 가족은 가족 구성원 개개인으로 구성된 전체이며, 지역사회를 구성하고 이에 적응하는 부분으로서의 체계이며, 가족은 사회체계의 한 유형이다. 따라서 가족은 체계의 특성과 성격을 갖는다.

미누친(Minuchin, 1974)은 가족을 하나의 사회체계로 볼 때 가족 구성원 각자는 하나의 하위체계가 되며, 그다음은 부부관계, 부모 · 자녀 관계, 형제자매 관계 등과 같은 2인 가족관계가 또 다른 하위체계를 이루고, 이러한 하위체계들이 특정한 위계를 이루어 최종적으로는 하나 전체로서 유지되는 것이 가족체계라고 하였다. 따라서 가족 구성원은 각자 여러 하위체계에 소속되어 소속된 체계에 따라 다른 권한 행사와 기술을 습득하는 보완적 관계에 있다(최덕경 외, 2012; 맹영임, 2001).

3. 가족체계에 대한 개입

1) 가족체계의 하위 요소

(1) 가족 응집성

가족 응집성은 가족 구성원이 서로에게 갖는 심리적 유대를 나타내는 것으로 가족체계의 역동성을 설명하는 대표적인 개념이다.

가족 응집성이 너무 지나치게 높은 밀착상태의 가족체계는 가족 내에서 정서적 유대감이 너무 높아 서로를 동일시하기 때문에 각 구성원의 자율성과 성장을 방해하는 요인으로 작용하기도 한다. 반면 가족 응집성 수준이 아주 낮은 과잉분리 상태의 가족은 서로 정서적 유대감이나 밀착력이 없어서 가족체계가 자유분방하다. 그렇지만 각 구성원은 개별적이고 자유로운 정서와 행동을 할 수 있다는 것이 특징이다. 따라서 각 개인은 가족원들과 적절하게 독립되어 있으면서 서로 관련을 가지는 중간 수준이 적당하다. 적절한 응집성은 가족에 대한 소속감이나 애착의 정도가 개인의 자율성과 균형을 이루면서 효율적인 가족 기능을 수행하고 개인의 정서적 발달을 촉진할 수 있다(전귀연, 1993).

(2) 가족 적응성

가족 적응성이란 "상황적으로 또는 발달 단계상 일어날 수 있는 스트레스에 반응하여 가족체계의 권력 구조, 역할 관계 및 규칙들을 변화시킬 수 있는 능력"으로 정의하였다(Olson et al., 1983). 이는 가족 구성원들이 가족체계를 어느 정도 변화시킬 수 있는지를 말한다(김지혜, 2010). 가족체계는 외부 혹은 내부로부터 발생하는 여러 자극이나 변화에 허용하는 정도, 균형을 유지하려고 하는 정도이다. 다시 말해 가족 적응성은 가족생활의 압박이나 갈등 속에서 가족의 규칙, 역할, 구조 등을 상황에 맞게 변화시키고, 가족체계가 안정을 찾을 수 있도록 유연하게 할 수 있는 가족의 능력이다. 그러나 가족체계의 구성원 중 한 사람이 가족을 강하게 통제하거나, 엄격한 가족 규칙으로 가족체계가 경직되어 있는 가족 구성원은 가족 적응력이 낮아서 자극과 변화에 유연하게 대처하지 못하고, 갈등과 스트레스가 발생하겠다(김춘경 외, 2016).

2) 가족체계의 주요 개념

(1) 가족 규칙

가족 규칙(family rule)은 가족생활 영위를 위한 힘의 안배와 나름의 역할을 규정하고, 그에 따른 행동을 요구한다. 가족 규칙은 가족을 지배하고 있다. 가족 구성원은 상호작용을 통해 가족 규칙을 조직하거나 합의함으로써 이루어지는데, 이 부분은 가족 내에 존재하는 의식적이고 확실히 드러난 규칙부터 가족이 알아차리지 못한 상태에서의 암암리에 자리 잡은 은밀한 규칙을 말한다. 가족 규칙은 가족에 대한 정체성과 구성원의 성장에 이바지하도록 작동하는 것이 이상적이다.

가족 규칙의 예시로는 '저녁 10시 넘어서 들어오는 가족 구성원은 가족에게 미리 양해를 구한다.', '집 안 청소는 모두 아들들이 한다.', '아빠가 식사하기 전에 아무도 먼저 시작해서는 안 된다.', '매주 월요일은 온 가족이 다 함께 모여서 식사를 한다.' 등이 있다.

(2) 항상성

가족 규칙은 가족생활 영위를 위한 힘의 안배와 나름의 역할을 규정하고, 그에 따른 행동을 요구한다. 이렇게 여러 하위체계로 구성된 가족은 가족 경계선이라는 상호 인정해야 할 일종의 규칙들로 연결되어 가족을 지배하고 있다. 이때 체계로서의 가족은 협의가 이뤄진 규칙과 적절한 공동의 목표를 중심으로 상호교류를 통해 일정한 상태나 바람직한 균형을 유지하고자 노력하는데, 이러한 속성을 가족 항상성(family homeostasis)이라고 한다.

가족 항성성은 이러한 균형이 깨지려 할 때 회복하려는 경향을 말한다. 그러나 가족이 항상성 상태를 유지하려는 행동이 최선의 결과만을 가져오지는 않는다. 폭력적이고 권위적인 남편에게 아내가 순종하고 자녀들이 묵인하는 경우, 상담가가 가족의 기능을 변화시키려고 할 때 한두 번의 개입만으로는 해당 가족의 문제를 바꾸기 쉽지 않은 것이 바로 가족 항상성 때문이다. 이는 오랜 시간 동안 남편의 강제적인 행동과 아내의 순종, 자녀의 묵인이 현재의 가족을 유지하는 형태로 묵인돼 문제가 생기더라도 가족의 평행을 유지하기 위해 고착되어 기존의 방식을 고집하기 때문에, 오히려 상담가가 가족의 기능 변화를 시도할 때, 가족 구성원이 저항감을 보이게 되는데, 이는 가족 항상성이 작용했기 때문이다.

(3) 삼각관계

삼각관계는 두 사람 사이에서 일어나는 불안이나 긴장을 제삼자를 통해 회피하거나 위로받으려는 행동이다. 가족원이 정서적 관계를 맺을 경우, 2인체계는 불안이나 긴장이 유발되는 경우가 많으므로 안정을 유지하기 어렵다. 2인체계는 긴장을 줄이려는 희망으로 세 번째 요소인 어떤 사람이나 문제를 끌어들여 삼각관계를 형성한다. 가장 보편적인 삼각관계에는 아버지, 어머니 그리고 자녀 세 사람의 삼각관계가 있다(이영실 외, 2014). 예를 들어, 남편과 잦은 갈등 관계에 있는 어머니가 동생을 제대로 돌보지 않는다고 큰아들에게 화를 내는데, 남편과의 갈등을 큰아들 탓으로 돌리는 경우이다.

(4) 가족 경계

경계란 체계의 내부와 외부 또는 한 체계와 다른 체계를 구분하는 보이지 않는 선을 말한다. 가족 경계는 가족 내의 개인과 다른 가족 구성원 간의 관계에서 형성된 개인의 정체성이면서, 동시에 한 단위로 가족과 더 큰 사회체계 간의 관계에서 형성된 가족의 정체성이다.

미누친에 의하면 경계선은 하위체계 간에 선호되는 관계이자 규칙이다. 개인과 하위체계 간에 또는 가족과 구성원 간에 허용될 수 있는 접촉의 양은 이 경계선으로 구분될 수 있으며, 가족의 경계는 매우 단호하다. 예를 들면,

모든 것 중에 아빠는 '동생 영호 문제만큼은 절대로 어떠한 관여도 해서는 안 된다.'라는 규칙이 있다면, 여기에서 동생 영호 문제만큼은 관여하면 안 된다는 경계가 작동한다. 즉, 밀착된 관계에 있는 가족원에게는 경계를 분명히 하고, 유리된 가족에게는 가까이 접근하여 접촉을 증가하도록 하여 개인이나 하위체계의 독립과 자율성을 보호하는 기능과 가족 구성원 간의 상호교류와 친밀성을 보호하는 기능이 조화를 이루도록 하는 데 있다.

(5) 가족 하위체계

가족은 가족 구성원이 시간과 공간, 물질을 공유하고 고유한 문화를 다음 세대에 전수하는 집단으로, 사회와 개인 중간에 위치한다. 가족은 이웃, 친척, 지역사회, 직장, 학교, 국가 등 상위체계의 한 부분으로서 가족원 개개인을 포함한 많은 하위체계를 가진다. 가족을 하나의 전체체계라면 개인은 하나의 하위체계이다. 즉, 가족은 하위체계로 분화되고, 개인과 같은 하위체계를 통해 가족체계의 기능을 수행한다. 가족은 위계질서에 따라 지위와 역할을 배분하여 조직한 하위체계로 기본적인 기능을 수행한다. 대표적인 하위체계에는 부부 하위체계, 부모 하위체계, 형제 하위체계 등이 있다.

(6) 가족 신화

가족 신화(family myth)란 가족 구성원 개개인, 그들 간의 관계에 대한 기대와 공유된 믿음으로 구성된 것이다. 가족 신화는 어느 가족에서나 존재하는 것으로 모든 가족원이 아무런 의심 없이 공유하는 믿음과 기대라는 점이 특징이다.

가족 신화는 오랜 시간 동안 반복되고 암묵적으로 정해진 일종의 불문율의 성격을 띠고 있으므로, 가족 구성원은 심사숙고하지 않은 채 자동으로 합의해서 가족 구성원 간에 상호작용과 가족 규칙을 형성하는 데 영향을 미치게 된다. 즉, 가족 구성원 간에 공유된 인식이 부적절하게 형성되고 자기 기만적이면서 잘 체계화된 신념에 의해 구성원들이 비판 없이 받아들이는 일종의 왜곡 현상이 발생할 위험이 있다. 예를 들어, '식구니까 괜찮아', '엄마, 아빠이고 가족인데 이 정도는 이해하겠지', '가족인데 이 정도도 못 해줘' 등의 비합리적인 사고가 오랜 시간 동안 익숙해져서 가족 신화에 집착하면 새로운 시도보다는 가족이 습관적으로 기능하도록 조장된다.

(7) 가족 의식

가족 의식은 가족의 구조, 기능, 역할, 태도, 이상에 속하는 전통적·문화적 가치이다. 가족은 사회의 가장 기본적인 구성단위이며, 인간의 사회화 대부분이 가족 의식을 통해 습득된다. 결혼식, 생일파티, 장례식 등의 가족 의식은 가족의 발달적 전이와 변화를 촉진하는 등 가족문화 생활에 중요한 역할을 하는데 가족문화의 핵심적 요소로 대부분 세대를 통해 전수된다.

(8) 부모화

어떤 자녀가 가족 내에서 부모의 역할을 대신 수행하여 부모나 가족을 돌보게 되는 현상을 부모화라고 한다(Jurkovic, 1997). 이는 역할 반전을 지칭하는 개념이다. 가족이 어려움에 부닥쳤을 때, 자녀가 부모의 역할을 대신하거나 부모를 위로하는 것은 탄력성 있는 가족체계의 특성이기도 하다(김용태, 2000). 그러나 아동의 발달 수준에 맞지 않는 부모 역할이 장기간에 걸쳐 요구되어 부모화된 자녀는 잘 기능하지 못하는 가족에서 자신의 나이에 걸맞지 않게 지나친 책임감과 능력, 자율성 등을 발전시킨다. 한쪽 부모가 적절한 역할을 하지 못한다고 생각할 때 정서적, 지적, 신체적으로 준비되어 있지 않은 자녀는 가족에 대한 과도한 책임을 요구받고, 내면화하게 되면 강박적으로 타인을 돌보느라 자신의 욕구는 희생하게 된다(Ivan Boszormenyi-Nagy & Spark, 1973).

4. 기능적 가족의 특성

기능적 가족의 특성은 기능적 가족과 역기능적 가족 두 가지로 나눌 수 있다.

1) 기능적 가족의 특성

기능적 가족은 하위체계 경계선이 명확하지만, 이러한 경계선이 가족의 요구에 따라 변할 수 있는 특성이 있다. 가족은 가족 구성원 간에 상호의존적이고 순환적인 인과관계를 지닌다. 또한, 융통성 있고 서로 간에 진실한 상호작용이 이루어지며 경험을 공유할 수 있다. 그러나 이 안에서 가족 규칙은 명확하며 공평하게 이루어진다. 규칙은 가족 상황에 따라 변할 수 있으나, 위계질서와 경계가 존재하는 역할을 명확히 이해하는 것이 가족이다.

존스와 부트만(Jones & Butman, 1991)은 건강한 가정 또는 순기능 가정은 어떤 특징을 지니는가? 잘 기능하는 건강한 가정은 친밀감과 힘의 욕구, 의미에의 욕구가 충족되는 가정으로 여러 학자의 연구를 근거로 순기능 가정의 특징을 다음과 같이 요약하고 있다.

① 가족 구성원이 서로 사랑과 고마움을 표현할 줄을 안다.
② 대화가 풍성하며 피차 생각과 감정과 소원을 전달할 수 있다.
③ 명확하게 정립된 세계관을 가지고 있으며 신앙을 공유하고 있다.
④ 여러 가지 일에 함께하며 함께 웃으며 즐거운 시간을 가진다.
⑤ 가족에 대한 책임감을 공유하며 집안의 전통과 약속을 중요시한다.
⑥ 도전과 위기에 능동적으로 대처할 수 있다

따라서 기능적 가족은 부모, 자녀, 형제, 자매간의 명확하고 분명한 경계선 속에 어른들은 서로 친밀하고 권위를 공유하며 자녀를 지지해 줌으로써, 각 개인의 자율성은 존중되면서도 전체로서의 가족은 유지될 수 있다.

2) 역기능 가족의 특성

가정은 여러 차원에서 정의될 수 있다. 가정은 재생산 및 종족보존, 성적 표현 및 통제, 교육 및 사회화, 지위 부여, 경제적 협력, 정서적 만족 그리고 사회통제 기능 등 다양한 기능을 수행한다(Sell, 1995).

역기능 가족의 특성은 하위체계의 경계선이 경직되거나 혼란되어 있으며, 가족의 요구에도 변화하지 않는다는 점이다. 역기능 가족은 폐쇄적이고 가족 규칙에 융통성이 없으며, 위협적이고 서로에게 집착하는 정도가 심하거나 지나치게 무관심하여 적절한 가족의 기능을 수행하지 못한다(최경화 외, 2010).

역기능 가족은 가족관계의 대립과 갈등이 발생하기 때문에 가족 구성원은 자신에게 요구되는 기대가 무엇인지 파악하지 못하고 개인의 자율성은 가족 전체를 위해 희생되거나 반대로 가족이 통합되지 못해 지나치게 요구된다. 알코올중독의 아버지를 가진 남자는 그렇지 않은 가정에서 자란 사람보다 알코올중독이 될 확률이 4배나 크다. 부부간 폭력을 보았던 여성들이 그렇지 않은 여성들에 비해 더 공격적이고 더 우울한 것으로 드러났다(Forsstrom & Rosenbaum, 1985). 이는 자녀를 제대로 사회화시키고 양육할 만한 능력이 손상되어 의사소통이 애매하고 간접적이며 권위적이다. 예를 들어, 아버지의 알코올중독으로 부모가 가족을 돌보는 부모 역할을 하지 못해, 부모의 자리를 자녀가 채우는 경우 가정은 스트레스에 대처하기 위해 충분한 자원을 동원할 수 없게 되어 그 결과 가정을 더 긴장시키고 부서지게 만드는 특징을 지닌다.

5. 가족체계에 대한 개입

체계론적 관점에서 보면 개인과 가족이 제시하는 문제는 가족체계 전체의 상호작용과 역사적 산물이다. 사회복지사는 개인과 가족의 문제를 도울 때 개인의 내적 상황과 전체로서의 가족, 각 가족 구성원의 순환적 상호작용에 대한 체계적 관점을 기반으로 개입하여야 한다.

보웬(Bowen)의 다세대 가족치료, 미누친(Minuchin)의 구조적 가족치료, 사티어(Satir)의 경험적 가족치료, 헤일리(Haley)의 전략적 가족치료, 해결중심 단기 가족치료 모델은 가족과 가족의 증상에 대한 특징과 신념에 따라 독특한 기법을 활용하여 클라이언트 가족의 문제해결과 변화를 돕는다.

다음은 사회복지실천에서의 가족치료 특징과 주요 개념에 대한 내용이다(이영실 외, 2010; Madanes & Haley, 1977; Bowen, 1975; Minuchin, 1974; Satir, 1983).

1) 보웬의 다세대 가족치료

보웬의 가족치료는 정신분석적 원리 및 실제 경험에서 영향을 받은 치료적 임상 모델이다. 이 모델은 분화되지 못한 가장 상처받기 쉬운 개인이 갈등의 중심이 되기 쉽다고 본다. 따라서 자기 분화는 보웬 가족치료에서 치료목표인 동시에 성장목표이다. 즉, 분화되지 않는 가족 자아 집합체에서 자신을 분리 독립시켜 정체감을 형성하고 자기 충동적, 정서적 사고와 행동에서 자유를 획득해 나갈 수 있도록 돕는 것이 치료의 목표이다(김유숙, 2000).

보웬의 가족치료 주요 개념은 ① 자아 분화(differentiation of self), ② 삼각관계(triangles), ③ 핵가족 정서체계(nuclear family emotional process), ④ 가족 투사 과정(family projection process), ⑤ 다세대 전수 과정(multi generation transmission process), ⑥ 출생순위(sibling position), ⑦ 정서적 단절(emotional cut off), ⑧ 사회적 퇴행(societal regression) 등이 있다.

보웬의 대표적 가족개입기법으로는 탈삼각화, 코칭, 자기입장 취하기 등이 있다.

2) 미누친의 구조적 가족치료

미누친의 구조적 가족치료는 인간의 사회성에서부터 출발한다. 사회는 가족을 형성하고 가족은 개인을 형성한다는 명제는 구조적 가족치료의 중요한 이론적 기초이다. 즉, 구조적 가족치료는 개인을 사회적 존재로 보고 개인을 둘러싼 가족의 상호작용도 일정한 구조로 이루어진다는 것이 핵심이다.

구조적 가족치료는 체계이론에 기초한 다음의 세 가지 원리를 기초로 한다(최규련, 2008; Beavers & Voeller, 1983).

첫째, 사회적 상황은 개인의 정신생활에 영향을 미치고 개인은 사회적 상황에 영향을 미치는 상호작용이 반복된다.

둘째, 상호작용 방식은 인간관계 규칙이 포함되는 구조와 관련되므로 가족 구성원 개인의 문제행동은 가족관계의 구조문제를 반영한다. 따라서 가족구조를 바꾸면 구성원의 정신 내적 과정과 행동변화가 가능하다.

셋째, 치료자가 내담자 가족과 일할 때 그의 행동은 사회적 상황의 일부가 된다.

구조적 가족치료는 과거보다는 현재의 잘못된 가족구조를 고치는 것에 중점을 두며, 가족 구성원 간의 상호작용 방법과 관계 규칙을 도식화한다. 그리하여 복잡한 가족문제를 진단하고 치료하는 실제적이고 명확한 지침을 제시한다(김혜숙 외, 2012).

구조적 가족치료는 가족을 재구조화(restructuring)함으로써 증상이 반영하는 역기능의 구조를 바로잡는 일이 치료의 일차적 목표이다. 따라서 가족구조를 변화시켜서 가족의 문제를 해결할 수 있도록 한다(남연희 외, 2012).

미누친의 구조적 가족치료 주요 개념은 ① 하위체계(부부, 부모, 부모 · 자녀, 형제자매), ② 경계, ③ 제휴(alignment)-연합, 동맹, ④ 권력(power), ⑤ 가족구조 등이 있다. 대표적인 미누친의 기법에는 합류하기(joining), 실연화하기(enactment), 재구조화하기(Restructure), 가족 상호작용에 개입하기(working with interaction), 진단하기(diagnosing), 경계 만들기(boundary making), 균형 깨뜨리기(unbalancing)가 있다.

3) 사티어의 경험적 가족치료

사티어의 경험적 가족치료 모델은 가족이 정서적 경험을 하고 의사소통을 개선하는 데 초점을 두었다. 사티어는 문제가 있는 가정의 의사소통은 모호하며 간접적이라고 지적하면서, 이러한 의사소통은 가족 구성원의 낮은 자존감에서 기인한다고 하였다. 자신의 자존감을 확장하고 결핍된 욕구를 채워줄 것이라는 기대하고 배우자를 만나지만, 결혼을 통해 그 환상이 깨지면서 불화가 발생하는 경우가 있다. 상대방과의 차이를 직접 직면하지 않고 상대방을 자신이 원하는 방식으로 조정하기 위해 의사소통은 점점 모호해지고 간접적으로 되며, 때로는 제삼자인 자녀를 사이에 두고 대화하는 방식을 취하면 문제는 더욱 심화된다(이종복 외, 2010 재인용).

사티어의 경험적 가족치료는 감정표현에 중점을 두고, 가족이 서로 자신의 감정을 적절하게 표현하며, 어떻게 반응하고 어떻게 자신만의 고유한 의사소통과 행동방식의 패턴을 형성하는지에 관심을 둔다. 경험적 가족치료는 가족 구성원들이 각자 자신에 관해서 대화하고 수용할 수 있도록 돕는 데 있다(김정진, 2008). 이는 가족의 결속과 바람직한 의사소통이다. 치료자는 서로 배려하고 수용하는 방법을 가족에게 제시하여, 서로 간의 두려움을 극복하고 자신의 마음과 경험을 개방하도록 한다(이영실 외, 2016). 사티어는 개인의 경험이 전체 가족에 얽힌 에너지와 관련되는 가족체계이론이며, 인간의 내적 문제는 가족의 상호작용 문제와 관련 있다고 보았다(이현경, 2010).

사티어의 경험적 가족치료의 주요 개념은 ① 자기존중, ② 의사소통, ③ 가족 규칙, ④ 가치, ⑤ 성장 등이 있다.

사티어의 대표적 기법은 가족 조각, 원가족 삼인군 치료, 무용치료와 예술치료, 공동치료, 빙산 모델을 활용한 치료 등이 있다.

4) 해결중심적 가족치료

해결중심적 가족치료는 무엇보다도 가족 구성원의 잠재적인 변화 요구를 중요시하고 문제해결 능력을 인정한다. 가족 구성원은 진심으로 지금의 모습과는 다른 모습으로 살아가기를 원하기 때문에 미래에 대한 기대와 더욱 나은 삶을 살 수 있는 자원이 있다고 보는 것이다. 이 모델에서 치료자와 가족 구성원은 상호 협력적 관계로서, 치료자는 가족 구성원에게 지시적으로 가르치기보다는 가족 구성원 자신의 목표를 알도록 상황을 제시해 준다(임정문, 2018). 해결중심적 가족치료의 목표는 작고 간단하며 현실적으로 성취 가능한 것이어야 하고, 부정적이고 바람직하지 않은 행동을 없애는 것보다 긍정적인 행동을 증가시키는 것에 초점을 둔다. 사회복지사는 가족이 이미 문제를 해결할 수 있는 능력과 자원하고 있다고 전제하고 가족의 강점, 긍정적인 것, 이미 성공한 것 등을 찾아내어 강화하고 확대하는 데 노력을 다한다.

해결중심적 가족치료는 문제 상태에 작은 변화가 있을 시에는 그러한 예외를 해결의 실마리로 본다. 존재하지 않는 것을 창조하기보다는 현재 있는 변화를 확대하기가 더 쉽다는 것이다. 해결중심 가족치료는 다른 치료모델과 달리 치료기간이 짧으면서도 치료자들이 일련의 질문기법과 과제부여기법들을 활용하여 가족 구성원을 강화하는 데 효과가 크고, 전체 가족이 참여하지 않아도 적용할 수 있는 장점이 있다(전재일 외, 2003).

해결중심적 가족치료의 주요 개념은 ① 정신건강에 대한 강조, ② 내담자의 강점과 자원 활용, ③ 탈이론적 · 비규범적 · 내담자의 견해 중시, ④ 간략화, 변화의 불가피성, ⑤ 현재와 미래 지향성 등이 있다. 해결중심적 가족기법에는 첫 면담 이전 변화에 대한 질문들, 예외질문, 가족질문, 척도질문, 대처(극복)질문 등이 있다(송성자, 1995; 김혜숙 외, 2012).

Chapter > 06

사회복지실천 대상 체계와 접근 II(집단과 지역사회)

이 장에서는 사회복지실천의 주요 대상인 개인, 가족, 집단, 지역사회 중 5장의 개인과 가족에 이어서 집단과 지역사회에 대한 기본적 이해를 도모하고자 실천적 접근모델과 기법들을 정리하였다.

우선 집단대상 사회복지실천에서는 집단의 사회복지실천 개념을 이해하도록 한다. 또한, 목적에 따른 집단의 유형과 치료집단에 따른 집단의 유형, 기능에 따른 집단의 유형 세 가지를 알아보도록 한다.

지역사회 대상 사회복지실천에서는 지역사회의 정의와 기능 그리고 유형, 특성을 파악하고, 마지막으로 지역사회 수준의 모델과 개입기법과 사회복지사의 역할을 익히도록 한다.

제1절 집단과 사회복지실천

1. 집단 대상의 사회복지실천 등장 배경과 개념(이경준 외, 2018)

역사적으로 집단대상 사회복지실천은 1844년 영국 런던 YMCA가 당시 청년층에 기독교 정신 파급에 여가 및 사회화 집단을 활용하면서부터 시작되었다. 산업화, 도시화의 과정에서 도시 빈민 지역 청년들을 중심으로 한 사회환경 개선과 이를 위한 집단활동이 그 목적이자 내용이었다. 사회복지발달사 측면에서 중요한 자리를 차지하는 인보관운동은 집단을 조직하고 도시 빈민들을 교육, 계몽하며 그들에 대한 정서적 원조를 제공하였다(Zastrow, 1987).

1) 집단의 기본적 이해

(1) 집단의 개념

"집단(集團)이란 여럿이 모여 이룬 모임"이라고 국어사전에서는 정의하고 있다. 집단이란 같은 관심을 가지고 모여 일관되고 획일적인 활동을 하는 사람들의 집합을 말한다. 구성원들은 소속감과 공통의 관심과 목적을 갖고 집단 구성원 간 상호의존과 의사소통을 통해 상호작용이 있는 상태를 말한다(최덕경 외, 2013).

(2) 집단의 유형

집단의 유형은 관점에 따라 매우 다양하다. 집단성원 간 상호작용과 정서적 결속 정도에 따른 집단의 구분은 일차집단과 이차집단으로 구분한다. ① 일차집단은 직접 친밀한 인간관계를 유지하면서 개인적으로 직접접촉 또는 관계를 맺는 가족과 친구, 소규모 집단들을 말한다. ② 이차집단은 목적을 달성하기 위해 인위적으로 계약에 의해 형성된 사무적인 접촉방식의 집단을 말한다. 구성방법에 따른 집단의 구분은 자연발생적 집단과 인위적 형성집단으로 나뉜다. ① 자연발생적 집단(가족, 친구, 또래)은 자연적으로 발생한 사건이나 인간관계상의 매력 혹은 성원의 욕구 등을 기초로 하여 자연발생적으로 구성된 집단이다. ② 인위적 형성집단(학급, 위원회)은 외부의 영향이나 개입을 통해 의도적으로 만들어진 집단이다. 집단의 목적 성취를 위해서는 일반적으로 외부의 후원이나 협력이 필요하다. 또한, 집단의 크기에 따라 보통 6~7명 내외의 소규모 집단과 대규모 집단으로 구분되고, 집단의 운영방식에 따라 입소와 탈퇴가 자유로운 개방형 집단과 그렇지 않은 폐쇄형 집단 등이 있다. 이와 같은 유형은 각자의 특성과 목적이 있는데 그것은 곧 해당 집단의 정체성과 성원들의 기능 및 역할에도 영향을 미친다.

그런가 하면 집단 수준의 사회복지실천에서는 일반적으로 집단의 목적에 따라 분류할 경우 다양한 분류가 존재하지만, 사회복지사가 자주 관여하는 집단은 크게 치료집단과 과업집단으로 구분해 볼 수 있다(최덕경 외, 2012; 허남순, 2004).

2) 목적에 따른 집단의 유형

(1) 치료집단(treatment group)

치료집단의 목적은 집단 구성원 교육, 성장, 치료, 사회화 등 행동변화, 사회화의 욕구충족이다(이경준 외, 2018: 이영주 외, 2010; 최선화, 2006; Toseland & Rivas, 1995). 치료집단은 개방적이고 자기노출이 낮으며, 집단 각 구성원의 주제에 따라 의사소통 양식이 다르고, 집단절차는 집단에 따라 융통성 있다는 특징이 있다. 치료집단의 구성은 공동 관심사, 문제, 특성에 근거한다. 여기에 해당하는 집단에는 지지집단, 교육집단, 성장집단, 치료(치유)집단, 사회화집단 등이 있다.

① 지지집단

일상생활 속에서 발생하는 문제들을 효과적으로 대처하고 적응해 나가도록 원조하고, 대처기술을 학습할 수 있도록 원조하는 데 목적이 있다. 사례로는 장애아동 양육에 어려움을 가진 부모집단, 한부모가족 모임, 자녀교육의 어려움을 갖는 다문화가정 부모 모임 등이 있다.

② 교육집단

구성원들이 자신의 내면은 물론 자신이 속한 사회를 잘 이해할 수 있도록 강의 등을 통해 정보나 지식, 기술을 향상하는 데 목적을 둔다. 사례로는 성교육을 받는 청소년집단, 부모역할 모임 등이 있다.

③ 성장집단

집단활동을 경험하면서 자의식 고취 및 사고의 전환을 촉진하고 자신과 타인에 대해서 자신의 생각, 감정, 행동에 대한 변화들을 끌어내는 것이 목적이다. 성장 잠재력을 향상해 자극과 통찰력을 얻고 모델링을 찾으며, 새로운 행동을 시험해 보기도 한다. 사례로는 부부를 위한 결혼생활 향상 모임, 청소년 성장 모임, 퇴직준비집단, 잠재력 개발집단 등이 있다.

④ 치료(치유)집단

공통의 문제를 겪고 있는 개개인의 문제 완화와 제거, 행동변화와 정서적 지지를 통한 치료와 회복에 중점을 둔다. 사례로는 약물중독치료집단(알코올 및 마약 중독자), 금연집단, 보호관찰 처분을 받은 청소년집단 등이 있다.

⑤ 사회화집단

사회관계에 어려움이 있는 개인에게 사회생활에 요구되는 기술을 익히거나 학습시킴으로써 사회적으로 받아들일 수 있는 행동을 배우는 것이 목적이다. 사례로는 주의력 결핍이나 과잉행동장애(ADHD) 등의 아동을 대상으로 하는 활동집단, 퇴원한 정신장애인 사교모임 등이 있다.

(2) 과업집단(task group)

과업집단은 의무사항 이행 및 새로운 아이디어 개발, 원조전략 수립 등 과업을 수행하는 집단이다. 여기서 사회복지사의 역할은 상호작용이나 임명을 통해 집단을 발달시키는 것이다. 과업집단의 목적은 조직이나 기관의 문제에 대한 성취, 해결책 모색에 있다. 개인의 성장과 발전보다는 집단의 의사를 결정하고, 집단의 산출물을 만들어 내는 데 초점을 둔다. 그러므로 집단 구성원의 자기노출은 낮고, 집단토론 등 내용이 공개되기도 한다는 특성이 있다. 주요 하위유형들로는 대표위원회, 행정집단, 협의체, 대표자위원회, 치료협의회, 사회행동집단 등이 있다(이경준 외, 2018).

3) 집단개입방법

집단 사회복지실천의 세 가지 모델은 파펠과 로스만(Papell & Rothman, 1966)에 의해 개발되었다. 사회복지실천의 집단 대상 개입은 집단의 기능에 따라 사회적 목표모델, 치료모델, 상호작용모델 등 세 가지로 구분된다. 모델별 주요 특징과 내용은 다음의 [표 6-1]과 같다(남세진 외, 1997).

(1) 사회적 모델(social goal model)

사회모델은 집단사회사업의 초기 형태이며, 집단활동을 통해 능력 있는 이웃이나 지역사회의 시민을 배양할 수 있고 한 개인의 성숙과 민주시민의 역량 개발에 초점을 둔다. 집단 구성원은 사회에 의미 있는 참여를 할 수 있는 능력을 갖추고 있으며, 집단은 효과적 사회변화를 만들어 낼 수 있다고 보고 지역사회복지관이나 시민조직, 보건 또는 복지위원회에서 지역사회 내의 문제나 범죄, 빈곤, 쓰레기 같은 문제를 해결하기 위해 활용한다.

이 모델에서는 인간관계의 의식적인 훈련, 지도력의 실험, 민주적 과정의 학습, 시민참여와 같은 집단활동을 통해 사회적 의식, 사회적 책임과 목적을 달성한다. 토론, 참여, 합의, 집단과제 개발 및 실행 등의 활동을 하며, 사회복지사는 이 과정에서 바람직한 역할모델을 제시할 수 있다. 보이스카우트, 걸스카우트 등과 같은 집단활동이 이에 해당한다(한현지 외, 2020).

(2) 치료모델(remedial model)

치료모델은 사회적 기능수행에 문제가 있거나 문제가 발생할 확률이 높은 개인에게 도움을 주는 치료에 초점을 둔 임상 지향적인 치료모델이다.

사회복지사는 집단 형성과 운영에 큰 힘과 영향력을 행사하며 전문적 변화매개 인의 역할을 한다. 따라서 사회복지사는 지시적이고 계획적이며 목표지향적이다. 이 모델은 심각한 행동문제나 사회기술이 부족한 사람들에게 많은 원조를 제공한다. 교정시설, 정신병원, 가족 서비스 기관, 기타 치료중심 프로그램 등이 있다.

(3) 상호작용모델(reciprocal model)

상호작용모델은 개인과 집단 사이의 상호작용적 관계 형성을 가정하고 있으므로 상호작용모델이라고 불린다. 이 모델의 특징은 치료의 목적이나 사회변화의 목표를 사전에 설정하지 않고, 상호작용 체계를 구성하고 있는 구성원과 집단 내의 상호작용 과정을 통해 결정한다는 점이다. 그러므로 사회복지사의 역할은 개인과 집단, 지역사회의 상호관계의 중개자, 매개자로서 활동하며 그 초점은 이들 삼자의 체계적 상호의존성에 둔다. 또한, 집단사회복지사는 구성원과 권력을 공유하고 집단에 대한 통제권을 공유한다.

▼ 표 6-1 집단사회사업의 모델

특징	사회적 목표모델	치료모델	상호작용모델
주 과제	필요한 자원 제공과 사회적 붕괴의 예방(비공식적 정치 및 사회행동)	사회적 사고 및 위험으로부터의 회복과 재활(집단 매개체를 통한 치료)	앞의 두 모델의 조합(문제해결을 위한 상호 원조체계의 개발)
장기적 목적	더욱 나은 민주사회 건설	개개인의 사회적응 향상	개인과 사회의 조화
구체적 목표	• 소속감의 증대, 민주적 참여에 대한 훈련 • 처음에는 전문가에 의해 집단목표가 결정되나 점차 그 책임은 집단에 이양	• 집단 상호작용을 활용하여 역기능 행동을 하는 구성원의 치료와 재활 • 세부적인 집단목표를 사전에 전문가가 결정	• 적정수준의 적응과 사회화를 성취하기 위해 구성원 간의 상호 원조체계 형성, 대인관계 향상 • 집단목표의 결정을 전문가와 회원이 공유
개입장소 및 기관	회원이 있는 가정, 인근 지역, 인보관, 지역사회복지관	임상 기관, 사회복지기관	임상 기관, 사회복지관(집단목표에 따라 다양함)
초점	• 개인의 성숙 • 민주시민의 역할 개발	개인적인 역기능 변화	• 구성원 간의 자조 • 상호 원조체계 개발
지도자 역할	'영향력을 끼치는 자' 역할: 바람직한 역할모델 제시	전문적인 '변화 매개인' 역할	'중재자'의 역할
대상	시민, 이웃, 지역주민	역기능 또는 문제해결을 위해 도와야 하는 자	공동 관심사의 성취를 위해 협력하는 구성원
집단 활동	• 토론, 참여, 합의 • 집단과제의 개발 및 실행, 지역사회 조직화 • 사회행동기술 습득	구성원의 행동변화를 일으키기 위해 구조화된 개입을 하거나 직·간접적 영향력을 발휘	• 관심사 토론 • 상호 원조 형성 • 상호 이익이 되는 결속된 사회체계의 형성
집단 크기	3~25명 정도	7~10명 정도	상황에 따라 유동적(15명을 넘지 않음)
신입회원 가입문제	개방적이며 누구나 친구가 될 수 있음	전문가의 통제	전문가와 회원의 동의에 의한 자유로 가입
회합 기간	• 지도력 유형에 따라 유동적	• 장기적이며, 시간 사용 계획을 사전에 설정 • 시간 사용 계획을 사전 설정	• 지도자와 구성원의 합의에 따라 유동적

특징	사회적 목표모델	치료모델	상호작용모델
대표 학자	Ryland, Wilson, Coyle, Klein	Vinter, Sarri, Glasser, Redl	Schwartz, Bion, Lewiv, Tropp

출처: 이경준 외(2020). 최선화 외(2020).

제2절 지역사회와 사회복지실천

1. 지역사회의 정의

지역사회의 사전적 정의는 "인간관계에 의해 또는 지리적 행정적 분할 때문에 나누어진 일정 지역의 사회"이다. 즉, 지리적 조건에 의해 형성된 지역 공동체로서 '지역사회'는 일정한 지역성에 조금 더 초점을 두는 반면, '공동체'는 공통의 이해관계나 특성을 바탕으로 문화를 공유하면서 생활을 한다는 차이가 있다(박태영 외, 2014).

2. 지역사회의 기능

지역사회는 구성원들이 상품과 서비스를 생산하고 분배하며 소비하는 기능을 한다. 이는 지역사회의 제도 특히 가족과 사회가 구성원에게 지식, 사회의 가치, 행동패턴을 전수하는 과정을 포함한다. 또한, 지역사회는 주민들에게 사회규범에 순응하도록 행동을 규제하는 사회통제 기능을 한다. 구성원들이 개인적으로 자신의 욕구를 충족할 수 없는 상황에서 상부상조하는 것이다.

3. 지역사회의 유형

지역사회의 유형은 1800년대 독일 사회학자인 페르디난드 퇴니스(Ferdinand Tonnies)의 공동사회와 이익사회가 가장 오래된 구분이다. 이와 더불어 던햄(Dunham)의 일반적인 기준 그리고 지리적 지역사회와 기능적 지역사회, 개인적 지역사회, 가상공동체 등이 구분되어 사용되고 있다(한현지 외, 2020).

1) 공동사회와 이익사회

공동사회는 자연스럽고 인격적이며 직접적인 만남의 사회관계에 기초하며, 이익사회는 합리적인 자기 이해관계가 특징이다(홍현미라 외, 2010). 퇴니스는 이 두 유형을 인간 유대의 서로 다른 형태로 보았으며, 이익사회의 특성이 공동사회를 대체하는 것이 아니라 두 가지 유형 모두가 현대사회에서 불변적인 사회생활의 한 부분이 될 것이라고 보았다.

(1) 공동사회(게마인샤프트: Gemeinschaft)

공동사회는 기능보다는 인격체로서의 만남이 중요하며, 정서와 감정에 기반을 두어 사람마다 특성을 존중한다. 공동사회는 관습을 기반으로 하며 집단적 관계가 개인의 목적보다 우선된다. 공동사회는 전통, 관습이 중요시되고 정서적인 유대감이 강한 가족과 소집단, 전통적 공동체 내에 반영된 인간관계의 유형으로 본다.

(2) 이익사회(게젤샤프트: Gesellschaft)

이익사회는 확실한 의도와 의도된 관계 형성으로 집단의 이해관계가 개인의 이해관계보다 중요하며, 개인들 간의 상호작용은 실용적 목적을 가지고 계약에 기초하여 형성된다. 사회적 통제는 공식화된 법과 규칙에 기반을 두어 이루어진다.

Gemeinschaft ←	→ Gesellschaft
공동사회(게마인샤프트) 정서 감정에 기반 비공식적 관계 집단의 목적 중시 사회통제: 관습	이익사회(게젤샤프트) 이해관계에 기반 공식적 관계 계약에 기초한 실용적 관계 사회통제: 법과 규율

출처: 홍현미라 외(2010) 재인용.

▲ 그림 6-1 퇴니스의 개념에서 본 지역사회 특성의 연속성

2) 던햄(Dunham)이 나눈 일반적인 기준(이영철, 2007).

(1) 인구의 크기에 따른 기준

대도시, 중소도시, 읍 지역과 같은 작은 부락 등의 구분에서 흔히 볼 수 있는 지역사회의 형태이다.

(2) 경제적 기반에 따른 기준

광산촌, 산촌, 어촌 등의 구분에서 볼 수 있다. 이러한 기준은 주민들의 경제생활뿐만 아니라 사회 · 문화적 특성을 파악하고자 하는 인류학적 조사 · 연구에서 흔히 사용된다.

(3) 정부의 행정구역에 따른 기준

특별시, 광역시 도, 시 · 군 · 구, 읍 · 면 · 동 등으로 지역사회를 구획하는 것으로 일반적으로 인구 크기가 중요시되지만, 반드시 인구의 크기에 따라 비율적으로 구분되지는 않는다.

(4) 인구구성의 사회적 특수성에 따른 기준

도시 저소득층 지역, 외국인촌, 장애인 밀집 지역, 미국의 할렘가나 차이나 타운, 유대인 거주지역 등 지역사회 구성원 대다수의 사회적 특성을 중심으로 지역을 유형화하는 것이다

3) 지리적 지역사회와 기능적 지역사회

지역사회를 지리적 지역사회와 기능적 지역사회로 나누어 로스(Ross, 1976)는 설명했다(김범수 외, 2010).

(1) 지리적 지역사회(geographic community)

지리적 지역사회는 지리적 공간을 공유하며 밀접한 상호작용을 하는 사람들의 집단을 의미한다. 지역사회는 지역사회 주민의 공통적인 생활기반으로서 일정한 지역을 중심으로 상호작용을 하는 공동생활집단이라는 의미가 내포되어 있다. 즉, 지역사회가 성립되기 위해서는 주민 간의 정신적 공동체가 형성될 수 있는 지리적이고 공간적인 영역이 필요하다고 보는 것이다. 그러나 현대사회는 교통의 발달로 인해 공간적 범위의 개념이 약해지고 있지만 지리적 지역사회는 주로 행정구역에 의한 범위로 읍면동 단위와 시장권, 학교권과 같이 자연스럽게 형성된 지역 집단이 여기에 해당한다. 이는 공간에 기초를 둔 지역사회로 크기, 영역, 조밀도 등에 따라 다르다. 이런 변화에도 불구하고 지역사회의 지리적 요인은 지역사회의 구성원 상호 간의 연대의식과 공동체 의식의 형성이라는 측면에서 중요성이 커진다(고수현, 2012).

(2) 기능적 지역사회(functional community)

기능적 지역사회는 공간과 상관없이 공통적인 관심과 이해관계로 형성된

공동체를 의미한다. 이러한 의미의 공동체는 인종, 성 정체성, 직업, 장애, 종교, 사회계층 등 특정한 속성 및 이해관계에 기초하여 형성된다. 예를 들어, 사회복지계, 교육계, 환경보호 운동조직, 종교계, 학교폭력 추방을 위한 학부모 모임 등이 있다.

4) 개인적 지역사회

개인적 지역사회는 자신의 관점에서 규정한 지역사회에 초점을 두는 것으로 지리적 의미의 지역사회와 기능적 의미의 지역사회의 특성을 모두 포함한다. 개인적 지역사회는 개인의 참여와 관심의 정도에 따라 차이가 있고, 개인은 동시에 여러 지역사회에 속하게 되며, 지역사회에서 느끼는 소속감과 정체성은 각각 다르다(설진화, 2009).

5) 가상공동체

그동안 사회는 지연, 학연, 혈연을 중심으로 응집되어 왔는데, 정보통신의 발달로 인해 나타난 지역사회로 컴퓨터에 의해 매개되는 공동체, 컴퓨터 통신망 안에만 존재하는 세계이다. 그렇지만 현실세계에도 존재하는 기업, 시장, 학교, 이용자 등이 모두 존재하는 공동체이다.

가상공동체는 사람들 간에 직접적인 만남보다는 컴퓨터를 통해 의사소통한다. 개인적 이해관계와 기능적 특성에 따라 형성되고, 일대일 관계가 가능하며, 직접적인 참여가 활발하고 비공식성이 공존하며, 일시적 특성이 매우 강하다는 특징이 있다(홍현미라 외, 2010). 예를 들어, 공통된 블로그나 카페 등의 가입을 통해 공간적 제약을 뛰어넘어 새로운 만남을 창출하고, 이것이 집단화되어 현실사회에 영향력을 행사하기도 한다. 장애아동을 둔 부모공동체나 여성공동체, 정신장애인의 치료공동체와 같은 것이 이에 포함된다(장수미 외, 2010).

4. 지역사회의 특성

지역사회의 물리적 환경과 사회적 환경이 적절히 갖추어지지 못하면 그 안에 속한 인간은 환경과의 적합성을 확보하지 못하게 되므로 부적응 등의 문제에 직면할 수 있다. 지역사회는 살아 움직이는 유기체로 개인의 집합체이기 때문에 유기체로서 개인이 지니는 속성을 그대로 반영한다. 건강한 지역사회는 건강을 해치는 환경이나 행위를 철저히 단속한다. 당국은 지역사회 안에서 일어나는 제반 문제를 예방하려 노력하고 문제해결을 위해 관련 당국에 협력하여 사회문제를 해결하는데, 이를 감시하는 것이 바로 지역사회이다. 일반적으로 도시의 발전 과정에서 허허벌판에 도로와 건물이 들어서면서 한 지역사회가 만들어지고 성숙해 나가며, 주변에 새로운 시가지가 형성되면 쇠퇴기를 거쳐 소멸하는 단계에 이른다.

5. 지역사회(체계) 수준 모델

로스만의 지역사회복지모델은 지역사회 문제를 해결하기에 가장 적합한 실천모델로 인식되고 있다. 로스만은 지역사회복지 활동들을 체계적으로 분류하여 지역사회복지의 실천모형으로 제시한 대표적인 학자이다. 지역사회복지의 실천모형에서 가장 전형적인 것으로 인식된 로스만의 지역사회복지의 실천모형은 1968년에 처음으로 로스만의 논문에 발표되었다. 로스만은 지역사회조직의 한 가지 형태로 보지 않고 지역사회개발(locality development), 사회계획(social planing), 사회행동(social action)이라는 세 가지의 독특한 지역사회 관계의 형태로 보아야 한다고 주장했다(한현지 외, 2020 재인용; 양옥경 외, 2005).

로스만의 지역사회 관계 형태의 세 가지 모델은 다음과 같다.

1) 지역사회개발모델

지역사회개발은 지역사회의 문제들을 해결하기 위해 지역사회 능력과 사회통합이라는 과정목표를 통해 지역사회의 새로운 모습으로 끌어내는 것에 초점을 둔다.

지역사회개발모델은 지역사회의 변화를 위해 지역사회에 거주하는 주민들이 목표를 설정하여 개개인의 능력을 개발하고, 변화의 주체로서 실천 행동에 참여하는 것을 전제로 한 가장 전형적인 지역사회복지실천모델이다.

사회복지사는 지역사회 구성원들이 스스로 문제해결을 할 수 있도록 돕는 조력자, 촉매자, 조정자, 문제해결 기술을 가르치는 교육자로서의 역할을 수행할 수 있어야 하며, 관계를 조정하거나 소집단을 이끄는 기술이 필요하다(김윤재 외, 2016).

2) 사회계획모델

사회계획모델은 사회문제를 해결하기 합리적인 계획을 수립하고 통제된 변화를 도모하는 기술적인 과정이다. 사회계획은 비행, 주택, 교통, 환경, 교육, 빈곤, 돌봄, 정신건강과 같은 지역사회가 안고 있는 사회문제를 합리적인 계획수립에 의한 변화를 통해 해결하고자 한다.

이 모델은 합리성에 기반을 두기 때문에 철저하게 실증적 자료에 기반을 바탕으로 문제를 해결해 나가므로, 지역주민들 스스로가 주체가 되어 문제를 해결해 나가기보다 전문가들에 의한 합리적이고 과학적인 문제해결의 대안을 찾는 데 주력한다. 이때 사회복지사는 계획가, 분석가 또는 관리자의 전문적인 역할을 수행한다. 사회복지사는 해결하려는 문제에 대한 전문지식을 보유하여 관련 자료수집 및 분석하고, 이에 근거해 프로그램을 개발 및 실천하며, 효율성 · 효과성에 대해 평가도 할 수 있어야 한다. 지역사회복지실천에서는 지역사회개발모델보다 지역사회계획모형이 더 자주 사용된다(강영숙 외, 2019).

3) 사회행동

사회행동모델은 지역사회가 불평등하다는 갈등론적 시각에서 접근하는 것으로, 사회에서 소외되고 억압받는 사람들을 공평하게 대우받도록 자원과 권력이 편중되고 소외 및 배제 현상 등의 불합리한 사회문제를 해결하기 위해 지역사회 권력 관계 및 자원동원 구조 변화와 지속해서 의사결정 참여를 할 수 있게 하는 것이다. 그러므로 사회행동은 지역사회의 불우계층에 처한 주민들이 사회정의와 민주주의에 따라서 더욱 많은 자원과 향상된 처우를 그 지역사회에 요구하는 행동이다. 민주주의와 사회정의에 따라 자원과 처우를 향상하도록 지배계층에 압력을 가하는 것으로 집단을 조직하는 것이 중요하다. 이는 박탈당하고 희생당하고 있는 불우계층의 복지를 증진하기 위해 사회정의와 정치적 공평성의 처지에서 더욱 나은 서비스를 받을 수 있도록 주민들이 주체적으로 요구하도록 지원하는 활동을 말한다. 사회행동모델의 사회복지사는 사회적 불이익집단에 대한 옹호자, 근본적인 변화를 추구하기 위한 행동가 등의 역할을 수행한다.

6. 지역사회 수준의 개입

1) 사회적 지지체계의 개발

헵워스와 라슨(Hepworth & Larsen, 1986)은 사회적 지지체계를 개발하는 방법으로 다음 세 가지를 제시했다

첫째, 클라이언트의 자연적 지지체계를 의도적으로 개입하여 활성화하는 것(사교육비 부담을 느끼는 학부모들에 대한 개입, 원거리 서비스 수요자에 대한 기존 지역사회 자원 활용 원조 등)

둘째, 클라이언트의 욕구에 환경이 적응할 수 있도록 기존의 다양한 기관과 프로그램을 활용하는 것

셋째, 공식조직을 통해 지지체계로서의 자원봉사자를 활용하는 것

2) 서비스 조정

서비스 조정(coordination)은 복합적인 서비스를 제공하는 한 기관의 전문가가 다양한 문제를 가진 클라이언트에게 서비스를 제공할 때, 서비스의 중복과 누락을 방지하면서 서비스의 공동 목적을 달성하기 위하여 적절한 시기와 방법으로 클라이언트를 원조할 수 있도록 조정하는 것이다. 서비스 조정에는 서비스 연결, 의뢰, 사례관리 등의 형태가 있다(이경준 외, 2018).

존슨(Johnson, 1989)은 조정(coordination)의 형태를 다음의 세 가지로 제시했다.

첫째, 여러 전문가가 특정 수요자에게 관심을 두고 서로 조직화하는 서비스 연결

둘째, 다른 기관이나 전문가에 대한 정보를 제공하고 서비스할 수 있도록 연결하는 의뢰

셋째, 조정의 마지막 형태로서 문제 확인부터 욕구 해결 및 평가까지의 모든 과정을 책임지는 사례관리

3) 프로그램 개발

프로그램 개발은 클라이언트의 욕구와 문제해결을 위한 서비스가 지역사회에 없으면, 또는 특정 집단에서 문제를 인식하여 사회복지사에게 프로그램 개발을 요청한 경우에 사회복지사는 새로운 프로그램 및 자원을 개발하게 된다. 프로그램 개발 단계를 간략히 살펴보면 아래 그림과 같다(최일섭 외, 1993).

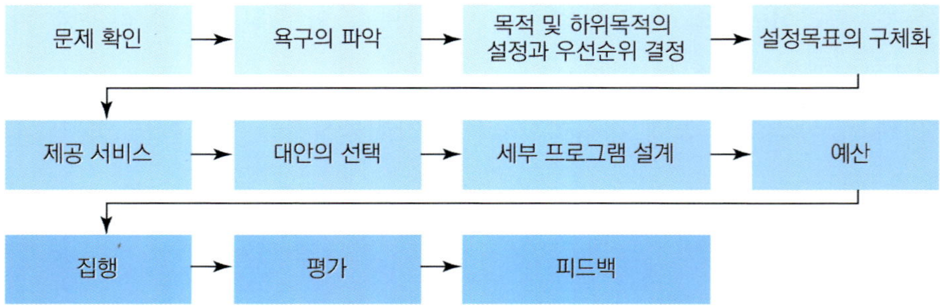

출처: 이경준 외(2020).

▲ 그림 6-2 프로그램 개발단계

4) 클라이언트 집단을 위한 옹호 활동

옹호란 어떤 대상을 편들어 지킨다. 즉, 클라이언트의 이익을 지키고 대변하는 제반의 모든 활동을 옹호라고 한다. 클라이언트에게 제공되지 않은 자원과 서비스를 얻을 수 있도록 클라이언트에게 불리한 영향을 미치는 실천이나 절차, 정책들을 수정하고, 더 나아가 필요한 정책이나 절차를 만들기 위해 클라이언트와 함께 또는 클라이언트를 대표해서 일하는 것이다.

존슨(Johnson, 1989)은 옹호를 위한 접근방식으로 정치적 과정에 영향력을 행사하는 것과 사회행동을 언급하였다. 정치적 과정에 영향력을 행사한다는 것은 입법 과정에서 법이나 규정이 통과되도록 압력을 행사하는 등 클라이언트 집단의 욕구를 만족하기 위해 정치영역에서 노력하는 것을 의미한다.

7. 사회복지사의 역할

사회복지사의 역할은 안내자의 역할, 조력자의 역할, 전문가의 역할, 사회치료자의 역할 등이 있다.

Chapter > 07

사회복지실천의 관점: 통합적 접근

이 장에서는 사회복지실천의 개별사회사업, 집단사회사업, 지역사회조직인 전통 방법론의 한계를 극복하기 위해 등장한 통합적 접근방법을 정리하였다. 따라서 클라이언트가 복잡하고 다양한 문제해결을 위해 모든 사회복지사가 개인, 집단, 지역사회에 제기되는 사회문제를 해결하고자 할 때 활용할 수 있는 공통된 원리나 개념을 제공하는 통합적 접근방법에 관하여 알아보도록 한다. 이를 위해 사회복지실천 구성요소 및 특징, 통합적 접근방법의 주요 이론들을 살펴보고 사회복지실천에 대한 통합적 방법론의 대표적 실천모델들을 이해하도록 한다.

제1절 통합적 접근방법의 등장 배경

사회복지실천의 관심 분야는 개인, 가족, 집단, 지역사회에서부터 사회정책에 이르기까지 다양하고 광범위하다. 이러한 관심 영역은 시대가 변하면서 더 복잡해지고 여러 가지 사회문제와 얽혀 있는 경우가 많다. 따라서 이 모든 영역을 포괄할 수 있는 공통적이고 새로운 접근방법을 통해 복합적인 상황을 이해하고 더욱 효과적인 방향을 제시한 사회복지실천의 필요성이 제기되었다(이경남 외, 2008).

전통적인 사회복지실천은 서비스대상이나 실천방법, 범위에 따라 개별사회사업, 집단사회사업, 지역사회조직이라는 3대 사회사업 방법을 중심으로 실천되었다. 그러나 이러한 세 가지 실천 분야의 지나친 분화와 전문화로 서비스의 파편화 현상을 초래하였고, 전통문화는 다양한 욕구가 있는 클라이언트의 사회적 기능수행을 도와주기 위한 체계적인 방법에 한계가 있었다.

개인, 집단, 지역사회에 제기되는 사회문제에 대처해 나가고자 할 때 활용할 수 있는 하나의 공통된 원리나 개념을 제공하기 위한 노력이 시작되면서, 통합적 접근방법이 나타나게 되었다.

김융일 외(2009)의 통합적 접근방법이 등장하게 된 배경은 다음과 같다.

첫째, 전통적 방법은 극히 제한된 특정 문제에만 적용할 수 있었고, 최근 사회변화에 따른 새로운 복잡한 문제 상황에서는 전통적 방법을 이용한 원조기술을 이용하는 데 어려움이 있었다. 다양하고 복잡한 문제에 효과적으로 대응하는 데 있어 한계를 느끼게 되면서 통합적 접근의 필요성이 제기되었다.

둘째, 지나치게 세분되고, 전문화되어 온 전통적 방법은 서비스의 파편화 현상을 초래했다. 서비스의 파편화란 한 클라이언트를 통합적으로 도와주는 것이 아니라 흩어진 여러 서비스로 인해 클라이언트에게 어려움을 주는 것을 말한다. 이러한 상황으로 클라이언트는 서비스를 받기 위해서 흩어진 서비스 제공처를 찾아다녀야 하는 어려움에 직면하게 되었다.

셋째, 전문화 중심의 교육 훈련이 사회복지사 자신이 배운 분야로만 일할 수 있게 만들어 사회복지사가 다른 분야로 이직하고자 할 때도 도움이 되지 않았다.

넷째, 공통기반을 전제로 하지 않는 분화와 전문화가 각 영역 간 의사소통의 혼란을 초래하면서 사회복지 전문직의 정체성 확립에 장애가 나타나게 되었다.

따라서 1970년대 이후부터는 세 가지 실천방법을 하나의 통합된 실천의 가치, 지식, 기술체계로 묶는 통합 작업이 전개되면서 통합적 실천방법론이 대두되기 시작했다(박석돈, 2004). 이러한 통합적 시도는 사회체계이론, 생태학 이론, 생태체계이론 등이 사회복지에 활용되면서 복잡한 문제에 대한 접근에 통합적 방법론을 적용하기 시작하였다(김용환 외, 2017).

사회복지실천의 시작은 특정 이론에서 출발한 것이 아니었다. 종교적인 가치관과 자원봉사자들의 개인적인 사명감에서 출발하였다. 가난한 사람들을 돕고 그들이 살고 있는 사회환경을 개선하고자 하는 열망에서 시작하였다. 그 후 우애방문이라고 하는 초기 자원봉사자들이 임금을 받는 직업인 사회복지사의 역할을 하게 되었다. 이에 따라 직업으로서의 전문성을 확보하기 위한 노력이 시작되었다.

1915년 아브라함 플렉스너(Abraham Flexner) 의과대학 교수는 보고서에 사회사업은 독특한 기술, 전문적인 교육프로그램, 전문적인 문헌, 실무기술이 결여되었기 때문에 아직은 전문영역이 아니라고 비판하였다. 이 보고서는 많은 논란에도 불구하고 사회사업이 변화하도록 자극을 주었고, 결국 사회사업은 아브라함 플렉스너 박사가 말한 전문주의의 기준에 부합하게 되었다(이철수,

2009). 이러한 상황은 초기 사회복지사가 직업인으로서 사회복지실천 이론에 절실히 필요한 배경이 되었다. 과학적 이론에 근거를 둔 사회복지실천 활동의 이유가 생긴 것이다(윤현숙 외, 2001).

초기 사회복지실천가들은 과학적 이론을 구축하기 위한 다양한 노력을 시도하였다. 1917년에 메리 리치몬드(Mary Richmond)는 사회복지실천을 위한 전문 서적 『사회진단』을 출간하였다. 과학적인 이론이라기보다는 사회학적 관점을 본 사회복지실천 접근방법이었다.

그러나 독자적인 사회복지실천 이론을 구축하는 것의 한계를 느끼고 당시 큰 영향력을 발휘하고 있는 프로이트(Sigmund Freud)의 정신분석이론을 사회복지실천의 핵심이론으로 받아들여 이를 실천현장에서 적용하였다.

1920년대부터 1960년대까지 전문가들은 인간의 행동을 평가하고, 변화시키기 위해 의료적 접근방법을 사용하였다. 이 의료모델은 프로이트의 영향을 받아 시작되었으며, 서비스 제공자는 환자의 '문제 원인에 대한 규명'과 진단과 자료'를 제공하였다(김용환 외, 2017).

전통적 사회복지실천방법론을 인간의 병리적 측면에 초점을 두었고, 클라이언트의 과거 경험을 중시하였으며, 매우 단순한 인과관계이론에 의존하였다. 그러나 1960년대 후부터 전문가들이 의료모델의 효율성에 대한 의문을 갖게 되었고, 클라이언트의 문제 원인을 규명하는 데 환경적 요인도 매우 중요하다고 믿게 되었다(김용환 외, 2017; 양정남 외, 2008).

통합적 방법의 대두는 인간과 환경의 관계를 어떻게 이해하는가와 깊은 연관이 있다. 역사적으로 인간 개인의 문제를 환경과 분리해서 이해하기도 하였고, 환경을 중심으로 인간을 바라보기도 하였다.

개인과 환경 중에서 어디에 강조점을 둘 것인지에 따라 이론과 실천방법에서 큰 차이가 생긴다. 본격적으로 인간을 환경 속의 인간으로 생각하고 접근을 시도한 것은 1980년부터이다. 환경 속의 인간, 즉 인간과 환경 사이의 끊임없는 상호작용으로 보는 관점은 사회복지서비스의 발전에 큰 영향을 주었다(권중돈 외, 2009).

제2절 통합적 접근방법의 개념 및 특징

1. 통합적 접근방법의 개념

마일리(Miley, 1995)는 "통합적 방법이란 사회복지실천의 목적을 달성하기 위한 현대적 접근방법이며, 이것은 개별적 접근의 한계를 넘어 다양한 인간체계에 대한 개입으로 이어지는 사회복지실천의 영역 확장"이라고 주장하였다(조미숙 외, 2020). 즉, 통합적 접근방법이란 개별사회사업, 집단사회사업, 지역사회조직과 같은 전통적인 방법을 통합적으로 이용하여 클라이언트에게 개입하는 접근방법을 의미한다. 모든 사회복지사가 개인, 집단, 지역사회에 제기되는 사회문제를 해결하고자 할 때 통합적인 접근방법을 통해 이용할 수 있는 하나의 공통된 원리나 개념을 제공하기 위한 것이다.

통합적 접근방법의 형태는 세 가지 접근방법으로 구분하면 다음과 같다(전재일, 1981).

1) 결합적 접근방법(combination approach)

클라이언트가 경험하는 문제와 상황에 따라 전문적으로 나눈 각종 방법을 단수 혹은 복수의 형태로 임기응변식으로 사용하는 방법이다. 그러나 이 방법은 사회복지사가 고도의 교육과 훈련을 받아서 모든 방법을 잘 알고 있어야 가능하므로 사회복지사에게 현재보다 더 많은 교육 훈련을 시켜야 하는 한계점이 있다.

2) 중복적 접근방법(multi-method approach)

각 방법의 원리와 기술을 비교해 공통성, 차이성, 유사성, 다양성을 확인하고 이들 간에 상호관련성을 조합하여 사용하는 방법이다. 그러나 이 방법은 각 접근방법을 뒷받침하는 과학이론이 다른 현실적 상황에서 어떻게 조합하는 것이 가장 적절한 방법인지에 대한 이론적 근거를 찾기가 어렵다.

3) 단일화 접근방법(unitary approach)

전문직으로서 사회복지실천의 공통기반에 근거해 방법을 특징짓는 총체적 관점과 틀을 포함하여 새롭게 하나의 방법을 재편성해 나가는 것이다. 단일화 접근방법은 1970년대 통합적 방법을 지향하는 학자들에 의해 강조되어 세 측면의 통합방향 중 사회복지실천에서 가장 실용적으로 활용되고 있다.

김융일 등(2000)도 결합적 접근방법은 사회복지사에게 현재보다도 더 많은 교육 훈련을 시키지 않는 한 실시가 가능하지 않고, 중복적 접근방법은 다른 현실적 상황에서 어떠한 조합이 가장 할 수 있게 할 것인가 하는 것이 의문이기 때문에 결국 사회복지실천에 활용하는 방법은 단일화 접근방법이라고 하였다. 실제로 단일화 접근방법을 통합적 접근과 혼용된 용어로 사용하기도 하고 일반주의적 접근방법(generic approach)이라고도 한다.

2. 통합적 접근방법의 특징

사회복지실천의 통합적 방법은 다음과 같은 특징을 가진다(김융일 외, 2009; 김융일 외, 1995).

① 통합적 접근방법은 전통적 방법과 달리 사회복지실천의 본질적인 개념, 활동, 기술, 과업 등에 어떤 공통적 기반이 있음을 전제로 한다.

② 통합적 접근방법이 가진 가치관은 클라이언트의 잠재성을 인정하고, 계속된 성장을 통하여 잠재성을 계발할 수 있으며, 성장과 잠재성이 미래 지향적임을 강조한다.

③ 과거의 심리 내적인 측면에 초점을 둔 것부터 사회와 문화, 즉 상황 속의 인간을 이해하고 설명하는 데까지 확대된 개념을 사용한다.

④ 과거 사회사업의 개입은 주로 인간에게 초점을 두거나 환경에 초점을 두는 이분법적 형태로 이루어졌으나 통합적 방법은 이 양면적 상호작용에 초점을 둔다. 인간과 환경의 공유영역, 즉 '사회적 기능수행' 영역에 사회복지사가 개입해야 함을 강조한다.

⑤ 클라이언트를 존엄하게 처우하고, 그의 강점에 의존한다. 또한, 클라이언트의 참여와 자기결정 및 개별화를 극대화할 것을 강조하며, 사회복지실천 과정의 계속적 평가를 주장한다.

제3절 통합적 접근의 주요 이론

1. '환경 속의 인간' 관점

메리 리치몬드(Mary Richmond, 1922)는 사회복지실천이란 "개인 대 개인 그리고 개인과 사회환경 사이에서 의식적 조정을 통해 개개인의 인격발달을 이루어 가는 과정"이라고 하였고, 『사회진단』이라는 책에서 '환경 속의 인간'을 강조하였다.

환경 속의 인간(PIE, Person In Environment) 관점은 사회복지실천에서 가장 오랫동안 추구해 왔던 개념으로 인간을 환경체계 일부로 간주하는 관점을 의미한다. 그러므로 인간의 이해를 위해서는 내적 특성뿐만 아니라 인간의 환경과 상황을 모두 고려해야 한다는 것을 말한다. 또한, 인간은 환경적 요구에 적응하고 때로는 환경을 자신의 요구에 맞게 수정하고 변화시킴으로써 발달해 가고 만족스러운 삶을 영위하는 존재라고 본다. 즉, 문제해결을 위한 사정과 개입 과정은 개인의 변화뿐만 아니라 사회환경의 변화에서도 찾아야 한다(김용환 외, 2022). 환경 속의 인간은 1950년대 이후부터 사회복지실천의 기본틀로 강조되어 오고 있다.

2. 일반체계적 관점

체계(system)란 상호의존적이고 상호작용하는 부분들로 구성된 전체이자 부분들 간에 관계를 맺고 있는 일련의 단위이다. 체계는 직접적 또는 간접적으로 관련된 구성요소의 복합체이며, 각 구성요소는 다른 구성요소와 관련되어 있다(Bertalanffy, 1968; Buckley. 1967). 한 체계로부터 다른 체계로 에너지가 투입되는 과정이 있고, 체계는 투입된 에너지를 전환 과정을 통해 외부로 표출하는 결과를 가져오게 된다.

일반체계이론(general system theory)은 1940년대 오스트리아 출신의 생물학자인 버틀란피(Bertalanffy)에 의해 처음으로 제시되었고, 1960년대부터 주목을 받게 된 이론이다. 일반체계이론은 인간의 행동을 단순한 원인에 따라 설명하기보다는 다양한 변인 간의 상호작용을 이해할 수 있는 지침을 제시함으로써 사회복지실천의 사정과 개입의 영역을 확대해 사회복지실천에 많은 영향을 끼쳤다.

일반체계이론의 기본적인 가정은 인간의 행동이 단순히 개별적 결정과 행동이 빚어낸 고립된 개별현상으로 소급시킬 것이 아니라 사회구성원들이 복잡하고 역동적으로 상호작용하는 인간관계의 체계나 욕구 때문에 결정되는 사회시스템의 영향으로 보아야 한다고 강조한다(송성자, 1990). 따라서 체계이론은 개인이 속한 조직이나 정책, 의사소통, 집단의 영향을 중요시한다. 개인은 다양한 체계와 지속해서 상호작용하므로 사회복지실천의 목표는 클라이언트와 체계의 상호작용을 향상하는 것이다(양정남 외, 2003).

일반체계이론에서 사용되는 주요개념으로는 체계의 구조적 특성을 나타내는 경계, 개방체계, 폐쇄체계, 엔트로피, 위계 등과 체계의 진화적 특성을 나타내는 항상성, 안정 상태, 역동적 평형상태, 그리고 체계의 행동적 특성과 관련된 투입, 전환, 산출, 환류 등이 있다(이영실 외, 2010).

1) 경계(boundary)와 공유영역(interface)

경계란 체계를 외부환경으로부터 구분하는 일종의 테두리를 의미한다. 사회체계의 경계는 눈으로 보거나 만질 수 없고, 체계 간 이루어지는 상호교류의 특징을 구분하기 때문에 체계의 독특성과 혹은 정체성을 유지하는 기능을 한다. 그러므로 전체체계와 부분체계, 그리고 상위체계와 하위체계를 구분하는 것 또한 경계에 의해서 이루어진다. 경계는 주위 환경과의 내·외적 교환을 통제하는 기능을 한다.

공유영역은 두 개의 체계가 함께 공존하는 곳으로 체계 간의 교류가 일어나는 곳이다. 즉, 어떤 대상 체계가 상위체계나 하위체계가 교류하면서 만들어지는 독특한 상호작용의 유형, 혹은 공유된 경계이기도 하다(김용환 외, 2017).

2) **개방체계**(open system)

개방체계는 성장과 발전에 필요한 정보나 자원, 에너지 등이 경계를 넘나들며 외부와 상호교류하는 체계이다. 개방체계는 체계 내 사람들이 환경 또는 다른 체계들과 빈번한 상호작용을 하는 경우를 말한다. 개방체계는 주변 환경으로부터 새로운 정보와 에너지의 유입을 자유롭게 허용하기도 하고 산출을 생산하여 주변과의 지속적인 상호작용을 통하여 체계를 유지한다. 사회체계가 성장하고 발달하려면 상호작용하는 다른 체계들로부터 받아들이는 투입에 어느 정도 개방적이어야 한다.

3) **폐쇄체계**(closed system)

폐쇄체계는 그 체계 안에서만 상호작용을 하고 체계 밖의 환경 또는 다른 체계와는 상호작용을 않는다. 환경의 다른 에너지에 접근할 수 없으므로 자체의 에너지만을 사용해야 하므로 번성할 수 없다. 폐쇄체계는 시간이 지나면 투입이 없게 되면서 산출기능도 없어지게 되어 체계들의 분화가 적어지고 조직과 기능이 상실되거나 해체되는 경향이 있다. 이를 엔트로피(entropy)라고 한다.

4) 엔트로피(entropy)

체계 내의 질서, 형태, 분화가 없이 무질서한 상태를 말하며, 체계 구성요소 간 상호작용이 감소함에 따라 유용한 에너지가 감소하는 상태이다. 즉, 체계가 서서히 무질서와 혼돈의 상태로 나아가는 것을 말하는데, 폐쇄체계에서 일어나는 현상이다.

5) 위계(control hierarchy)

각 체계 안의 하위체계는 상위체계에 의존하며, 상위체계는 하위체계에 방향을 제시한다. 하위체계는 상위체계에 의존하며 역할과 권력과 등급이 정해지는데, 이러한 상위체계와 하위체계들 사이의 일련의 관계를 위계라 한다.

6) 항상성(homeostasis)

항상성은 환경과 지속적 상호교환을 하는 체계이다. 체계는 요소 간에 관계가 지속해서 변화와 운동 과정 속에 놓여 있지만 변하더라도 전체적인 구조와 성격은 유지하려 한다. 체계가 갖는 변화와 유지라는 두 가지 기능 중에서 항상성은 지속적인 변화 속에서도 역동적인 균형을 유지하려는 기능이다. 항상성의 기능은 체계에 안정을 줄 뿐 아니라 외부의 정보를 적절히 통제함으로써 체계를 혼란과 무질서로부터 보호하고 구성원들에게 안정과 편안함을 주어 비교적 안정된 구조를 유지한다.

가부장적이고 화를 내며 폭력을 행사하는 남편에게 아무런 행동을 하지 않고 참아내는 아내와 이런 폭력을 보고도 묵인하는 자녀, 상담가는 한두 번의 개입으로 가족의 역동을 바꾸기는 쉽지 않다. 이것은 바로 '가족의 항상성'이 작용했기 때문이다. 아내와 자녀, 남편의 이런 부분이 오랜 시간 가족을 이끌어 올 수 있는 형태로 굳어졌다고 본다. 이를 가족의 항상성(family homeostasis)이라고 한다.

7) 안정상태(steady state)

안정상태는 부분들의 관계를 유지하고, 체계가 쇠퇴해서 붕괴하지 않도록 에너지가 계속 사용되는 상태를 의미한다. 항상성이 체계의 일관성을 유지하기 위해 일정한 범위에서만 변화하려고 하는 데 비해, 안정상태는 체계 자체를 변화시키는 노력을 통해 외부자극을 받아들여 체계가 거쳐 온 이전의 연속 상태를 의미한다.

8) 평형상태(equilibrium)

평형상태란 외부환경으로부터 새로운 에너지를 투입 받지 않고 현상을 유지하려는 체계의 속성을 말한다.

9) 투입, 전환, 산출, 환류

(1) 투입(input)

투입은 체계가 환경으로부터 에너지, 사물, 정보 등을 받아들이는 과정을 말하며, 체계에 영향을 주는 외적 사건, 사회적 접촉, 자극 등도 포함한다.

(2) 전환(conversion operation)

전환은 투입이 이루어지고 나면 체계가 자신에게 적절하게 변형시키고 재조직화하는 과정을 말한다. 투입체계는 일단 체계 내부로 입수되고 나면 영향을 받고 변형되며 규제받고 체계의 기능수행을 위해 활용된다. 이렇게 투입체계가 활용되는 단계가 바로 전환이다. 즉, 투입물을 처리하여 체계의 기능 유지에 필요한 형태로 전환하는 작용이다.

(3) 산출(output)

모든 사회체계는 투입 - 전환 - 산출이라는 교환 과정을 통해서 사회환경과 교류한다. 전환과정이 시작되면 체계는 적극적으로 환경에 반응해서 체계 내에서 변형된 에너지를 환경으로 방출하는 것을 산출이라고 한다. 즉, 산출은 전환과정을 통해 나타난 결과물이 체계 밖으로 나타난 목표 달성의 결과물이다.

(4) 환류(feedback)

환류는 새로운 정보에 자신의 행동 결과를 포함하여 다음 행동을 수정하는 의사소통의 조직망을 의미한다. 환류는 체계의 평형을 유지하거나 변화를 촉진함으로써 체계를 교란하는 작용을 하며, 정적 환류와 부적 환류로 구분된다. 정적 환류는 현재의 적절한 행동이 더욱 요구된다는 정보를 전달하며, 부적 환류는 체계가 목표를 성취하기 어려운 방식으로 행동하고 있다는 정보를 전달해 목표와 조화를 이루도록 행동을 수정하게 한다.

3. 생태체계 관점

일반체계이론과 생태학이 결합한 사회복지실천 관점이다. 생태체계적 관점은 모든 유기체는 자연환경 안에 존재하게 되고 환경과의 상호작용을 통해 성장해 가기 때문에 인간과 환경을 하나의 체계로 보고 인간, 환경이라는 각 체계뿐만 아니라 이들의 상호작용에도 함께 관심을 둔다(이경준 외, 2018).

생태체계는 흔히 생태체계론(ecosystems), 생태적 체계론, 생태적 관점 등과 호환되어 사용되는 것으로서 체계적 관점과 생태적 관점이 합성된 것이라 할 수 있다. 브론펜브레너(Bronfenbrenner)는 인간 발달 과정을 분석하는 가운데,

체계론적 관점을 확대하여 '생태적 체계'라는 용어를 사용하였고, 이 용어는 저메인과 기터만(Germain & Gitterman, 1980)이 생활모델(life model)이라는 사회복지실천모델을 제시하는 가운데 생태체계모델을 도입하면서 사회복지실천에 자리 잡게 되었다(김용환, 2017).

생태체계 관점은 인간을 매우 복잡한 존재로 본다. 인간은 사고, 감정, 행동을 가진 생물학적, 심리학적, 영적, 사회적, 문화적 존재로서 환경을 구성할 뿐만 아니라 환경에 의해 영향을 받은 상호교환적인 위치에 있다(오창식 외, 2010). 따라서 인간과 환경은 지속적인 상호작용과 상호교환을 통해서 서로에게 영향을 미치고 서로를 형성하며, 상호적응하는 호혜적 관계를 유지한다고 본다(김용환, 2017).

시포린(Siporin, 1980)은 이러한 관계를 인간과 물리적·사회적·문화적 환경의 상호작용 과정, 자원의 상호보충적인 교환 과정으로 이해해야 한다고 제시한다. 따라서 생태체계 관점은 인간과 환경이 어떻게 서로 영향을 주고받는지를 보는 준거 틀을 제공해 준다. 또한, 이 관점은 상황적, 환경적 맥락에서 클라이언트 체계를 보기 때문에 사정과 계획단계에 매우 유용한 관점이다.

생태체계 관점에서는 다양한 체계 수준에서 이루어지는 개인들과의 관련성을 강조한다. 이러한 다양한 체계의 수준을 브론펜브레너는 생태학적 환경이라고 규정하고, 이러한 체계들 사이에는 위계질서가 존재한다고 보았다. 이들 체계는 다음과 같이 다양한 형태로 존재하며, 각각의 경계를 가진 자율성을 가지면서도 다른 체계와 긴밀한 상호작용을 전제로 하는 위계를 갖게 된다(김용환 외, 2017). 또한 브론펜브레너(1979)는 유기체와 환경의 상호작용에 초점을 두어 환경의 복합적인 체계를 강조하고, 행동은 개인과 환경 간의 기능으로 정의하였으며, [그림 7-1]과 같이 생태적 환경을 미시체계, 중간체계, 외체계, 거시체계로 나누었다(박희서, 2010).

1) 미시체계(micro system)

미시체계는 생태학적 환경의 가장 안쪽에 위치하는 체계로, 성장하는 개체와 그 개체를 포괄하고 있는 인접 환경이 맺고 있는 복합적인 관계를 의미한다. 미시체계는 개인의 성장단계에 따라 달라지며, 청소년들의 경우에는 이들에게 직접 영향을 주는 체계로, 가족, 학교, 운동팀, 동아리, 또래, 교회, 이웃들은 가장 근접한 환경으로 청소년들은 이들과 지속해서 의미 있는 개인적, 사회적 상호작용 및 상호교류를 갖는다.

미시적 수준의 경우 개인의 심리, 사회적 상태, 부모와 자녀 관계나 부부관계 등에 개입하게 되므로 일반적으로 개인이나 가족이 개입 대상이 된다. 사회복지사가 클라이언트를 일대일로 대면하여 개입하기 때문에 직접 실천에 해당한다. 직접 실천에는 여성폭력 피해자를 위한 직업교육 제공, 독거어르신 재가방문, 치매 어르신 주간보호 제공, 장애아동 양육을 위한 부모상담, 정신장애인 사회기술훈련 시행, 장애인 취업상담 등이 있다.

2) 중간체계(meso system)

중간체계는 상호작용하고 있는 여러 개의 미시체계로 이루어진 체계로, 한 사람의 삶에 존재하는 다양하게 겹쳐져 상호작용하는 미시체계 간의 관계망으로 두 가지 이상의 환경에서 일어나는 과정과 연결성을 말한다. 중간체계는 미시체계들 간의 상호관계, 즉 환경들과의 관계를 말한다. 구성된 가정과 학교 간의 관계(부모와 학교, 부모와 교사), 가정과 동료집단과의 관계가 대표적이다. 예를 들어, 가정의 경험이 학교 행동에 미치는 것, 가정의 경험과 친구 관계 등을 연결, 또래 간의 사회성과 학교 성적과의 관련성 여부를 살펴보는 것을 말하는데 중간체계에서는 각각 다른 가치관으로 인해 갈등이 생기면 아동의 발달을 저해시킬 수 있다.

3) 외체계(exo system)

외체계는 중간체계가 확장된 것으로서 개인이 직접 참여하고 있지는 않지만, 개인의 발달에 영향을 주는 사회적 환경체계로 가정을 통해 간접적인 영향을 미치는 부모의 직장 등이 이에 속한다. 외체계는 지역사회 수준에서 작용하고 있는 사회의 주요 기관 즉, 부모의 직업환경, 근무조건, 이웃, 정부기관, 비형식적인 사회관계망 등이다.

4) 거시체계(macro system)

거시체계는 미시체계, 중간체계, 외체계에 포함된 모든 요소에 클라이언트에게 직접 개입하지는 않지만, 클라이언트의 삶에 영향을 미치는 사회경제와 정치체계, 대중매체와 같은 영향을 포함하는 거대한 체계이다. 거시체계는 개인이 속한 사회의 이념이나 제도의 일반적인 형태, 개인에게 영향을 미치는 환경요소를 말한다. 예로는 사회와 문화이념, 가치, 법률, 규칙, 법칙 등과 같은 명백한 형태이다. 그러나 구성원들의 정신세계에 내재한 관습과 습관으로 표현되는 이데올로기인 경우도 있다. 거시적 수준의 실천은 클라이언트를 직접 만나기보다는 간접적인 사회복지 서비스를 통해 지원하므로 직접적인 영향을 끼치지는 않으나 그러나 전체적으로 볼 때, 매우 강력한 영향력을 끼치는 간접 실천에 해당한다(김용환 외, 2017). 간접 실천에는 공청회 개최, 희귀질환자 지원을 위한 모금 운동, 아동학대 예방을 위한 캠페인, 성폭력 예방을 위한 자원봉사자 모집, ADHD 아동 지원정책 개발 등이 있다.

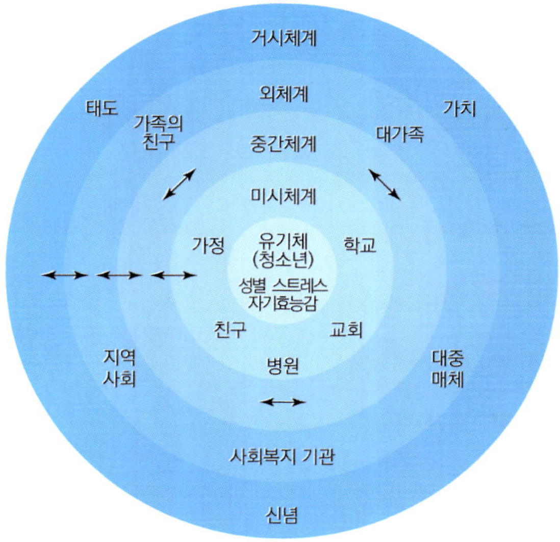

▲ **그림 7-1 브론펜브레너의 인간발달 생태모형**

생태학에서 사용하는 개념들은 사회복지사와 클라이언트가 인간과 환경, 그리고 그들의 상호관계에 초점을 가지게 했다. 이러한 개념들은 상호작용하는 복잡한 상황에 있는 개인적·환경적 그리고 문화적 요인들에 대한 사회복지사들의 이해를 증진했다(전재일, 1998).

전재일(1998)은 생태체계적 관점의 주요 개념들을 살펴보면 다음과 같다(김익균 외, 2009).

1) 환경(environment)

환경은 사회적 환경과 물리적 환경, 그리고 문화적 환경뿐만 아니라 공간과 시간적 리듬까지 포함한다. 또한, 환경과 관련하여 생활영역과 거주환경도 주요한 개념이다. 거주환경은 개인의 문화적 맥락 내에 존재하는 물리적 및 사회적 환경과 관련된 개념이다. 생활영역은 지역사회 성원들이 차지하고 있는 직접적 환경이나 지위들을 말한다.

브론펜브레너(Bronfenbrenner, 1979)는 생태학적 생활영역을 특별한 개인적 특성을 보인 개인의 발달을 촉진 또는 방해하는 환경 내의 영역이라고 하였다. 즉 효과적으로 기능할 수 있는 특정한 장소나 환경을 의미한다.

2) 적합성(goodness of fit), 적응(adaptation)

적합성은 인간의 욕구와 환경의 자원이 부합되는 정도를 말한다. 즉, 개인의 욕구나 집단의 욕구, 권리, 목표, 능력과 특정한 문화적 역사적 맥락 속의 환경 간에 작용하는 실제적 적합성을 의미한다.

개인과 환경 사이의 상호작용이 성공적이고 적응적일 때, 즉 주요 타인, 사회적 조치, 그리고 정치·경제적 구조와 정책, 그리고 물리적 환경이 개인의 성장, 발달 그리고 물리적 및 정서적 안녕을 지지할 때 적합성이 이루어진다.

인간은 끊임없이 창조하고, 재구조화하며, 환경이 인간에게 어떤 영향을 미친다고 해도 환경에 적응해 나간다. 적응은 인간과 환경이 상호작용하고 상호교류하는 가운데 최적 합의 상태에 도달하기 위하여 서로 적용하는 상호의존적인 과정을 말한다.

인간의 내적 영향력과 생태적 환경의 영향력에 의해 이루어지는 상호의존적인 과정이다. 생태학적 이론에서는 개인의 정신 병리를 개인적 욕구와 대처능력이 환경적 자원이나 지지와 일치되지 못한 것으로 본다. 이처럼 생태학적 이론에서는 병리를 이해하면서 스트레스를 일으키고 성공적 적응을 방해하는 환경적 요인을 중시하고 있다.

3) 수용 능력(carrying capacity)

수용 능력은 하나의 생태에서 생존할 수 있는 종의 최대숫자를 말한다. 만약 종의 숫자가 생태체계의 수용 능력을 넘어서면 질병이나 기근 또는 약탈 등이 발생하여 해당 종의 숫자를 감소시키는 요인이 된다. 어떤 종이 급격하게 증가하거나 감소하면 수용 능력을 초과해 생태체계의 건강과 생존에 필요한 균형이 깨진다.

4) 스트레스(stress)

스트레스는 사회적 변화, 충격적 사건, 발달적 변화, 다양한 생활문화 등의 요구가 자신이 활용할 수 있는 인적 자원 또는 환경자원을 초과하는 상황에서 발생하는데, 이것을 스트레스라고 한다. 즉, 일상적 균형이 깨질 수 있는 외부의 압력을 말한다.

5) 대처(coping)

대처는 생활 스트레스에 의해 발생하는 욕구를 해결해 나가기 위해 고안된 새롭고 특별한 행동으로 대처를 활용한다.

스트레스를 경험함으로써 자연적으로 발생하게 되는 대처기술은 정서적 고통을 통제하기 위하여 개인이 수행하는 행동이다. 대처능력을 갖추기 위해서는 내적 자원과 외적 자원이 필요하다. 내적 자원은 자부심(자존심)과 문제해결기술 등이 포함되며, 외적 자원은 가족, 사회적 관계망 그리고 조직의 자원이 포함된다.

6) 관계(relatedness), 역할(role), 유능성(competence)

관계는 인간관계를 형성하거나 타인과 연결될 수 있는 능력으로, 관계를 맺고자 하는 욕망과 능력은 초기의 양육 과정에서 시작되고 일생을 통하여 상호적 보호 행동의 유형을 결정하게 된다.

역할은 특정 사회적 지위를 가진 개인이 타인에게 어떻게 행동해야 하는지에 대한 기대뿐만 아니라 타인이 그 사람에게 어떻게 행동해야 하는지에 대한 기대까지도 포함하고 있다. 즉, 역할은 일련의 기대되는 행동유형일 뿐만 아니라 상호적 요구와 의미의 유형이다.

유능성은 자신의 노력으로 환경이나 자신에게 바람직한 변화를 만들 수 있다고 생각하는 자신감을 말한다. 즉, 인간발달에 필수적인 요소로서 자신의 판단을 신뢰하고 자기 확신하고, 환경에 바람직한 영향을 미칠 수 있는 능력을 포함한다. 생태학적 이론에서는 환경과 성공적 상호작용을 경험하는 데서 형성되는 것으로 일생에 걸쳐 확대할 수 있는 능력이다.

7) 상호교류(transaction), 상호의존(interdependence)

상호교류는 개인과 환경이 한 단위, 관련 체계로 합쳐질 뿐만 아니라 개인과 환경 간의 사람과 의사소통하고 관계를 맺는 것을 의미한다. 상호교류적 관점은 과정 혹은 시간이 지남에 따라 또는 만나면서 발생하는 관계를 말한다.

무언가 전달하고 교환하는 것이기 때문에 활동적이고 역동적으로 커뮤니케이션하고 상호작용하며, 교류는 긍정적이거나 부정적일 수 있다.

상호의존은 상대가 되는 이쪽과 저쪽 모두가 서로에게 의지하여 존재하는 것, 즉 한 개인이 다른 사람이나 집단에 서로 의존하고 의지하는 것을 말한다. 이는 사람들은 서로 간에 투입, 에너지, 서비스, 일관성 등을 의존하는 것이다. 사람들은 존재하기 위해 서로를 필요로 하는 상호의존 관계에 있다.

제4절 사회복지실천에 대한 통합적 접근

사회복지실천에 대한 통합적 방법론의 대표적 실천모델로는 핀커스와 미나한(Pincus & Minahan, 1973)의 4체계 모델, 골드스테인(Goldstein, 1973)의 단일화 모델, 펄만(Perlman, 1957)의 문제해결모델, 저메인과 기터만(Germain & Gitterman, 1980)의 생활모델 등이 있다.

1. 4체계 모델

4체계 모델은 1973년 핀커스와 미나한(Pincus & Minahan)이 체계이론을 사회복지실천에 응용한 접근방식이다. 4체계 모델은 포괄적이고 전체적인 관점에서 클라이언트 체계를 사정할 수 있는 기초를 제공하고 사회복지사가 인간과 공식적·비공식적 자원체계 간의 연결에 초점을 두게 한다(이종복 외, 2011). 인간은 만족스러운 삶을 위해 주변 환경 속에 있는 체계에 의존하므로 사회사업은 이러한 체계에 초점을 맞춰야 한다. 따라서 4체계 모델은 사람들과 사회환경에 존재하는 체계들 사이의 상호작용이 실천의 초점이 된다.

사람들은 다음 세 가지 체계의 도움을 받는다(이윤로, 2008).
첫째, 가족이나 친구, 동료 같은 비공식적 또는 자연적 자원체계
둘째, 지역사회 집단이나 협회 같은 공식적 자원체계
셋째, 병원이나 학교 같은 사회적 자원체계

이 모델은 여러 수준의 체계들과 연결된 사람들과 함께 일한다는 점을 강조하고 있으며, 미시적 대 거시적 또는 치료 대 사회행동과 같은 전통적인 이

분법적 사고를 피할 수 있도록 해준다(김융일 외, 2000). 사회복지실천 과정에서 사회복지사는 4체계와 관련되어 활동하게 되며, 이러한 체계는 클라이언트 체계, 표적체계, 행동체계, 변화매개체계 등 4가지 체계의 유형이 있다(Pincus & Minahan, 1973).

1) 클라이언트 체계(client system)

클라이언트 체계란 변화매개인의 서비스가 필요한 사람으로 클라이언트와 그 문제해결에 잠재적 영향을 주는 환경에 있는 사람, 즉 서비스나 도움이 필요한 사람을 의미한다(김영미 외, 2022). 사회복지의 욕구를 가지고 변화매개체계와 변화를 위한 의도된 계약이 이루어졌을 때 비로소 클라이언트가 되는데, 클라이언트 체계는 서비스의 혜택을 기대하는 사람 또는, 도움을 요청하여 사회복지사의 서비스를 받는 개인이나 가족, 집단, 기관이나 지역사회를 포함한다.

2) 표적체계(target system)

표적체계는 사회복지사가 목표를 달성하기 위해 영향을 주거나 변화시킬 필요가 있다고 느끼는 대상이 표적체계이다.

사회복지사의 중요한 진단과업은 클라이언트 체계와 협조하여 변화와 목표를 설정하고, 목표를 달성하기 위하여 변화되어야 할 특수한 사람들, 즉 표적체계를 결정하는 것이다. 표적체계는 클라이언트 체계와 중복되기도 하며, 클라이언트 체계가 동시에 표적체계가 되기도 한다. 예를 들어, 만약 우울증에 걸린 사람의 문제 원인이 주로 자신의 내부적인 요인과 관련된 경우 클라이언트 체계와 표적체계는 중복될 것이다. 그러나 우울증의 원인이 알코올중독과 폭력을 일삼는 남편에게 주로 있다면 표적체계는 남편이 된다(조미숙 외, 2018).

3) 행동체계(action system)

사회복지사는 변화 노력 과정에서 단계에 따라 다른 유형의 행동체계와 작업하기도 한다. 사회복지사가 과업을 완수하고 목표를 달성하기 위하여 사회복지사와 공동으로 노력하며 도움을 주는 모든 사람으로, 의도적이고 계획적으로 변화를 달성하기 위하여 함께 상호작용하는 사람들을 말한다. 이웃, 가족, 전문가집단이 행동체계에 해당한다.

4) 변화매개체계(change agent system)

변화매개체계는 사회복지사를 고용하고 있는 기관 및 조직을 전체를 말한다. 변화매개인이란 클라이언트에 대한 문제해결과 계획적 변화를 위하여 체계들과 활동을 목적으로 특수하게 고용된 도움을 주는 전문가이자 클라이언트를 돕는 자, 즉 사회복지사를 말한다.

콤튼과 갤러웨이는 사회복지실천을 구성하는 체계를 6가지로 나누었는데, 핀커스와 미나한의 4체계 모델인 클라이언트 체계, 표적체계, 행동체계, 변화매개체계에 전문가체계, 의뢰-응답체계(혹은 문제 인식체계)를 추가한 것이다.

2. 단일화 모델(unitary model)

골드스테인의 단일화 모델(1973)은 통합적 이론의 대표적인 세 가지 모델로서 ① 사회체계모델, ② 사회학습 혹은 문제해결모델, ③ 과정모델 등을 준거틀로 결합하여 체계화한 것 중에서도 과정모델의 내용을 강조한 통합모델이다(강병철 외, 2015).

골드스테인은 과정모델을 조사와 평가, 의뢰와 중재, 평가적 전략으로 나누어 사회복지실천 과정의 여러 단계와 연계시켰다. 사회복지실천 과정을 역할

유도단계, 핵심단계 및 종결단계로 설정하고 이러한 단계가 반복적으로 일어난다고 설명하고자 하였다. 또한, 전체 과정모델을 여러 표적의 형태인 개인, 가족, 집단, 조직, 지역사회로 구분하여 구체화한 단계와 연결하였다(김영미 외, 2022; 조미숙 외, 2020).

4체계 모델이 클라이언트 체계 및 자원체계와 사회복지사와의 상호 기능을 중시했지만, 단일화 모델은 사회학습에 관한 사회복지사의 기능에 더 많은 관심을 두었다(조미숙 외, 2020). 사회학습을 매우 광범위한 의미로 제시하여 개인이나 소집단체계에 한정시키지 않고, 사회학습 과정을 통해 좀 더 큰 체계(조직, 집단)들이 변화될 수 있다고 강조하였다. 또한, 사회복지사의 자원 확보와 폭넓은 활용을 통해 사회변화가 가능하다고 강조하였다(김융일 외, 1995; Goldstein, 1973).

3. 문제해결모델

문제해결모델은 인간의 삶이 '문제의 연속선상'에 있으며, 이 문제는 인간의 성장과 변화 발전의 동기를 부여하고, 모든 인간의 삶은 문제해결 과정이며, 인간은 문제를 해결하기 위한 능력이나 강점을 본능적으로 가지고 있는 존재라는 가정하에 펄먼(Perlman, 1957)에 의해 최초로 개발된 '문제'를 사회복지실천의 변화 표적으로 제시하였는데, 콤튼과 갤러웨이에 의해 더욱 정교화되었다.

문제해결모델은 1920년대 진단주의 학파와 1930년대 기능주의 학파의 대립을 해결하기 위해서 발전되었는데, 문제해결모델은 인간의 삶 자체가 지속적인 문제해결의 과정이라고 보았다.

문제해결이란 모든 인간에게 있어 통상적이고 기초적인 기능으로 문제를 주어진 상태에서 목표한 상태로 변화시키는 인지활동이다. 문제해결모델은 초기단계부터 사회복지사와 클라이언트가 함께 적절한 과정을 거쳐 단계적으로 실천 가능한 것으로부터 최종적 목표에 도달하는 것이 특징이다. 인간에 대한 관점은 종래의 병리적 인간관에서 벗어나 인간의 능력과 강점을 강조하며, 정신 내면적인 것과 클라이언트 자체에서 존재하는 문제보다는 클라이언트의 일상생활을 저해하는 것을 문제로 본다. 문제해결 과정은 이러한 일상의 문제를 풀어가는 일종의 도구로 인식된다(김용환 외, 2017).

펄만은 문제해결 과정을 4P로 표현하였다. 사회복지실천이란 '문제(problem)'를 가지고 있는 '사람(person)'이 어떤 '장소(place)'에 자신의 문제를 가지고 도움을 얻기 위해 찾아오게 되면 문제해결에 필요한 자원을 보완해 주는 '과정(process)'을 활용하는 일련의 과정이다.

4P의 구체적인 내용은 다음과 같다.

1) 문제(problem)

문제는 개인의 사회적 기능에 민감하게 영향을 주고받는 것이다. 클라이언트의 문제는 다면적이고 역동적이므로, 어떤 욕구, 장애, 욕구불만 또는 부적응에서 때로는 이러한 모든 것들이 얽힌 것에서 일어난다. 사회복지사와 클라이언트는 문제의 한 부분을 작업 단위로 선택해야 한다. 문제에는 내적인 의미와 외적인 의미가 공존하며, 그중 어느 하나가 다른 것의 원인이 되기도 한다(김영미 외, 2022).

2) 사람(people)

인간의 행동에는 목적과 의미가 포함한다. 진단학파의 이론을 적용하여 클라이언트와 그 가족을 분석하고, '상황 속의 인간'의 중요성을 강조한다. 개인에 관한 그것뿐만 아니라 사회상황과 인간 상호교류에 대한 전반적인 것을 파악한다(김영미 외, 2022).

3) 장소(place)

사회적 서비스가 제공되는 물리적 공간을 말한다. 문제를 가진 개인이 도움을 받으러 찾아오는 곳으로 사회시설 또는 기타 여러 종류의 복지기관을 의미한다.

4) 과정(process)

사회복지사와 클라이언트의 전문적 관계를 통하여 문제해결에 도움을 주는 과정을 말한다. 즉, 원조를 전문적으로 하는 사람과 클라이언트 간에 진전되는 업무로, 의미심장한 인간관계에서 진행되는 일련의 문제해결을 말한다.

4. 생활모델(life model)

생활모델은 1970년대 초기에 사회변화의 요구에 직면하여 생태체계 관점을 이론적 준거 틀로, 저메인과 기터만(Germain & Gitterman)이 사회복지실천 분야에 도입하여 개발한 모델이다.

생활모델은 생태학적 관점에서 나온 실천모델로서 사람과 환경을 통합적으로 보고 개인과 환경 모두를 변화시켜야 한다는 견해를 갖는다. 생활모델의 개입목표는 개인과 그 외 환경의 특성, 인간의 욕구와 환경자원 간의 적응수준을 향상하는 것이다.

사회복지실천에서의 생활모델은 개인의 치료에 초점을 둔 임상적 접근방법과는 다르다. 대신 생활 과정에서 사람의 감정, 건강을 향한 선천적 지향, 지속적 성장, 잠재력의 활용과 환경의 변화 및 최대한의 안녕을 유지하고 촉진하는 것에 초점을 둔다. 생활모델은 또한 사회복지실천에서의 인간과 환경의 상호작용과 조화 수준을 향상하는 것에 초점을 둔다. 이 모델은 개인, 집단,

지역사회 등 제반 체계에 개입할 수 있는 실천원칙과 기술을 통합한 모델로서 생활 과정 안에서 문제를 해결해 나가도록 하는 실천모델이다(김융일 외, 2005).

생활모델은 문제를 병리적 상태의 반영이 아닌 사물, 사람, 장소, 조직, 아이디어, 정보, 가치들과 같은 생태체계의 요소 간의 상호작용 결과로 보고 있다. 인간과 환경의 복잡한 상호교류에서 적응 균형에 혼란이 나타나면 스트레스가 초래된다. 생활 속에서 발생하는 스트레스는 환경과 적응하여 성장하는 개인이 있지만, 삶의 상황에서 지나친 스트레스로 인해 문제가 발생하는 개인도 있다. 이러한 스트레스는 생활 변천, 환경의 압박, 대인관계 문제들로, 상호 관련된 생활영역에서 일어난다(사회복지교육연구센터, 2010; 이윤로, 2008).

스트레스는 크게 세 가지로 분류해 볼 수 있다. 첫째, 생활주기의 변화 및 외상적 사건, 둘째, 환경의 압박, 셋째, 대인관계 문제 등이 있다(김영미 외, 2022). 따라서 생활모델은 문제를 성격장애가 아니라 스트레스를 만들어 내고 대처능력을 과중하게 부담시키는 생활상의 문제로 정의한다.

01 생태체계 관점에 관한 설명으로 옳지 않은 것은? (13회)

① 맥락적 사고를 한다.
② 다체계적 접근을 한다.
③ 인간과 환경 간의 균형을 강조한다.
④ 사회 구조 개선을 위한 개입 방법을 제시한다.
⑤ 문제에 대한 포괄적인 이해의 틀을 제공한다.

해설 ④ 생태학에서 사용하는 개념들은 사회복지사와 클라이언트가 인간과 환경, 그리고 그들의 상호관계에 초점을 가진다. 이러한 개념들은 상호작용하는 복잡한 상황에 있는 개인적·환경적 그리고 문화적 요인들에 대한 사회복지사들의 이해를 증진했다.

정답 ④

02 콤튼과 갤러웨이(B. Compton and B. Galaway)의 사회복지실천 구성 체계 중 다음 〈사례〉에서 언급되지 않은 체계는? (14회)

〈사례〉
정신건강사회복지사 A는 고등학교 아들의 지속적인 음주 문제를 도와달라는 어머니 B의 요청으로 그녀의 아들 C와 상담하였다. C는 학생으로서 자신의 음주 심각성을 인지하고 있지만, 함께 어울리는 친구들의 압력을 거부할 수 없다고 하였다. 따라서 A는 학교사회복지사와 협력하여 C의 친구들을 함께 치료에 참여시키는 방안을 모색하고 있다.

① 행동체계 ② 변화매개체계 ③ 클라이언트 체계
④ 표적체계 ⑤ 전문가체계

해설 ⑤ 콤튼과 갤러웨이는 핀커스와 미나한이 제시한 4가지 체계에 덧붙여 전문체계와 문제 인식체계까지 총 6체계이다. 본 〈사례〉에서는 핀커스와 미나한의 4가지 체계인 행동체계, 변화매개체계, 클라이언트 체계, 표적체계가 제시되고 있다.
① 행동체계(action system)는 사회복지사는 변화 노력 과정에서 혼자서만 노력하지 않고 단계에 따라 다른 유형의 행동체계와 작업하기도 한다. 사회복지사가 과업을 완수하고 목표를 달성하기 위하여 상호작용하는 사람들을 행동체계라고 하며 이웃, 가족, 전문가들이 이에 해당한다. 여기에서 정신사회복지사 A는 ○○학교의 학교사회복지사와 협력하여 C 친구들을 참여시키는 방안을 협력한 학교사회복지사는 행동체계이다.
② 변화매개체계(change agent system)는 사회복지사를 고용하고 있는 기관 및 조직을 말한다. 변화매개인이란 계획적 변화를 위하여 체계들과 활동을 목적으로 특수하게 고용된 도움을 주는 사람으로서 사회복지사를 말하며, 정신건강사회복지사는 A는 변화매개체계이다.

③ 클라이언트 체계(client system)는 변화매개인인 사회복지사의 서비스를 요청하거나 인정하는 사람으로서 변화 노력의 혜택을 받는 사람이다. 여기에서는 고등학생 아들의 음주문제를 요청한 어머니 B가 클라이언트 체계이다.

④ 표적체계(target system)는 사회복지사가 목표를 성취하기 위해 영향을 주거나 변화시킬 필요가 있다고 느끼는 사람들이다. 클라이언트 체계와 중복되기도 하며, 클라이언트 체계가 동시에 표적체계가 되기도 한다. 그러므로 고등학생 아들의 지속적인 음주문제가 표적체계이다.

정답 ⑤

03 콤튼과 갤러웨이(B. Compton & B. Galaway)의 6체계에 관한 설명으로 옳지 않은 것은? (17회)

① 표적체계: 목표 달성을 위해 변화가 필요한 체계
② 클라이언트 체계: 서비스나 도움을 필요로 하는 체계
③ 변화매개체계: 목표 달성을 위해 사회복지사가 상호작용하는 체계
④ 전문가체계: 변화매개체계에 영향을 미치는 교육체계나 전문가단체
⑤ 의뢰-응답체계: 서비스를 요청한 체계와 그러한 요청으로 서비스 기관에 오게 된 체계

해설 ③ 변화매개체계(change agent system)는 사회복지사를 고용하고 있는 기관 및 조직을 말한다.

정답 ③

04 핀커스와 미나한(Pincus & Minahan)이 제시한 '변화매개체계'에 관한 설명으로 옳은 것은? (14회)

① 목표 달성을 위해 사회복지사와 공동으로 노력하는 모든 체계를 의미한다.
② 목표 달성을 위해 변화시킬 필요가 있는 대상을 의미한다.
③ 사회복지사와 사회복지사가 속한 기관을 의미한다.
④ 서비스나 도움을 필요로 하는 사람들을 의미한다.
⑤ 법원, 경찰 등에 의해 강제로 의뢰가 이루어진 사람들을 의미한다.

해설 ③ 변화매개체계(change agent system)는 사회복지사를 고용하고 있는 기관 및 조직을 말한다.

①은 행동체계(action system)에 관한 설명이고, ②는 표적체계(target system)에 관한 설명이다. ④는 클라이언트 체계(client system)에 관한 설명이며, ⑤는 콤튼과 갤러웨이의 6체계 모델 중 의뢰-응답체계(referral-respondent system) 혹은 문제인식체계에 관한 설명이다.

정답 ③

05 다음 중 직접 실천에 해당하지 않는 것은? (11회)

① 장애인 취업상담
② 독거어르신 재가방문
③ ADHD 아동 지원정책 개발
④ 치매 어르신 주간 보호 제공
⑤ 정신장애인 사회기술훈련 시행

해설
- 직접 실천: 사회복지사가 클라이언트와 직접적인 대면을 통해 개입하는 실천으로 클라이언트가 변화하도록 주변환경과 원활한 상호작용을 통해 사회적 능력을 향상하는 방법을 목적으로 한다. 직접 실천방법에는 여성폭력 피해자를 위한 직업교육 제공, 독거어르신 재가방문, 치매 어르신 주간보호 제공, 장애아동 양육을 위한 부모상담, 정신장애인 사회기술훈련 시행, 장애인 취업상담 등이 있다.
- 간접 실천: 사회복지사가 클라이언트를 직접 대면하지 않으면서 간접적으로 도움을 제공하는 것을 말한다. 간접 실천방법에는 공청회 개최, 희귀질환자 지원을 위한 모금 운동, 아동학대 예방을 위한 캠페인, 성폭력 예방을 위한 자원봉사자 모집, ADHD 아동 지원정책 개발 등이 있다.

정답 ③

Chapter > 08

관계 형성에 대한 이해

관계 형성이란 사회복지사와 클라이언트가 상호적 친화와 결속의 상태를 이루기 위한 과정으로, 사회복지실천에서의 관계란 일반적으로 사회복지사와 클라이언트와의 관계, 전문적인 관계를 말한다. 관계 형성은 사회복지실천 과정에서 클라이언트가 필요한 요구가 있을 때 사회복지사와의 관계로 인해 이루어진다.

관계 형성은 사회복지사가 실천 과정에서 알아야 할 가장 기본적이고 중요한 이론이다. 따라서 사회복지사는 클라이언트와의 관계를 형성하기 위해서는 클라이언트의 심리적·정서적·신체적 특성에 대해 이해가 기반이 되어야 하고 클라이언트의 기본적인 욕구에 대하여 적절히 반응해야 한다.

관계 형성의 구성요소에서는 전문적인 원조관계의 기본 요소 등 사회복지실천의 관계원칙(비에스텍의 7대 원칙)을 자세히 알도록 한다.

또한, 관계 형성의 장애요인에서 변화를 방해하는 관계요인으로 클라이언트의 불신, 비자발성, 저항, 전이와 역전이를 파악하고, 변화를 방해하는 관계를 다루는 방법으로 저항 다루기, 긍정적 재해석, 문제를 성장의 기회로 재규정, 직면하기, 전이와 역전이 다루기에 대해 상세히 학습하기로 한다.

제1절 관계 형성의 중요성

1. 사회복지실천에서의 관계의 개념

사회복지실천의 초기부터 현재까지 사회복지이론가와 실천가에게 '관계'는 매우 중요하게 인식됐으며, 사회복지사들은 이러한 관계의 개념을 의식적이고 의도적으로 사용하였다. 사회복지실천에 있어서 '관계'란 사회복지사와 클라이언트 사이에서 성장하고 발전하는 정서적 힘(Compton & Galaway, 1979)이다. 관계를 통해서 클라이언트는 변화, 성장, 발전하게 되고 자신이 처한 고통이나 문제를 극복할 힘을 얻게 된다(박영희, 1993). 즉, 공통된 이해관계를 지닌 두 사람 사이에 정기적 또는 일시적으로 감정의 상호작용이 일어나는 실천 노력의 필수조건을 말한다. 사회복지사와 클라이언트 두 사람 사이에 정서적인 움직임이 있을 때 한 사람의 정서가 다른 사람에게 전달된다(김영미 외, 2022). 그러나 실천현장에서 사회복지사와 클라이언트는 정서적인 교감을 기초로 이루어지는 관계이기 때문에 전문성, 시간제한, 의도적인 분명한 목적, 권위 등의 특성을 포함하는 관계로 일반적인 인간관계와는 다를 수 있다.

사회복지실천에서의 관계(relationship)란 사회복지사와 클라이언트 간의 감정과 태도의 역동적인 상호작용으로서 클라이언트의 문제해결과 그를 둘러싸고 있는 환경과의 사이에 더욱 나은 적응을 위해 협력, 협상하는 것뿐만 아니라 개인, 가족, 집단, 지역사회의 자원을 적절히 동원하고 활용할 수 있도록 돕는 활동의 총체로 볼 수 있다.

관계에 대한 정의는 학자마다 조금씩 다르게 정의하고 있다. 관계에 대한 개념 정의를 살펴보면 다음과 같다.

비에스텍(Biestek, 1957)은 『케이스워크 관계』에서 관계란 사회복지사와 클라이언트 간의 감정과 태도의 역동적인 상호작용으로서 클라이언트가 자신과 환경 간의 좀 더 나은 적응을 이룰 수 있도록 돕는 목적이 있다고 하였다.

펄만(Perlman, 1978)은 "관계란 하나의 촉매로서, 문제해결과 도움을 향한 인간의 에너지와 동기를 지지하고 양성하며 자유롭게 하는 원동력이다."라고 정의하였다.

노던(Northen, 1982)은 인간의 행동이 각기 다른 정서적인 반응을 불러일으킨 것처럼, 관계란 "일차적으로 한 사람으로부터 다른 사람에게로 흘러가는 감정적인 반응으로 구성된다."라고 하였다.

핀커스와 미나한(Pincus & Minahan, 1973)은 "관계란 사회복지사와 그가 관계하는 다른 체계 간의 정서적인 유대로 볼 수 있으며, 이들 관계에는 협력, 협상 또는 갈등의 분위기가 포함될 수 있다."라고 정의하였다. 이러한 의미에서 심리 · 사회적인 문제를 가진 클라이언트를 사회복지실천현장에서 사회복지사가 돕는 것을 목적으로 한다고 할 수 있다.

2. 전문적 원조관계의 특성

사회복지사와 클라이언트 간의 관계는 일반적인 대인관계가 아니라 클라이언트의 적응과 문제해결을 돕기 위한 목적에서 이루어지는 전문적인 관계이다. 그러므로 일반적인 대인관계와는 다소 구별된다. 그 차이점에 대해서 펄만(1979)의 전문적 원조관계의 특성을 다섯 가지로 정리하여 보고자 한다.

첫째, 전문적 관계는 인정되고 합의된 목적을 위해 형성된다.

여기서 인정되고 합의된 목적이란 클라이언트가 필요하고 원하며 성취를 기대하는 것을 사회복지사와 클라이언트가 서로 분명히 하고, 다음 단계에서 무엇을 기대하며 각자 무슨 일에 관여할 것인지 이해하는 것을 의미한다. 전문적 관계의 목적은 개인이나 집단의 현재 기능을 방해하거나 약화하는 것으로 실제 규명된 문제를 보다 효과적인 방식으로 해결하거나 대처하게 하며, 클라이언트가 바라는 목적을 달성하기 위해 자신과 자원을 활용할 수 있게 하는 것이다(허정철 외, 2019).

둘째, 전문적 관계는 시간 제한적이다.

전문적 관계는 그 목적이 달성되거나 클라이언트의 동기, 능력, 원조자의 자원이 허용하는 한도에 도달하면 종결된다. 사회복지사와 클라이언트와의 관계는 한정된 기간을 갖고 관계를 맺는다. 그것은 시간제한이 있을 때보다 시간제한이 없을 때 자신의 역량을 최대한 발휘할 수 있기 때문이다. 사회복지사는 다음 사례를 위해서라도 최대한 자신의 역량을 끌어올려 진행을 함으로써 클라이언트와의 관계는 종결된다(허정철 외, 2019).

셋째, 전문적 관계는 클라이언트를 위한 것이다.

클라이언트를 위한 것이란 클라이언트의 욕구가 중심이 된다는 것을 의미한다. 사회복지사는 자신의 이익보다는 클라이언트의 이익을 위해 자기 자신을 헌신한다. 클라이언트 중심의 원조는 클라이언트가 도움을 요청했을 때 그것이 자발적일 경우에는 어려움이 거의 없다. 그러나 비자발적이면 상황이 다소 복잡하다. 클라이언트가 노인학대, 아동학대, 방임 등 반성하지 않는 범죄자인 경우이다. 가족 구성원의 요구로 인해 참여했을 뿐인데, 원조를 원하지도 않는 사람을 원조할 수 있을 것인가? 그렇지만 동기가 무엇이든 클라이언트가 자신의 행동을 변화시키기 위해 참여하는 것이라면 사회복지사는 한 인간으로서의 클라이언트를 이해하고 잠재력을 지지하기 위해 원조한다.

넷째, 전문적 관계는 권위를 지닌다.

전문가의 권위란 전문적 지식과 기술, 전문성을 의미하며 그에 수반되는 책임을 말하는데, 이는 전문직의 윤리강령을 바탕으로 하는 클라이언트에게서 나오는 자발적인 위임된 힘에 따른 권위를 부여받는다. 사회복지사는 자신의 권위와 권한의 종류에 대한 범위를 알리고 어떻게 사용될지를 설명해 주어야 한다(김효선 외, 2019).

다섯째, 전문적 관계는 통제된 관계이다.

여기서 통제란 사회복지사가 클라이언트를 원조하기 위한 관계의 객관성을 유지해야 하며, 가장 효과적이고 효율적인 방식으로 원조하기 위한 자신의 감정과 반응, 충동을 자각하고 그 책임을 져야 하므로 사회복지사 자신과 원조의 내용과 방법에 대한 통제적 관계를 의미한다.

제2절 전문적인 원조관계의 기본 요소

전문적인 원조관계란 사회복지사가 클라이언트를 원조하는 과정에 참여하게 될 때 형성되는 관계이다. 전문적인 원조관계는 클라이언트의 문제해결 및 적응이라는 분명한 목적을 가지고, 목적 달성을 위해 클라이언트가 사회복지사를 만나는 시간은 시간상으로 한계가 있으므로 제한시간 동안에 이루어지는 특수한 관계이다. 또한, 관계는 목적과 종결이 분명하다는 점에서 다른 사회적 관계와는 차이가 있다(Miley et al., 2016).

전문적인 원조관계도 모든 관계와 마찬가지로 클라이언트와의 상호작용으로 형성되고 유지될 수 있으므로 클라이언트에게 초점을 맞춰서 클라이언트의 이익을 위해 헌신하고 비밀보장이 이루어져야 한다.

일반적 인간관계와 달리 클라이언트는 도움을 요청하고 사회복지사는 전문가로서 도움을 주는 관계이며 문제해결을 지향해야 한다. 따라서 전문적인 원조관계는 언제나 클라이언트의 관점에서 출발해야 하며, 사회복지사는 관계의 전반적 과정에 대한 전문적 책임을 지게 된다.

전문적 관계의 기본 내용은 다음과 같다(이종복 외, 2011; 양옥경 외, 2005; compton & Galaway, 1994).

1. 타인에 관한 관심: 이타주의

이타주의(利他主義) 또는 이타성은 나보다 남을 먼저 생각하는 주의로, 행동의 목적을 타인에 대한 행복에 둔다는 것이다. 타인에 관한 관심이란 클라이언트에게 일어난 일에 대해 진심 어린 관심을 가지며, 이들의 감정에 대해 교류할 수 있어야 한다. 또한, 타인에 관한 관심은 다정함, 진심으로 좋아함, 호감, 친절, 존중, 관심, 지지를 나타내는 태도와 클라이언트에 대한 흥미를 말한다. 그러므로 헌신적인 자세는 자신을 스스로 알고자 하는 데 용기를 부여하게 되고 다른 사람을 위한 서비스에 자기 자신을 헌신함으로써 클라이언트에게 자신의 삶을 스스로 통제하고 능력을 향상하도록 돕는 사회복지사의 마음이라 할 수 있다(김영미 외, 2022).

2. 헌신과 의무

헌신(commitment)과 의무(obligation)는 원조 상황에 대한 책임감을 의미하는 것으로서 책임성 또는 신뢰성과도 관련된다. 사회복지사는 원조관계에서 목적을 이루기 위해서는 사회복지사뿐만 아니라 클라이언트 역시 헌신과 의무로 묶여야 한다.

헌신과 의무는 고통과 즐거움, 좌절과 헌신이 수반되는 타인의 세계로 들어가려는 의지가 있어야 한다.

사회복지사의 헌신과 의무는 관계를 맺을 때 필수적인 절차상의 조건들로서 시간 약속, 클라이언트의 문제에 대한 초점을 유지하는 것, 성장과 변화를 가져오는 관계 유지를 지키는 것을 말한다. 헌신과 의무는 원조 과정에서 사회복지사에게만 부여되는 것은 아니고, 클라이언트 역시 시간 약속을 지키거나 자신의 문제에 대해서 정직하고 개방적으로 사회복지사에게 제시하고 전문적 관계에서 요구되는 시간 약속을 지키는 것 등이 있다(조미숙 외, 2018).

3. 수용

수용(acceptance)은 여러 약점이 있음에도 불구하고 자신이 가치 있는 존재로 인정받고 싶은 욕구에서 나온 것으로, 클라이언트를 자신의 감정과 사고에 대한 권리를 가진 독특한 개인으로서 배려하고 클라이언트를 있는 그대로 받아들이는 것을 넘어서서 존중하며, 조건 없이 따뜻하게 대하는 것을 말한다. 즉, 클라이언트의 상태와 감정에 대한 존중 또는 클라이언트에 대한 현실적인 믿음(능력과 가치 존중, 성장 성숙에 대한 믿음)을 의미한다.

수용은 단순히 클라이언트의 행동에 대해 인정해 주는 것과는 의미가 다르다. 클라이언트의 문화적 전통에 적절한 인사를 나누는 것, 편안하게 대하는 것, 이용 가능한 자원의 안내, 적절한 방식으로 호칭하는 것과 같은 소소한 행동까지도 포함한다(Schulman, 1992).

4. 감정이입

감정이입(empathy)은 수용과 매우 밀접한 관계가 있다. 사회복지사가 원조 과정에서 클라이언트의 감정을 깊이 느낄 수 있는 능력을 말하는데, 클라이언트가 경험한 것을 이해하기 위해 사회복지사가 클라이언트의 생각을 자신에게 투사시키는 것을 의미한다(김영미 외, 2022). 그럼으로써 클라이언트는 사회복지사라는 중요한 타인으로부터 자신이 충분히 이해받고 있다고 느끼면서 자기인식을 확장하고, 더불어 자신의 문제를 탐색하고 발견하여 현실적 목표를 세우고 이를 달성하기 위해 나아가게 된다(양정남 외, 2008).

5. 이해와 공감

이해(understanding)란 상담이나 모든 인간관계의 기본적인 기술로서 다른 사람, 즉 상대방의 마음을 읽고 상대방의 눈을 통해 세상을 볼 수 있는 능력을 말한다. 이러한 이해의 능력이 클라이언트와 관계하는 상황에서 구체적으로 나타날 때는 클라이언트의 감정, 욕망, 가치, 신념 그리고 사회복지사의 이해를 클라이언트에게 충분히 의사소통을 통해 전달할 수 있는 능력의 표현을 의미한다.

공감은 상대방의 감정과 관점을 이해할 수 있는 능력을 의미한다. 공감적인 태도와 기술은 클라이언트와의 관계에서 강한 신뢰감과 라포(rapport)를 형성할 수 있도록 해준다. 즉, 상대방의 세계를 있는 그대로 이해하려는 자세를 말한다(김혜영 외, 2012).

6. 명확한 의사소통

클라이언트에게 보내는 메시지를 클라이언트가 충분히 이해하고 해석하는 의사소통 능력으로서, 사회복지사는 클라이언트가 전달하는 메시지를 경청하고 정확히 해석하는 능력이 우선 요구된다. 또한, 클라이언트에게 메시지를 전달할 때 클라이언트가 이해할 수 있는 명확한 의미를 전달할 수 있는 능력을 갖추어야 한다(허정철 외, 2019).

7. 진실성

관계 형성에서 '진실하다(genuine)'는 의미는 솔직성과 관련된 개념으로 서로에게 정직하고 위선되지 않는 것을 의미한다. 또한, 순수하고 진실하게 사회복지사의 경험 및 감정을 클라이언트의 경험 및 감정과 분리하는 능력을 말한다. 사회복지사가 원조관계 속에서 자신의 감정과 사고, 지각한 내용에 대해 정직하게 그리고 조심스럽게 클라이언트에게 전달하는 능력이다(허정철 외, 2019). 사회복지사가 모순된 메시지를 전달하지 않으려면 자신이 어떤 감정을 느끼고 자기감정을 어떻게 전달하고 있는지 깨달을 필요가 있다(제석봉 외, 2006). 클라이언트는 사회복지사의 의사소통을 이해하고 편안하다고 느낌으로써 그 원조관계는 진실성이 있다고 느낀다.

8. 권위와 권한

권위(authority)는 클라이언트와 기관에 의해 사회복지사에게 위임된 권한(power)으로 정의된다. 사회복지사의 지식과 기술이 권위(authority)와 권한(power)의 기반이 되기도 하며, 사회복지사가 전문적 자격을 얻기 위해 투자했던 노력이 기관으로부터 부여되기도 한다(이경준 외, 2018). 또한, 권위는 사회복지기관에서 나오는 제도적인 측면과 클라이언트가 부여하는 심리적인 측면이 있다. 클라이언트는 사회복지사의 권위와 권한이 자신을 지배하거나 통제하기 위해서 사용되는 것이 아니라, 클라이언트의 욕구와 클라이언트 주변 사람들의 욕구가 상호 간에 유익한 방식으로 충족되도록 돕기 위한 것임을 알아야 한다. 잘못된 권위행사는 관계 형성을 불가능하게 하거나 저항을 일으키므로 클라이언트는 사회복지사에게 반감과 불신을 나타낼 수 있으므로 사회복지사는 그들이 갖는 권위와 권한의 범위 사용방법 등을 클라이언트에게 설명해야 한다(조미숙 외, 2018).

제3절 사회복지실천의 관계원칙

사회복지사가 클라이언트와 좋은 관계를 형성시키는 것이야말로 사회복지실천 노력에서 필수적인 요소이다(Johnson, 1995). 사회복지실천의 관계는 사회복지사와 클라이언트 간에 감정이나 태도의 역동적인 상호작용을 말하며, 궁극적인 목적은 클라이언트가 자신과 사회환경 간에 더욱 효율적인 적응을 하도록 도와주는 데 있다. 이에 비에스텍은 『개별사업 관계, 1961』에서 사회복지사는 복지대상자와 개별사회사업 관계를 형성하여, 복지대상자가 사회환경 간에 적응을 잘할 수 있도록 도와주어야 한다고 했다. 이를 위해 비에스텍(Biestek)은 사회복지사가 지켜야 할 일곱 가지 원칙을 제시했다. 여기에는 개별화, 의도적인 감정표현, 통제된 정서적 반응, 수용, 비심판적 태도, 클라이언트의 자기결정, 비밀보장이 포함된다.

1. 개별화(individualization)

클라이언트는 자신만의 독특한 개인으로 처우되기를 바라는 욕구가 있다. 개별화의 원칙은 클라이언트의 개인적 특성을 이해하고 실천 원리와 방법을 고유한 개인으로 인식하는 것을 말한다. 사회복지실천에서 사회복지사가 만나는 모든 클라이언트는 개인적 특성이 있으며, 개인 클라이언트의 감정과 사고, 행동, 독특한 생활양식에 대한 경험 등은 각각 사회복지사로부터 존중되어야 한다(김영미 외, 2022).

클라이언트가 더욱 나은 적응을 할 수 있도록 사회복지사가 원조하려면 인종, 성별, 연령, 출신 지역, 학력, 경제적 계층이나 알코올중독자, 비행청소년 등에 관한 편견과 선입견에 대한 자기인식이 필요하다. 그러므로 사회복지사는 클라이언트를 더 잘 이해하기 위해 경청하고 관찰하며, 클라이언트의 눈높이에 맞추어 클라이언트에게 공감하고, 클라이언트가 처해 있는 상황에 따라 개별화의 원칙을 적용하기 위한 인간 행동에 대한 지식을 갖추고 해결 방법을 찾고 이를 바탕으로 개별화된 접근을 하여야 한다.

클라이언트를 개별화하기 위해 사회복지사는 필요한 여러 가지 역할과 수단을 활용한다(허정철 외, 2019; 도광조, 2008).

1) 개별화를 위한 사회복지사의 역할

첫째, 인간에 대한 편견과 선입견이 없어야 한다.

둘째, 인간 행동 및 발달에 대한 지식을 활용할 수 있어야 한다.

셋째, 경청하고 관찰하는 능력이 있어야 한다.

넷째, 클라이언트의 진행 속도에 맞추어 진행해 나가는 능력을 갖추어야 한다.

다섯째, 클라이언트의 감정을 헤아릴 수 있는 능력이 있어야 한다.

여섯째, 클라이언트의 현재 능력을 활용하게 한다.

일곱째, 클라이언트의 개성과 상황에 따라 원칙을 융통성 있게 적용해야 한다.

2) 개별화를 위한 사회복지사의 수단

클라이언트에 대한 세심한 배려로 면접시간을 정할 때 클라이언트의 상황에 맞춰 약속 시간을 지키는 것, 면접 장소를 정할 때 사적인 보호가 가능하도록 비밀보장에 유의하며, 면접을 위한 준비(클라이언트에 관한 기본정보에 관한 자료나 지난 면접 시의 기록을 미리 살핀다), 세심한 배려 등을 잃지 말아야 한다.

2. 의도적 감정표현(purposeful expression of feelings)

사회복지 또는 심리학 영역에서 모든 문제 또는 도움 요청에는 감정적 요소가 있으며, 클라이언트는 이를 표현할 필요와 권리가 있다. 클라이언트는 처음 만나는 사회복지사에게 자신의 감정과 생각을 표현하기는 쉽지 않다. 의도적인 감정표현은 클라이언트가 자기감정, 특히 비판받게 될지도 모르는 부정적 감정을 자유롭게 표현하도록 도와주는 것이다. 또한, 사회복지사는 클라이언트에게 모든 사람은 자기에게 중요한 사람이나 사물에 부정적 감정을 가질 수 있다는 것, 사회복지실천의 관계 안에서는 이러한 감정을 표현해도 좋다는 것, 클라이언트에게 도움이 되고 싶다는 것을 알려주는 것이 필요하다(조미숙 외, 2018; 이영분 외, 2001). 의도적인 감정표현의 원리는 클라이언트의 긍정적인 감정뿐만 아니라 부정적인 감정 또한 자유롭게 표현할 수 있도록 도와주는 환경을 조성해 주는 것을 말한다.

클라이언트의 의도적 감정표현을 돕기 위한 사회복지사의 역할은 다음과 같다(조미숙 외, 2020; 김혜영 외, 2010).

첫째, 안정된 환경을 조성한다.

클라이언트가 불안해하지 않고 안정감을 느끼게 하도록 사회복지사는 그를 침착하게 맞이할 수 있는 물리적 환경을 제공한다. 적합한 환경으로는 면접실 분위기 조성, 편안한 책상과 의자, 실내 소품 등 물리적 환경도 신경을 써야 한다.

둘째, 허용적인 태도와 편안한 분위기를 조성한다.

사회복지사는 클라이언트의 모든 반응을 허용해 줌으로써 클라이언트가 자신의 감정을 자유롭게 표현할 수 있도록 해야 한다.

셋째, 클라이언트를 정서적으로 지지한다.

사회복지사의 정서적 지지는 상대방에게 심리적인 격려와 용기를 주고 자신감을 심어주는 것을 말한다. 사회복지사의 정서적 지지는 클라이언트의 초기 저항을 감소시키고, 두려움이나 불안감을 낮추며, 사회복지사와 클라이언트 사이를 편안하게 해준다. 예를 들어, 클라이언트가 초기단계에서 느끼는 두려움과 불안은 자신의 사생활에 대한 침해, 다른 사람들의 비난, 거부, 또는 자신의 부정적인 측면이나 무능함이 알려지는 것 등과 관련된 것이다(김혜영 외, 2020).

넷째, 감정을 표현하도록 격려한다.

사회복지사는 클라이언트가 생활 속에서 느끼는 자신의 모든 감정을 표현할 수 있도록 격려할 필요가 있다. 사회복지사는 클라이언트에게 인간은 양가감정을 가질 수 있고, 살아가는 과정에서는 이러한 감정을 표현하는 것이 권장되고 있다는 점을 직접 말해 주는 것이 좋다(김혜영 외, 2020; 조미숙 외, 2020).

3. 통제된 정서적 관여(controlled emotional involvement)

통제된 정서적 관여는 사회복지사가 클라이언트의 감정에 민감하게 대처하고 그 감정의 의미를 이해하며, 클라이언트의 감정에 의도적 목적을 가지고 적절히 반응하는 것을 말한다. 사회복지사는 표현된 클라이언트의 감정에 민감할 필요가 있고, 그 감정이 클라이언트에게 어떠한 의미가 있는지를 이해·수용하고 적절히 반응해 줄 필요가 있다. 또한, 이들 감정에 호응하기 위해 정서적으로 관여하게 되는데, 이 관여는 통제되는 것으로 사회복지사는 자기 훈련을 통해 자신의 욕구와 감정을 자각하고 이를 관리함으로써 클라이언트의 감정을 왜곡되게 이해하지 않도록 주의해야 한다(조미숙 외, 2020).

통제된 정서적 관여의 구성요소로는 민감성, 이해 반응 또는 응답 세 가지에 대한 사회복지사의 역할은 다음과 같다(조미숙 외, 2018; 강병철 외, 2015).

첫째, 사회복지사는 클라이언트의 감정에 대해 민감성을 가져야 한다.

사회복지사의 민감성은 클라이언트의 감정을 주의 깊게 보고 경청하는 것에 초점을 둔다. 클라이언트는 감정을 언어로 표현하지 못하고 비언어적으로 표현할 때가 있으므로 사회복지사는 이것을 민감하게 관찰해야 한다(김영미 외, 2022). 민감성은 클라이언트의 삶 속에 있는 감정의 중요성에 관한 사회복지사의 확신으로부터 시작하게 되고, 이러한 민감성은 반복되는 경험과 훈련을 통하여 발전하게 된다(김영미 외, 2022).

둘째, 사회복지사는 클라이언트가 전달하는 메시지에 감정이입적 이해를 해야 한다.

클라이언트가 가진 문제에 대하여 표현한 감정의 의미와 그 문제가 클라이언트에게 어떠한 영향을 미칠 것인지를 클라이언트의 관점에서 이해하는 것을 말한다. 사회복지사는 클라이언트가 겉으로 드러내 보이는 언행의 의미를 탐색하는 과정을 통해서, 클라이언트의 감정의 의미를 이해하는 것이 대단히 중요하다. 클라이언트를 이해하기 위한 매 회기의 면접 과정을 통해 클라이언트의 전체적인 생활과 그의 세계에 대한 이해를 넓혀 나가는 노력이 필요하다. 사회복지사는 실천 과정의 경험이 그 자신에게 어떠한 영향을 미치고 있는지를 민감하고 정확하게 인식하여야 하며, 더불어 클라이언트의 관점에서 감정이입적 이해를 할 수 있어야 한다(김혜영 외, 2020). 이 모든 것이 원조 목적에 맞게 통제 · 조정되어야 한다.

셋째, 사회복지사는 클라이언트의 감정에 대한 적절한 반응을 의도적으로 잘 표현해야 한다.

통제된 정서적 관여란 사회복지사가 클라이언트의 감정에 대한 민감성과 이해만으로는 불충분하다. 반응은 사회복지사가 클라이언트의 행동과 표현에 대하여 사회복지사의 자기노출을 의미한다. 사회복지사의 반응은 반드시 구체적인 말이나 행동으로 표현되는 것은 아니다. 때로는 묵시적인 동의가 반응으로 이해되기도 하며, 표정이나 미소까지도 유의미한 반응으로 받아들여지기도 하므로 클라이언트의 감정적 표현에 대한 적절한 반응은 매우 중요하다(김기태 외, 2007). 사회복지사의 반응은 언어 또는 표정이나 표현, 행동 등을 통해 이루어지고, 클라이언트에게 즉시에 전달되기 때문에 신중해야 한다.

4. 수용(acceptance)

수용은 클라이언트의 잘못된 가치관, 태도, 습관, 신념 등을 무조건 받아들이는 것이 아니라 클라이언트를 선입견과 편견 없이 클라이언트의 일탈적인 태도나 행동 또는 부도덕하고 반사회적인 행동을 받아들여 달라는 것은 아니다. 다만 클라이언트의 강점과 약점, 긍정적인 감정과 부정적인 감정, 바람직한 성격과 그렇지 못한 성격, 건설적이거나 파괴적인 태도 및 행동 등을 있는 그대로 인정하고 존중해 주는 것을 의미하는 것이 수용이다. 그러므로 사회복지사는 윤리와 법, 전문적 가치 등에 따라 바람직한 것과 수용할 수 있는 것에 대한 기준을 가지고 있는 것이 당연하며, 사회복지사의 역할은 클라이언트를 바람직하고 수용할 수 있는 상황으로 발전할 수 있도록 돕는 것이다(조미숙 외, 2018; 강병철 외, 2015).

5. 비심판적 태도(non-judgemental attitudes)

비심판적의 사전적 의미는 "일방적인 판단을 하지 않는 개인적인 판단을 피하는 것"이다. 그러므로 비심판적이라는 뜻은 클라이언트의 행동에 대해서 자신의 기준대로 옳고 그름 등을 지적할 필요가 없으며, 비난이나 책망, 힐난 등을 하지 않는 것이다(우국희 외, 2021). 이것은 문제의 원인이 클라이언트의 잘못 때문인지 아닌지, 어느 정도 클라이언트에게 책임이 있는지 등을 심판하지 않으며 클라이언트의 특성 및 가치관을 비난하지 않는 것을 의미한다.

6. 클라이언트의 자기결정(self determination)

자기결정의 원칙은 모든 인간은 자기 삶에 관한 결정 주체이기를 원한다는 데 기반을 둔다. 클라이언트는 지적 능력이 떨어져 있다든지, 명확한 판단력이 부족할 수도 있고 주체적인 의지력이 부족한 예도 있다. 하지만 클라이언트의 자기결정의 원칙은 긍정적이며, 건설적인 결정을 내릴 수 있는 능력에 기초해서 사회복지사가 클라이언트에게 일방적으로 무엇을 해주는 것이 아니라 클라이언트와 '함께' 해결해 나가는 동반자의 역할을 한다.

클라이언트가 자기결정을 잘할 수 있도록 돕기 위한 사회복지사의 역할은 다음과 같다(조미숙 외, 2018; 강병철 외, 2015).

첫째, 클라이언트가 그의 문제와 욕구에 대하여 전체적인 관점에서 명확하게 보도록 도와야 한다.

둘째, 클라이언트에게 지역사회의 활용 가능한 자원을 알려주어야 한다. 즉, 클라이언트에게 지역사회 자원에 대한 정보를 제공해 주고, 자신의 잠재적인 자원을 활성화할 수 있도록 자극을 주는 지지를 한다(김영미 외, 2022).

셋째, 클라이언트가 현명한 결정을 할 수 있도록 필요한 배반 자원을 발견·활용할 수 있게 도와야 한다.

넷째, 클라이언트에게 자신의 문제를 해결하고 클라이언트가 성장할 수 있는 분위기를 만들어 주어야 한다.

7. 비밀보장(confidentiality)

클라이언트의 기본권리에 기초하는 것으로서 전문적인 관계를 통해 밝혀지는 클라이언트에 관한 정보를 부득이한 경우를 제외하고는 누출시키지 않는다는 원칙이다. 이는 사회복지사의 윤리적인 의무이고, 성공적인 사회복지실천 관계 유지를 위해 필요한 것이다.

사회복지실천 과정에서 클라이언트가 자신에 관한 정보가 타인에게 알려질 수 있다고 생각한다면, 부정적인 감정이나 생각은 물론 사생활에 관한 사소한 일조차도 솔직하게 말하기 힘들 수 있다(김혜영 외, 2020). 비밀보장 원칙이 지켜진다는 믿음을 가질 때, 클라이언트의 의사소통이 촉진될 수 있다. 비밀보장은 사회복지사와 클라이언트 간의 지켜지지 않으면 전문적 원조관계가 성립될 수 없다. 그러므로 라포 형성과 원활한 문제해결을 위해서도 매우 중요한 원칙이며, 동시에 사회복지사의 윤리적 책임이기도 하다(김혜영 외, 2020).

제4절 관계 형성의 장애 요인

사회복지사와 클라이언트의 관계는 변화의 중요한 도구이다. 따라서 이 양자 간 관계에서의 문제점은 변화를 방해할 뿐만 아니라 관계를 단절하여 도중에 사회복지 개입을 중단시키기도 한다. 일반적으로 변화를 방해하는 관계에는 클라이언트의 불신, 비자발성, 저항, 전이와 역전이 등이 있다. 구체적으로 살펴보면 다음과 같다(강병철 외, 2015; 김기태 외, 2008; 양옥경 외, 2006).

1. 변화를 방해하는 관계

1) 클라이언트의 불신

클라이언트의 불신은 거의 관계 이전의 과거 경험에서 비롯된다. 즉, 지나온 삶의 과정에서 격려나 인정을 받지 못한 사람은 사회복지사의 관심과 온정, 공감의 좋은 의도에도 불구하고 비난, 거부, 상처를 예상하여 방어적 태도를 보이며 사회복지사를 시험한다. 이러한 상황에서 클라이언트의 자기노출은 어려워지며 더 이상의 변화는 기대할 수 없다.

2) 비자발성

변화의 동기 없이 타인에 의해 전문가의 도움을 받도록 강요받는 비자발적 클라이언트는 개입 과정에 대한 강한 불만과 적대적 감정을 표현하기 쉽다.

비자발적 클라이언트는 사회복지사가 가지고 있는 권한에 대한 두려움으로 진정한 변화 없이 거짓말로 자신의 변화 노력을 가장할 수도 있다.

이러한 비자발적 클라이언트와의 관계에서 사회복지사는 자신의 선입견으로 클라이언트를 마치 죄인 다루듯이 다그치지 않도록 조심해야 한다. 또한, 문제해결에 있어 법원이나 의뢰기관으로부터의 정보요구가 있으면 비밀보장을 지키기 어려울 수 있음을 명확히 해주어야 한다.

3) 저항

사회복지사와 클라이언트 간에 관계에서 변화를 방해하는 중대한 요소로, 개입목표와는 반대되는 클라이언트의 행동을 의미한다. 즉, 클라이언트는 문제해결을 위하여 사회복지사에게 도움을 청하면서도 동시에 익숙한 것을 버리고 새로운 행동을 해야 하는 것에 대한 두려움으로 변화에 저항하게 되는데 저항은 인간의 양가감정에서 원인을 찾을 수 있다.

사회복지실천 관계에서 주로 많이 보이는 저항의 유형을 정리하면 다음과 같다(강선경 외, 2012).

(1) 침묵

초심자인 사회복지사일 경우 가장 다루기 어려운 것이 저항의 형태이다.

갑자기 말을 하지 않거나 할 말이 생각나지 않는다고 하거나 말하고 싶지 않다는 경우를 말한다.

(2) 핵심에서 벗어난 주제를 말하는 것

개입의 목적과 문제해결과 관련이 없는 쓸데없는 이야기를 장황하게 이야기하다가 막상 핵심 주제는 그냥 뛰어넘는 것을 말한다. 또는 중요하지만 고통스러운 내용을 꺼내면 못 들은 척한다거나 혹은 더 중요한 이야기가 생각났다는 듯이 행동하면서 다른 주제를 꺼내는 행동이 저항의 한 형태이다.

(3) 무력함의 표현

"잘 될 리가 없다", "난 해봤자 뻔하고 소용없다"라고 계속 무력감을 나타내는 것으로, 클라이언트의 이런 반응은 변화를 원하지 않는 그것으로 느껴지게 되어 사회복지사를 무력하게 만들기도 한다(김영미 외, 2022).

변화를 원하지 않고 사회복지사를 무력하게 만들기도 한다.

(4) 문제를 축소하거나 마술적 해법을 기대하는 것

"별로 심각한 이야기는 아니다", "원래 이런 일은 시간이 지나면 해결된다", "어떻게 되겠죠" 하는 식의 반응으로 이는 문제를 인식하지 못하거나 문제를 인식하더라도 문제의 심각성을 인식하지 못하고 너무 가볍게 생각하거나 또는 문제가 한순간에 해결될 것이라는 기대하고 있다. 이것은 문제에 대해 직면하지 않으며, 변화에 대해 노력을 하지 않는다.

(5) 저항의 심리를 행동으로 나타내는 것

면담 약속 시간을 지키지 않는 것, 면담 중 안절부절못하여 몸을 움직이거나 지루해하는 것 등의 행동 또는 하품을 하는 행동 역시 변화를 거부하는 것을 말한다.

4) 전이와 역전이

전이는 클라이언트가 과거 중요하게 생각했던 인물에 대한 바람, 원망, 사랑, 두려움의 감정이 사회복지사에게 보이는 것을 말한다. 예를 들어, 폭력적인 아버지를 싫어했는데, 사회복지사가 아버지상과 닮았을 경우 괜히 사회복지사를 싫어하게 되는 경우이다. 반대로 역전이는 사회복지사가 클라이언트를 마치 자신의 과거 시점의 인물이나 관계로 느끼고 무의식적 갈등이나 동기를 행동으로 표출되어 감정조절이 되지 않는 것을 말한다. 다시 말해 사회복지사가 자신의 생활에서 부모나 그 밖의 중요한 타인과의 관계에서 경험한 부정적 감정을 클라이언트에게 투사하는 것이다.

사회복지사 1급 기출 및 예상문제

01 다음에서 설명하는 전문적 관계의 기본원칙은? (19회)

- 클라이언트는 문제에 대한 공감적 반응을 얻고자 하는 욕구가 있다.
- 사회복지사는 클라이언트 감정에 대한 민감성, 공감적 이해로 의도적이고 적절한 반응을 한다.

① 수용 ② 개별화 ③ 비심판적 태도
④ 의도적인 감정표현 ⑤ 통제된 정서적 관여

해설 통제된 정서적 관여는 사회복지사가 클라이언트의 감정에 민감하게 대처하고 그 감정의 의미를 이해하며 클라이언트의 감정에 의도적 목적을 가지고 적절히 반응하는 것을 말한다. 이 관여는 통제되는 것으로 사회복지사는 자기훈련을 통해 자신의 욕구와 감정을 자각하고 이를 관리함으로써 클라이언트의 감정을 왜곡되게 이해하지 않도록 주의해야 한다. 이때 클라이언트의 감정에 대한 반응은 내면에서 우러나온 것이어야 한다.

정답 ⑤

02 전문적 관계의 기본 요소 중 자기인식을 바탕으로 사회복지사의 감정과 반응을 있는 그대로 클라이언트에게 전달하는 능력은? (16회)

① 구체성 ② 공감 ③ 진실성
④ 헌신 ⑤ 민감성

해설 ① 구체성은 사회복지사의 능력과 관련이 없다.
② 공감은 상대방의 감정과 관점을 이해할 수 있는 능력을 의미한다. 공감적인 태도와 기술은 클라이언트와의 관계에서 강한 신뢰감과 라포(rapport)를 형성할 수 있도록 해준다. 즉, 상대방의 세계를 있는 그대로 이해하려는 사회복지사의 능력을 말한다.
③ 진실성은 최대한 순수하고 진실하게 사회복지사의 경험 및 감정을 클라이언트의 경험 및 감정과 분리하는 능력을 말한다.
④ 헌신이란 원조 상황에 대한 책임감을 의미하는 것으로서 신뢰성과도 관련된다. 사회복지사는 원조관계에서 목적을 이루기 위해서는 헌신과 의무로 묶여서 고통과 즐거움, 좌절과 헌신이 수반되는 타인의 세계로 들어가려는 의지가 있어야 한다.
⑤ 민감성이란 사회복지사는 클라이언트가 무엇을 생각하고 행동하고자 하는지 감각적으로 파악하고 적절하게 대처하는 능력을 말한다.
※ 전문적 관계의 기본 요소
타인에 관한 관심: 이타주의, 헌신과 의무, 수용, 감정이입, 이해와 공감, 명확한 의사소통, 진실성, 권위와 권한, 존경심과 신뢰, 성숙함, 민감성

정답 ③

03 바람직한 원조관계 형성에 방해가 되는 사회복지사의 행동은? (15회)

① 상황에 적절한 옷을 갖추어 입음
② 클라이언트의 비언어적 행동을 민감하게 관찰함
③ 클라이언트를 감동하게 하려고 노력함
④ 전문적 관계와 사적 관계의 경계를 분명히 함
⑤ 자신의 편견과 선입견을 인지함

해설 ③ 전문적 원조관계에 사회복지사는 클라이언트를 감동하게 하려 노력할 것이 아니라, 클라이언트의 문제해결 및 적응이라는 분명한 목적을 가지고 목적 달성을 위해 클라이언트가 사회복지사를 만나는 시간은 시간상으로 한계가 있으므로 제한시간 동안에 이루어지는 특수한 관계이다.

정답 ③

04 클라이언트가 과거에 타인과의 관계에서 경험하였던 소망이나 두려움 등의 감정을 사회복지사에게 보이는 반응은? (14회)

① 불신 ② 양가감정 ③ 비자발성
④ 전이 ⑤ 망상

해설 ④ 전이는 클라이언트의 과거 중요인물에 대한 바람, 원망, 사랑, 두려움의 감정이 사회복지사에게 옮겨진 것으로, 과거에 충족되지 못했던 욕구를 현재의 사회복지사를 통해 해결해 나가려는 일종에 투사 현상을 말한다.

정답 ④

05 비에스텍(F. Biestek)이 제시한 관계의 기본 원칙과 설명이 옳게 연결된 것은? (13회)

① 개별화 - 편견이나 고정관념 없이 클라이언트 개인의 경험을 존중하는 것이다.
② 비심판적 태도 - 문제의 원인과 상황을 객관적으로 판단하지 않는 것이다.
③ 자기결정 - 클라이언트의 상황과 관계없이 모든 클라이언트의 선택권을 보장하는 것이다.
④ 의도적 감정표현 - 사회복지사 자신의 감정을 적극적으로 드러내는 것이다.
⑤ 통제된 정서적 관여 - 내적 통찰을 위해 클라이언트 자신의 감정표현을 억제하도록 돕는 것이다.

해설 ① 개별화의 원칙은 각 클라이언트의 고유한 특성을 인정하고 이해하며, 클라이언트가 더욱 나은 적응을 할 수 있도록 사회복지사는 원조할 때 편견 없는 태도로 업무를 수행하고, 클라이언트를 더 잘 이해하기 위해 경청하고 관찰하며, 클라이언트의 눈높이에 맞추어 클라이언트에게 공감하고, 클라이언트가 처해 있는 상황에 따라 다른 개별화의 원칙을 적용한다.

② 사회복지실천에서 비심판적 태도란 클라이언트를 돕는 과정에서 클라이언트를 심판하거나 비난하지 않는 것이다. 문제의 원인이 클라이언트의 잘못 때문인지 아닌지, 어느 정도 클라이언트에게 책임이 있는지 등을 심판하지 않으며 클라이언트의 특성 및 가치관을 비난하지 않는 것을 의미한다.

③ 자기결정이란 클라이언트의 상황에 따라 제한을 가하면서 클라이언트의 선택권을 보장하는 것이다.

④ 의도적 감정표현이란 클라이언트가 자신의 감정과 생각을 처음 만나게 되는 사회복지사에게 자신의 사적인 영역에 대해 타인에게 표현한다는 것은 쉽지 않다. 의도적인 감정표현은 클라이언트가 자신의 감정, 특히 비난받을지도 모르는 부정적 감정을 자유롭게 표현하도록 해주는 것을 말한다.

⑤ 통제된 정서적 반응을 위해 사회복지사는 클라이언트의 감정에 민감해야 한다. 감정에 대한 민감성은 언어적 · 비언어적 감정표현을 잘 관찰하는 것과 경청하는 데서 발휘된다. 사회복지사의 민감성은 클라이언트가 무엇을 생각하고 행동하고자 하는지 감각적으로 파악하고 적절하게 대처하는 것을 의미한다.

정답 ①

06 비에스텍(F. Biestek)이 제시한 의도적인 감정표현에 관한 설명으로 옳은 것은? (14회)

① 클라이언트의 가치관이나 특성을 심판하거나 비난하지 않는 것이다.
② 클라이언트가 스스로 선택하고 결정하도록 돕는 것이다.
③ 클라이언트의 감정에 민감성과 이해로 반응하는 것이다.
④ 클라이언트가 자신이 비난받게 될지 모르는 감정을 자유롭게 표현하도록 돕는 것이다.
⑤ 클라이언트를 개별적인 욕구를 지닌 존재로 이해하는 것이다.

해설 의도적인 감정표현은 클라이언트가 자신의 감정, 특히 비난받을지도 모르는 부정적 감정을 자유롭게 표현하도록 해주는 것을 말한다.
① 비심판적 태도에 관한 설명이다.
② 클라이언트의 자기결정권 존중에 관한 설명이다.
③ 통제된 정서적 관여에 관한 설명이다.
⑤ 개별화에 관한 설명이다.

정답 ④

사회복지실천론 Social Work Practice

Part > 03

사회복지실천의 과정

사회복지실천론 Social Work Practice

Chapter > 09

접수 및 자료수집 과정

사회복지실천 과정은 도움을 받기 위해 찾아온 개인과 가족, 집단을 기관의 사회복지사가 처음으로 만나서 접수하고 긍정적인 원조관계를 수립하면서 마지막 단계인 평가 및 종결을 통해 클라이언트의 문제와 욕구를 해결하게 하는 과정이다.

접수 과정은 전문적 관계의 과정을 결정하는 중요한 첫 만남이다. 사회복지사는 접수 시 짧은 시간 동안 클라이언트와 긍정적인 관계를 맺어야 하는 어려움이 있으므로 이 장에서는 접수 단계의 과제에 대하여 파악하도록 한다.

또한, 자료수집을 바탕으로 사정이 이루어지기 때문에 클라이언트를 원조하기 위한 자료수집에 있어 필요한 출처를 파악하기 위해 주요정보원을 확인하고, 사회복지실천 사례를 중심으로 사회복지사의 역할을 이해하고자 한다.

제1절 사례발굴 및 접수 과정

1. 사례발굴 및 접수 과정

일반적인 사회복지실천 과정은 도움을 받기 위해 찾아온 클라이언트를 사회복지사가 처음으로 접촉하여 접수하고 관계를 수립한 후에 자료수집과 사정, 계획, 개입을 통해 원조관계가 만족스럽고 긍정적으로 끝나도록 하는 종결단계까지의 과정을 말한다. 사회복지실천 과정은 [표 9-1]과 같이 학자마다 약간의 차이를 두고 있으나 무조건 이러한 단계에 따라 그대로 이루어지는 것은 아니다.

클라이언트와 그를 둘러싼 환경에 대한 변화를 돕는 사회복지실천 전 과정은 여러 학자의 다양한 입장을 통해서 알 수 있다. 펄만(Perlman, 1957)은 개시(접수)기 → 중간기 → 종료기, 홀리스(Hollis, 1965)는 조사 단계 → 진단단계 → 치료단계, 핀커스와 미나한(Pincus & Minahan, 1973)은 문제의 사정 → 자료수집 → 초기접촉 → 협상적 계약 → 행동체계 → 영향력 행사 → 변화 노력의 종결 과정, 콤튼과 갤러웨이(Compton & Galaway, 1989)는 관여단계 → 사정 · 평가단계 → 행동단계, 세퍼와 호레이시(Sheafor & Horejsi, 1997)는 접수와 관계 형성 → 자료수집과 사정 → 계획과 계약 → 개입과 모니터링 → 평가와 종결 과정으로 구분하고 있다. 이렇듯 학자에 따라 조금씩 다르게 구분되는데, 클라이언트와 그를 둘러싼 환경에 대한 변화를 돕는 사회복지실천의 전 과정에 대한 기본적 입장에는 큰 차이가 없다. 또한, 학자마다 사회복지실천의 효과성을 높이기 위해 모든 과정이 잘 계획된 구조화된 과정이 될 것을 강조하고, 그 과정들은 명확하게 구분되기보다는 내용이나 과제가 중복되고 순환되기도 한다(김용환 외, 2022).

▼ 표 9-1 사회복지실천 과정에 대한 학자들의 견해 비교

학자들	사회복지실천 과정
Sheafor et al.	접수와 관계 형성 → 자료수집과 사정 → 계획과 계약 → 개입과 모니터링 → 평가와 종결
Kirst-Ashman & Hull	관계 형성 → 사정 → 계획 → 실행 → 평가 → 종결 → 사후지도
Hapworth & Larsen	탐색 · 사정 · 계획 → 변화와 목표 달성 → 종결과 평가
Johnson & Yanca	사정 → 계획 → 실행 → 평가 → 종결
Northen	사정 → 계획 → 초기단계 → 핵심단계 → 문제해결 단계 → 종결 → 평가
양옥경	접수 → 자료수집 및 사정 → 개입 → 목표설정 및 계약 → 평가 및 종결
엄명용 외	접수와 관계 형성 → 자료수집 → 사정 및 계획 → 개입 → 평가 및 종결
장인협	사정계획 → 개입 → 평가 → 종결

출처: 엄명용 외(2000). 이영분 외(2001). 양정남 외(2007).

사회복지실천의 전 과정은 접수 및 관계 형성 후에 자료수집, 사정계획, 개입 후 평가 및 종결, 사후관리를 하는 과정으로 돌아가고 있다. 본 교재에서는 사회복지실천 전 과정을 [그림 9-1]과 같이 다루고자 한다.

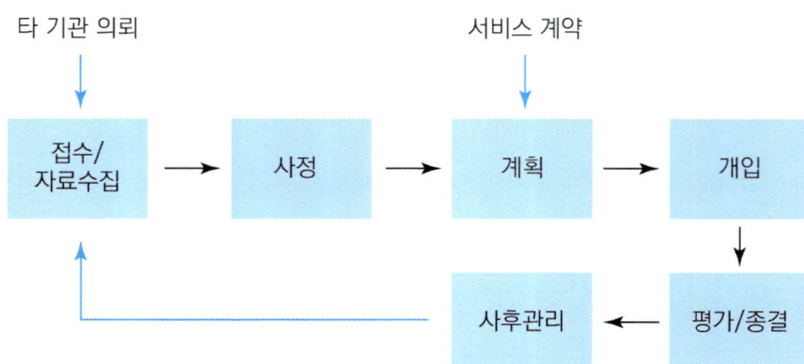

▲ 그림 9-1 사회복지실천 전 과정

2. 접수(Intake)

접수란 원조 과정의 최초의 단계이며 어려움을 갖고 전문가의 도움을 받기 위해 찾아온 방문자를 기관의 사회복지사가 처음으로 접촉하여 그들의 문제와 욕구를 확인하고 그것이 기관의 정책과 서비스에 부합하는지를 판단하는 과정이다(양옥경 외, 2005). 즉, 사회복지사가 방문자의 문제와 욕구를 규명하고, 그에 대한 기관의 원조 과정 절차와 기관의 기능을 명확하게 하여 앞으로의 원조에 대한 협조적인 관계 여부를 판단하는 과정이다(김용환 외, 2018). 사회복지사를 처음 만나는 개인은 대부분 아직 클라이언트로 결정된 것이 아니므로 클라이언트의 전 단계를 지원자라고 하기도 하고, 잠재적 클라이언트라고도 한다. 짧은 시간에 긍정적인 원조관계를 맺고 앞으로 전개될 변화 과정에 협조적인 자세를 결정짓게 되는 중요한 과정이기 때문에 접수 과정에서의 사회복지사의 역할은 매우 중요하다.

접수 과정을 통해 기관에서 서비스를 제공할 수 있다고 판단되어 잠정적인 서비스 계약상태가 되면, 문제와 욕구를 가진 사람은 클라이언트가 되며 자료수집과 사정의 단계를 거쳐 서비스를 지원받게 된다(양옥경 외, 2008). 즉, 사회복지실천 과정이 시작되는 단계이다.

▼ 표 9-2 초기면접지의 주요 내용

구분	주요 내용
기본정보	이름, 성별, 나이, 결혼 관계, 주소, 전화번호, 직업, 교육 정도
주요 문제	클라이언트가 사회복지사의 도움을 청하게 된 문제가 무엇이며, 언제부터 어떤 과정으로 문제가 지속하였는지에 관한 내용
기관에 오게 된 동기	기관을 어떻게 알고 찾아오게 되었는지에 관한 내용(광고, 소개, 의뢰 등)
의뢰 이유	타 기관 혹은 가족으로부터 의뢰된 경우 의뢰된 이유에 관한 것
과거 사회복지 서비스를 받은 경험	현재의 문제 혹은 다른 문제로 과거에 사회복지관을 방문한 적이 있는지, 있다면 어느 기관으로부터 어떤 서비스를 받았는지에 관한 내용
기본적인 가족관계	현재 동거 중인 가족을 중심으로 가족 구성원의 이름, 나이, 직업, 교육 정도, 종교, 관계 등에 관한 내용

출처: 양옥경 외(2003), p. 141 내용 재구성.

3. 접수단계의 과제

접수 과정은 전문적 관계의 양상을 결정하는 중요한 첫 만남이다. 사회복지사는 접수 시 짧은 시간 동안 클라이언트와 긍정적인 관계를 맺어야 하는 어려움이 있는 사회복지실천 과정이 시작되는 단계이다. 접수단계에서 이루어지는 사회복지사의 주요 과제를 살펴보면 다음과 같다.

첫째, 클라이언트가 가진 오해와 두려움, 긴장감 등을 완화하고 비자발적인 클라이언트가 동기를 가질 수 있도록 도와야 한다.

둘째, 사회복지사는 클라이언트의 문제가 기관에서 다룰 수 있는 문제인지, 자격요건 등 앞으로 진행 과정에 대한 기본적인 운영사항(화합 시간, 만남의 빈도, 비용 등)의 결정이 접수 시 과업이다.

셋째, 라포 형성 및 문제 확인

클라이언트는 개인적 차원의 문제해결 과정에서 이미 많은 실패를 경험하고 도움을 요청하러 오는 경우가 많으므로 초기에 경험할 수 있는 두려움, 불안, 양가감정, 저항감 등을 해소하기 위해 서로에게 호의적이고 긍정적인 친화 관계를 형성하도록 노력해야 한다. 이를 관계 형성 혹은 라포 형성이라고 한다(길귀숙 외, 2021).

접수 시 문제 확인이란 내담자의 문제, 즉 잠재적 클라이언트의 문제와 욕구, 기관에 기대하는 바가 무엇인지 확인하는 것이다. 문제의 확인은 현재 클라이언트가 호소하는 문제와 이와 관련해서 클라이언트가 드러내는 감정에서부터 시작한다(길귀숙 외, 2021).

넷째, 클라이언트의 문제 확인, 의뢰 결정, 원조관계의 수립, 클라이언트의 동기화, 클라이언트의 저항감과 양가감정 해소 등이 있다(김융일 외, 1995). 즉, 클라이언트의 변화에 앞서 누구나 양가감정을 가질 수 있고 이런 마음을 갖는 것이 자연스러운 것임을 알려주어 클라이언트가 이를 표현할 수 있도록 한다(길귀숙 외, 2021).

제2절 자료수집

1. 자료수집

자료수집은 클라이언트의 문제를 이해, 분석, 해결하는 데 필요한 클라이언트 개인과 그의 환경에 관한 객관적 자료를 모으는 것을 말한다. 자료로는 클라이언트에 대한 기본정보, 문제에 대한 깊이 있는 정보(주요정보), 개인력, 가족력, 클라이언트의 기능과 자원, 클라이언트의 강점 및 약점, 한계 등을 수집한다. 이를 통해 클라이언트의 문제와 욕구를 명확하게 하고 개입의 방향을 설정할 수 있다.

▼ 표 9-3 자료수집 내용

구분	내용
클라이언트에 대한 기본정보	기본적인 인적 사항(이름, 나이, 성별, 주소, 연락처, 학력, 종교, 직업, 병역, 월수입, 주거 등)
문제에 대한 깊이 있는 정보	문제 발생 시점, 문제의 빈도와 원인, 문제를 악화시키는 개인적 또는 환경적 요인 등
개인력	생애주기(영아기-유아기-아동기-청소년기-성인기-노년기) 발달 과업에 따른 생활사건, 인간관계, 주요 사건에 대한 감정과 태도 인식 등
가족력	원가족의 가족 상황, 가족관계, 현재 가족 구성 등
클라이언트의 기능	신체적 기능, 행동적 기능, 정서적 기능, 지적 기능, 대인관계, 업무능력과 문제해결 능력 등
클라이언트의 사회적 자원	현재 이용하는 서비스, 활용 가능한 자원과 사회관계망 및 사회적 지지 등
클라이언트의 한계, 장점, 동기	문제해결에 관한 클라이언트 개인 혹은 환경 속에서의 강점과 약점, 한계, 클라이언트의 동기 수준 등

출처: 양옥경 외(2003), p. 146 내용 재구성.

초기면접과 접수가 이루어진 후 사회복지사는 본격적으로 클라이언트의 문제를 확인할 필요가 있다. 여기에서 클라이언트의 문제는 알려진 문제뿐만 아니라 클라이언트가 인식하고 말하는 문제가 아닌 부분까지를 말한다. 클라이언트의 욕구와 문제를 볼 때 특징적인 모습과 문제의 발생횟수까지 상세하게 찾아봐야 한다. 그렇게 하기 위해서는 충분한 자료수집이 이루어져야 한다. 자료수집 과정에서 사회복지사는 클라이언트의 사생활 보호와 인간의 존엄성에 대한 믿음을 나타내며, 비밀보장을 해야 함을 명심해야 한다(김용환 외, 2017).

자료수집을 바탕으로 사정이 이루어지기 때문에 자료수집이 사정보다 선행되어야 할 것으로 보이지만 실제로 자료수집과 사정은 거의 동시에 반복적으로 이루어진다. 즉, 사회복지사는 자료를 수집하면서 문제를 분석하고 또한,

분석 과정에서 필요한 정보를 수집한다(강병철 외, 2015).

2. 자료수집 방법

1) 자료수집 방법

자료수집 방법에는 면접, 관찰, 검사, 기록물이 있다(김혜영 외 2020).

(1) 면접

면접은 대화의 방식을 사용한 두 사람 간의 의사소통으로 클라이언트의 기분, 의견, 문제 생각과 느낌이 교환되는 가운데 개인들 사이에서 언어적·비언어적인 의사소통을 포함한 목적 지향적인 대화를 말한다. 면접은 주위 조건을 제어할 수 있는 공식적인 장소 또는 외부인에 의해 방해받지 않으면서 비밀보장이 될 수 있는 독립된 공간일수록 좋다.

면접기술로 중요한 것은 적극적 경청이다. 경청은 어느 면접 상황에서나 핵심이 된다. 적극적 경청은 원조관계의 다른 모든 양상의 기반이 된다. 사회복지사가 적극적으로 경청하고 클라이언트를 이해할 수 없다면, 어떤 것도 효과적으로 진행될 수 없을 것이다(Hutchins & Vaught, 1997). 즉, 사회복지사는 클라이언트가 무엇이라고 말하는지, 그리고 질문이나 반응에 클라이언트는 어떻게 반응하는지 경청한다. 사회복지사의 적극적 경청은 문제로 인해 힘들어하는 클라이언트에게 사회복지사의 진심을 전달해 주며, 면접 과정에서 중요한 기술이다(김용환 외, 2022). 언어적 면접기술로는 최소한의 격려, 재진술, 명료화, 바꾸어 말하기, 감정이입적 반영, 질문하기, 요약, 해석 등이 있다.

(2) 관찰

관찰은 클라이언트의 몸짓이나 표정과 같은 비언어적인 형태의 자료를 수집할 때 유용한 사회복지사의 관찰이다. 면접 과정에서 구조화된 관찰, 집 또는 직장 등에 방문하여 클라이언트의 자연스러운 행동에 대한 관찰을 통해 정보를 수집한다(허정철 외, 2019).

(3) 검사

검사는 클라이언트의 심리상태는 지능, 다양한 성격검사, 동기화, 대처행동의 유형, 자아개념, 불안이나 우울의 정도 등을 표준화된 심리검사를 통해 파악할 수 있다.

(4) 기록물

타 기관의 서류, 기존의 상담기록, 의뢰서 등을 통해 정보를 수집할 수 있다.

2) 자료를 얻기 위한 주요 정보원

재스트로(Zastrow, 1995)는 클라이언트 개인과 환경에 관한 자료를 얻을 수 있는 주요 정보원을 일곱 가지로 보았다(김혜영 외, 2020; 양옥경 외, 2011).

(1) 클라이언트가 작성한 서식

초기면접지에 클라이언트가 직접 작성한 내용은 객관적인 자료로서 클라이언트를 이해하는 데 중요한 정보원이 될 수 있다(이종복 외, 2006). 기재 내용은 이름, 성별, 나이, 직업, 교육정도, 주소 및 전화번호, 주요 문제, 결혼 및 가족 상태, 소득, 과거에 서비스를 받은 경험, 기관에 오게 된 동기 등과 같은 기본정보를 기관에 마련된 일정 양식(Intake Sheet)에 기재하도록 하며, 질문지를 만들어 사용하기도 한다(이경남 외, 2008).

(2) 클라이언트의 이야기(진술)

클라이언트는 자신의 욕구와 문제에 대해 상당한 정보 출처자일 뿐만 아니라, 때에 따라서는 유일한 정보 제공자이기도 하다.

클라이언트는 언어적인 자기 진술을 통해 본인이 느끼는 욕구와 문제, 감정, 문제해결을 위해 가진 자원, 지금까지의 문제해결 노력, 문제의 원인 및 전개 과정 등을 나타낼 뿐만 아니라 비언어적 행동을 통해서도 감정과 생각을 표현한다(조미숙 외, 2020). 그러나 클라이언트의 자기 진술을 통한 정보는 종종 편견과 잘못된 인식과 기억, 그리고 감정에 의한 왜곡 등으로 인해 주관적인 경향이 있고 객관성과 타당성을 확보하기가 어렵다.

클라이언트는 때로는 기관이나 정부에서 제공하는 이익을 얻기 위해 거짓을 말할 수도 있으므로 사회복지사는 클라이언트의 객관성을 정확히 인지할 수 있어야 한다(김혜영 외, 2010).

(3) 부수적 자료수집

클라이언트로부터 얻지 못한 정보는 클라이언트와 관계가 있는 주변의 모든 사람, 가족, 이웃, 친구, 친척, 교사, 의사, 직장동료, 종교기관 등에서 얻는 정보는 때에 따라서 클라이언트로부터 얻기 어려운 귀중한 정보가 된다. 이러한 자료출처를 이용할 때는 클라이언트에게 반드시 동의를 얻어야 하고 기관의 기록, 학교기록, 의료기록, 위원회보고서, 신문 등 또한 활용할 수 있다(이경남 외, 2008).

그러나 법적 절차에 의해 의뢰된 학대문제나 약물문제를 가진 비자발적인 클라이언트의 경우 자신이 오게 된 문제에 대해서 부정하는 경향이 높아서

적절한 개입계획을 수립하는 데 장애 요인이 되기도 한다(김용환 외, 2017). 특히 학대자의 경우 문제상황이 심각할수록 상황에 대한 정보의 제공이 허위일 가능성이 많다(최선령, 2000). 따라서 사회복지사는 중요한 타인들로부터 제공되는 정보들이 신뢰할 만하고 일관성이 있는지 주목해야 하고 부수적인 자료를 수집하여 참고해야 한다.

(4) 심리검사

심리검사는 객관적이고 표준화된 측정을 통해 인간의 내적·외적 심리적 특성을 파악하는 과정이다. 대부분의 심리검사는 심리학자들에 의해 클라이언트가 응답한 것들을 기초로 행하여 만들어진다.

심리검사로는 MBTI, MMPI, 클라이언트의 성격, 지능, 사회성숙도, 자아존중감, 가족관계 친밀도, 결혼만족도, 우울 등에 대한 객관적인 자료가 필요한 경우 임상심리사에게 의료하여 정보를 얻을 수 있다.

(5) 클라이언트의 비언어적인 행동

초기단계에서 클라이언트는 직접적 구두보고와 더불어 사회복지사와 면접과정 자체에 대해 각 개인 특유의 방식으로 행동하고 반응한다.

그러므로 클라이언트의 비언어적 행동은 언어적 표현 못지않게 가치 있는 정보의 출처가 될 수 있다. 즉, 초기면접에서 클라이언트의 일거수일투족은 진행되는 원조 과정에 대한 동기 수준과 반응양식을 예측하도록 하는 직·간접적 실마리가 될 수 있다. 그러므로 클라이언트의 비언어적 행동에 대해 세심히 관찰함으로써 목소리나 태도를 통해 정서적 상태와 반응에 대한 직접적 정보를 획득할 수 있다.

여기에는 클라이언트의 분노, 당혹, 얼굴표정, 눈동자, 눈물, 몸짓, 자세, 음조, 호흡 형식, 안면 및 목 근육의 긴장, 혈색, 옷의 선택, 신체적 외관, 눈 맞춤, 떨리는 손등이 여기에 포함된다. 이러한 단서들로 사회복지사는 경험이 쌓일수록 스트레스의 정도, 경험하고 있는 감정의 종류, 클라이언트가 진실을 말하고 있는지에 대한 능력을 갖추게 된다.

(6) 중요한 사람과의 상호작용 및 가정방문

가족 구성원, 가까운 친척, 동료, 친구, 이웃 등 클라이언트 생활에 삶의 중요한 영향을 미치는 사람으로부터 많은 정보를 수집할 수 있다.

사무실에서 클라이언트가 나타내는 행동 양식은 집에서 상호작용하는 양식과는 다를 수 있다. 클라이언트의 가정, 직장, 학교 등을 방문할 경우 클라이언트가 상담실에서 보이는 태도보다 훨씬 더 자연스러운 상호작용을 관찰할 수 있고 클라이언트의 문제에 영향을 미친 환경을 더 잘 파악할 수 있게 된다. 최근 가족치료에서 가정방문이 유용한 가치가 재발견되어 가정방문의 활용이 증가하고 있다(이경남 외, 2008).

(7) 사회복지사가 클라이언트와 상호작용하면서 느끼는 감정

클라이언트가 사회복지사와 상호작용하는 패턴은 그가 다른 사람과 어떻게 상호작용하는지에 대한 중요한 실마리를 발견하는 출처원이 된다.

클라이언트가 다른 사람과의 상호작용을 관찰한 사회복지사는 상호작용 속에서 느끼는 감정이 클라이언트의 문제행동을 이해하는 데 중요한 정보를 제공할 수 있다.

예를 들면, 상담실에서 만난 클라이언트에게 "남편과의 관계는 어떠신가요?"라는 질문을 했는데, "남편과의 관계는 별문제가 없다"라고 하지만 그 대답을 하는 클라이언트의 눈에 눈물이 고이는 것을 보았다면, 사회복지사는 비언어적인 표현에 초점을 두고 공감 반응과 질문을 할 수도 있을 것이다(김용일, 2005).

사회복지사 1급 기출 및 예상문제

01 접수단계의 주요 과업에 해당하지 않는 것은? (20회)

① 관계 형성을 통한 클라이언트의 참여 유도
② 클라이언트의 드러난 문제확인
③ 서비스의 효율성과 효과성 측정
④ 서비스에 대한 클라이언트의 동의 확인
⑤ 클라이언트의 문제가 기관의 자원과 정책에 부합되는지 확인

해설 서비스의 효율성과 효과성 측정은 중간평가 또는 종결 및 평가단계에서 이루어지는 활동을 말한다.

정답 ③

02 사회복지실천 과정에서 접수단계의 과업이 아닌 것은? (14회)

① 관계 형성
② 원조 과정에 대한 안내
③ 서비스 제공 여부의 결정
④ 클라이언트의 의뢰
⑤ 개입목표의 설정

해설 ⑤ 개입목표의 설정은 계획단계이다.

정답 ⑤

03 접수(intake) 시 상담내용으로 옳은 것을 모두 고른 것은? (10회)

㉠ 저의 기관을 어떻게 알고 오셨나요? ㉡ 지난 한 주간 변화가 좀 있었나요? ㉢ 함께 사는 가족은 몇 분이신가요? ㉣ 그동안 저희 사회복지사가 도움이 되셨나요?

① ㉠, ㉡, ㉢ ② ㉠, ㉢ ③ ㉡, ㉣
④ ㉣ ⑤ ㉠, ㉡, ㉢, ㉣

해설 접수(intake)는 클라이언트가 기관을 찾아오거나 타기관의 의뢰 또는 사회복지사가 직접 찾아가는 아웃리치를 통해 알게 된 클라이언트의 문제와 욕구가 기관의 정책과 제공할 수 있는 서비스 유형에 부합하는가를 확인하는 과정이다.

정답 ②

04 자료수집에 관한 설명으로 옳지 않은 것은? (15회)

① 자료수집은 실천의 전 과정에 걸쳐 이루어지는 지속적인 과정이다.
② 접수단계에서의 자료수집은 클라이언트 문제와 기관의 서비스 간 부합 여부를 판단하는 데 필요한 정도면 충분하다.
③ 클라이언트와 사회복지사의 상호작용 유형은 클라이언트와 제3자의 상호작용 유형을 짐작할 수 있게 한다.
④ 클라이언트의 언어적 표현과 비언어적 행동이 일치하지 않을 경우 언어적 표현에 더 주의를 기울여야 한다.
⑤ 수집된 자료는 클라이언트를 둘러싼 주변 체계에 대한 정보도 포함해야 한다.

해설 자료수집은 접수단계에만 국한된 것이 아니라 개인 과정 전체를 통해 이루어진다.
④ 클라이언트의 언어적 표현과 비언어적 행동이 일치하지 않을 때는 비언어적 행동(표현)에 더 주의를 기울여 단서를 찾아야 하는데, 비언어적 단서에는 몸짓, 자세, 호흡 형식, 안면 및 목 근육의 긴장, 혈색, 눈동자, 옷의 선택, 신체적 외관, 눈 맞춤, 떨리는 손, 눈물, 음조 등이 여기에 포함된다.

정답 ④

05 문제와 욕구를 확인하여 기관의 정책과 서비스에 부합하는지 판단하는 사회복지실천의 과정은? (17회)

① 접수 ② 사정 ③ 평가
④ 자료수집 ⑤ 목표설정

해설 ① 사회복지실천의 전 과정은 접수, 자료수집, 사정, 계획수립, 개입, 평가와 종결, 사후관리로 이어진다. 그중 접수란 어려움을 갖고 전문가의 도움을 받기 위해 찾아온 방문자를 기관의 사회복지사가 처음으로 접촉하여 그들의 문제와 욕구를 확인하고 그것이 기관의 정책과 서비스에 부합하는지를 판단하는 과정이다.

정답 ①

Chapter 10

사정 과정

사회복지실천 과정에서 사정은 자료수집 과정에서 수집된 클라이언트의 자료를 근거로 문제 전반을 규명하여 클라이언트의 변화를 위해 그를 둘러싼 환경체계에 관한 자료를 자세히 분석하는 과정이다. 실천 과정 중 사정을 위해 자료를 수집하지만, 추가적인 자료수집이 이루어지면 사정 과정과 자료수집 과정을 반복적으로 실행한다.

이 장에서는 사정의 정의와 목적, 특성을 알아보고, 클라이언트 개인에 대한 사정과 가족에 대한 사정의 구체적인 내용과 방법인 사정 도구 활용법에 대해서 살펴보도록 한다.

제1절 사정이란 무엇인가?

1. 사정의 정의

사회복지실천에서는 많은 학자의 사정에 대한 다양한 정의를 확인할 수 있다. 사회복지실천 초기의 전통적인 사회사업에서는 사정보다는 진단(diagnosis)이라는 용어를 사용했다. '진단'은 의료모델에서 나온 용어이다. 개인이나 가족, 집단에 질병이나 어떤 문제가 있다고 판단해 '무엇이 잘못되었는가'에만 초점을 둔 것이 바로 진단이다(양옥경 외, 2006). 사회복지실천 과정에서 사정은 조사와 진단을 포함하여 치료는 서비스 계획과 개입 과정으로 나뉜다(Johnson & Yanca, 2007).

헵워스와 라슨(Hepworth & Larsen, 1993)은 사정을 클라이언트가 직면하는 문제상황을 확인하고 이해하기 위해 자료를 수집하고 분석함과 동시에 사회복지사와 클라이언트가 함께 참여하여 문제해결을 위한 계획을 수립하는 하나의 과정이라고 보았다. 자료수집이 클라이언트와 문제를 이해하기 위해 자료를 모으는 것이라면, 사정은 클라이언트의 문제를 분석하고 강점 및 약점, 자원을 이해하며, 문제에 영향을 주는 환경을 파악하는 과정이다. 또한, 클라이언트와 환경 간의 상호교류가 문제에 어떠한 영향을 미치는지 그리고 어떻게 영향을 받는지에 대해 분석하고 규명하는 과정이다(Hepworth et al., 2006). 따라서 사회복지사는 사정에서 클라이언트 개인에 대한 정보와 문제를 이해해야 할 뿐만 아니라 클라이언트가 처한 상황과 환경적 요인에 대한 이해도 필요하다. 개인, 가족, 집단, 지역사회에 대한 이해를 넓히는 것이 사정에서 중요한 측면이다. 각 체계에 대한 이해는 사정 이후 단계인 서비스 계획 및 개입 단계에도 영향을 미친다(Johnson & Yanca, 2007).

2. 사정의 목적

사정의 목적은 클라이언트의 주요 문제를 신체적, 심리적, 정신적, 문화적 요인과의 상호작용 측면에서 다각적으로 파악하는 것이다. 또한, 사정의 목적은 사회복지사가 클라이언트의 문제를 해결하는 그것뿐만 아니라 효과적인 치료방법을 발견하는 데 있다(김영미 외, 2022).

사정의 목적은 클라이언트의 문제와 욕구 해결을 위해 필요한 자원을 조사하여 개입계획을 위한 토대를 마련하는 것이다. 즉, 문제를 규정하여 실천의 방향을 결정하는 데 있다. 사정을 정확히 하면 정확한 개입계획 수립이 가능하고, 사회복지실천의 효율성과 효과성을 높일 수 있고 클라이언트에게 주어질 서비스의 수준과 방법을 결정할 수 있다.

사회복지사는 현존하는 클라이언트의 문제와 욕구가 무엇인지, 그 문제해결을 위한 강점과 자원이 무엇인지 확인하기 위해서 다음과 같은 질문을 한다(엄명용 외, 2006; Brown, 1992).

- 클라이언트는 어떤 사람인가?
- 클라이언트는 자신의 문제를 무엇이라고 생각하는가?
- 현재 문제가 실제적인 문제인가?
- 문제의 기원이 얼마나 오래되어 왔는가?
- 클라이언트는 왜 이 시점에서 도움을 구하는가?
- 클라이언트는 동기가 있으며 문제해결 능력이 있는가?
- 클라이언트는 그간 문제해결을 위해 어떤 노력을 해 왔으며, 효과가 있었는가?
- 클라이언트는 어떤 사람·환경과 관련되어 있으며, 어떤 사람이나 집단에게 영향을 받는가?
- 클라이언트의 강점과 약점은 무엇인가?
- 클라이언트의 목표와 기간에 대한 기대는 현실적인가?

제2절 사정의 특성과 내용

1. 사정의 특성

사정은 자료를 수집하여 분석하고 종합하는 과정으로 클라이언트의 문제와 상황을 이해하여 이것을 개입계획에 연결한다. 또한, 클라이언트의 문제가 무엇인지 이해하고 문제의 원인을 규명하며, 이것을 해결하거나 감소시킬 방법에 대해 전문적인 판단을 하는 가장 핵심적인 단계이다. 즉, 사정을 통해 목표를 설정하고 개입하게 되므로 개입의 효과가 사정의 정확도에 달려 있다는 특성이 있다(양옥경 외, 2005; Johnson, 1989).

사회복지사는 존슨(Johnson, 1989)이 기술한 사정의 열 가지 특성을 참고로 사정의 과정을 수행할 수 있다(양옥경 외, 2011).

1) 사정은 계속적 과정이며 결과이다.

헵워스와 라슨은 사정은 계속적인 과정이자 결과이며, 이것은 사정의 가장 대표적인 특성이라고 강조했다. 먼저 사정은 계속적 과정이다. 사정은 돕는 과정 내내 계속된다. 물론 초기사정이 제일 중요하지만, 돕는 과정이 진행되는 동안 새로운 정보가 발견되기도 하고 새로운 이해가 생기기도 하므로 사정은 항상 계속되는 작업이다(양옥경 외, 2005; Johnson, 1989).

2) 사정은 클라이언트와 사회복지사의 상호 과정을 기초로 한 과정이다.

사정은 사회복지사와 클라이언트가 면담하는 과정의 상호작용 속에서 수집된 자료를 통해 클라이언트의 반응을 이해하며 진행한다. 클라이언트는 사정의 각 측면에 참여하도록 요구되며, 사회복지사는 관찰하고 수집한 자료를 클라이언트와 논의하여 사정의 결과물을 만들어 낸다. 즉, 사정의 상호성(mutuality)을 통해 클라이언트는 임파워먼트가 되며 자신이 소극적 수혜자가 아닌 중요한 파트너라는 것을 깨닫게 된다(Kirst-Ashman & Hull, 2008; Johnson & Yanca, 2007).

3) 사정은 판단이 요구된다.

사회복지사는 사정 과정에서 여러 판단과 결정을 해야 한다. 판단은 우선순위를 결정하는 것을 포함하기 때문에 언제나 쉬운 일은 아니다. 무엇을 고려해야 할지, 어떤 지식과 이론을 적용할지, 클라이언트를 어떻게 관여시킬지, 어떻게 문제를 정의해야 할지 등을 고려하며 판단해야 한다(Kirst-Ashman & Hull, 2008; Johnson & Yanca, 2007; Hepworth et al., 2006).

4) 사정은 클라이언트의 강점 적용이다.

클라이언트의 강점을 포함하는 것이 바로 진단과 사정의 큰 차이를 가진다. 클라이언트의 강점은 문제해결의 수단을 제공한다. 따라서 클라이언트는 문제를 해결하는 데 강점 사정을 통해 개입계획을 설정하는 것이 중요하다(Kirst-Ashman & Hull, 2008; Johnson & Yanca, 2007; Hepworth et al., 2006). 클라이언트의 강점을 강조한다는 것은 사회복지사가 클라이언트의 성장을 위한 잠재력을 발휘하게 하고 클라이언트의 자긍심을 제고시키기 위한 신체적 · 정서적 · 행동적 강점들에 대한 면밀한 사정이 우선되어야 한다(김용환 외, 2022). 사정을 광범위하게 보면 자료수집에서 자료분석의 결과까지 포함한다(김기태 외, 2007).

5) 사정은 이중초점(상황 속의 클라이언트를 이해하는 것과 개입계획의 기초를 제공하는 것)을 가진다.

사정은 클라이언트의 욕구, 문제에 대한 이해, 상황 속의 클라이언트를 이해하는 것에 초점을 두는 것과 정보를 수집하고 분석하여 문제해결을 위한 개입계획의 기초를 제공하는 것에 초점을 두는 이중초점을 갖는다(Johnson & Yanca, 2007).

6) 사정은 수평적 · 수직적 탐색 모두가 중요하다.

사정 초기 과정에서는 현재의 관계, 능력, 기능 등의 수평적 정보를 중심으로 클라이언트의 욕구를 발견하고, 원조 과정이 진행됨에 따라 수직적 탐색, 즉 과거력, 개인력, 문제의 역사 등 문제해결에 필요한 정보를 수집한다. 사회복지사는 상황과 필요에 따라 수평적 · 수직적 탐색을 적절히 사용하는 기술을 갖추고 있어야 한다.

7) 사정은 클라이언트를 이해하는 데는 지식적 근거가 필요하다.

사정을 위한 클라이언트의 상황을 이해하기 위해서는 전문적 지식이 필요하다. 이때 인간 행동에 대한 이해, 인간의 다양성, 가족관계, 집단과 지역사회, 정책, 행정 등 사례에 따른 개별적인 지식이 필요하기도 하다.

8) 사정은 생활 속에서 욕구를 발견하고 문제를 정의하면서 그 의미와 유형을 설명한다.

사정은 병리적이거나 독특한 상황에서만이 아니라 자연스럽고 일반적인 상황 가운데서 욕구를 발견하고 규명하며, 그 의미와 패턴을 설명하는 것이다.

9) 사정은 개별적이다.

사정은 클라이언트마다 독특한 상황에 처한 개별적인 사례이다. 또한, 인간의 상황은 모두 다를 수밖에 없으므로 사정은 개별화되어야 한다.

10) 사정은 클라이언트를 완전히 이해하는 데는 항상 한계가 있다.

사회복지사가 상담을 통해 자료를 수집하고 사정을 한다고 해도 클라이언트를 완전히 이해하는 데는 언제나 한계가 있기 마련이다. 따라서 클라이언트에 대한 한계를 인식하고 클라이언트를 이해하기 위한 노력을 지속해야 한다.

2. 사정의 내용

사정은 자료수집 과정에서 모아진 자료의 해석을 통해서 클라이언트가 지닌 문제를 규정하여 실천 방향을 결정하는 과정이다. 문제가 규정되면 문제의 중요성과 변화의 시급 정도를 기준으로 표적 문제를 찾고 표적 문제를 중심으로 구체적인 개입목표를 결정한다(엄명용 외, 2006). 이때 클라이언트의 충족되지 않은 욕구를 인지하고 장애요인을 규명하여 이를 제거해 나간다(김용환 외, 2017).

1) 클라이언트의 문제규정

사정의 첫 번째 작업은 문제를 규정하는 것이다. 존슨(Johnson)은 문제발견을 위한 세 가지 단계를 제시하고 있다(김융일 외, 1995).

첫째, 클라이언트의 해결되지 않은 욕구가 무엇인지 확인한다.

둘째, 욕구 충족에 장애가 되는 요인을 파악한다. 그 장애물이 클라이언트의 내부, 혹은 환경에 있는지를 탐색한다.

셋째, 문제해결과 개입 방향이 드러나도록 문제를 규명한다.

예를 들어, 경제적 어려움에 부닥친 한부모 여성 가장의 경우, 클라이언트의 해결되지 않은 욕구는 경제력이고, 이를 충족하지 못하도록 방해하는 요인은 특정 기술이 없다거나 어린 자녀를 양육하면서 일자리를 병행해야 하는 어려움일 수 있다. 따라서 클라이언트의 문제를 경제활동을 위한 취업과 아동 양육의 문제로 규명하게 되면 직업훈련과 구직활동 및 일하는 시간에 아동을 돌봐 줄 보육기관에 대한 정보제공을 통해서 문제를 해결할 수 있다. 사회복지사는 클라이언트가 보편적으로 직면하는 문제의 유형을 알고 있어야 한다(김용환 외, 2022).

클라이언트가 직면하는 가장 빈번한 문제들은 다음과 같다(이경준 외, 2018 재인용; 이상호 외, 2010; 김융일 외, 1995; Ashman & Hull, 1993).

(1) 인간관계 갈등

주변 사람들과 관계에서 명백한 어려움이 있는 문제를 말한다.

(2) 사회관계 불만족

명백하게 드러나지는 않지만, 사람들이 느끼는 사회적 관계에서의 불만족을 말한다. 예를 들어, 소극적이거나 부끄러움을 많이 타는 성격으로 인해서 대인관계에서 자기주장을 잘하지 못해 손해를 본다고 느끼는 사람의 문제이다.

(3) 공식조직과의 문제

클라이언트가 흔히 제기하는 문제로 자신에게 불친절했다거나 자신을 무시하기도 하고 또한 기대한 만큼의 생활비를 주지 않는다고 불만을 느끼는 문제이다.

(4) 역할 수행문제

자신의 지위에 따라 사회적, 문화적으로 기대하는 행동 양식을 수행하는 데 어려움을 느끼는 문제이다.

(5) 생의 전환기에서 파생하는 문제

사람들은 일생 동안 진학, 취업과 전직, 결혼, 임신, 이혼 등과 같은 중요한 전환기를 겪는데, 이에 적응하지 못하고 심각한 정서적인 혼란을 겪거나 대처하지 못해 겪는 문제이다.

(6) 심리 행동상 문제

우울증, 불안, 강박증과 같은 심리 · 정신적 문제나 범죄행위 등과 같은 통제되지 않는 행동으로 발생하는 문제이다.

(7) 자원 부재나 결핍문제

기본적인 욕구 해결을 위해 필요한 자원이 없거나 부족한 상황에서 직면하는 문제이다. 생활비 부족이나 의료서비스 부재 등이 이에 해당한다.

(8) 의사결정의 어려움

무엇인가 선택해야만 하는 생의 중요한 갈림길에서 정보 부족이나 자기결정 능력 부족 등으로 인해서 감정적인 혼란을 겪으며 객관적이고 합리적인 선택을 하지 못해 발생하는 문제이다.

(9) 다문화적인 갈등

서로 다른 문화나 인종 간의 문제로 인해서 파생되는 갈등으로 인한 문제이다.

2) 정보의 발견

브라운과 레빗(Brown & Levit, 1979)은 사정 시 정보를 수집하는 유용한 지침으로 12가지 질문을 제시했다(김영미 외, 2022 재인용; 양옥경 외, 2022; 박귀영 외, 2015)

(1) 누가 문제체계에 관여되어 있는가?

이 질문은 클라이언트가 지닌 문제에 누가 관여되어 있는지를 알아보는 것이다. 예를 들어, 남편과 대화가 되지 않는다는 문제를 제시한 부인의 경우, 그 문제체계에 관여된 주요인물은 부부체계이다. 그러나 좀 더 깊이 탐색하여 남편이 대화하지 않는 이유가 늘 시누이와 시어머니에 대한 불만을 이야기하기 때문이라는 것을 부인이 알았다면, 이 문제체계에 관여된 사람의 범위는 남편의 확대가족으로 넓어진다. 이렇게 제시된 문제에 따라 문제에 관여된 주요인물들은 쉽게 발견된다(양옥경 외, 2022).

(2) 참여자들은 어떻게 관여하고 있는가?

이 질문은 문제체계에 연관된 사람들이 어떤 식으로 상호작용하고 또한 상호작용에 문제행동을 촉진했는가를 알아보는 것을 말한다. 예를 들어, 부모에게 큰소리치고, 심하게 대드는 청소년의 경우, 어머니가 옆집 아이와 비교하는 것 때문에 반항이 촉진되었고 이러한 아이의 반항적인 행동은 다시 어머니의 비교 행동을 더 강화했다. 결국, 문제행동의 선행사건을 탐색해 본 결과 문제를 촉진한 상황으로 발전되었다(양옥경 외, 2022).

(3) 클라이언트의 문제가 어떤 의미를 부여하는가?

이 질문은 클라이언트가 자신의 문제를 인지하는 방식이 행동을 동기화하기 때문에 클라이언트가 문제의 원인을 어떻게 생각하고 의미를 부여하는지 알아보아야 한다. 예를 들어, 아내에게 폭력을 행사하는 남편의 폭력은 '아내를 교육하기 위한 것'이라고 생각할 수 있다. 이처럼 남편의 아내 폭력 문제에 대한 의미 부여는 그 행동을 하게 된 동기를 이해하게 한다. 그러므로 폭력을 행사하는 이 남성은 아내에 대한 폭력을 그만둘 이유가 없다. 이런 경우 클라이언트가 문제행동에 부여한 의미 그 자체가 변화의 표적이 될 수 있다 (양옥경 외, 2022).

(4) 어디서 문제행동이 일어나는가?

이 질문은 문제행동이 일어나는 장소에 대해서 아는 것은 문제행동을 촉진하는 상황적 요인을 발견하는 데 도움이 된다. 예를 들어, 학교에서 지나치게 과잉행동을 보이는 아이가 집에서는 그런 행동을 보이지 않는다면, 그런 행동은 집과 학교의 환경적인 차이에서 과잉행동이 유발된다고 할 수 있다. 집에서는 부모가 전적으로 아이에게 관심을 보이지만, 학교에서는 선생님의 관심이 아이 전체로 분산되기 때문에 선생님의 관심을 끌기 위해 과잉행동을 보일 수 있다. 이처럼 문제행동이 나타나는 장소와 그렇지 않은 장소의 차이를 통해 아이는 어떤 종류의 불안과 긴장, 스트레스가 문제행동을 일으키는지 알 수 있다(양옥경 외, 2022).

(5) 언제 문제행동이 일어나는가?

이 질문은 문제행동이 일어나는 시간적 요인을 알면, 문제행동이 일어나는 시기가 줄어들어 시기의 차이점을 통해 문제에 발생하는 요인과 관련된 사람들의 행동을 더 깊이 있게 탐색해 볼 수 있다. 예를 들어, 아동학대로 신고된

남성의 경우, 음주로 아동을 심하게 학대하지만, 술을 마시지 않은 상태에서는 아버지로서 아동을 잘 돌본다고 한다면 술을 마시는 것이 아동학대를 촉진한다는 것을 알 수 있다. 따라서 문제행동이 일어나는 시기와 줄어드는 시기의 차이점을 통해 유발요인을 발견하여 그 요인에 대한 행동을 더 깊게 탐색해 나갈 수 있다(양옥경 외, 2022).

(6) 문제행동이 일어나는 빈도는 어느 정도인가?

이 질문은 문제행동이 얼마나 클라이언트의 전반적 삶에 폭넓게 영향을 미치는지를 이해하는 데 도움을 준다. 예를 들어, 똑같이 '죽고 싶다'라고 호소하더라도, 가끔 '이렇게 사느니 죽는 게 낫겠다'라고 말하는 사람과 매일 자살사이트에 접속하여 어떻게 죽을지 방법을 검색하는 사람은 분명 문제의 심각성에서 차이가 있다. 후자의 경우에서는 자살사고가 개인의 삶 전반에 더 심각한 영향을 미치고 있음을 알 수 있다(양옥경 외, 2022).

(7) 문제행동은 언제부터 있었는가?

이 질문은 문제행동의 역사를 알아보는 것으로 문제행동이 언제 시작되었으며, 어떤 과정을 거쳐 지금까지 진행됐는지를 알아보는 것이다. 예를 들어, 중년 부인의 간헐적인 우울함이 미혼 시절 어머니의 죽음 후, 제일 처음 발생하였다면 초기의 우울은 사랑 또는 의존대상의 상실에서 비롯된 것임을 알 수 있다(양옥경 외, 2022).

(8) 문제와 관련하여 채워지지 않은 욕구는 무엇인가?

이 질문은 클라이언트는 자신의 문제가 무엇인지 잘 모를 수 있고 또 안다고 하더라도 피상적으로 이야기하기 쉬우므로 사회복지사는 주의 깊게 관찰해서 클라이언트가 진정으로 바라는 욕구가 무엇인지를 발견해야 한다. 예를 들어, 성격이 맞지 않는다며 끊임없이 다투는 부부의 경우, 좀 더 깊게 감정을 들여다보면 그들은 서로에 대한 의존적 욕구가 만족하지 않아 싸운다는 것을 알 수 있다. 이렇게 채워지지 않는 욕구, 즉 의존적 욕구를 만족시킴으로써 문제행동인 부부싸움이 줄어들도록 하는 것이 목표가 된다(양옥경 외, 2022).

(9) 문제에 대한 클라이언트의 정서적 반응은 어떠한가?

이 질문은 감정이 지나치면 오히려 문제가 더 악화할 수 있으므로 문제에 대한 클라이언트의 정서적 반응을 탐색하는 것은 문제해결에 중요한 부분이다. 예를 들어, 늦게 들어오는 남편이 바람을 피우는 것이라고 여겨 분노를 느낀 부인이 남편이 들어오자마자 화를 냈고, 남편은 현관에 들어오다 말고 다시 문을 닫고 나가버린 경우, 결국 늦게 들어온 남편의 행동보다 그녀의 분노가 부부관계를 악화시킨 것이다. 이런 이유로 사회복지사는 문제에 대한 클라이언트의 정서적 반응을 탐색하게 된다(양옥경 외, 2022).

(10) 클라이언트는 그동안 문제에 어떻게 대처해 왔으며 문제를 해결하는 데 어떤 기술이 필요한가?

이 질문은 클라이언트가 스트레스 대처 수준과 문제해결 능력을 파악하는 데 도움이 된다. 과거에 유사한 어려움을 어떻게 대처해 왔는지, 지금은 무엇 때문에 과거와 같은 대처를 하지 못하는지에 대한 실마리를 찾을 수 있다. 예를 들어, 부모의 심각한 부부갈등에 힘들어하는 청소년의 경우, 과거에는 누나가 부모 사이에서 적극적으로 개입을 했기 때문에 부모가 헤어져 자신이 버림받을 수 있다는 두려움이 없었으나, 현재는 누나가 결혼해서 지방에 살기 때문에 더 의존할 수 있는 대상이 없어 힘들어지게 된 것이다. 결국, 과거 상황을 탐색해 봄으로써 청소년의 스트레스 인내 수준과 그의 의존적 대처방식을 알 수 있게 된다(양옥경 외, 2022).

(11) 클라이언트는 어떤 장점과 기술을 가지고 있는가?

이 질문은 클라이언트의 문제해결을 위해 활용 가능한 자원이 무엇인지를 발견하는 데 도움이 되는 질문이다. 사회복지사는 클라이언트가 미처 모르는 자신의 강점을 발견할 수 있도록 돕고, 문제해결에 필요한 기술이 무엇인지를 적극적으로 찾아내어 활용할 수 있도록 도와야 한다.

(12) 필요로 하는 외적 자원은 무엇인가?

사회복지사는 이 질문을 통해서 클라이언트가 필요로 하는 자원을 얻을 수 있는 자격과 과정에 대한 정보를 제공, 자원과 클라이언트를 연결해 주는 매개자 역할을 할 수 있다. 예를 들어, 노숙자가 심각한 음주를 하고 있다면 그가 의료급여를 받도록 동주민센터와 연결이 필요하고 또한 음주와 관련된 치료체계와 접촉할 수 있도록 도와야 할 것이다(양옥경 외, 2022).

Part 03 사회복지실천의 과정

제3절 사정의 도구

1. 가계도(Genogram)

가계도는 클라이언트의 2~3세대에 걸친 가족관계를 생물학적, 법적 그리고 정서적으로 어떻게 관련돼 있는지 가족의 주된 역사를 한눈으로 볼 수 있게 도표로 그린 것으로, 과거의 결혼 관계, 부모의 자녀 양육 기간, 가족 성원 사이의 관계 양상 등 가족들 스스로가 세대 간 반복되는 관계 유형을 찾고 현재 제시된 문제의 근원을 찾는 데 매우 유용한 것으로 사회복지사와 클라이언트가 함께 작성한다.

▼ 표 10-1 세대별 가구(Household by generation) 예시

세대 가구	구분
1세대 가구 (One generational household)	부부, 부부+형제자매, 가구주+형제자매 등
2세대 가구 (Two generational household)	부부+자녀, 부+자녀, 모+자녀, 부부+부모, 조부모+손자녀 등
3세대 가구 (Three generational household)	부부+자녀+부모, 부부+자녀+손자녀 등
4세대 이상 가구 (Four and more generational household)	부부+자녀+손자녀+부모, 부부+자녀+부모+조부모 등

가계도는 사회복지실천에서 가장 널리 사용되는 사정 도구로, 가족구조를 도식화하고 구성원에 관한 정보를 보여주기 때문에 세대 간의 정서, 행동상의 문제 등 클라이언트가 가족과 어떤 관계를 맺으며 성장하였는지를 쉽게 알아볼 수 있다.

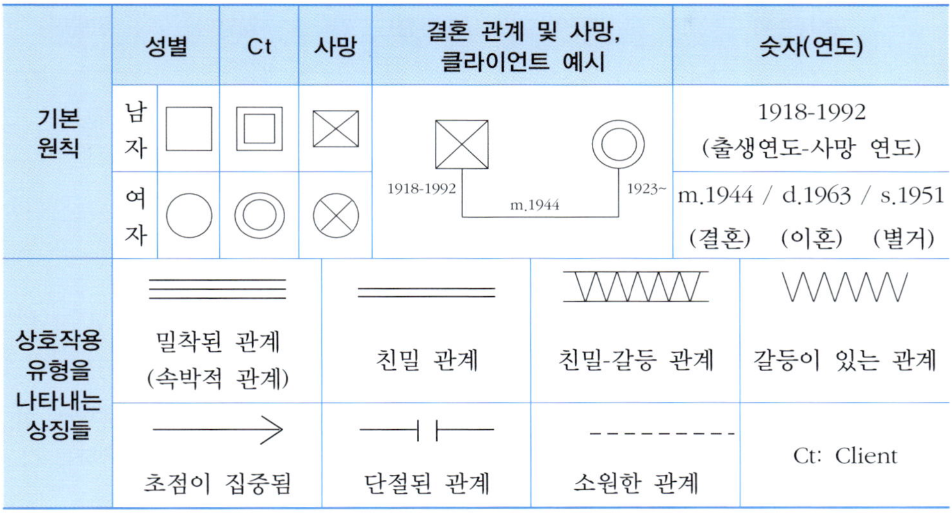

▲ 그림 10-1 가계도 작성에 사용되는 상징기호

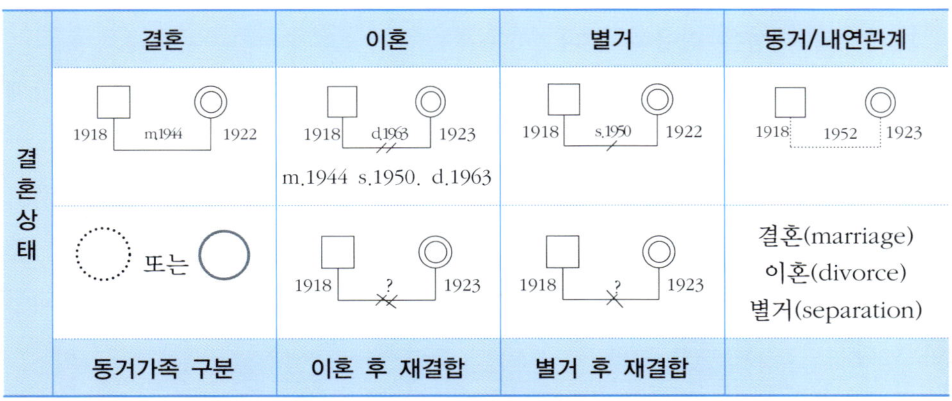

▲ 그림 10-2 원가족에서 부모의 결혼상태를 나타내는 도식도

<table>
<tr><th></th><th>출생순위</th><th colspan="2">쌍둥이(일란성/이란성)</th><th>입양아</th><th>위탁아</th></tr>
<tr><td>자녀상태</td><td colspan="5">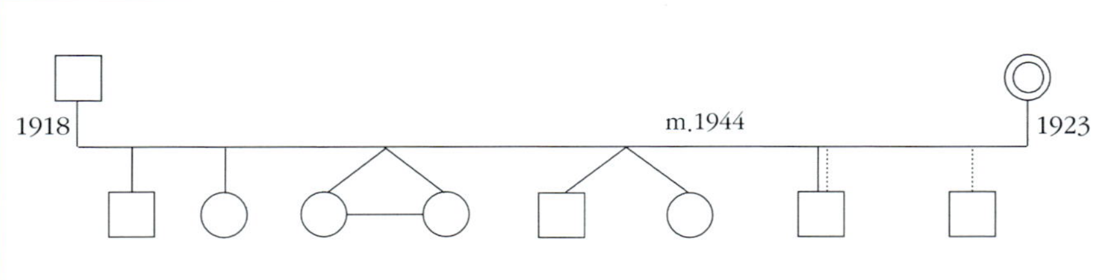
</td></tr>
<tr><td></td><td>왼쪽 → 오른쪽
(자녀 순서)</td><td>일란성 쌍둥이</td><td>이란성 쌍둥이</td><td>입양 자녀</td><td>위탁 자녀</td></tr>
</table>

※ 입양: 아동을 호적에 입적시켜 자녀로 삼는 것.

※ 위탁: 친부모가 양육 상황을 회복할 때까지 일정 기간 아동을 양육해 주는 것으로, 위탁가정의 호적에 올리지 않고 주민등록만 옮겨 동거인의 자격으로 양육하는 것.

▲ 그림 10-3 자녀들 출생 순서(왼쪽 → 오른쪽)

1) 가계도의 특성

가계도의 특성은 다음과 같다.

첫째, 일정 기간의 클라이언트 가족 역사의 주된 사건을 한눈에 볼 수 있게 해주는 사정 도구이다.

둘째, 가족 계보를 중심으로 2~3세대 이상에 대한 가족 구성원의 상세정보를 한눈에 도표로 보여주는 것이다. 결혼, 이혼, 별거, 질병, 입양, 사망 등 중요한 생활 정보나 인종, 민족, 종교, 직업 등 인구 사회학적 특성이 표시되어야 한다.

셋째, 사회복지사와 가족 구성원들이 세대 간 맥락에서 정서적, 행동적 문제 유형을 검토하는 데 유용하다.

넷째, 각 세대의 가족에 대한 중요한 정보를 얻을 수 있다.

다섯째, 가족 내에서 반복되는 정서나 행동의 유형을 확인하고 이해할 수 있다.

여섯째, 가계도는 과거의 결혼 관계, 한 부모의 가족부양 기간, 부모의 이혼 및 재혼에 대한 상세한 정보를 제공하므로 가족의 문제에 이바지하는 중요한 요인과 가족 유형을 알 수 있다.

일곱째, 클라이언트와 사회복지사가 함께 가계도를 작성하면서 가족을 하나의 단위로 보는 기회를 가질 수 있다(김경호, 2010).

2) 가계도 작성방법

사회복지사는 클라이언트와 함께 가계도를 그려봄으로써 가족을 하나의 단위로 인식할 기회를 제공한다(Hepworth et al., 2010).

가족 유형은 한 세대에서 다음 세대로 전수될 수 있으므로 몇 세대 간에 반복적인 유형은 기능과 관계, 가족의 구조에서 나타나기 때문에 가계도를 자세히 검토해야 한다.

가계도 도식 표시방법

① 각 구성원은 성에 따라 남성은 □, 여성은 ○로 나타낸다.
② 클라이언트 표시는 □나 ○표시에 ▣, ◎로 이중 테두리로 나타낸다.
③ 사망자는 □나 ○ 속 안에 ×를 표시한다.
④ 출생과 사망 연도는 기호(□,○) 위에 표시하는데, 왼쪽은 출생, 오른쪽은 사망 연도를 표시한다.
⑤ 가족 구성원의 나이는 □나 ○안에 표기하고, 질병, 사망원인, 성격특성, 교육 정도, 종교 등 중요한 정보는 문자로 기록한다.
⑥ 가족 구성원의 기호는 혈연이나 법적인 관계를 나타내는 선으로 연결한다.
⑦ 결혼한 사람은 내려 그은 선을 옆으로 연결해서 표시하며 남편은 왼쪽에, 아내는 오른쪽에 둔다.
⑧ 결혼선에서 사선은 파경을 의미한다. 1개 사선은 별거를 의미하고, 2개 사선은 이혼을 의미한다.
⑨ 별거 또는 이혼 후에 재결합은 별거나 이혼의 사선에서 반대 사선을 추가하여 표시한다(그림 10-2 참조).
⑩ 자녀의 표시는 출생순위별로 왼쪽부터 오른쪽으로 표시한다.
⑪ 쌍둥이는 부모의 선상에서 한 점에 모인다. 일란성일 경우는 쌍둥이들끼리 선으로 연결된다. 위탁아동인 경우는 점선으로, 입양아인 경우는 점선과 실선으로, 부모의 선과 연결된다(그림 10-3 참조).
⑫ 현재 동거하고 있는 가족 구성원은 실선 또는 점선으로 표시한 원으로 묶어서 표시한다.

가계도의 시점을 파악할 수 있도록 왼쪽 위에 연대를 표시하고 사회복지사는 가족이 현재 갖고 있는 문제의 성격에 따라 얼마든지 판단하여 추가할 수 있다.

3) 가족구조의 도식화

가계도는 각 가족 구성원이 한 세대에서 다음 세대까지 생물적, 법적으로 어떻게 관련되는지를 도표로 도식화하고, 사람을 나타내는 네모와 원, 관계를 묘사하는 선으로 구성원을 표시하는 지도와 같다.

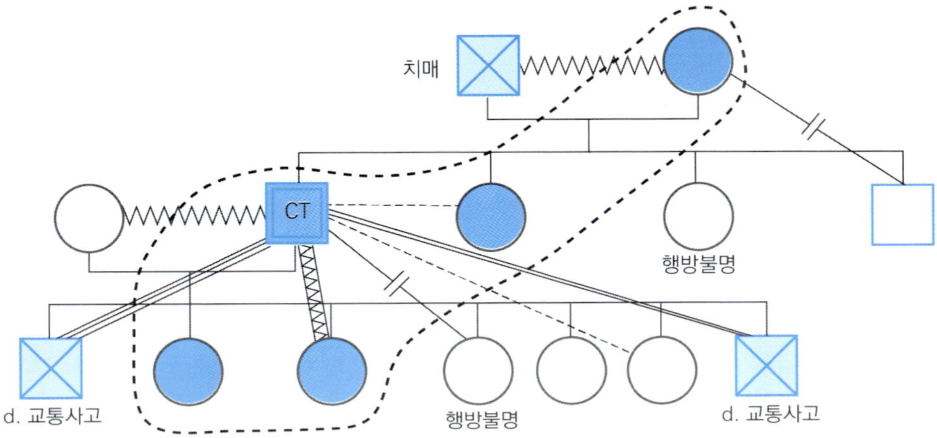

▲ 그림 10-4 가계도 사례

2. 생태도(Eco-map)

생태도는 1975년 앤 하트만(Hartman)이 개발하였으며, 클라이언트와 관련된 사람, 직접 관련된 사회체계와의 상호작용 관계를 그림으로 표현함으로써 특정 문제에 대한 개입계획을 세우는 데 매우 유용한 도구이다(남기정 외, 2010). 예를 들어, 클라이언트나 가족을 둘러싼 환경체계와의 연결/고립, 지역사회 자원의 이용, 비공식적 자원과 자연적 사회관계망, 사회활동, 종교활동, 모임, 상호작용에서 지지와 스트레스 등을 그림으로 보여준다(김기태 외, 2007).

생태도는 가족이 지역사회에서 얼마나 많은 외부체계와 관계를 맺고 있는지, 고립의 정도는 어떠한지, 관계의 질은 어떠한지를 보여줌으로써 가족 내부에 대한 이해와 함께 외부와의 연결과 적응 정도를 파악할 수 있게 해준다(엄명용, 2006). 생태도는 가계도와 마찬가지로 사회복지사와 클라이언트가 함께 작성한다.

1) 생태도의 특징

① 1975년 앤 하트만이 고안한 가족관계에 대한 도식(그림)이다.

② 클라이언트 및 클라이언트와 관련된 사람, 관련된 사회복지기관과 환경의 영향 및 그 상호작용의 변화를 묘사하기 위해 사용된다.

③ '환경 속의 인간'에 초점을 두기 때문에 클라이언트를 생태학적 관점에서 이해하는 데 도움이 된다.

④ 개인 또는 가족의 삶의 공간에 존재하는 생태체계들, 그들 체계와의 관계, 개인과 가족을 둘러싼 자원 또는 에너지의 유입과 유출을 표시함으로써 클라이언트(개인 또는 가족)에게 유용한 자원이나 환경이 무엇인지 스트레스를 주는 것은 무엇인지에 관한 많은 정보를 얻을 수 있다.

⑤ 사회복지사와 클라이언트는 클라이언트의 적응과 대처능력을 향상하게 시킬 수 있는 외부요인을 찾고, 조정되어야 할 갈등요소와 연결 및 동원되어야 할 자원들을 확인해 낸다.

⑥ 개입 초기에 가족을 사정하는 도구로 활용할 뿐 아니라 변화를 확인하는 도구로 시간의 흐름에 따라 반복적으로 생태지도를 사용할 수 있는데, 이를 연속생태지도라고 한다.

2) 생태도의 기능

① 가족이 집단, 단체, 조직, 다른 가족, 개인들과 맺는 관계의 본질에 대하여 전체적인 시각 또는 생태학적 시각을 가지도록 돕는다.

② 결혼 및 가족 상담, 입양과 위탁가정 연구 등의 다양한 상황에 활용된다.

③ 생태도는 기본적인 사회적 정보를 간편하게 기록하는 방법이므로 전통적인 사회력과 사례 기록을 보완하는 역할을 한다.

④ 생태도는 클라이언트와 사회복지사 모두에게 클라이언트 문제에 대한 통찰력을 얻도록 해주며, 건설적인 변화를 더 잘 모색할 수 있도록 해준다.

⑤ 생태도는 특정 시간 동안 중요하게 일어난 상호작용에 대한 '스냅사진'의 역할을 한다.

3) 생태도 작성방법

생태도는 가계도와 마찬가지로 종이와 필기도구만 있으면 클라이언트와 사회복지사가 함께 그리는 것으로, 그리는 방법을 정리하자면 다음과 같다.

① 중앙에 클라이언트 체계를 상징하는 원을 그린다.

② 원 안에 가족 구성원들이 표시된 간단한 가계도를 그린 후, 클라이언트와 관련된 주변 환경체계(직장, 병원, 학교, 친구, 사회복지기관, 보호관찰소 등)는 중심원 주변에 각각의 원으로 표시한다.

③ 현재 동거가족을 중앙부 원 내부에 그린 후 동거하지 않는 가족은 원 외부에 그린다.

④ 원의 크기에 따라 개인에게 영향을 미치는 정도가 다르며, 원이 가계도를 중심으로 얼마나 떨어져 있느냐에 따라 관계의 정도가 다르다.

⑤ 가족과 환경체계의 관계를 다양한 선으로 표시한다.

⑥ 환경체계들이 클라이언트를 지지하는 자원인지, 아니면 갈등이나 스트레스를 주는 요인인지 에너지 흐름의 방향을 화살표로 나타낸다.

⑦ 에너지의 직접적인 흐름의 방향은 화살표(→)의 굵기에 따라 영향력의 크고 작음을 구분할 수 있다.

⑧ 실선(──)은 긍정적 관계를 나타내는데, 실선이 굵을수록 밀착 관계(**──**)를, 점선(---)은 미약한 관계, 그리고 사선(-/-/-)은 긴장이 많거나 갈등적인 관계를 보여준다.

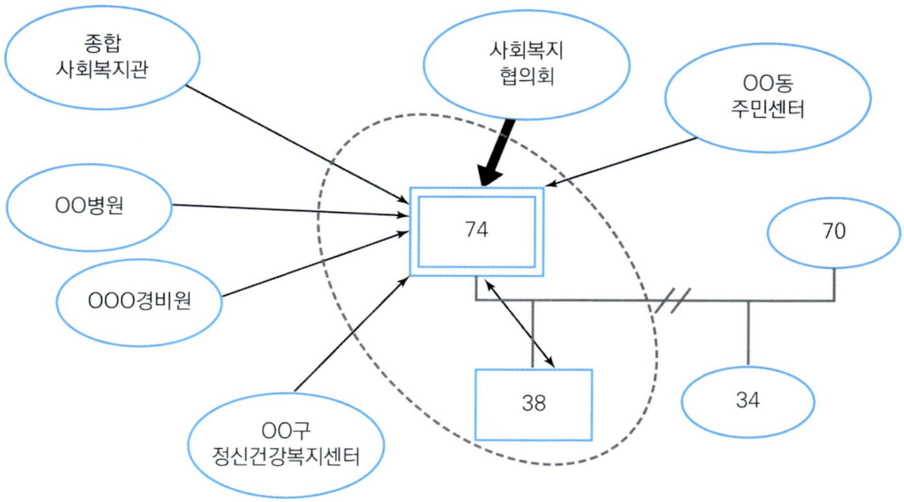

▲ 그림 10-5 생태도 사례

3. 생활력표(Life History Grid)

생활력표는 클라이언트의 생애 동안 발생한 사건이나 문제를 시기별로 전개해 표로 나타낸 사정 도구이다. 생활력표는 클라이언트의 출생부터 개입 시점까지 클라이언트 또는 클라이언트의 가족문제, 건강문제, 대인관계 문제, 주요 사건 또는 경험 등을 파악할 수 있으며, 사건 간에 보이는 양상이나 사건 간의 관계를 간편하게 이해할 수 있도록 표로 작성해 봄으로써 클라이언트의 현재 문제상황을 사정할 수 있게 된다. 가족 내에서 각 구성원은 각기 다른 발달단계에 있으므로 서로 다른 발달과업과 위기를 경험하게 된다. 또한, 생활력표는 특정 발달단계의 생활경험을 이해하는 데 도움이 되며, 아동과 청소년을 대상으로 한 활용에서 유용하다(허정철 외, 2019).

▼ 표 10-2 생활력 표 예시

연도	나이	장소	가족	주요 사건	문제
1978	1	서울 관악구	아버지 30 어머니 20	출생	미숙아로 태어남
1982	4	서울 관악구	아버지	교통사고 사망	빚 독촉을 심하게 받아서 어머니 잠적, 외가에 맡겨짐
1990	12	경기도 양평	외할머니	사망	주 양육자 사망으로 시설입소

4. 사회도(Sociogram)

사회도는 사회집단에서 개인 사이의 관계를 도표로 나타낸 것으로, 모레노와 제닝스(Moreno & Jennings, 1950)가 개발한 사정 도구이다. 집단 구성원 간의 개인적 수용과 거부 및 집단 내의 대인관계를 평가하는 데 사용하고, 구성원이 가지고 있는 감정이나 태도, 사회적 유대관계를 선이나 그림으로 연결하여 나타내는 방법이다.

사회도를 통해서 구성원들 간의 알 수 있는 정보는 다음과 같다.

첫째, 집단 구성원의 성별, 구성원 간의 친화력과 반감의 유형과 방향을 통해 성원 간의 선호도와 무관심 등을 알 수 있다.

둘째, 하위집단의 형성 여부, 소외된 성원 여부, 삼각관계 형성 여부 등의 관계 유형 등 집단 구성원 간의 사회적 유대관계를 측정할 수 있다.

셋째, 결속의 강도를 알 수 있다. 친밀한 구성원끼리는 가깝게, 소원한 구성원은 멀게 그린다.

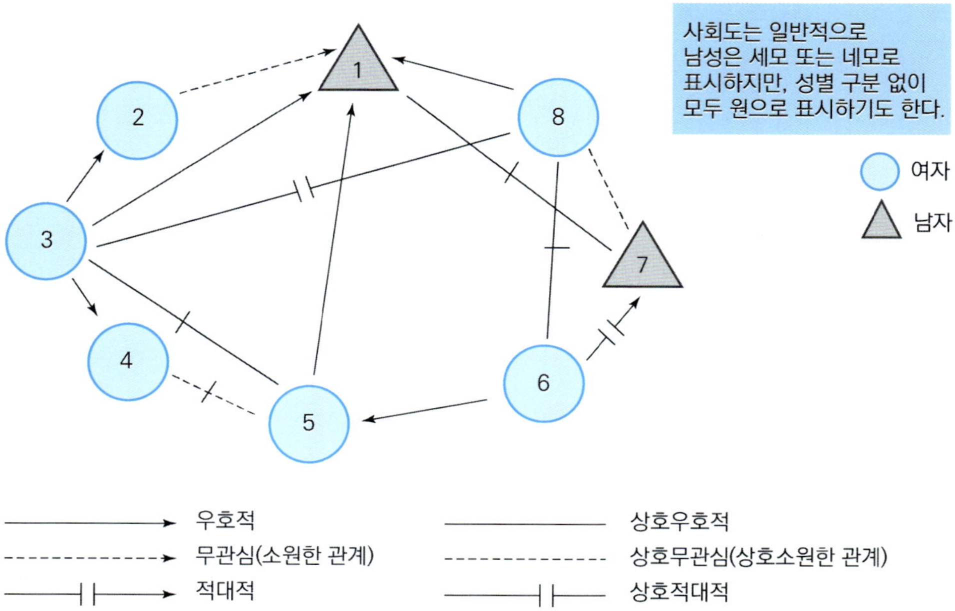

▲ 그림 10-6 사회도 사례

5. 사회적 관계망 그리드(Social Support Network Grid)

사회적 관계망 그리드는 트레이시와 휘태커(Tracy & Whittaker, 1990)에 의해 개발된 것으로, 개인 또는 가족의 사회적 지지체계에 대한 특징을 사정하기 위해 사용하는 도구이다.

인간은 성장발달의 특성상 가족의 돌봄과 친구, 학교, 직장 등 외부환경에 해당하는 사회적 관계망과 이들로부터 주어지는 사회적 지지가 필요하다. 가족이 주거하는 이웃과 지역사회를 포함하여 외부의 사회체계들은 지속해서 가족과 상호작용하며 영향을 주고받는다. 따라서 사회복지사는 이웃 관계 등 가족 외부의 사회체계들과의 상호작용을 평가해야 한다(강병철 외, 2015).

사회적 지지는 친밀한 사람들이 제공하는 언어적 비언어적 표현이다. 사회적 지지는 수혜자에게 정서적으로나 행동적으로 바람직한 효과를 제공하는 원조와 행동으로서 개인의 전체 생활주기에서 보호적 역할을 담당한다(엄명용 외, 2011). 즉, 필요할 때 의지할 수 있는 사람 등을 의미하고 가족들은 사회적 관계망을 통하여 사회적 지지를 받는다(강병철 외, 2015).

사회적 관계망 그리드는 다음과 같이 작성한다(이원숙, 2008).

① 가족, 친척, 직장/학교, 조직(클럽, 종교집단 등), 친구, 이웃, 전문가 등 영역에서 사회망 구성원을 규명한다.

② 개인과 사회망 구성원들 간의 관계에 대해 질문한다. 여기에 생활영역, 물질적 지지, 정서적 지지, 정보 및 조언, 도움 방향, 친밀도, 접촉빈도, 알고 지낸 기간 등을 기록한다.

▼ 표 10-3 사회적 관계망 격자(그리드) 예시

• ct 이름:						• 조사일시:	년	월	일 시
사회적 관계망에서 중요한 인물 (지지제공자)		생활 영역	물질적 지지	정서적 지지	친밀감	정보 조언	접촉 빈도	도움 방향	알고 지낸 기간
		① 가족원 ② 다른 가족 ③ 직장/학교 ④ 친구	① 전혀 없다. ② 가끔 ③ 자주	① 전혀 없다. ② 가끔 ③ 거의 자주	① 친하지 않음 ② 가까운 정도 ③ 매우 친함	① 가끔 제공 ② 자주 제공 ③ 항상 제공	① 1년에 서너 번 ② 한 달에 한 번 ③ 매주 만남 ④ 매일 만남	① 양방향 ② 내가 상대방에게 ③ 상대방이 나에게	① 1년 이하 ② 1년에서 3년 사이 ③ 3년 이상
1	오빠								
2	전남편								
3	○○ 복지관								
4	직장 동료								
5	○○ 교회								

사회복지사 1급 기출 및 예상문제

01 다음은 사정 결과를 요약한 것이다. 사회복지사가 이후 단계에서 가장 먼저 수행해야 할 과업은? (18회)

> 경제적 도움을 요청하여 기관에 접수된 클라이언트는 성장기 학대경험과 충동적인 성격 때문에 가족 및 이웃과의 갈등문제를 심각하게 겪고 있다. 배우자와는 이혼 위기에 있고, 근로능력은 있으나 근로의지가 거의 없어서 실직한 상태이다.

① 이혼위기에 접근하기 위해 부부 상담서비스를 제공한다.
② 이웃과의 갈등 문제해결을 위하여 분쟁조정위원회에 의뢰한다.
③ 원인이 되는 성장기 학대경험에 관한 치료부터 시작한다.
④ 근로의욕을 높이기 위한 집단 프로그램에 참여하도록 한다.
⑤ 클라이언트와 함께 다루고자 하는 문제의 우선순위를 정한다.

해설 사정을 마친 후에는 계획수립단계로 가장 먼저 문제의 우선순위를 정해야 한다.

정답 ⑤

02 가계도 분석에 관한 설명으로 옳은 것을 모두 고른 것은? (18회)

> ㉠ 세대를 통해 반복되는 패턴 분석
> ㉡ 가족 구성원에 대한 객관적 정보를 파악
> ㉢ 가족 기능의 불균형과 그것에 이바지하는 요인 분석
> ㉣ 가족 구성원별 인생의 중요사건과 이에 대한 다른 가족 구성원의 역할 분석

① ㉣　　② ㉠, ㉢　　③ ㉡, ㉣
④ ㉠, ㉡, ㉢　　⑤ ㉠, ㉡, ㉢, ㉣

해설 가계도는 클라이언트의 2~3세대에 걸친 가족의 주된 역사를 한눈으로 볼 수 있게 도표로 도식화한 것으로, 사회복지사와 클라이언트가 함께 작성한다.
① 가족 구성원에 대한 상세정보 – 성별, 나이, 출생, 동거, 결혼, 이혼, 별거, 질병, 입양, 사망 등 중요한 생활 정보나 인종, 민족, 종교, 직업 등 인구 사회학적 특성이 표시되어야 한다.
② 사회복지사와 가족 구성원들이 세대 간 맥락에서 정서적, 행동적 문제 유형을 검토하는 데 유용하다.
③ 각 세대의 가족에 대한 중요한 정보를 얻을 수 있다.
④ 여러 세대에 걸쳐 가족 내에서 반복되는 정서나 행동의 유형을 확인하고 이해할 수 있다.

정답 ⑤

03 사정단계에서 클라이언트가 제시한 '남편의 일중독' 문제를 '자신이 남편에게 중요한 존재임을 느끼고 싶어 하는' 욕구로 바꾸어 진술하는 것은? (17회)

① 문제발견 ② 문제형성 ③ 정보발견
④ 자료수집 ⑤ 목표설정

해설 ② 문제발견이 클라이언트가 제시한 문제에 초점을 둔다면, 사정단계에서 수집한 정보들을 분석하여 사회복지사가 전문적인 시각으로 문제를 판단하는 것은 문제형성이다. 문제형성(남편의 일중독)에서 '충족되지 못한 욕구는 구체적으로 어떤 것인가'가 중요한 문제인데, 클라이언트가 제시한 문제(남편의 일중독)를 구체적인 욕구(자신이 남편에게 중요한 존재임을 느끼고 싶어 하는 욕구)로 바꾸어 재진술되도록 한다.
사정단계에서 클라이언트가 자신의 문제를 다르게 재진술하여 문제를 규정하는 것은 문제형성에 해당한다.

정답 ②

04 사회복지실천의 과정을 순서대로 바르게 나열한 것은? (14회)

㉠ 클라이언트와의 서비스 계약 실시
㉡ 초기 생태도의 작성
㉢ 사회기술 훈련의 제공
㉣ 사후평가의 실시

① ㉠ → ㉡ → ㉣ → ㉢ ② ㉠ → ㉣ → ㉡ → ㉢ ③ ㉡ → ㉠ → ㉢ → ㉣
④ ㉡ → ㉠ → ㉣ → ㉢ ⑤ ㉢ → ㉡ → ㉠ → ㉣

해설 ③ 사회복지실천은 ㉡ 초기 생태도의 작성(사정) → ㉠ 클라이언트와의 서비스 계약 실시(계약) → ㉢ 사회기술 훈련의 제공(개입) → ㉣ 사후평가의 실시(평가 및 종결) 순으로 진행된다.
※ 일반적으로 사회복지실천의 과정은 접수(인테이크)/자료수집 → 사정 → 계획(목표설정 및 계약) → 개입 → 평가 및 종결의 순서로 이루어진다.

정답 ③

Chapter > 11

계획수립 과정

접수에서 종결까지 이르는 사회복지실천 과정에서 세 번째 단계인 계획수립은 사정에 근거해서 문제를 해결하기 위한 세부적인 실행계획을 수립하는 과정이다. 계획수립은 사정과 개입을 연계하는 교량 역할을 한다.

서비스 개입이 이루어지기 전 사회복지사와 클라이언트는 수집된 자료분석을 근거로 표적문제를 선정하며, 이를 달성하기 위한 개입목표를 설정하고 계획을 구체화함으로써 가장 적합한 방법으로 계약을 성립하게 된다.

이 장에서는 계획수립 과정을 알아보고 개입목표 설정을 어떻게 할 것인가에 관한 문제와 계약의 개념 및 중요성, 계약서 작성방법 등을 학습하도록 한다.

제1절 개입목표 설정단계

1. 계획수립 단계

계획수립 단계는 접수와 자료수집, 클라이언트의 문제와 상황에 대한 일차적 사정 과정을 거치고 난 후 실질적인 문제해결 단계로, 수집된 자료를 근거로 사회복지사와 클라이언트가 상호합의하에 표적 문제를 선정하며 개입목표를 설정 및 구체화하고, 이를 달성하기 위한 적절한 개입계획을 수립하는 단계이다(김용환 외, 2022).

개인을 대상으로 한 사회복지실천 과정의 계획수립 단계는 클라이언트와 함께 일하기, 문제의 우선순위 정하기(표적 문제 선정), 문제를 욕구로 전환하기, 개입의 수준 평가하기, 일차적 목표 선정하기, 목표를 구체화하기, 계약을 공식화하기 단계로 구성된다(김경호, 2010; 장인협 외, 1999).

사회복지사가 계획수립 단계에서 알아야 할 내용은 다음과 같다.

1) 1단계: 클라이언트와 함께하기

계획은 사회복지사가 클라이언트를 대신해서 수립하는 것이 아니라 클라이언트와 함께 수립하는 것이다. 사회복지사는 문제가 클라이언트 자신의 문제임을 명확하게 인식할 수 있도록 클라이언트와 충분한 대화를 나누어야 한다. 만약 클라이언트가 계획 과정에 참여하지 않아서 해당 계획이 자신의 계획이라고 느끼지 않는다면, 개입단계에서 클라이언트의 협력은 이루어지지 않을 것이다.

2) 2단계: 문제의 우선순위 정하기(표적 문제 선정)

클라이언트의 문제는 사정 과정에서 밝혀진 여러 가지 복잡한 문제들이 얽혀 있으므로 가장 중요하고 시급히 해결해야 할 문제를 먼저 선정해야 한다. 따라서 개입목표를 설정하기 위해서 가장 먼저 해야 할 것은 표적 문제를 찾아내는 것이다.

먼저 어떤 문제에 개입해야 하는지 표적 문제를 정한다. 표적 문제가 너무 많으면 계획된 시간 안에 해결하기가 어렵고 주어진 시간 안에 여러 문제를 다루기가 어려우므로 두세 가지 정도만 선정하는 것이 좋다.

예를 들어, 클라이언트는 의사결정의 어려움, 문화적 갈등, 공식적인 조직과의 갈등, 경제적 자원의 결핍, 대인관계 문제, 사회적 역할수행의 어려움 등 다양한 문제를 경험한다. 이러한 문제의 우선순위를 결정할 때에는 다음 세 가지 기준을 고려해야 한다(김경호, 2010; 장인협 외, 1999).

첫째, 클라이언트는 자신에게 문제가 있다는 사실을 인정하고, 사회복지사와 클라이언트는 협의를 통해 해결할 문제를 선정해야 한다. 만약 사회복지사와 클라이언트가 중시하는 문제가 다르다면 문제에 대해 서로 의논하고 합의하여 문제의 우선순위를 정해야 한다.

둘째, 문제는 명료하고 구체적이며 문제상황을 대표해야 한다. 즉, 문제를 이해 가능한 말로 분명하게 규정해야 한다.

셋째, 해결 가능성이 비교적 뚜렷한 문제를 선정해야 한다. 해결할 가능성이 보이지 않는 문제를 우선순위로 삼는 것은 사회복지사와 클라이언트 모두의 시간과 에너지만 낭비하는 결과를 초래할 수 있다.

3) 3단계: 문제를 욕구로 전환하기

클라이언트의 문제를 단순히 문제로만 남기는 것은 앞으로 무엇을 해야 하는지 그 방향성에 대해 알려주지 않는다. 문제를 클라이언트가 해결하고자 하는 욕구로 전환하면 문제해결을 위해 무엇을 해야 하는지, 어떤 목표를 세워야 하는지를 알 수 있게 된다.

4) 4단계: 개입의 수준 평가하기

개입의 수준을 평가하는 것은 클라이언트와 함께 목표 달성의 다양한 전략을 선택하고 사정하는 것이다. 전략을 선택할 때는 초기에 개입하기로 한 욕구에 초점을 두며, 이를 해결할 수 있는 클라이언트의 강점에 집중하고, 가장 효율적인 전략이 무엇인지 확인하는 것이 중요하다.

5) 5단계: 일차적 목표 설정하기

개입의 필요성을 분명히 하기 위해 일차적 목표를 설정한다. 목적은 개입을 통해 얻고자 하는 장기적이고 궁극적인 결과이다.

6) 6단계: 목표를 구체화하기

일차적 목표만으로는 광범위하고 추상적인 진술로 인해 목표 달성 여부를 확인하기 어렵다. 따라서 충족되어야 하는 욕구에 대한 합의가 이루어졌다면, 이 단계에서는 목표를 하위목표로 구체화하는 것이 필요하다.

목표로 구체화하는 것은 누가, 언제, 무엇을 수행하고, 성공 정도를 어떻게 측정될 것인가에 대해 구체적으로 측정하여 진술하는 것이다. 목표와 하위목표는 사회복지사와 클라이언트의 과업과 책임을 명확하게 하며, 시간과 에너지 낭비를 막을 수 있게 한다.

7) 7단계: 계약을 공식화하기

사회복지사와 클라이언트 간에 개입 과정에서 일어나는 일에 대해 상호 동의를 하는 것을 계약이라고 한다. 계약의 내용으로는 목적 및 목표, 개입 기간, 역할 등이 포함된다(김경호, 2010).

2. 개입목표 설정

1) 목표설정의 중요성

목표설정은 변화가 필요한 부분과 변화를 일으키기 위한 방향을 명확히 제시함으로써 구체적인 개입방법을 결정할 수 있게 개입단계 동안 클라이언트가 당황하거나 혼돈하지 않고 진행할 수 있도록 도와준다. 개입이 종결된 후 그 결과를 평가할 때 설정했던 목표가 평가기준이 되므로 목표설정은 결과를 효과적으로 평가하는 데 도움을 준다. 또한, 목표설정은 사회복지사와 클라이언트 간에 합의 과정이 이루어진다는 점에서 의미가 있다(Johnson & Yanca, 2004).

2) 목표설정의 지침

(1) 일반적 지침

사회복지실천에서 목적은 클라이언트의 '복지' 또는 '삶의 질 향상'이라고 할 수 있다. 이러한 목적의 원조가 성공적으로 종결되기 위해서는 목표설정을 잘 하는 것이 중요하다. 헵워스 등(Hepworth et al., 2006)은 목표를 수립할 때 제시한 지침을 참고하여 기술한 것이다.

첫째, 목표는 클라이언트가 원하는 결과와 연결되어야 한다.

목표가 클라이언트가 원하는 결과와 연결되어야 한다는 것은 목표를 설정할 때 클라이언트의 욕구가 반영되어야 한다는 뜻이다. 욕구가 반영되면 클라이언트는 동기부여가 생겨 목표를 달성하고자 노력하게 될 것이다.

둘째, 목표는 명백하게 측정 가능한 형태로 제시되어야 한다.

목표가 측정 가능한 형태로 명백하게 제시되어야 변화하고자 하는 바가 무엇인지 그 결과를 주관적 판단이 아닌 객관적 관찰로 평가할 수 있으므로 목표는 측정 가능한 형태로 명백하게 진술되어야 한다.

셋째, 목표는 현실적이고 달성 가능한 것이어야 한다.

일단 문제가 발생하면 누구나 스스로 해결하고자 노력한다. 그러나 이러한 노력이 실패하면 좌절감을 느껴 사회복지사를 찾아오게 된다. 따라서 목표는 그 수가 적더라도 달성 가능한 것으로 설정하여 클라이언트가 목표 달성을 할 때 성취감을 느껴 문제해결 능력이 향상되도록 해야 한다,

넷째, 목표는 사회복지사의 지식과 기술에 상응해야 한다.

목표는 사회복지사의 지식과 기술 내에서 달성할 수 있어야 한다. 만약 목표가 사회복지사의 능력을 넘어서는 일이라면, 지도 감독의 도움을 받아 목표에 접근할 수 있어야 하고 그렇지 않으면 자격을 갖춘 다른 전문가에게 의뢰해야 할 것이다.

다섯째, 목표는 성장을 강조하는 긍정적 형태여야 한다.

목표는 성장을 강조하는 긍정적 형태여야 한다는 그것은 주로 '……하기'의 긍정적인 형태로 진술되어야 한다는 것을 말한다. 예를 들어, '비난하지 않기'보다는 '칭찬하기'로 설정하는 것이다. '……하지 않기'는 부정적인 문제행동에 초점을 두지만 '……하기'는 성장 지향적인 행동에 초점을 둔다. 무언가를 잃는 것보다 얻는 것에 집중하는 것은 변화할 수 있는 동기를 더 많이 제공한다.

여섯째, 목표가 사회복지사의 중요한 가치나 권리에 맞지 않는다면 동의해서는 안 된다.

비록 가치와 권리가 개인적이라 할지라도, 클라이언트의 요구와 목표가 근본적으로 사회복지사의 권리나 가치에 맞지 않아 받아들이기 어려운 것이라면 동의하지 않아야 한다.

일곱째, 목표는 기관의 기능과 일치해야 한다.

사회복지사는 기관의 조직 내에서 활동하는 한, 목표는 기관이 추구하는 기능과 일치해야 한다. 만약 일치하지 않으면 다른 기관을 통한 의뢰를 생각해야 한다. 클라이언트의 결핍과 목표는 때로는 기관의 기능과 부합하지 않을 때도 있다.

그러나 위와 같은 지침에 맞게 목표설정이 잘 되었음에도 다양한 목표가 생기는 경우가 발생한다. 이러면 우선순위를 두고 사용하는 것이 효과적인데, 목표의 우선순위를 정하는 기준은 다음과 같다(이영실, 2011).

첫째, 클라이언트에게 가장 시급한 문제해결

둘째, 가장 단기간에 달성하여 만족감과 성취감을 느낄 수 있는 것

셋째, 클라이언트가 목표 달성에 전력을 다할 강한 동기가 있는 것

넷째, 기관의 기능과 사회복지사의 능력에 적합한 것

(2) SMART 형식

장기적인 목적 달성을 위해 단기적이고 측정 가능, 구체적, 긍정적으로 목표를 작성하도록 한다. 목표를 작성할 때 누가, 무엇을, 어느 정도, 어떤 상황에서, 언제까지 할 것인지에 대한 답이 구체적이고 현실적이며 시의적절하게 수립되어야 한다(이경준 외, 2018).

에간(G. Egan)의 목표를 설정할 때 고려해야 할 세부적인 지침은 SMART 형식을 따른다(김용환 외, 2017).

① 구체성(Specific)

SMART의 첫 글자 (S)는 Specific(구체적)을 말한다. 목표가 광범위하거나 모호하면 놓치기 쉽다. 대략적이기보다는 목표를 구체적으로 측정 가능한 형태로 설정해야 달성 가능성이 크다. 구체적인 목표가 있으면 시작부터 끝까지 형성된 경로를 볼 수 있기 때문이다. '누가, 무엇을, 어느 정도, 어떤 상황에서, 언제까지' 할 것인지에 대한 답이 제시되도록 구성하는 것이 좋다.

② 측정 가능성(Measurable)

측정 가능한 목표를 세우기 (M)은 목표가 달성 가능한 것이어야 한다. 그러기 위해서는 결과를 측정할 수 있는 '기준'을 설정해야 한다. 목표에 대한 기준을 측정할 수 없다면 내가 잘하고 있는지 또는 계획에서 벗어나서 경로를 수정해야 하는지 알 수 없다. 그러므로 측정 가능한 목표와 기준이 설정되면 클라이언트에게 의미 있는 도전과 기대를 병행할 수 있어 계획된 경로를 지키게 한다.

예를 들어, 체중감량이 목표라면 15kg을 감량할 것인지, 20kg을 감량할 것인지 수치화된 목표를 설정해야 한다. 현재의 몸무게를 시작으로 중간에 목표에 도달하고 있는지를 확인해 볼 수 있다.

③ 성취 가능성(Achievable)

달성 가능한 목표를 세우기 (A)는 목표가 성장을 강조하는 긍정적인 형태로 표현하는 것이 좋다 '~하지 않기'보다는 '~하기'로 진술되어야 함을 의미하는데 주어진 자원과 시간 동안 도달할 수 있어야 하고 성취할 수 있고 실현 가능한 목표가 설정되어야 한다.

예를 들어, 6개월 목표로 체중감량을 위한 걷기운동을 계획한다면, 이번 주는 10k, 다음 주는 15k씩 걷는 양을 매주 조금씩 늘려서 운동하고 식단을 조절할 수 있다면 6개월 안에 원하는 10kg을 감량할 수 있다. 장기적 목표보다는 단기적 목표에 집중해서 성취 가능성을 높여야 한다.

④ 현실성(Realistic)

나와 관련된 목표 세우기 (R)은 목표 달성이 나와 얼마나 밀접한 관련이 있는지를 의미한다. 그것은 성취 가능(Achievable)한 목표 기준과 유사하게 목표는 현실적이면서 관련성이 있어야 한다.

목표는 사회복지사가 활용할 수 있는 지식과 기술 내에서 달성이 가능한 목표가 적절하며, 만일 필요로 하는 지식과 기술이 사회복지사의 능력 밖이라면 자격이 되는 다른 전문가에게 의뢰하거나 그것이 여의치 않다면 지도, 감독을 통해 목표에 접근할 수 있게 한다.

⑤ 시기 적절성(Timely)

시간을 제한하기 (T)는 목표 달성을 완료해야 하는 마감 기한을 두는 것이 중요하다. 만약 기간을 설정해 두지 않으면 내적인 부담감이 없어서 실패할 확률이 높다. 그러므로 계획에서 벗어나지 않도록 특정 목표에 도달해야 하는 기한을 정해야 한다. 이는 기관의 정책, 절차, 기능과 일치해야 한다. 사회복지사는 클라이언트와 함께 목표 수립을 할 때, 클라이언트에게 중요한 것을 선정하는 것이 중요하며, 목표가 구체적이고 실현 가능하며, 시기적절한 것으로 선정해야 바람직한 결과에 이를 수 있다(엄명용, 2011; 김혜영, 2010).

제2절 계약단계

1. 계약단계

1) 계약의 개념

계약(contract)이란 사회복지사와 클라이언트가 이해한 내용의 본질을 재검토하는 것으로, 사회복지사와 클라이언트의 역할, 시간, 장소, 비용, 개입기법, 평가방법 등에 대해 사회복지사와 클라이언트가 동의하는 그것을 계약(contract)이라고 한다(김용환 외, 2022). 계획수립이 완료되면 서로의 의무와 과업, 구체적인 개입을 위한 계약서를 작성하게 된다.

계약 내용 속에는 사회복지사와 클라이언트는 합의를 통해 설정한 목표 달성 과정에서 발생할 수 있는 각각의 역할을 명확히 하여 서약하고 가능한 클라이언트의 참여를 높여야 한다(조미숙 외, 2020). 이것은 계약의 모호성으로 인한 클라이언트의 두려움과 불안을 어느 정도 감소시키며 원조 활동의 초점을 맞추는 데 도움을 준다. 다시 말해, 계약은 사회복지실천 활동에서 사회복지사와 클라이언트, 그 외 관련 체계가 목적과 목표를 달성을 위해 어떤 행동의 주체가, 어떤 과업을, 어떤 시간적 조건에서, 어떤 방법으로 실천 활동을 할 것이며, 어떤 전반적인 운영사항(회합시간, 장소, 비용, 평가 등)이 있는지에 대해 구체적으로 계획하여 합의하는 과정이다(이영실 외, 2011).

2) 계약의 중요성

계약(contract)은 계획을 수립하고 이행하는 데 있어 클라이언트의 권리보장에 중요한 구실을 한다. 계약은 클라이언트의 통제 능력을 증대시키며, 클라이언트에게 목표설정에 참여함으로써 개입의 구체성과 참여감을 주기 때문에 변화의 의지가 커지며, 원조 과정에 효과적으로 참여하게 된다. 또한, 사회복지사에게 일방적으로 휘둘리지 않고 클라이언트의 의견이 충분히 반영될 수 있도록 하여 클라이언트를 자유롭게 한다. 결과적으로 계약은 클라이언트가 자신의 활동을 통해서 합의된 목적과 목표에 도달함으로써 자아존중감을 향상하고 상황을 변화시킬 수 있다는 자신감을 느끼게 한다(김용환 외, 2017). 반대로 사회복지사 또한 계약은 목표와 과업을 설정하는 데 있어, 원조 활동의 책임을 지는 데 영향을 미치고, 개입이 종결된 후에도 그 결과를 효과적으로 평가할 수 있는 근거가 된다.

2. 계약의 내용과 형식

1) 계약의 내용

계약의 내용에 포함될 내용으로 헵워스(Hepworth, 2010)는 참여자의 역할, 활용될 기법, 시간적 조건 등과 관련된 관리사항을 제시했고, 존슨(Johnson, 1989)은 클라이언트와 합의한 목표, 구체적인 개입기법, 시간제한을 제시했다. 사회복지사와 클라이언트는 계약의 내용에 대해 합의한 후 목적과 목표, 구체적인 개입방법과 기술, 평가방법, 비용, 계약의 지속기간 및 시간적 조건, 시작일, 참여자의 역할과 책임에 등 상호 이해한 내용을 간결하게 재검토하는 과정을 거쳐야 한다.

2) 계약의 형식

사회복지실천계획에 대한 계약은 다양한 형식을 통해 이루어질 수 있다. 주로 사용되는 계약의 형식으로는 서면계약, 구두계약, 암묵적 계약이 있는데, 각 계약의 특징과 장점, 단점을 설명하면 다음과 같다(김용환 외, 2017).

(1) 서면계약

서면계약은 사회복지실천 과정에서 공식적인 형태의 계약이다. 사회복지사와 클라이언트, 그 외 관련된 주변 인물이 합의한 사실을 서면으로 작성하고 서명하는 것을 말한다(허정철 외, 2019).

서면계약의 장점은 목표를 명료화하고, 우선순위를 정하며, 서로의 역할과 책임을 분명히 할 수 있다는 점이 있다. 반면 단점은 문서자료를 만들어야 하므로 준비하는 데 시간이 걸린다는 점, 클라이언트가 처벌의 두려움으로 계약에 동의할 위험이 있다는 점, 쉽게 개념화된 목표에만 집중하여 성취하기 목표를 회피할 수 있다는 점, 클라이언트에 따라 서면 내용의 목표 달성을 사회복지사의 의무로 인식하여 달성되지 않았을 경우 잘못된 개입으로 소송을 제기할 수도 있다는 점이 있다(양옥경 외, 2004; Sheafor & Horejsi, 2008).

(2) 구두계약

구두계약은 목적 및 목표, 참여자의 역할, 시간적 조건을 분명하게 한다는 점에서는 서면계약과 다르지 않으나 서명화 대신 구두로 계약하는 점에서 차이가 있다.

구두계약은 비교적 빠르고 쉽게 할 수 있고 서면서류를 통한 서명에 거부감이 있는 클라이언트와 계약할 때 유용하다는 장점이 있지만, 그러나 구두계약을 했더라도 합의한 내용을 잊어버리거나 부정할 수 있는 단점이 있으므로 간단한 내용은 간략하게 기록해 두는 것이 좋다(Hepworth et al., 2010; Kirst-Ashman

& Hull, 2009).

(3) 암묵적 계약

암묵적 계약은 1923년 미국 연방 대법원에서 정의된 법률용어이다. 암묵적 계약은 실제로 문서로 만들거나 구두로 합의하지 않았지만, 암묵적으로 합의한 계약을 말한다. 그러나 암묵적 계약은 서면계약처럼 내용이 명시되지 않았기 때문에 서로 합의하지 않은 사항에 대해 합의했다고 오해하는 경우가 생길 수 있다는 단점이 있을 수 있다. 그러므로 클라이언트와의 의사소통 과정을 명확히 해서 계획을 실행할 수 있도록 해야 한다.

다음의 [표 11-1]은 계약서의 예시이다.

▼ 표 11-1 계약서의 예

계약서

우리는 다음의 사항에 합의한다.

- 계약자(사례번호)
  클라이언트의 이름 및 주소 등 신상정보

- 표적 문제
  사회복지실천 활동에서 다룰 합의된 문제 및 욕구

- 목적 및 목표

- 행동전략(단계)
  활용될 개입기법
  시간적 조건(기간, 시간), 장소, 비용, 평가방법, 계약의 지속기간 및 시간적 조건, 시작일

- (클라이언트 성명)은 다음과 같은 책임을 이행하기로 동의한다.

- 기관을 대신하여, (사회복지사 성명)은 다음과 같은 책임을 이행하기로 동의한다.

년 월 일

사회복지사 ○ ○ ○ (서명) 클라이언트 ○ ○ ○ (서명)

사회복지사 1급 기출 및 예상문제

01 사회복지서비스 계획수립 단계에 관한 설명으로 옳지 않은 것은? (20회)

① 계획의 목표는 기관의 기능과 일치해야 한다.
② 목표설정은 미시적 수준과 거시적 수준에서 클라이언트의 변화를 고려한다.
③ 계약서는 클라이언트만 작성하여 과업과 의무를 공식화한다.
④ 목표는 클라이언트가 원하는 결과를 포함하여 클라이언트의 적극적인 참여를 유도한다.
⑤ 계획단계의 목표는 클라이언트와 사회복지사가 함께 합의하여 결정한다.

해설 사회복지사는 클라이언트와 상호합의하여 개입을 위한 목표를 설정하고 계약하여야 한다.

정답 ③

02 에간(G. Egan)의 목표선정 지침인 SMART에 해당하는 것을 모두 고른 것은? (13회)

㉠ 적합성(Adequate)	㉡ 합리성(Reasonable)
㉢ 조절 가능성(Manageable)	㉣ 구체성(Specific)

① ㉠, ㉡, ㉢　② ㉠, ㉢　③ ㉡, ㉣
④ ㉣　⑤ ㉠, ㉡, ㉢, ㉣

해설 에간(G. Egan)의 목표를 설정할 때 고려해야 할 세부적인 지침인 SMART 원칙에는 ① 구체성(Specific), ② 측정 가능성(Measurable), ③ 성취 가능성(Achievable), ④ 현실성(Realistic), ⑤ 시기적절성(Timely)이 있다.

정답 ④

03 실천개입의 목표로 바람직하게 기술된 것은? (10회)

① 늦잠을 자지 않는다.
② 바람직한 대인관계를 형성한다.
③ 집단 프로그램을 제공한다.
④ 매일 동화책을 1시간씩 읽는다.
⑤ 경제적 안정을 획득한다.

해설 목표설정 요건은 구체적이어야 한다. 측정 가능해야 한다. 달성 가능해야 한다. 결과 지향적이어야 한다. 시한이 분명해야 한다.

정답 ④

Chapter > 12

개입 과정

초기 활동단계에서 사정과 계약이 이루어지면 문제해결을 위한 설정된 목표를 달성하기 위해 계획단계에서의 목표와 계약을 실천하는 과정이다. 개입단계는 실천의 단계로 사회복지사가 클라이언트에게 영향력을 행사하여 의도적인 변화가 실질적으로 일어나도록 지원하는 실천의 단계이다.

이 장에서는 개입단계의 특징과 목표, 사회복지사의 역할을 파악하도록 한다. 또한, 직접적 개입과 간접적 개입을 구분하여 이해하고, 개입의 기법에 대해 학습해 본다.

제1절 개입단계

1. 개입단계의 개념 및 특징

개입(intervention)단계는 초기단계에서 설정된 목표를 달성하기 위한 개입 활동이 수행되는 시기로 사회복지사와 클라이언트가 합의하여 결정한 문제를 행동으로 옮겨 해결하기 위해 계획한 목표와 계약을 실천하는 단계이다. 또한, 개입단계는 구체적인 행동을 통해 클라이언트와 주변 환경에 의도적인 변화가 일어날 수 있도록 지원하는 단계로서 사회복지사가 기본적인 사회복지실천기술을 활용하여 실행한다. 사회복지실천 과정에서 가장 핵심적인 부분으로 가장 많은 시간이 소요되는 과정이다.

사회복지실천의 개입은 직접적 개입과 간접적 개입으로 나눌 수 있다. 직접적 개입은 사회복지사가 개인, 가족, 집단 등 미시체계 수준에서 클라이언트 체계와 대면 관계를 통한 직접적인 상담, 치료, 교육 등의 방법을 활용하여 문제해결 및 변화를 목표로 한다. 간접적 개입은 클라이언트 체계 이외의 개인, 소집단, 조직 또는 지역사회 등 클라이언트 체계를 둘러싼 환경체계를 변화시킴으로써 문제해결을 목표로 한다.

개입단계는 사회복지사가 클라이언트의 변화 과정을 관찰하고, 이전 단계에서 설정된 개입목표가 제대로 달성되고 있는지 점검하는 것이 특징이다.

2. 개입단계의 목표

개입은 문제해결을 위해 목표를 달성하려는 일련의 전문적인 실천활동이다. 실천기법은 사회복지사의 이론적 배경이나 클라이언트가 호소하는 문제의 성격과 상황 그리고 환경과의 관계를 변화시키기 위한 방향에 따라 다양한 실천이론과 모델의 개입방향에 기초하여 다르게 적용되는데, 클라이언트의 목표 달성을 위해 가장 적절한 개입방법을 선택하여 문제해결을 시도하는 것이 바람직하다(김효선 외, 2019).

개입단계의 목표는 클라이언트의 기능을 회복시키고 개선하는 것에 있다. 첫째, 문제해결을 위한 구체적 변화 전략을 수립하며 둘째, 사회복지사는 다양한 개입방법과 기술을 적용하여 클라이언트와 그를 둘러싼 환경체계에서 긍정적인 변화가 나타날 수 있도록 원조하여야 한다. 셋째, 사회복지사는 지속적 점검(monitoring)을 통한 클라이언트의 변화 정도를 유지하고 평가하는 것이다(엄명용 외, 2011; Hamilton, 1951).

개입단계에서 고려할 사항들

- 문제를 명확히 정의한다.
- 문제해결을 위한 방향과 가능한 방안을 정한다.
- 문제해결 방안에 관련된 정보를 수집한다.
- 수집된 자료를 바탕으로 대처 행동을 의논한다.
- 검사와 심리진단 자료를 참고로 바람직한 행동 절차 및 의사소통의 실제 계획을 수립한다.
- 계획된 것을 실제 생활에서 실천해 본다.
- 실천 결과를 평가하고 행동 계획을 수정, 보완한다.

출처: 정원철(2005).

3. 사회복지사의 역할

사회복지사는 개입 과정에서 클라이언트의 문제가 해결될 수 있도록 전문적인 임무를 수행해야 한다. 사회복지사의 역할은 중개자, 조력자, 교사, 중재자, 옹호자가 있으며 이에 관한 내용은 다음과 같다(김용환 외, 2017).

1) 중개자(broker) 역할

중개자는 직접적 개입이나 의뢰를 통해서 클라이언트가 필요로 하는 적합한 자원과 서비스를 연결하는 역할이다. 중개자는 사회복지사가 속한 기관 또는 지역사회 내에서 클라이언트가 필요한 자원과 서비스를 충분히 받을 수 있도록 교류를 지원해야 한다. 그러기 위해서는 사회복지사는 지역사회에 있는 자원에 대해서 철저하게 파악하고 적절하게 의뢰할 수 있어야 한다. 예를 들어, 실직한 클라이언트에게 직업훈련프로그램을 소개하는 것이다.

2) 조력자(enabler) 역할

클라이언트가 문제를 해결할 수 있는 능력을 기르고 필요한 자원을 스스로 찾아낼 수 있도록 클라이언트의 능력을 개발하는 역할이다(Compton & Galaway, 1989). 클라이언트가 위기상황에서 다양한 스트레스에 대처하도록 돕는 동시에 클라이언트의 욕구를 확인하고 문제를 규정하여 문제를 효과적으로 다룰 수 있는 능력을 개발시켜 클라이언트에게 희망을 전하는 조력자의 역할이다. 예를 들어, 자녀와의 관계를 개선할 수 있는 대안을 모색하도록 부모, 자녀 관계에 갈등을 겪는 중학생 자녀를 둔 클라이언트에게 자녀와의 관계를 분명히 인식하게 하고, 지역사회 내 청소년 상담센터에서 심리검사를 받을 수 있도록 원조하는 조력자의 역할이다(이경준 외, 2020).

3) 교육자(teacher) 역할

교사 혹은 교육자의 역할은 클라이언트의 사회적 기능이나 문제해결 능력이 향상될 수 있도록 교육적인 프로그램이나 정보를 제공하며, 적응기술을 익히도록 클라이언트를 가르치는 것이다. 효과적인 교육자의 역할을 담당하기 위해서 사회복지사는 무엇보다 전문적 지식과 정보를 많이 알아야 하며, 정보를 명확히 전달하고 이해시키기 위해 의사소통을 잘하는 것이 필요하다.

예를 들어, 컴퓨터 중독을 가지고 있는 청소년들에게 자가 중독검사를 하여 본인이 중독 상태를 인지하게 하고 사회복지사는 자기관리 방법을 교육할 수 있다(이경준 외, 2020).

4) 중재자(mediator) 역할

중재자는 견해가 서로 다른 의견이나 가치를 가진 개인들 간 또는 집단이나 조직 간의 의사소통을 향상하고 타협하도록 도우며 중립을 유지하고 갈등을 중재하는 역할을 한다.

예를 들어, 장애인고용업무를 담당하고 있는 사회복지사는 일방적으로 해고를 당했다고 호소하는 장애인을 위해 고용업체와 만나 타협하고 해결을 담당할 수 있다(이경준 외, 2020).

5) 옹호자(advocator) 역할

옹호자는 크고 강력한 체계에 맞서 있는 클라이언트와 가족의 권리를 옹호하고 대변하기 위해 개입하고 지지하는 역할이다.

클라이언트 욕구에 서비스 기관이 반응하지 않거나 서비스 제공을 거절당하는 경우 대상자들이 적절한 서비스를 받을 수 있는 권리를 확보하거나 유지하도록 기관 내 프로그램이나 정책을 변화시키기 위한 적극적인 역할을 수행한다.

예를 들어, 학대받는 아동의 권리를 확보하기 위한 문제의 심각성을 알리는 공청회 개최, 아동학대 예방을 위한 인식개선 활동 차원의 거리 캠페인 실시 등이 사회복지사의 옹호에 해당된다(이경준 외, 2020).

제2절 직접적 개입

직접적 개입은 사회복지사가 개인, 가족, 집단 등 미시체계 수준에서 사회복지사가 클라이언트 체계와 대면 관계를 통한 직접적인 상담, 치료, 교육 등의 방법을 활용하여 문제해결 및 변화를 목표로 한다. 즉, 사회복지사가 클라이언트의 문제해결을 위해 가장 합리적이고 체계적인 방법으로 개입하여 바람직하지 않은 행동, 사고, 감정이 변화되도록 다양한 행동기법을 사용한다(이경준 외, 2020).

미시체계는 'micro system'이라고도 하며, 주인공에게 가장 가까운 체계를 한다. 개인에게 가장 인접한 수준의 환경으로 모방과 학습이 이루어지는 터전이기도 하다. 대부분 성장 과정에서 나에게 영향을 주는 집과 가족, 형제자매, 놀이터, 동아리, 학교, 학교 선생님, 운동팀, 교회 친구, 또래 친구 등 다른 사회집단에서 만나는 사람들과 이웃 사람들이 미시체계에 속한다. 미시체계는 나와 가장 가깝고 친밀한 체계임에도 불구하고 나에게 미치는 영향이 시간이 지나면서 변화해서 때로는 커지기도 하고, 작아지기도 한다.

1. 개인체계의 개입 방법(이경준 외, 2020; 김용환 외, 2017)

개인에 대한 개입 활동이 필요한 경우는 욕구가 무엇이냐에 달려 있는데, 주로 다음과 같은 경우이다(엄명용 외, 2011; 김혜영 외, 2011).

- 개인에 대한 개입 활동이 필요한 경우
  - 문제가 주로 클라이언트의 내적, 주관적 원인에서 비롯된 경우
  - 대인관계의 문제가 있는 경우
  - 문제의 초점이 애매하여 문제해결에 어려움이 있는 경우
  - 위기상황에 처하여 감정이 복잡하고 갈등을 겪고 있는 경우
  - 자원을 이용할 수 있는 클라이언트의 능력이 손상된 경우
- 직접적인 개입 활동이 다음과 같은 범주에 속할 경우(엄명용 외, 2006)
  - 클라이언트 사회적 기능을 지원하는 활동
  - 클라이언트와 다른 사람의 사회적 기능을 조정하기 위한 활동
  - 관계를 발전시키기 위한 활동
  - 상황 속의 개인에 대한 이해를 가능하게 하기 위한 활동
  - 문제상황을 분석하고 대안을 창안할 수 있게 하는 활동
  - 계획 과정에 필요한 활동
  - 클라이언트가 가능한 자원을 인식하고 이용할 수 있게 해주는 활동
  - 위기상황에서 필요한 활동

개인에 대한 개입 활동에서는 주로 개인의 문제가 대개 내·외부로부터의 스트레스에 대한 대처능력의 부족에서 비롯된다는 가정에서 출발한다(전재일 외, 2006). 따라서 클라이언트 스스로 문제를 해결할 수 있도록 문제해결 능력을 향상하며, 미래의 위기를 막기 위한 적절한 방법을 개발하기 위해 의사소통 기술을 사용하고, 바람직하지 않은 행동, 사고 또는 감정을 변화시키기 위

해 행동변화기술 등을 사용한다(김효선 외, 2019).

개인체계의 개입은 정서·인지의 개입 기술, 상황인식 능력 향상 개입 기술, 행동변화의 개입 기술, 대인관계 향상을 위한 기법 등으로 구분되는데, 그 내용은 다음과 같다.

1) 정서·인지의 개입 기술

(1) 격려(encouragement)

격려는 클라이언트의 문제해결 능력을 향상하려는 방법으로 클라이언트의 가능성에 대한 표현하는 기법이다. 클라이언트가 자신감이 없거나 자존감이 낮을 때 클라이언트의 행동, 태도, 감정을 칭찬하거나 인정하는 표현을 해주는 기법으로 불안한 상황에 있는 클라이언트에게 사회복지사는 격려로 개입할 수 있다. 격려는 칭찬과는 달리 남과 비교하지 않으며 작은 것이라도 향상되고 노력한 것에 대해 스스로 가치 있는 사람이라고 느끼도록 도울 수 있다.

사회복지사는 격려를 적용할 때에는 클라이언트의 행동이나 태도를 인정하고 격려의 내용이 구체적이고 분명하게 클라이언트에게 전달될 수 있도록 클라이언트의 행동이나 태도와 직접 관련이 있어야 한다(이경준 외, 2020).

격려는 환기, 재보증 등과 같은 여러 다른 기술과 함께 사용할 수 있다.

(2) 재보증(reassurance)

재보증은 클라이언트의 능력이나 자질에 대해 회의를 느끼는 클라이언트에게 신뢰를 표현함으로써 클라이언트를 안심시키고, 클라이언트의 자신감을 향상하는 기법이다. 예를 들어, 시험을 앞두고 시험에 대한 불안으로 자포자기한 청소년에게, “넌 충분히 잘할 수 있어. 이번에는 정말 열심히 노력했으니 마음을 가다듬고 침착하게 잘할 수 있어.”라고 클라이언트를 안심시키는 것은 합리적이고 현실적인 생각과 결정에 대해 클라이언트가 의구심이 들고 있을 때 사용한다(김용환 외, 2017 재인용; 이영실 외, 2011).

(3) 보편화(일반화, universalization)

보편화란 클라이언트의 생각, 느낌, 행동이 그와 비슷한 상황에 있는 다른 사람과 같다는 사회복지사의 진술을 의미한다. 사회복지사는 클라이언트의 생각, 느낌, 행동이 이상하거나 독특한 것이 아니라, 비슷한 상황에 있는 다른 사람과 같다고 말해 줌으로써 이질감이나 소외감, 일탈감을 해소하고 자신에 대한 신뢰감과 자신감을 회복시킬 수 있다(이경준 외, 2020). 예를 들어, 자녀의 양육에 어려움을 호소하고 있는 클라이언트에게 사회복지사는 클라이언트 자녀에게 문제가 있는 것이 아니라 발달 과정에서 누구나 일어나는 일반적인 모습이라고 말해 준다(이경준 외, 2020).

(4) 환기법(ventilation)

환기법이란 정화법(catharsis)이라고도 한다. 클라이언트의 억압되어 있는 감정을 자유롭게 스스로 표현하도록 촉진하는 기술을 말하는데, 특히 부정적인 상황과 관련된 분노, 증오, 슬픔, 죄의식, 불안 등과 관련된 감정을 표출하여 감정의 강도를 감소시키거나 해소하려는 기법이다(김용환 외, 2022). 환기법은 감정을 제대로 표출하여 이야기하도록 하고 정서를 발산하도록 격려하는 치료적 기능을 한다.

2) 인지구조를 변화시키는 기술

(1) 재구조화(reframing)

재구조화는 다른 각도에서 자신의 문제를 새로운 방식, 다른 시각으로 이해하도록 돕는 기법으로 재명명 혹은 재규정이라고도 한다. 클라이언트의 구체적인 사건과 행동을 새로운 방식과 시각으로 접근할 수 있게 신뢰성 있고 클라이언트가 이해할 만한 것으로 재구조화한다.

(2) 초점화(focus)

초점화는 '누구를 통해 자기 문제를 지각하고 인식하는가?', 즉 '누가 보는가' 하는 관점의 문제이다. 사회복지사는 초점을 맞추기 위하여 클라이언트 자신이 가장 중요하다고 느끼는 문제나 문제 일부를 선택하고, 그중에 먼저 다루어야 할 것을 명백히 밝혀야 한다.

초점화는 클라이언트가 자기 문제를 언어로 표현할 때 혼란하거나 산만한 것을 점검해 주고 클라이언트의 말 속에 숨겨진 선입견, 편견, 혼란 등을 표출하여 자신의 사고 과정을 명확히 볼 수 있도록 해준다(김용환 외, 2022). 이는 제한된 시간 내에 최대한의 효과를 거둬야 하는 전문적 관계에서 불필요한 시간 낭비를 막아주는 데 효과가 있다.

(3) 직면(confront)

클라이언트가 모르고 있거나 인정하기를 거부하는 생각과 느낌, 즉 말과 행동 사이의 불일치, 표현한 가치와 실행 사이의 모순을 클라이언트 자신이 인식하도록 하는 사회복지사의 언급(또는 지적)이다.

예를 들어, 클라이언트가 자신의 중요한 문제를 마치 중요하지 않은 것처럼 말하는 경우 클라이언트의 태도와 행동에서 문제의 중요성이 나타난다면 직면을 시도할 수 있다. 사회복지사는 클라이언트의 언어적, 비언어적 의사소통의 불일치를 직면시키면서 문제에 대한 통찰력을 갖게 하거나 자신을 개방하도록 돕는다(길귀숙, 2011; 최해경, 2009).

3) 상황인식 능력 향상 기술

(1) 정보 제공(informing)

정보 제공은 클라이언트에게 사실이나 자료, 의견 자원의 형태로 정보를 제공하는 기법이다. 여기서 정보는 클라이언트가 어떤 결정을 내리고 과제를 수행하는 데 필요한 정보를 말한다. 예를 들어, 청소년기 자녀를 둔 부모가 변해 가는 자녀의 모습과 반항적인 언행에 힘겨워할 때, 부모교육을 제공하는 다양한 기관과 교육내용을 소개하거나 부모들의 자조 모임을 소개하는 것이다(김용환 외, 2022).

사회복지사는 지역사회의 다양한 최신정보를 확보하여 클라이언트에게 제공하는 것만으로도 클라이언트가 겪고 있는 문제를 효과적으로 해결할 수 있다. 예를 들어, 임대주택의 조건, 기초생활 수급자격, 장애등록절차 등과 같은 정보 제공으로 의료나 의식주의 근본적인 문제를 해결할 수 있다(이경준 외, 2018).

(2) 조언(advice)

조언이란 클라이언트가 먼저 해야 할 것을 추천하거나 제안하는 사회복지사의 진술을 의미한다. 사회복지사는 클라이언트와의 신뢰 관계가 구축되고 저항이 사라지고 난 이후나 클라이언트가 요구할 때 조언을 하게 되면 효과를 볼 수 있다(엄명용 외, 2006). 그러나 조언은 사회복지사가 잘못 활용할 수도 있으므로 매우 신중하고 제한적으로 조언 기술을 활용해야 한다. 조언의 성패는 조언을 받아들이는 클라이언트의 능력에 달려 있다.

4) 행동변화의 개입 기술

(1) 강화(reinforcement)와 처벌(punishment)

강화와 처벌은 스키너(Skinner)의 조작적 행동학습이론에 기초한 기법이다. 강화란 어떤 행동 수행을 증가시키기 위한 것을 말하는데, 강화는 보상(reward)이라는 용어와 종종 동의어로 사용되고 의미상으로도 상당히 중첩되어 있다(곽병찬, 2004). 즉, 특정한 행동이 보상을 받으면 그 행동이 다시 일어나기 쉽다는 원리로 강화는 표적 행동을 증가시키기 위해 클라이언트가 선호하는 조건을 추가하거나 제공해 주는 정적 강화와 클라이언트가 싫어하거나 불쾌해하는 조건을 감소시키거나 제거하는 부적 강화가 있다(조미숙 외, 2018).

처벌은 표적 행동을 제거하거나 그 강도를 감소시키기 위해 클라이언트가 표적 행동할 때, 고통스럽고 불쾌한 자극을 제시하는 기법이다. 즉, 이것은 특정한 행동이 유쾌하지 못한 결과를 초래하면 그 행동은 약화하거나 없어진다는 원리이다.

(2) 토큰 강화법(token reinforcement)

토큰 강화법은 여러 가지 바람직한 행동과 습관을 구체적으로 미리 정해 놓고, 집단 속의 각 개인이 다양한 행동을 수정할 때 그에 상응하는 토큰(스티커, 별표)을 줌으로써 체계적으로 강화하는 기법이다. 토큰 경제라고도 하는 이 기법은 토큰을 돈처럼 교환가치를 부여해 놓고 바람직한 행동을 할 때마다 토큰을 받으며, 토큰은 개수에 따라 다양한 강화 자극과 교환된다(김혜영 외, 2020; 이경준 외, 2018).

(3) 타임아웃(time out)

타임아웃은 문제행동의 발생빈도를 줄일 목적으로 강화를 철회해서 행위자를 상황으로부터 격리하는 방법이다. 여기에서 강화란 특정 행동의 빈도를 증가시키기 위해서 사용하는 모든 것, 즉 문제행동으로 인하여 강화를 받게 될 때, 그 상황으로부터 격리하는 방법을 말한다.

타임아웃은 아이들의 나쁜 행동을 수정 변화시킬 때, 아이에게 그 행동으로 받을 수 있는 모든 자극을 차단해 주는 방법으로 사용된다. 아이들에게 짧은 시간 동안, 의자, 계단과 방 혹은 침대와 같은 지정된 장소에 머물게 하여 자신의 화를 조정할 수 있는 시간을 가지게 하고, 타임아웃 후에 부모는 아이에게 가르치지 말고 중재하는 이유에 관해서 설명하고 아이의 행동에 대한 부모의 기대를 분명하게 알리는 것이 중요하다(김혜영 외, 2020).

(4) 행동 계약(behavioral contract)

행동 계약은 클라이언트의 행동변화가 일어나도록 두 사람 이상이 서로 약속된 기간에 무엇을 할 것인가를 구체화해서 동의하는 것을 말한다(김용환 외, 2022). 행동 계약은 바람직하지 못한 행동을 하는 사람에게 제약이 따른다.

(5) 행동 시연(behavioral rehearsal)

행동 시연은 클라이언트가 주어진 문제상황을 어떻게 다룰지 반복적으로 미리 연습하는 것을 말한다. 클라이언트가 특정의 상황에 놓이게 되면 그 상황에 맞추어 다른 사람과의 상호작용에서 적절한 행동을 할 수 있도록 미리 준비하여 연습시키는 기법이다(김혜영, 2010). 즉, 심리적인 불안감을 극복하고 편안해지도록 특정 상황에 미리 대처하기 위한 시연을 말한다.

(6) 행동 형성(행동 조성, shaping)

행동 형성이란 한 번에 도달하기 어려운 새로운 행동을 가르칠 때 목표 행동에 점차 접근하도록 강화물을 제시하는 방법으로, 행동 수정의 가장 대표적인 방법이다(김용환 외, 2022). 행동 형성에서는 특정 행동 수준까지 끌어올리기 위해 작은 단위의 행동으로 나누어 과제를 준다. 목표 행동을 한 번에 달성하기 어려울 때 처음에는 아주 간단한 반응을 요구하여 달성하면 낮은 강화를 주고, 점진적으로 강화물을 주는 기준을 까다롭게 하여 좀 더 복잡하고 정교한 반응을 습득하게 한다(이경준 외, 2018).

(7) 모델링(modeling)

행동변화의 또 다른 기법 중 많이 사용하는 것은 모델링이다. 사람은 누구나 다른 사람을 관찰하고 모방하면서 살아간다. 모델링은 타인이 하는 바람직한 행동을 보고 그대로 모방함으로써 행동을 변화시키려는 것으로 클라이언트가 모방할 수 있는 행동의 예를 제시하는 것이다(김용환 외, 2022). 사회복지사는 클라이언트가 취할 행동을 시범적으로 보여 주고 클라이언트가 이를 똑같이 해보도록 한다.

(8) 체계적 둔감법(systematic desensitization)

체계적 둔감법은 행동치료의 선구자 중 한 명인 남아프리카 정신과 의사인 조셉 볼프(Joseph Wolpe)가 개발한 행동요법이다. 체계적 둔감법은 비현실적인 불안이나 공포를 가진 클라이언트에게 적용하는 것으로, 클라이언트가 낮은 정도의 불안에 맞서는 행동을 할 수 있게 되면, 좀 더 불안을 일으키는 상황을 상상하게 하여 점진적으로 클라이언트의 불안을 감소시켜 불안의 상황에 덜 민감해지게 하는 방법이다. 체계적 둔감법의 절차는 불안을 일으키는 상황을 스스로 나타나게 하므로 노출 기법의 한 형태라고 할 수 있다.

4) 대인관계 향상 개입 기술

(1) 역할 전환(role reversal)

역할 전환이란 한 사람이 다른 사람의 역할을 맡아 다른 사람의 관점에서 바라보고 의견을 말하게 하는 기법을 말한다. 사람들은 보통 각자 다른 생각을 가진다. 보통은 자기 생각과 신념대로 행동하기 때문에 자신의 행동이 타인에게 어려움을 주거나 영향을 미치는 것을 인식하지 못할 수 있다. 역할 전환은 영향을 미치는 관계에서 역할을 바꿔 연기하도록 하여 자신의 행동이 타인에게 어려움이나 영향을 미칠 수 있다는 것을 인식하게 하는 방법이다(이경준 외, 2018). 역할 전환 기법은 가족 구성원 간의 갈등이 문제인 가족을 대상으로 할 때 활용하기에 적당하다.

(2) 빈 의자 기법(the empty chair technique)

빈 의자 기법은 클라이언트가 자기 자신이나 중요한 다른 사람에 대한 자신의 감정을 이해하도록 돕기 위한 목적으로 빈 의자를 놓고 자신과 중요한 관계에 있는 인물을 설정한 후 혼자 대화하는 것을 말한다. 이 기법은 대상이 사람이 아니라 의자이기 때문에 대인갈등에 대한 저항감이 적고 보다 자유로운 내면의 이야기를 할 수 있어 자신이 특정한 방식으로 행동하고 느끼는 이유를 통찰하도록 이해하는 데 도움이 된다.

일반적으로 대인갈등에 포함된 이슈를 명확히 하기 위해서 활용된다. 클라이언트가 다른 각도에서 갈등을 보도록 하며, 자신이 특정한 방식으로 행동하고 느끼는 이유를 통찰하도록 돕는다(이영실 외, 2021).

(3) 가족조각(family sculpture)

가족조각이란 가족의 어느 시점, 즉 특정한 어려웠던 사건을 선택하여 그 시점의 인간관계, 타인에 대한 느낌과 감정을 동작과 공간을 사용하여 표현하는 비언어적인 기법으로 한 구성원에게 느끼는 정서 상태를 자세와 동작 또는 소도구로 상징화하여 신체적으로 사람이나 대상물들을 배열하는 것을 말한다(조미숙 외, 2018; 김용환 외, 2017). 그리고 가족 구성원 각자가 자신의 내면적 감정에 접함으로써 실제의 자신을 알고 느끼며 새로운 대처방법을 생각해 보기 위한 것이다. 이러한 과정에서 의사소통 유형, 권력구조, 경계선, 소속감, 개념화, 규칙, 그리고 가족체계의 융통성 정도를 파악할 수 있다(이영실 외, 2021).

(4) 재구조화(reframing)

재구조화란 클라이언트가 특정 사건, 행동 또는 인생 경험에 부여하는 의미를 수정하기 위하여 사용되는 기법이다(이영실 외, 2021).

(5) 스트레스 관리(이완훈련)

스트레스란 자신에게 부과된 요구수준과 해당 요구에 부응할 수 있는 능력의 불균형을 느낄 때 일어나는 생리적 반응으로 클라이언트가 겪을 수 있는 스트레스 상황에 적절히 대처할 수 있도록 돕는 관리방법이다. 클라이언트는 문제가 있는 상황이나 불만족 상태의 지속으로 다양한 스트레스에 노출될 수 있다. 특히 가정폭력과 같은 위기상황에서 사람들은 장기적으로 긴장과 불안을 겪게 되며, 결핍과 방임 및 분리와 같이 외부환경으로부터 불편한 상황이 예상되면 다음과 같은 반응들이 나타난다(한국산업안전공단, 2007).

- 심리적 반응: 불안, 우울, 초조, 압박감, 절망감 등
- 생리적 반응: 근육긴장, 두통, 소화불량, 불면, 호흡곤란이나 성기능장애, 수면장애, 피로감

- 행동적 반응: 폭음, 소식 등의 식습관 변화, 짜증을 내고 화내며 신경질을 내는 등 과민한 반응, 집중력의 저하, 직장에서 결근이나 재해의 발생 등이 있다.

스트레스 증상 완화방법에는 호흡법, 명상법, 점진적 근육 이완법 등이 있다(한국산업안전공단, 2007).

- 호흡법은 스트레스를 받을 때 긴장된 신체를 가장 쉽게 이완시키는 방법은 복식호흡이다.
- 명상법은 정해진 시간 동안 하나의 대상에 주의를 집중하는 마음훈련이다. 예를 들어, 특정한 단어나 구(句)를 큰 소리를 내거나 조용하게 반복해서 암송하거나 촛불이나 꽃과 같은 어떤 고정된 대상을 바라보며 주의를 끌기도 한다.
- 점진적 근육 이완법은 이완법 중에서 가장 많이 사용되는 긴장 이완법으로 불안한 생각과 사건을 경험하게 되면 근육이 긴장한다. 반대로 근육이 점진적으로 이완되어 가면 맥박률과 혈압이 낮아지고 호흡률과 발한율도 낮아진다.

2. 가족체계의 개입방법: 가족치료

가족은 구성원의 생존과 사회의 존속을 위해 핵심적인 기능을 수행하기에 가족은 사회에 매우 중요한 기본 단위이다. 가족을 통하여 사회 내에서 경제 및 심리적인 기본 기능을 담당하기도 하고 사회에서 발생하는 각종 문제의 근원이 되기도 하는 중요한 기능을 담당하게 된다. 바람직한 자아상은 건강한 가족을 통해서 도출된다(곽미정 외, 2017).

재스트로(Zastrow, 1995)는 가족의 중요한 기능을 재생산, 보호, 사회화, 성행동의 규제, 애정 제공으로 보았다. 이러한 가족의 기능을 도와 긍정적으로 가족 구성원이 적절한 사회적 역할을 수행할 수 있도록 돕는 것이 가족치료이다. 가족치료는 개인의 문제가 가족과 밀접하게 연관되어 있어서 가족이 변하지 않고서는 개인의 문제가 해결될 수 없다는 전제에서 출발한다(조미숙 외, 2018; 강병철 외, 2015).

1) 시작단계(김용환 외, 2017)

(1) 1단계: 가족과 라포 형성하기

초기에 가질 수 있는 걱정과 우려를 최소화한다. 초기면접에서 사회복지사는 관찰 대상을 인식하고, 각자에게 자신이 의견을 말할 기회가 있음을 확신시킨다.

(2) 2단계: 문제 표면화하기

가족 구성원에게 무엇이 문제인지 설명해 보게 한다.

(3) 3단계: 문제에 대한 합의 도출하기

가족 구성원 모두가 일치하는 문제에 초점을 두며, 가족 구성원의 상호작용에서 나온 문제나 가족 전체가 지닌 문제를 취한다. 면접하는 동안 가족의 상호작용을 관찰하는 과정에서 발견한 문제를 설명하도록 돕는다. 또한, 제기된 몇 가지 문제를 보여주고 중요한 순서로 나열할 것을 요청하고 그 결과를 비교 · 대조한다. 합의하는 과정에서 특정 구성원을 비난하지 못하도록 한다.

(4) 4단계: 가족 구성원의 상호관련성 탐색하기

사회복지사는 가족 구성원들에게 문제를 좀 더 깊이 탐색하도록 문제를 던

진다. 또한, 각 구성원이 문제에 관해 말하도록 한다.

2) 중간단계

가족 치료자는 문제행동 자체보다는 문제행동을 둘러싼 가족 상호작용에 관심을 둔다. 그러므로 가족치료는 개인을 둘러싼 환경 요소 중에서도 가족 치료 개입기법이 많이 사용되므로 가족실천 중간단계에서는 주요 가족치료개입기법을 중심으로 살펴본다(이영실 외, 2010; 권진숙 외, 2006).

(1) 보웬(Bowen)의 다세대 가족치료 개입기법(김용환 외, 2017)

① 가계도

가족의 문제를 사정하기 위한 한 방법으로 가계도가 활용되는데, 보웬(Bowen)은 다세대에 걸쳐 내려오는 가족체계의 문제, 가족 역할, 유형, 갈등, 단절, 삼각관계 등 가족 과정과 구조를 파악하여 원가족으로부터 자기 분화를 높여 원가족으로부터 자기 분화를 높여 가족체계를 변화시켜야 한다고 주장한다. 또한, 가계도는 가족과 함께 탐색할 수 있는 여러 가지 정보들이 나올 수 있는 유용한 도구이다. 원가족과의 융합 문제, 미분화 문제, 핵가족 정서적 체계, 정서적 단절 등의 보웬 개념이 가계도를 통해 드러난다.

② 탈삼각화(detriangulation)

탈삼각화는 자아 분화가 낮은 구성원들이 삼각관계를 이루고 있고, 이로 인해 가정에 심각한 정서적 긴장과 불안이 야기된다면 두 사람의 관계에서 분리해 가족 내에 형성되어 있는 삼각관계를 벗어나게 함으로써 가족 구성원의 자아 분화를 하도록 돕는 기법이다. 부부 간 갈등이 심한 경우 자녀를 삼각관계로 끌어들이게 되는데, 이때 사회복지사는 부모가 그들의 갈등을 스스로 다루게 한다. 또한, 사회복지사를 삼각관계로 끌어들이는 경우 이에 끼어들지 않고 객관적인 자세를 취해야 한다. 보웬의 초점은 가족에 대한 감정적인 반동성을 조절하도록 하고 자신과 가족을 객관적으로 관찰하도록 함으로써 궁극적으로 가족으로부터 탈삼각화하고 가족체계와 가족 구성원들은 점차 진정하고 자신의 문제를 해결하기 시작하게 될 것이다.

③ 코칭(coaching)

코칭은 중립적이고 객관적인 조언을 통해 가족 구성원 개개인이 성장할 수 있도록 분화를 돕는 것으로, 가족 구성원의 문제 또는 이슈에 대해서 스스로 깊게 생각하고 또 다양한 방면으로 생각할 수 있게 성찰할 수 있도록 도와주는 과정을 의미한다.

코칭은 가족 구성원이 가족 안에서 자신의 역할을 발견하도록 돕기 위해 고안된 순환적 질문을 함으로써 관계성 패턴을 수정하는 것을 돕는다. 그러나 클라이언트가 자신의 역할을 찾지 못할 경우, 다양한 해결 방법을 제안할 수는 있다. 그 제안 방법 중에 클라이언트가 들어보고 결정을 하는 것도, 하지 않는 것도 클라이언트가 결정하는 것이기 때문에 클라이언트가 선택한 것으로 본다. 즉, 사회복지사는 주로 클라이언트에게 반응하기보다는 문제를 생각해 보도록 질문하고, 문제가 있는 관계 속에서 자신의 역할을 이해할 수 있도록 돕고 자신에게 초점을 맞추며, 가족원 간에 더 기능적인 애착 관계를 발전시키는 것이 코칭의 목표이다.

④ 과정질문(process question)

과정질문은 클라이언트의 감정을 가라앉히고 정서적 반응 때문에 유발된 불안을 낮추며 사고를 촉진하는 질문기법이다. 이 질문은 클라이언트의 감정이나 정서보다는 인지에 초점을 두며, 클라이언트가 어떤 방식으로 관계 유형에 관여되어 있는지를 묻는다(김용환 외, 2022).

Part 03 사회복지실천의 과정

(2) 미누친(Minuchin, 1974)의 구조적 가족치료 개입기법

미누친에 의하여 개발된 구조적 가족치료는 가족을 재구조화함으로써 가족이 적절한 기능을 수행할 수 있도록 돕는 방법이다. 가족 내에서 발생하는 견고하고 반복적인 상호작용 패턴을 가족의 구조라 하며, 미누친은 그 패턴을 재조직하거나 새로운 구조와 상호작용 형태로 대체시키는 작업이 가족을 재구조화하는 가족치료라고 하였다.

가족은 서로 영향을 미치는 하나의 체계이며 가족 안에서 일어나는 복잡한 상호작용은 때로는 예측할 수 없는 방향으로 문제를 일으킨다. 따라서 사회복지사는 가족이 경직된 습관에서 벗어날 수 있도록 새로운 구조들을 고안하고 가족 상호작용의 과정을 분석하는 지속적인 치료의 전략과 구체적인 기술들을 제공한다(조미숙 외, 2018).

① 경계 만들기

경계 만들기는 구조적 접근기법으로 가족 내 하위체계 간의 경계가 지나치게 유리되거나 밀착된 경우, 유리된 가족에게는 가까이 접근하고 접촉을 증가하도록 도와주고, 밀착된 관계에 있는 가족원에게는 경계를 분명히 하여 개인의 자율성과 독립심을 키워준다(권진숙 외, 2006). 다시 말하면, 가족 구성원이 과도하게 밀착되거나 분리된 경우 적절한 경계를 만드는 것을 말한다.

극도로 속박된 가족의 경우 사회복지사는 개입을 통해 하위체계가 분리될 수 있도록 경계선을 강화하고 각 개개인의 독립성을 키워준다. 가족 구성원이 자신에 대해 자유롭게 말하도록 권유하며, 다른 사람에 의해 방해받지 않도록 도와준다(김용환 외, 2017). 또한, 두 사람이 대화 중이면 다른 사람이 끼어들지 못하도록 한다. 가족 구성원 각자가 체계 내에서 적절한 위치에 있도록 가족 내 세대 간 경계를 분명히 유지하도록 원조한다(김용환 외, 2017).

② 합류하기(joining)

합류하기란 사회복지사가 개입장면에서 가족체계에 진입하기 위해 가족의 분위기를 파악하여 행동하거나 감정을 표현하는 것을 말한다. 가족체계는 항상성을 유지하려는 속성이 있다. 그러므로 사회복지사는 먼저 가족 구성원들을 이해하고 수용하는 것이다. 합류는 사회복지사가 그 가족의 일원이 되어야 한다는 것으로 가족의 위계, 문화, 언어 및 규칙을 존중하고 적응은 가족에 합류하여 가족의 스타일과 비슷하게 되는 것을 말한다. 합류와 적응을 잘하기 위해서 가족으로서는 사회복지사의 진실성, 무조건 존중과 수용, 공감적으로 이해하는 것이 중요하다.

③ 실연화하기

실연(enactment)은 면담 중에 사회복지사가 가족들에게 역기능적인 가족 구성원 간의 상호작용을 직접 실행해 보도록 하는 것이다. 가족 구성원이 직접 행동함으로써 가족의 실생활 상호작용이 그대로 드러날 가능성이 커 가족구조를 이해하는 데 효과적이다.

예를 들어, 자녀 3명을 혼자서 통제하기가 어렵다고 호소하는 어머니에게 자녀가 떠들고 야단법석을 부리면 어머니가 어떤 방식으로 자녀들을 통제하고 반응하는지 평소 실생활에서의 상호교류 행동을 해보도록 한 후, 대안적인 방안을 제시하여 보여주는 등으로 개입한다(허정철 외, 2019).

④ 과제부여

과제부여는 사회복지사가 가족의 재구조화가 진행되는 과정에서 미흡한 부분을 가족원들에게 활성화하기 위하여 사용한다. 과제부여는 가족의 재구조화에 가장 필요한 것으로, 과제부여로 인한 파급효과가 가족 전체에 미칠 수 있어야 한다. 또한, 그것은 가족이 할 수 있는 것을 찾아주는 것이어야 되는 것을 의미한다. 그러므로 사회복지사는 가족이 과제를 수행하도록 함으로써 가족의 재구조화를 도울 수 있을 뿐만 아니라 가족의 구조를 관찰할 수 있는 또 다른 기회를 가질 수 있다.

예를 들어, 서로를 비난하는 부부가 긍정적인 시각을 가질 수 있게 하려고 상대방의 긍정적인 점 20가지를 작성해 오도록 과제를 주는 경우, 과제는 치료시간 중에 부여할 수도 있고, 치료 회기 사이에 집에서 하도록 부여할 수도 있다. 치료시간 중에 부과되는 과제는 단순히 가족 구성원이 누구에게 어떻게 의사소통해야 하는지를 지적하는 것일 수 있다.

⑤ 긴장 고조시키기

긴장 고조시키기는 가족 안에서 반복되고 있는 역기능 행동을 깨닫고 가족 내의 긴장을 고조시켜 대안적인 갈등 해결 방법을 사용하도록 돕는 기법이다. 긴장 고조시키기는 가족이 지켜 온 평형상태에서 벗어나 가족 구성원 간 의사소통 통로를 차단하여 가족들의 긴장을 고조시킴으로써 가족들 간에 스트레스를 증가시켜 가족들이 재구조화되도록 한다.

예를 들어, 모녀간에 의사소통할 때마다 장남인 아들이 중간에 끼어들어 모녀의 의사소통을 방해하는 때도 있다. 이때 사회복지사가 장남에게 "잠깐만"이라고 말하면서 모녀의 의사소통을 해석하고 방해하는 장남에게 행동을 중단시키고, "저는 따님이 어머니에게 직접 이야기하는 것을 듣고 싶습니다"라고 말을 하고 딸에게 "계속해서 말씀해 보세요"라고 하면서 두 모녀의 의사소통을 계속해서 진행하게 한다. 이때 딸과 엄마의 상호작용이 증가하게 되어 가족구조가 재구조화된다. 이를 위해 사회복지사는 여기에서 그 누구의 편도 들지 않는다.

⑥ 균형 깨뜨리기

가족 내 하위체계 간의 역기능적 균형을 깨뜨리기 위한 기법으로, 가족 구성원의 관계가 일방적으로 힘의 구조에 의해 어느 한쪽으로 안정화되어 있다면 이를 재구조화하여 힘이 약한 쪽의 의견에 의도적으로 긍정적인 반응을 하고 힘을 실어주거나, 힘이 강한 쪽의 의견에는 의도적으로 무시하고 반응함으로써 균형을 깨는 것을 말한다. 균형 깨트리기 단계의 목표는 하위체계 내에 있는 구성원들 간의 관계를 변화시키는 것이다. 하위체계 간의 관계를 재배치함으로써 역기능적인 가족 내의 균형을 깨트리는데, 이를 위해 사회복지사는 일부 구성원의 편을 들기도 한다.

(3) 사티어(satir)의 경험적 가족치료 개입기법(김용환 외, 2017)

① 가족 조각(family sculpture)

가족 조각이란 가족의 어느 시점, 즉 특정한 어려웠던 사건을 선택하여 그 시점의 인간관계, 타인에 대한 느낌과 감정을 동작과 공간을 사용하여 표현하는 비언어적인 기법으로, 한 구성원에게 느끼는 정서 상태를 자세와 동작 또는 소도구로 상징화하여 신체적으로 사람이나 대상물들을 배열하는 것을 말한다. 가족 조각은 정서적으로 메마른 가족이 내면에 숨겨진 자신의 감정을 느끼도록 하며, 이러한 감정을 솔직히 표현하도록 도와줌으로써 좀 더 성숙한 인간이 되도록 돕는 것으로 치료적이며 성장 지향적 모델이다(조미숙 외, 2018; 김용환 외, 2017).

② 역할극(role playing)

역할극은 가족 구성원에게 다른 사람의 역할을 해볼 기회를 제공한다. 가족 상황을 역할극으로 표현해 보게 하는 방법으로, 역할 재현을 통해 가족 상황을 이해할 수 있게 되고, 가족 성원 간에 서로의 역할을 바꾸는 '역할 전환'을 통해 다른 가족 성원의 위치에서 상황을 경험해 봄으로써 자신의 신념과 가족 구성원의 신념 차이를 인정하고, 다른 성원의 상황과 감정에 대한 이해를 높일 수 있다(김혜영 외, 2020).

③ **의사소통 입장**(communication stances)

가족 구성원에게 회유형, 비난형, 초이성형, 산만형 중 하나의 태도를 보이도록 한다. 가족 구성원들은 각 입장에 대한 감정을 서로 나누고 서로의 의사소통 입장에 대해 반응한다. 이를 통해 가족 구성원들은 효과적인 의사소통 방법을 배우고 어떻게 합리적으로 되는지를 알게 된다.

④ **유머**(humor)

유머는 문제를 긍정적 맥락에서 보고 묘사하게 함으로써 문제를 새로운 관점에서 볼 수 있게 한다. 유머의 사용은 클라이언트와 가족의 고통을 경시하여 다루는 것이 아니라 그 고통의 결과로 생길 수 있는 건설적인 면을 재치있게 다루어 줌으로써 클라이언트에게 희망을 주며, 문제를 긍정적으로 볼 수 있게 한다. 긴장을 풀고 친밀감 있는 분위기를 만들기 위해 사용하는 유머는 가족이 자신을 바라보고 방법을 변화시킬 수 있는 강한 치료의 도구이다.

⑤ **접촉**(touch)

접촉이란 신체적 접촉이 강한 영향을 준다는 믿음으로, 첫 회합에서는 의도적으로 모든 가족이 손을 잡고 악수를 하도록 한다. 이후 관계를 형성시키며 좀 더 자유롭게 신체적 접촉을 하고 비언어적 지지를 표현하게 하려고 여러 형태의 접촉을 시도한다. 가족 구성원과 초기단계에 악수한다든가, 격려하기 위한 가벼운 어깨 두드림, 상담실로 안내하기 위한 손잡음 등 지나치지 않은 접촉은 가족 구성원들의 저항을 감소시키는 비언어적 지지가 된다.

⑥ **가족그림**(family drawing)

가족 구성원에게 자신이 느끼는 대로 자유롭게 가족관계에 대한 그림을 그리도록 하는 기법이다. 그림을 통해 가족 구성원이 서로를 어떻게 느끼는지, 가족에 어떠한 문제가 있는지 이해할 수 있다(권진숙 외, 2006).

⑦ 모의가족(imitation family)

가족 구성원 간 바람직한 의사소통 방법과 입장을 배우기 위해 모의 형태의 가족이 되어 연기하고 연습해 보는 기법이다.

(4) 해결중심 단기 가족치료 개입기법

① 치료 면담 전의 변화에 대한 질문(초기질문, pre-session question)

면담 전 변화에 관한 질문으로 사회복지가 클라이언트에게 면담을 예약한 후 이곳에 오기까지 달라진 것이 무엇인지 질문한다. 또한, 첫 면담 시간에 클라이언트에게 문제의 심각한 정도가 어떻게 완화되었는지를 클라이언트 스스로 파악할 수 있도록 질문한다. 이러한 질문은 클라이언트의 잠재능력을 발견하고 클라이언트 자신이 의식하지 못하는 해결방안을 찾는 데 도움이 된다(김용환 외, 2017).

② 예외질문(exception question)

예외질문이란 실패 경험보다는 성공했던 경험을 찾아내어 그것을 의도적으로 계속 시행함으로써 성공의 경험을 확장하고 강화하는 것이다. 이는 문제가 없던 상황은 지금(문제상황)과 어떻게 달랐는지를 탐색하게 해서 문제해결의 단서를 찾게 하는 질문이다. 어떠한 문제에도 예외는 있기 마련이라는 것이 치료의 기본 전제이다.

③ 기적질문(miracle question)

기적질문은 문제 자체를 제거하거나 감소시키지 않고 문제와 떨어져서 해결책을 상상하게 하는 것이다. 다시 말해, 만약 문제가 모두 해결되었다면 어떤 일이 일어나겠는지를 가정하게 하여 바뀐 현실을 꿈꾸고 희망을 품을 수 있도록 한다(김혜영 외, 2020). 기적질문은 희망을 현실 속에서 수행할 수 있도록 구체적인 상황에 대한 정보를 얻는 방법이다.

④ **척도질문**(scaling question)

척도질문은 숫자의 마력을 이용하여 클라이언트나 가족 구성원에게 자신의 문제, 문제의 우선순위, 성공에 대한 태도, 정서적 친밀도, 자아존중감, 치료에 대한 확신, 변화를 위해 투자할 수 있는 노력, 진행에 관한 평가 등의 수준을 수치로 표현하도록 하는 방법이다(김용환 외, 2022; 조미숙 외, 2020).

예를 들어, '기관에 처음 방문했을 때와 종결되었을 때를 각각 숫자로 1과 10으로 표현했을 때 오늘 문제의 수준은 몇 점인가요?'라는 질문을 건네는 것이다. 이러한 척도질문을 통해서 사회복지사는 클라이언트의 변화 과정을 격려하고 강화해 주는 구체적인 정보를 얻을 수 있다.

⑤ **대처(극복)질문**(conquer question)

대처(극복)질문은 희망적인 상황을 발견하기 어렵거나 만성적인 어려움과 절망적인 상황 등으로 가족에게 희망이 없다고 호소하는 클라이언트 가족에게 주로 사용하는 기법을 말한다. 클라이언트 가족에게 희망이 없는 상황에서 어려움을 어떻게 관리하고 견디었는가에 초점을 둠으로써 클라이언트 가족은 새로운 힘을 갖게 하며, 자신의 자원을 발견하고 성공 경험과 강점을 발견하도록 하는 데 도움이 되는 질문이다. 그리고 어려운 상황에서 잘 견뎌내고 더 나빠지지 않음을 강조하며 이는 문제해결을 위하여 활용하고 확대하도록 격려하는 근거로 사용한다. 예를 들어, "이렇게 어려운 상황인데 어떻게 포기하지 않고 지금까지 견딜 수 있었나요?"라고 질문한다.

⑥ **칭찬질문**(praise question)

칭찬은 여러 가지 이점이 있는데, 그중에서도 클라이언트 자신에 대한 개념을 바꾸고 클라이언트가 사회복지사의 말에 따르도록 하는 데 유용하다. 칭찬에는 면담 과정에서 나온 내용에 대하여 직접적 칭찬을 하는 경우와 "어떻게 그렇게 하셨나요?"로 질문하는 간접적 칭찬이 있다(김용환 외, 2022).

3. 집단체계의 개입

집단사회복지실천은 구조화된 집단의 상호작용을 통해 집단 구성원인 개인들의 사회기술 향상이나 대인관계기술 등을 습득할 수 있도록 지지하고 자극하는 활동이다(이경준 외, 2018). 자신에게 집중된 사회복지사의 개입을 부담스러워하는 클라이언트나 자신의 독특한 경험을 이해받지 못할 수 있다는 생각을 하는 클라이언트에게 적용할 수 있다. 또한, 집단 수준의 개입에서 비슷한 경험을 가진 사람들이 함께 경험을 공유하고 지지를 주고받으며 변화의 계기를 마련하게 된다(이경준 외, 2018). 그러므로 사회복지사는 클라이언트가 적응할 수 있도록 집단 내에서 개별적 관심을 두고 서로 간에 경험 공유 또는 상호작용과 지지가 이루어질 수 있도록 조언과 과제부여로 개입할 수 있어야 한다. 집단체계 개입에는 주로 집단유형에 따른 분류(치료집단, 과업집단, 자조집단), 치료집단에 따른 분류(지지집단, 교육집단, 성장집단, 치료(치유)집단, 사회화집단), 개방집단과 폐쇄집단, 집단사회복지실천기술(집단과정 촉진기술, 자료수집과 사정을 위한 실천기술, 행동기술) 등이 있는데, 그 주된 내용은 다음과 같다.

1) 집단유형

토스랜드와 리바스(Toseland & Rivas, 1995)는 집단이 추구하는 목적에 따라 치료집단(treatment group)과 과업집단으로 구분하고, 치료집단을 다시 지지집단, 교육집단, 성장집단, 치료집단, 사회화 집단으로 구분하였다.

▼ 표 12-1 치료집단과 과업집단의 특성

내용	치료집단(treatment group)	과업집단(task group)
목적	집단 구성원 교육, 성장, 치료를 통한 행동변화와 사회화의 욕구충족에 있음. 사회복지사의 역할은 상호작용을 통해 집단발달을 시키는 것	특정 과업(조직이나 기관의 문제에 대한 과업성취와 해결책 모색에 있고, 의무사항 이행 및 새로운 아이디어 개발, 원조 전략 수립 등 과업을 수행)을 완수하기 위한 목적
역할	상호작용을 통해 집단발달을 시키는 것	상호작용이나 임명을 통해 집단을 발달
의사소통 패턴	개방적임	특정한 과업에 관한 토론에 초점을 둔 집단토론(토론은 공개되기도 함)
절차	집단에 따라 융통성이 있거나 또는 공식적으로 이루어짐	공식적인 안건이나 규정
구성	공동 관심사와 문제, 특성에 근거함	필요한 재능과 전문성 그리고 노동분화에 따라 구성됨
특성 (자기노출)	자기노출이 높으며, 집단 각 구성원의 주제에 따라 의사소통 양식이 다르고 집단 절차역시 집단에 따라 융통성을 가짐	집단 구성원의 자기노출이 낮음
비밀보장	높음	낮음
평가	집단 성원의 치료적 목적 성취 정도에 따라 성공 여부를 평가함	집단 구성원이 성취한 과업, 의무사항, 결과물
종류	지지집단, 교육집단, 성장집단, 치료집단, 사회화 집단 등	TFT(Task Force Team: 특정 프로젝트에 일정 기간 투입), 위원회, 특정 행정집단, 대표회의, 팀, 치료 회의, 사회행동집단

2) 집단과정 촉진기술

집단과정을 촉진하는 기술은 사회복지사가 집단과정에 영향을 미치려는 의도가 있을 때 사용하는 기술이다(이영실 외, 2021). 이 기술은 집단 성원의 참여를 촉진하기, 집단 구성원에게 집중하기, 표현돕기, 반응하기, 집단 의사소통 초점 유지하기, 집단과정을 명확하게 하기, 내용 명료화하기, 집단 상호작용 지도 등으로 이루어진다.

(1) 집단 성원의 참여를 촉진하기

집단에 참여한 모든 구성원의 참여를 촉진해 의사결정을 공유해 집단의 결속력을 다지게 한다. 따라서 사회복지사는 소외되거나 침묵하고 있는 집단 구성원이 생기지 않도록 구성원의 참여를 촉진해야 한다(이영실 외, 2021).

(2) 집단 구성원에게 집중하기

집단 구성원이 말하는 것이나 행동하고 있는 것에 주의를 집중하는 것으로서 상대방의 말과 행동을 보고 사회복지사가 이를 이해하고 있다는 존중의 메시지를 전달하는 것이다. 집중하기에는 눈 맞춤, 목소리, 표정, 몸동작(제스처)과 같은 비언어적인 행동과 진솔성, 신뢰, 감정이입, 존중, 따뜻함 등과 같은 개인의 생각이나 감정을 말이나 글로 전달하는 언어적 행동 등을 통해 구성원에게 집중한다.

(3) 표현돕기

집단 구성원이 자신의 주요한 문제나 생각, 느끼는 바를 자유롭고 편안하게 표현하도록 돕는 것이다. 사회복지사는 말하기 어려운 주제가 있으면 먼저 사회복지사가 자기표출을 함으로써 개방적 의사소통이 이루어지는 계기가 된다.

(4) 반응하기

특정한 집단과정에서 선별적으로 반응하여 다음에 이루어지는 집단과정에 영향을 미치는 방법이다. 집단지도자인 사회복지사가 구성원의 노력에 긍정적으로 지지하며 반응한다면 구성원의 행동은 계속 수행하겠지만 구성원의 말이나 행동에 반응을 보이지 않거나 동의하지 않으면 그 행동을 멈추게 된다.

(5) 집단 의사소통 초점 유지하기

집단과정의 특정 영역에 초점을 둠으로써 관련 없는 의사소통을 줄이고 중요한 문제에 대해 심도 있는 탐색을 집중할 수 있게 하는 기술이다. 구체적인 기술로는 명확화 특정 의사소통의 반복, 토론 범위 제한 등이 있다(이영실 외, 2021).

(6) 집단과정을 명확하게 하기

집단 구성원들 스스로가 자신들이 어떻게 상호작용하고 있는가를 구성원이 인식하도록 도와주는 기술이다. 구성원이 자신의 감정사고 그리고 행동유형이나 상호작용에 대한 이해를 도모하기 위해 사용한다. 현재 일어나고 있는 일이 무엇이며, 이에 대해 어떻게 생각하고 느끼는지 특정 구성원의 역할 혹은 상호작용 형태를 지적하거나 구성원들에게 특정한 상호작용 형태가 만족스러운지를 물어봄으로써 집단과정을 명확히 할 수 있다(이영실 외, 2021).

(7) 내용 명료화하기

집단 구성원 간 상호작용의 내용을 명료화하는 기술이다. 구성원의 의사소통을 원활히 하기 위해 구성원이 자신을 분명히 표현할 수 있도록 원조하고 특정한 메시지를 구성원이 잘 이해했는지 질문을 하거나 검토하기도 한다(이영실 외, 2021).

(8) 집단 상호작용 지도

특정 구성원의 의사소통을 제한하거나 격려하고, 구성원 간의 의사소통을 연결하여 집단의 상호작용 형태를 특정 방향으로 이끌어 가는 기술이다. 집단의 상호작용에 대한 지도가 필요한 이유는 하위집단의 역기능 작용을 수정하고 집단의 과업성취에 도움이 되는 상호작용을 촉진하며 의사소통의 방향을 재조정함으로써 개방적인 의사소통을 격려하기 위하여 사용한다(이영실 외, 2021).

제3절 간접적 개입

간접적 개입은 클라이언트를 둘러싼 환경체계에 개입하여 변화를 도모하는 방법이다. 간접적 개입은 클라이언트 체계 이외의 개인, 소집단, 조직 또는 지역사회 등 클라이언트 체계를 둘러싼 환경체계를 변화시킴으로써 문제해결을 목표로 한다. 사회복지실천의 목표 도달을 위해서는 클라이언트 개인의 변화만으로는 부족할 때가 있는데, 이런 경우 클라이언트와의 개별적 접촉이나 즉각적 개입만으로 문제를 해결하는 데 한계가 있어 클라이언트를 둘러싼 환경에 개입하여 변화를 줌으로써 문제를 해결하고 목표에 도달하는 때도 있다.

클라이언트의 문제는 가족이나 학교, 직장 외에도 지역사회의 문화나 정책 등 외부환경에 영향을 받아 초래된다. 간접적 개입의 유형은 사회적 지지체계 개발, 서비스 조정, 프로그램 개발, 클라이언트 집단을 위한 옹호 활동, 지역사회 내 기관 간의 협력, 환경조정, 개입점검으로 이루어진다.

1. 간접적 개입의 유형

간접적 개입의 유형에는 사회적 지지체계 개발, 서비스 조정, 프로그램 개발, 옹호 활동, 환경조정 등이 있는데, 그 내용은 다음과 같다.

1) 사회적 지지체계 개발

인간은 그들이 살아가는 환경에서 타인과의 관계를 통해 정서적으로 지지를 받으며, 물질적인 원조를 받고 살아간다. 사회적 지지는 인간이 사랑받고 보호받고 있으며 존중되고 가치 있는 존재이고, 상호의무와 의사소통의 망에 소속되어 있다고 느끼게 하는 원조이다(장인협 외, 1999).

사회적 지지는 애정과 소속감을 주고, 사회의 한 구성원으로 통합된 삶을 살아갈 수 있게 한다. 또한, 사회적 지지는 때로는 역경 또는 위기상황을 극복하는 힘을 제공한다(Hepworth et al., 2010). 사회적 지지가 취약한 클라이언트일수록 위기 또는 문제 상황에 대처하기가 쉽지 않으며, 지지체계 결여 자체가 스트레스의 원인이 되기도 한다. 따라서 사회복지사는 클라이언트가 가지고 있는 기존의 지지체계를 활성화하거나 새로운 지지체계를 개발하고 연결해야 한다(조미숙 외, 2020).

(1) 자연적 지지체계의 활성화

사회복지사는 기존의 체계들이 클라이언트의 욕구에 맞게 적절히 기능하도록 돕는다. 자연적 지지체계는 가족, 친척, 친구, 이웃 사람, 종교단체 등이 포함된다. 특히 확대가족 친족 조직망은 클라이언트와 멀리 떨어져 생활하더라도 효과적인 유대관계를 가지고 지원할 수 있으며, 이 친족은 영속성을 가진 지지체계이다.

(2) 공식적 지지체계의 활용

지역사회의 다양한 공식적 기관들이 클라이언트의 문제를 해결하여 사회적 상호작용을 위한 기능을 수행할 수 있다. 사회복지사는 클라이언트가 지역사회 내에 존재하는 다양한 기관과 조직체 자원들에 접근하고, 이를 이용하도록 돕기 위해 활용 가능한 자원들을 충분히 이해해야 한다.

(3) 자원봉사자의 활용

자원봉사자의 활용은 클라이언트의 욕구를 만족시키기 위해 사회복지사가 활용하는 지지체계의 한 형태이다. 사회복지사는 자원봉사자의 도움이 필요한 클라이언트의 욕구에 부응하기 위해 자원봉사자를 모집, 선발, 훈련, 임무부여, 사후 지도한다.

2) 서비스 조정(service coordination)

서비스 조정은 다양한 문제를 가진 클라이언트에게 복합적인 서비스가 주어질 때 필요하다. 효과적인 서비스 조정은 서로 다른 기관에 의해 제공되는 각각의 서비스들이 바람직한 결과를 산출할 수 있도록 함께 일하는 것이다(김용환 외, 2017).

서비스 조정은 공동의 목적을 달성하기 위해 다양한 서비스가 적절하게 클라이언트를 도울 수 있도록 하는 것을 의미한다. 사회복지사는 공동의 목적을 달성하기 위해 흩어져 있는 서비스들이 적절한 시기에 적절한 방법으로 클라이언트를 도울 수 있도록 조정한다(조미숙 외, 2020).

존슨(Johnson, 1998)은 조정을 위한 주요 접근방법을 다음과 같이 세 가지 형태로 보았다(조미숙 외, 2020).

① **서비스 연결**: 복합서비스를 제공하는 한 기관의 여러 전문가가 특정한 클라이언트에게 관심을 가지고 연결되는 것이다.

② **의뢰**: 의뢰체계를 통해서 서로 다른 기관의 전문가들이 연결되어 서비스를 제공하는 것이다. 서비스가 제대로 전달되고 있는지 그리고 그 결과가 어떤지를 평가하는 것까지를 모두 포함한다.

③ **사례관리**: 사회복지사가 클라이언트의 문제와 욕구를 평가하여 필요로 하는 서비스를 찾고, 연결해 주는 것이다. 사회복지사는 서비스 연결뿐만 아니라 직접 서비스를 제공하기도 한다. 또한, 서비스 제공자들이 함

께 일할 수 있게 서로 의사소통을 하게 하고, 전체의 목적에 서로가 이바지한 바를 인정하고 존중할 수 있도록 돕는다.

효율적 조정을 위하여 사회복지사가 활용할 수 있는 기술로는 다음 세 가지가 있다.

① 참여자들이 적절하게 의사소통할 수 있도록 공통점과 상이점을 파악하는 기술
② 참여자들과 효과적으로 의사소통하는 기술
③ 참여자들이 조정 서비스로부터 각자가 얻는 이득을 인식할 수 있도록 동기화시키고 격려하는 기술

사회복지사에게 이러한 기술을 활용하여 개방적이고 활력 있는 의사소통이 이루어지도록 창조적 능력이 필요하다.

3) 프로그램 개발

클라이언트의 욕구와 문제를 해결하기 위한 서비스가 지역사회 내에 없으면, 사회복지사는 클라이언트의 욕구를 만족시키는 다른 기관에 의뢰하거나 프로그램 및 자원을 개발하여야 한다. 지역사회 내에서 프로그램을 개발하기 위해서는 지역사회 주민들에게 관련 정보를 제공함으로써 문제를 인식시키고, 욕구 조사를 통해 지역주민들의 욕구는 물론이고 프로그램 개발의 필요성과 방향을 포괄할 수 있어야 한다(김혜영 외, 2020). 이를 통해 각종 지지 및 자조 집단을 형성할 수 있고, 학생폭력에 노출되기 쉬운 청소년들을 보호하기 위한 방과 후 프로그램의 새로운 개발 등 다양한 프로그램 및 서비스 개발이 가능할 것이다. 프로그램과 자원의 개발을 위해서는 지역사회에 영향력 있는 사람들이 문제에 대해 인식을 하도록 하고, 지역사회 주민들을 대상으

로 욕구 조사를 하여 그 문제에 대한 심각성과 프로그램 개발의 필요성을 설득하고 요청하여야 한다(조미숙 외, 2020; 김용환 외, 2017).

4) 클라이언트 집단을 위한 옹호

옹호(advocacy)란 돕거나 감싸서 지킨다는 뜻으로, 순화어는 '감쌈'이다. 옹호란 클라이언트가 자원이나 서비스로부터 소외되거나 현존하는 정책이나 서비스가 클라이언트에게 불리한 영향을 미치고 있을 때, 또는 욕구 충족을 방해하는 사회적 여건의 변화를 위해 새로운 입법이나 정책의 입안이 필요할 때 클라이언트를 위해 사용하는 전략이다.

사회적 위험에 처한 클라이언트들은 자신들의 이익을 주창할 적절한 방법을 찾는 데 어려움을 겪게 되므로 사회복지사의 옹호 활동이 매우 중요하다. 또한, 옹호는 사회복지사가 클라이언트의 상황을 철저히 이해하고 클라이언트의 문제를 경감시킬 방법이 전혀 없다고 확신할 때 활용한다(김용환 외, 2017).

5) 환경조정(environment coordination)

환경조정(環境調整)은 환경조작이라고도 한다. 클라이언트의 사회적 기능을 강화하기 위해서 클라이언트의 사회환경을 개선하는 것으로, 환경을 변화시키거나 다른 환경으로 이동시키는 것을 말한다. 클라이언트의 대인관계를 포함한 생활환경의 개선을 위하여 사회자원(시설, 설비, 제도, 인재 등)을 사용하기도 하고, 심리적 원조를 제공하여 사회환경에 있어 좋지 못한 요인들을 감소시키거나 제거하여 생활기능을 강화하기도 한다.

환경조정을 위한 구체적인 개입 전략은 다음과 같다(김용환 외, 2017).

(1) 가족 내 관계의 증진

가족은 양육, 지도, 보호, 영양, 건강, 애정, 교제, 성적 활동 등과 같은 중요한 인간 욕구의 해결을 위한 일차적 자원을 갖추고 있다. 가족 기능을 확대하거나 개선하기 위해 부모를 대상으로 양육기술을 교육하거나 집단활동을 통해 아동을 도울 수 있다.

(2) 가족 환경 내 자원의 보충

자원이 부족한 가정환경 내에 자원을 보충하여 클라이언트의 욕구가 해결될 수 있게 하는 것이다. 가사도우미의 파견, 탁아 프로그램, 애완동물이나 식물의 활용 등이 그 예이다.

(3) 지지체계의 개발과 강화

구체적인 예는 가족이나 친척과 이웃 등을 포함하는 자연적 지지체계 개발과 활용, 사회적 서비스 제공 기관이나 지역사회 내의 다양한 기관 및 조직체를 포함하는 공식적 지지체계 활용, 물리적 환경의 개선, 지역사회 환경과 자원의 활용, 새로운 자원 개발, 대중매체의 활용 등이 있다.

사회복지사 1급 기출 및 예상문제

01 다음 사례에서 사회복지사가 활용한 개입기술은? (14회)

> A씨는 음주문제로 사회복지사와 상담을 진행 중이다. A는 술을 그만 마시겠다고 가족들과 약속하였으나 여전히 술을 자제하기 어려움을 사회복지사에게 호소하고 있다. 사회복지사는 "당신은 가족들과의 관계를 발전시키고 싶어 하면서도, 여전히 술을 마시고 있군요!"

① 격려　② 일반화　③ 재보증
④ 환기　⑤ 직면

해설 직면은 말과 행동 사이의 불일치, 표현한 가치와 실행 사이의 모순을 클라이언트 자신이 인식하도록 하는 사회복지사의 언급(또는 지적)이다. 제시된 사례의 사회복지사는 A가 말과 행동에서 보이는 모순을 지적하고 있다.

정답 ⑤

02 개입계획을 수립하는 과정 순서로 옳은 것은? (13회)

> ㉠ 문제의 우선순위를 정한다.　㉡ 표적 문제를 찾는다.
> ㉢ 개입의 성과목표를 정한다.　㉣ 클라이언트의 과업을 구체화한다.

① ㉠ → ㉡ → ㉣ → ㉢　② ㉠ → ㉣ → ㉡ → ㉢　③ ㉡ → ㉠ → ㉢ → ㉣
④ ㉡ → ㉠ → ㉣ → ㉢　⑤ ㉡ → ㉢ → ㉠ → ㉣

해설 개입계획을 수립하는 과정은 ㉡ 표적 문제선정 → ㉠ 문제의 우선순위 결정 → ㉢ 개입의 성과 목표설정 → ㉣ 클라이언트의 과업을 구체화하는 순서로 이루어지며, 다음으로 개입을 하게 된다.

정답 ③

03 실천 과정에서 사회복지사가 수행해야 할 과제에 관한 내용으로 옳지 않은 것은? (14회)

① 사정단계: 클라이언트의 자원과 능력 평가
② 계획단계: 개입의 장단기 목표 합의
③ 접수단계: 목표의 우선순위 결정
④ 자료수집 단계: 문제를 이해하기 위한 정보수집
⑤ 종결단계: 변화된 결과 확인

해설 ③ 계획단계에서 목표의 우선순위를 결정한다.

정답 ③

04 개입의 기법과 그에 관한 설명으로 옳은 것은? (14회)

① 타임아웃(time out): 남에게 말하지 못한 문제를 클라이언트가 표현할 수 있도록 도와주는 기법이다.

② 환기(ventilation): 클라이언트가 자신의 문제를 보증하거나 합리화하여 변화를 거부할 때 사용하는 기법이다.

③ 재보증(reassurance): 사회복지사가 신뢰를 표현함으로써 클라이언트의 자신감을 향상하는 기법이다.

④ 격려(encouragement) 클라이언트의 사고, 감정, 행동을 현재의 사건과 연결하여 명료화하는 기법이다.

⑤ 초점화(focus): 클라이언트가 겪는 일이 자신만이 가지고 있는 문제가 아니라는 것을 인식하게 하는 기법이다.

해설 ① 타임아웃(time out)은 문제행동이 어떤 상황으로 인하여 강화를 받게 될 때 문제행동을 한 사람을 그 상황으로부터 격리하는 방법이다. 타임아웃은 아이들의 나쁜 행동을 수정 변화시킬 때, 아이에게 그 행동으로 받을 수 있는 모든 자극을 차단해 주는 방법으로 사용된다. (❶ 환기 또는 표현 기술에 관한 내용이다. 이는 남에게 말하지 못한 문제나 감정을 제대로 표출하여 이야기하도록 하고 정서를 발산하도록 격려하는 치료적 기능을 한다.)

② 환기(ventilation)는 클라이언트의 억압되어 있는 감정, 특히 부정적인 상황과 관련된 분노, 증오, 슬픔, 죄의식, 불안 등과 관련된 감정을 표출하도록 하여 감정의 강도를 약화하거나 해소하려는 기법이다. 환기법은 클라이언트가 내면적으로 강한 감정이 있는 경우 그 감정을 자유롭게 스스로 표현하도록 격려하는 것을 의미한다. (❸ 직면에 관한 설명이다.)

③ 재보증(reassurance)은 클라이언트의 능력이나 자질에 대해 회의를 느끼는 클라이언트에게 사회복지사가 신뢰를 표현해 줌으로써 클라이언트를 안심시키고, 클라이언트의 자신감을 향상하는 기법이다.

④ 격려(encouragement)는 클라이언트의 가능성에 확신을 표현하는 사회복지사의 진술 형태를 띠고 있으며, 클라이언트의 행동, 태도, 감정을 칭찬하거나 인정해 주는 사회복지사의 언어적 표현이다. (❹ 지금-여기에 초점 두기에 관한 설명이다.)

⑤ 초점화(focus)는 클라이언트가 자기 문제를 언어로 표현할 때 혼란하거나 산만한 것을 점검해 주고 말 속에 숨겨진 선입견, 편견, 혼란 등을 표출하여 자신의 사고 과정을 명확히 볼 수 있도록 해준다. 이는 제한된 시간 내에 최대한의 효과를 거둬야 하는 전문적 관계에서 불필요한 시간 낭비를 막아주는 데 효과가 있다. (❺ 문제는 문제의 보편화(일반화)에 관한 설명이다.)

정답 ③

사회복지실천론 Social Work Practice

Chapter > 13

평가와 종결 과정

평가와 종결은 개입의 마지막 실천 단계이다. 사회복지실천의 특성은 목적 지향적이며 시간 제한적이기 때문에 평가결과 클라이언트의 변화가 만족할 만한 개입목표에 달성하면 개입을 종결한다.

이 장에서는 클라이언트의 변화된 결과를 강화하고 유지하는 사후관리 내용을 파악하도록 한다. 종결 과정에서 사회복지사는 종결유형에 따른 클라이언트와 사회복지사 자신의 정서 반응을 다룬다. 만약 평가가 부정적일 경우 사회복지사는 이전의 사정이나 계획 및 개입단계에 대한 점검이 필요하며, 상호합의를 통해 과정을 변경하거나 다른 기관에 의뢰할 수 있다.

평가단계에서는 사회복지실천평가, 평가의 유형 중 결과평가, 과정평가, 사회복지사에 대한 평가, 형성평가, 총괄평가, 통합평가 등을 상세히 이해하도록 한다. 평가설계에서는 사회복지실천에서 활용하는 주요 평가방법을 학습해 본다.

제1절 평가에 대한 이해

1. 사회복지실천 평가

1) 평가의 개념

사회복지실천에서 평가는 사회복지실천의 결과를 사정하는 것을 말한다. 이는 사회복지사의 개입 과정을 통하여 투입된 내용과 결과를 토대로 효과성과 효율성 그리고 클라이언트의 변화 정도를 사정하는 것이다. 효과성은 설정한 목표가 얼마나 달성되었는지, 개입을 통한 변화가 있었는지를 평가하는 것이다. 효율성은 사용된 자원(시간, 노력, 비용 등)과 얻은 성과 간의 비율이 어느 정도인지를 과학적으로 판단하는 것이다(Hepworth & Larsen, 1990). 이러한 평가는 문제해결 과정의 마지막 단계라고 할 수 있다(Compton & Galaway, 1999).

(1) 사회복지실천 평가

사회복지실천 평가는 개인, 가족, 집단, 지역사회를 대상으로 개입한 사회복지사의 활동을 사정하는 것으로 개인, 가족, 집단, 지역사회가 어떤 변화를 일으켰으며 어느 정도의 변화가 생겼는지를 사정하는 것이다(김용환 외, 2022).

(2) 프로그램 평가

프로그램 평가는 실천적 조사 연구의 한 유형으로 서비스가 계획된 대로 수행되었는지, 서비스가 목적한 대로 클라이언트의 욕구나 문제해결에 효과적이었는지를 평가하는 것이다. 이는 평가의 결과를 바탕으로 결정권자가 합리적인 결정을 내릴 수 있게 한다(김용환 외, 2022).

2) 사회복지실천 평가의 중요성

사회복지실천에서의 평가는 사회적 책무성 측면에서 중요시된다. 사회복지실천 기관은 정부나 지역사회 후원자들에게 자원을 받기 때문에 클라이언트에게 제공한 서비스 결과에 대한 평가가 따르게 된다. 따라서 평가에는 사회복지실천의 효과성과 효율성 측정, 자원사용과 관련한 책임성 입증, 클라이언트에 대한 책임성 이행, 실천 과정에 대한 점검이 이루어진다(김용환 외, 2022). 이러한 사회복지실천의 결과를 평가함으로써 서비스의 질을 향상하며 사회복지사의 전문기술과 지식을 향상하는 데 이점이 있다.

사회복지사는 서비스 전달 과정에서 사회복지 전문직의 윤리와 가치를 지키면서 클라이언트와 계약한 내용대로 서비스를 제공하고, 기관의 정책과 지침 준수에 따른 의무 수행에 적합한 서비스를 제공할 책무가 있다(Johnson & Yanca, 2006). 따라서 이러한 책무성의 평가는 사회복지사의 개입 활동에 대한 성과를 비롯해 기관의 이미지를 객관적으로 검증하는 자료로 쓰인다.

2. 평가계획 및 평가진행

평가계획은 사회복지실천목표를 수립하면서 목표를 평가할 수 있는 평가요소(평가내용, 평가기준, 평가도구, 평가방법)를 설계하는 것이다. 평가내용은 비용과 자원 측면의 효율성, 의도한 변화인 효과성 외에도 서비스 적용대상, 서비스 전달, 재정집행 및 보고, 윤리강령 준수, 법률적 조건이행, 이용자의 사회적 이미지, 욕구 중심 제공 여부가 포함될 수 있다(정무성 외, 2009).

평가기준은 개입목표를 어떤 기준으로 평가할 것인지에 대한 기준이다. 클라이언트의 상황과 문제의 정도는 모두 다르므로 이를 반영한 개입목표도 다르고 평가기준도 다를 수밖에 없다. 예를 들어, 장애인 취업과 관련하여 개입

목표는 취업이 될 수도 있고 사회적응훈련이 될 수도 있다. 평가내용을 취업으로 했을 때 평가기준은 '취업면접 응시 여부'나 '취업 후 3개월 유지'를 평가기준으로 할 수도 있다(이경준 외, 2018).

평가를 위한 핵심질문은 개입계획을 수립하는 과정에서 설정했던 '목표가 달성되었는가?'이다. 평가는 평가계획에서 설정한 평가 시점과 평가요소에 따라 진행된다. 사회복지사는 자신이 설정한 실천목표를 다음과 같이 요약할 수 있으며, 이러한 질문을 바탕으로 목표 단위별로 평가를 실시한다(최해경, 2009 재인용; Timberlake et al., 2002).

첫째, 목표가 달성되었다면 그 원인은 무엇인가?

둘째, 목표가 달성되지 못했다면 클라이언트 체계, 행동체계 또는 표적체계는 목표를 어느 정도 달성했는가?

셋째, 목표를 달성하지 못했다면 그 원인은 무엇인가?

넷째, 목표 달성 시기는 적절했는가?

다섯째, 목표설정이 처음부터 정확하지 못했는가?

여섯째, 사정이 정확하지 못했는가?

3. 평가유형

1) 평가 차원에 따른 분류

헵워스와 라슨(Hepworth & Larsen, 1993)은 평가를 실천 과정의 세 가지 다른 차원에서 이루어져야 할 활동으로 설명하면서 결과평가, 과정평가, 사회복지사 평가의 영역으로 구분했다.

(1) 결과평가(outcome evaluation)

결과평가는 계획단계에서 설정했던 목표가 얼마나 달성되었는지를 종료 시점에서 평가하는 것이다. 즉, 개입 과정을 통해 원했던 변화가 일어났는지를 종결단계에서 객관적이고 과학적인 근거를 바탕으로 평가하는 것을 말한다.

결과평가는 모든 프로그램을 종결한 후에 시행하기 때문에 사회복지사를 번거롭게 하지 않을 수 있다는 장점이 있지만, 프로그램이 이미 종결된 상태이므로 진행 과정에서 잘못된 부분을 바로잡을 수 없다는 단점이 있다(김용환 외, 2017).

(2) 과정평가(process evaluation)

과정평가는 클라이언트가 개입 과정을 어떻게 지각하는지를 평가하는 것을 의미한다. 원조 과정이 도움이 되었다고 느끼는지 아니면 자신에게 오히려 손해를 끼쳤는지에 대한 클라이언트의 평가이다.

과정평가는 주로 사회복지실천 과정을 분석해 프로그램이 계획한 대로 추진되었는지를 분석하려는 평가방법이다. 특히 사회복지사가 목표 달성을 위해 사용한 방법이나 기술 중에서 어떤 기술이 유효했고, 어떤 기술이 무의미했는지, 또한 어떤 기술이 문제를 제거했는지를 파악하고, 결과평가에서 빠지기 쉬운 프로그램의 준비 - 진행 - 종결 과정에서 환경적인 요인과의 관련성을 프로그램이 진행되는 개입 중간중간에 과정마다 분석하는 기법이다(김용환 외, 2017). 즉, 어떤 서비스를 누가, 누구를 위해, 얼마 동안 제공했는가? 개입 과정에서의 변화요소, 시행착오와 어려움의 원인, 극복방안 등 과정을 집중해서 살핀다. 사회복지실천에서 추구하는 변화는 투입되는 자원의 영향이나 환경적인 요인에 따라서 결과가 달라질 수 있으므로 과정평가가 이루어지지 않으면 결과평가를 해석하는 데 어려움을 겪을 수 있다(이경준 외, 2018).

(3) 사회복지사에 대한 평가

사회복지사에 대한 평가는 사회복지사 자신의 행동이나 태도, 속성 등이 개입 과정에서 어떤 영향을 미쳤다고 생각하는지에 대한 피드백을 통해 보여 주는 평가이다. 사회복지사가 자신의 태도와 행동이 개입결과에 어떤 영향을 미치는지 지각하는 데 매우 중요한 의미가 있다. 그러므로 부정적 피드백이 때로는 받아들이기에 고통스럽지만 반치료적인 행동, 주의산만, 매너리즘을 알려준다는 점에서 역시 매우 도움이 된다(조미숙 외, 2018). 사회복지사는 어떠한 비판이라도 수용할 준비가 되어 있어야 한다. 사회복지실천에서 사회복지사에 대한 평가는 여러 측면에서 긍정적인 기능을 수행한다. 평가를 통해 사회복지사의 지식 기반이 증진될 수 있고 책무성을 증명할 수 있으며, 서비스 질에 관한 결정을 쉽게 할 수 있고, 클라이언트의 목표가 달성되었는지를 객관적으로 판단할 수 있게 한다(Gabor & Grinnell, 1994).

2) 평가 시점에 따른 분류(김용환 외, 2017)

(1) 형성평가(formative evaluation)

형성평가는 개입 과정에 대한 평가로 사회복지실천 과정에서 개입을 부분적으로 수정하거나 개선, 보완하는 데 필요한 정보를 얻기 위해 주기적으로 진전 상황을 평가하는 실천 과정의 점검이라고 할 수 있다. 형성평가는 사회복지실천에서 원조 과정 동안 시행되는 사정과 관련 있다. 형성평가는 사회복지사가 과정을 검토하도록 하고 필요한 경우에는 개입계획을 수정할 수 있도록 한다. 이러한 의미에서 형성평가는 실천 과정의 점검(monitoring) 또는 환류(feedback)라고 할 수 있다.

(2) 총괄평가(summative evaluation)

총괄평가는 서비스 활동이 종결된 시점에서 개입으로 인해 산출된 활동의 성과로, 효과성과 효율성에 대해 종합적인 가치판단을 하는 행위이다. 총괄평가는 크게 효과성 평가와 효율성 평가로 구분된다.

효과성 평가는 사회복지실천에서 개입(프로그램)이 중단되었을 때, 그 활동의 결과 목적 달성 여부와 그 요인을 분석하는 것이다. 효율성 평가는 목표 달성을 위해 투입한 자원(시간, 인력, 비용 등)에 따른 성과비율을 평가하며 투입비용의 적절성을 측정하는 것이다.

총괄평가단계에서는 기관의 사명, 프로그램의 목적 및 목표, 프로그램 목표 달성 여부 결정방법, 평가자료 활용 방법 등을 고려해야 한다.

4. 사회복지실천에서 활용하는 주요 평가방법

1) 단일사례연구설계(김용환 외, 2017)

단일사례설계는 단일사례실험, 단일대상설계라고도 한다. 단일사례설계는 개인뿐만 아니라 가족, 소집단, 지역사회 등의 단일사례(하나의 사례)를 대상으로 이들이 가지고 있는 문제해결을 위한 개입이 어떠한 효과가 있는지를 과학적인 방법으로 입증하는 것을 말한다. 여기에서 개입이란 문제가 되는 조사대상자의 표적 행동을 변화시키기 위한 프로그램, 환경변화 등을 의미한다. 집단 구성원들의 정보 또한 개별적으로 취급되지 않고 집단 전체의 평균이나 빈도 등으로 요약된 하나의 사례로 취급된다(김용환 외, 2017).

사회복지 분야에서 단일사례연구는 주로 임상사회사업에서 개인, 가족, 소집단의 심리·사회적 기능을 유지하거나 향상하고 실천 이론을 발전시키는 데 사용된다. 단일사례연구에서 표본의 크기와 분석 단위는 모두 1이다(김용환 외, 2017).

단일사례설계는 AB, ABA, ABAB 설계 등의 몇 가지 방법이 활용된다. 단일사례설계는 개입 이전의 상태와 개입 이후의 상태를 비교하는 것으로, 흔히 AB 설계라고도 하며 여기서 A는 개입 이전 상태, B는 개입 상태를 말한다. 따라서 개입 후 문제 수준이 감소하였다면 개입이 문제를 감소시키는 영향을 미쳤다고 판단한다(서보준 외, 2021).

ABA 설계는 개입이 효과적인가를 검증하기 위해 기초선(A) 측정 후 일정 기간 개입(B)을 시행한 다음 일시 중단(A)한다. 일시적으로 개입을 중단한 시기에 표적 행동이 기준선 상태로 돌아간다면 그동안의 변화를 개입의 영향으로 볼 수 있다. 그러나 만일 변화가 없다면 그동안의 변화는 개입으로 인한 것뿐만 아니라 클라이언트에게 영향을 준 다른 요인들이 있음을 추정하게 된다(김혜영 외, 2020; 허정철 외, 2019).

ABAB 설계는 제2기초선과 제2개입단계를 추가하는 설계로, 두 번째 기초선 단계는 개입의 일시 중단 후에 다시 개입을 시작한다. 두 번째 개입한 뒤에 만약 또다시 변화가 나타난다면 제3의 요인이 아니라 개입으로 인해 효과가 발생했다는 것이 명백하게 입증되는 것이다(김혜영 외, 2020). 그러나 두 번째 개입 이후로 클라이언트의 변화상태를 비교해 볼 수 있다는 점은 유용하지만, 만약 중간에 개입을 철회할 경우 클라이언트가 이전의 고통스러운 상황을 다시 경험할 수 있으며, 이는 사회복지 윤리에 문제가 발생할 수 있으므로 비현실적이라는 지적도 있다(허정철 외, 2019).

2) 목표달성척도

목표달성척도(GAS, Goal Attainment Scale)에서는 사회복지사와 클라이언트가 함께 설정하였던 '개별화된 목표'의 달성 정도를 측정하기 위해 개발된 도구이다. 즉, 개입목표들이 특정한 클라이언트에게만 해당할 때 평가할 수 있는

척도이며, 표준화된 척도와는 달리 측정을 위한 내용이 미리 정해져 있지 않고, 목표는 클라이언트에 따라 자유롭게 정하면 된다(허정철 외, 2019). 목적 달성 척도는 약물 남용 프로그램, 정신건강, 보호관찰 등 많은 실천현장에서 사용됐고, 목표 설정 및 계약단계부터 적용되기 시작한다(김혜영 외, 2020). 또한, 이 척도는 클라이언트의 기능수행 영역을 세분화하여 개입 후에 각 영역의 기능이 어느 정도 향상되었는가를 평가한다. 예를 들면, 대인관계, 직무수행, 양육행동 등 클라이언트의 주요한 기능수행 영역에 관한 것으로 개입 때문에 변화될 수 있는 것들을 측정하게 된다(김혜영 외, 2020).

목표달성척도는 클라이언트와 사회복지사의 목표가 의미하는 바를 명확히 이해할 수 있도록 원조하며, 목표 달성 정도를 계량화(수치화)하는 장점이 있다. 목표달성척도는 기대 수준에 대한 실제 목표성취를 정량화할 뿐이기 때문에 점수가 클라이언트의 기능 수준을 나타내 주지 않는다는 점을 유의해야 한다(허정철 외, 2019).

목표달성척도의 활용단계(엄명용 외, 2015)

① 클라이언트의 목표를 결정한다.
② 목표달성 정도를 5점 척도화한다.
③ 목표달성척도를 만든다.
④ 목표달성척도를 만든 후 평가를 위한 기간(일주일 혹은 2주일)을 정하고 사회복지사와 클라이언트가 함께 목표달성 정도를 평가한다.

단일사례설계가 행동 또는 태도의 변화에 초점을 둔 것이라면, 목표달성척도는 클라이언트의 목표에 관심을 가짐으로써 클라이언트를 역량 강화하는 데 도움을 주며, 자신의 목표를 달성하기 위해 책임을 질 수 있도록 한다(김영미 외, 2022).

목적 달성의 결과에 대해 주로 5점 척도를 사용하여 ① 가장 바람직하지 않은 결과, ② 기대한 성공수준보다 낮은 결과, ③ 기대한 성공수준, ④ 기대한 성공수준보다 높은 결과, ⑤ 가장 바람직한 결과로 나누어 평가한다(김혜영 외, 2020).

▼ 표 13-1 목표달성척도

성과정도	목표1	목표2	목표3
	한국어 교육 강좌에 적극적으로 참여한다.	친구들과 한국어로 대화한다.	자원봉사활동에 적극적으로 참여한다.
가장 바람직하지 않은 결과(+2)			
기대한 성공수준보다 낮은 결과(+1)			
기대한 성공수준(0)			
기대한 성공수준보다 높은 결과(-1)			
가장 바람직한 결과(-2)			

※ 빈칸은 클라이언트가 내용을 직접 작성해야 함.

3) 과제성취척도

과제성취척도(Task Achievement Scale, TAS)는 사회복지사와 클라이언트가 합의한 개입과제를, 성취한 정도를 측정하는 것으로 사례에 대한 개입 활동이 기초선을 설정하거나 단일사례설계를 이용하기 어려울 때 유용하게 활용된다. 과제성취척도는 사회복지사가 단지 주어진 과제를 얼마나 잘 달성했는지 확인하려는 평가방법이다.

과제 중심 실천은 목표를 위한 작업을 여러 개의 독립적인 활동과 과제로 세분화시킨 뒤에 구체적인 과업(3개 이내)을 할당하고, 주어진 기간(2~3주) 안에

동의한 행동이나 결정의 수행 정도를 평가하는 것을 목적으로 한다(이경준 외, 2018). 이때 과제가 실제로 달성되었는지를 측정하는 과제성취척도로서 리드와 앱스타인(Reid & Epstein)이 제시한 보통 4점 척도를 사용한다. 예를 들어, ① 최소한 달성 또는 전혀 달성되지 않음(1점), ② 부분적 달성(2점), ③ 상당히 달성(3점), ④ 완전히 달성(4점)을 사용한다. 과제성취척도는 시간과 자료가 부족하여 다른 평가방법을 사용하지 못할 때 사용할 수 있는 이점이 있다.

[표 13-2]는 TAS의 4점 척도를 활용한 과업 성취척도의 사례이다.

▼ **표 13-2 과업성취척도의 예**

과업(과제)	성취수준	등급
도시락 배달 서비스 확보	다음 달 1일부터 시작	2
간병인 서비스 연계	대기자 명단에 등록	2
가족과의 연락	아동과 연락이 닿아 방문함	4

출처: 김용환 외(2022).

4) 클라이언트 만족도 조사

클라이언트 만족도 조사는 개입 기간 사회복지기관에서 클라이언트에게 제공된 서비스에 관한 클라이언트의 의견을 묻는 기법으로, 간단하지만 자주 사용한다. 클라이언트에게 기관의 인상, 개입의 성공 정도, 담당자 역량 등 원조 과정의 중요한 측면들에 대해 클라이언트가 평가하도록 한다(조미숙 외, 2020).

클라이언트 만족도 조사는 개인뿐만 아니라 집단 혹은 기관에서 서비스를 받는 모든 사람에게 적용될 수 있으며, 직접적 서비스뿐만 아니라 프로그램 전체를 평가하는 데 적용될 수 있다(나동석 외, 2009).

제2절 종결에 대한 이해

종결은 사회복지실천 과정의 최종 단계이며, 사회복지사의 도움 없이 클라이언트가 혼자 독립적인 생활을 영위할 수 있도록 돕는 과정이다. 종결단계는 사회복지사와 클라이언트의 전문적인 관계인 개입 과정의 종결, 원조 과정의 해제를 위한 공식적인 마무리를 의미한다(Hepworth et al., 2010). 종결 시기는 원조의 내용이나 클라이언트의 상황과 특성에 따라 다르게 진행된다. 주로 개입목표의 달성 정도, 클라이언트의 문제상황의 해결 정도, 서비스 시간 내 제공 완료 여부, 사회복지사와 기관의 투자 노력, 서비스가 도움이 되지 않으리라는 서로의 합의, 클라이언트의 의존성, 클라이언트에 대한 새로운 서비스의 적합성 여부가 결정된 경우에 종결 시기가 결정된다(이경준 외, 2018).

클라이언트는 종결단계에서 일정 기간 자신과 관련된 이야기를 들어주고 수용해 준 사회복지사와의 이별은 과거의 이별 경험과 대처방식에 따라 사회복지사에 대한 애착 정도, 불안과 긴장감, 상실의 두려움으로 나타날 수 있다(양옥경 외, 2022). 이러한 종결은 클라이언트의 감정을 표현하게 하고, 토론하는 시간을 가질 필요가 있다(김혜영 외, 2020). 그러므로 사회복지실천의 이상적인 마무리는 클라이언트의 긍정적인 변화를 지속하게 하는 것으로 클라이언트가 원조 과정에서 성취한 것들을 잃지 않도록 사회복지사는 개입이 종료된 후에도 클라이언트 스스로 문제를 해결할 수 있고 향후 예상되는 문제도 잘 해결해 나갈 수 있는 능력을 강화하기 위한 자기효능감을 가질 수 있도록 돕기 위한 사후관리도 필요하다.

1. 종결의 유형

1) 계획되지 않은 종결

(1) 클라이언트의 일방적인 종결

클라이언트의 일방적인 종결은 클라이언트가 약속한 회기에 아무런 연락 없이 약속한 시각에 나타나지 않거나, 약속을 어기거나 이런저런 이유로 올 수 없다는 핑계를 대고 다시는 자신의 문제를 더는 논의하지 않으려 할 때 종결하게 되는 것을 말한다(김효선 외, 2019). 클라이언트에 의한 일방적인 종결은 해결되지 못한 저항 때문이거나 문제가 이미 해결되었다는 비현실적인 믿음 때문일 수 있다. 따라서 종결하더라도 그동안 목표 달성 과정을 돌이켜 보면서 얻은 것이 무엇이고, 지속해서 해결해야 할 문제가 무엇인지에 대해 토론하는 것이 필요하다(양옥경 외, 2022). 종결이 예상보다 일찍 이루어지면 사회복지사는 클라이언트의 문제가 오히려 악화할 수도 있다는 것을 인식해야 한다.

(2) 사회복지사의 이동에 의한 종결

사회복지사의 이동에 의한 종결은 사회복지사와 클라이언트 모두에게 힘든 것이다. 특히 이전에 중요한 관계에서 거부당한 클라이언트는 상처받기 쉽고 자존감이 약해지며, 배신감을 느낄 수 있다(김효선 외, 2019). 사회복지사의 이동에 의한 종결은 사회복지사가 이직하거나 퇴직하는 경우, 새로운 부서로 이동하는 경우, 다른 지역으로 발령되거나 담당업무가 변경되는 경우에 종결되는 유형이다. 이럴 때 사회복지사는 클라이언트가 자신의 감정을 적절하게 처리하도록 도와주고 다른 사회복지사와 함께 일할 수 있도록 준비시키거나 다른 기관으로 원활하게 의뢰되는 것에 대해 수용할 수 있도록 도와야 한다(Hepworth et al., 2010).

2) 계획된 종결

(1) 시간제한에 의한 계획된 종결

시간 제약 때문에 정해진 기간만 제공되는 경우에는 계획된 종결을 한다. 예를 들어, 학기 중에만 서비스를 제공하는 학교, 입원 기간에만 제공되는 병원 서비스, 실습 기간에만 사례를 다루는 실습생 등의 경우인데, 이러한 종결은 미리 알려진 것이므로 클라이언트로서는 갑작스럽게 종결을 맞는 것보다 충격이 적고 그에 대한 대비를 충분히 할 수 있다(김용환 외, 2017). 하지만 종결 시점에서 클라이언트가 서비스 목표에 충분하게 도달되지 못했다고 느끼게 되면 예정된 종결이라 할지라도 서비스 중단으로 받아들일 수 있다.

① 목표 달성에 성공으로 계획된 종결

긍정적인 종결의 유형은 클라이언트의 목표가 달성되었고 충분한 변화가 이루어졌다고 믿거나, 제시된 상황이나 문제에서 벗어나 종결된 유형이다(Bogo, 2006). 목표를 달성하면 클라이언트는 획득한 성과로 인해 종결로 인한 상실감의 충격이 감소하게 된다. 사회복지사는 목표 달성을 위해 노력한 클라이언트에게 적극적인 격려와 지지를 보내고, 이후에도 클라이언트의 성과가 유지 및 강화될 수 있도록 돕는다(허정철 외, 2019). 이는 종결의 유형 중에서 가장 만족스러운 유형이다.

② 목적 달성에 실패한 종결

원조 과정이 불만족스럽거나 열성적인 노력을 지속했음에도 진전이 없는 경우, 사회복지사가 클라이언트의 욕구를 적절히 충족시킬 능력이 없을 때, 혹은 클라이언트가 사회복지사의 적절한 치료 요구에 순응하지 않는 경우 사회복지사는 종결을 검토해야 한다. 이로 인해 목표 달성에 실패할 때 사회복지사와 클라이언트는 실망과 좌절을 경험하고, 원조관계에 만족하지 못하여 종결하게 되는 것을 말한다. 이런 경우 부정적인 감정표현을 억압하거나 회피하기보다는 있는 그대로 감정을 수용하고 공감적 의사소통을 통해 부정적인 감정을 다루어야 한다. 또한, 목적이 달성되지 못한 이유와 미래의 추가적인 도움 여부에 대해 클라이언트가 어떻게 느끼는지를 토론해야 한다. 클라이언트가 원하는 경우 의뢰를 고려할 수도 있다(허정철 외, 2019).

2. 종결단계의 과제

1) 종결 시기의 결정

종결 시기를 결정할 때는 다음과 같은 요소가 고려되어야 한다(Sheafor & Horejsi, 2008).

첫째, 개입목표가 달성되었는가?

둘째, 개입 전에 합의된 시간에 서비스 제공이 도달했는가?

셋째, 클라이언트의 문제나 상황이 충분히 해결되어 클라이언트가 현재 만족스러운 수준으로 기능하고 있으며, 자신이나 다른 사람에게 문제를 발생시킬 여지는 없는가?

넷째, 사회복지사와 기관은 더 만족할 만한 성과나 기대 없이 시간과 자원을 투입하고 있는가?

다섯째, 클라이언트와 사회복지사가 앞으로의 접촉으로 더 서로에게 이득이 되지 않는다는 결론에 이르렀는가?

여섯째, 클라이언트가 사회복지사나 기관에 부적절하게 의존하게 되었는가?

일곱째, 클라이언트를 위해 다른 기관이나 전문가에게 의뢰하여 더 적절한 서비스를 받는 것이 더 적합한가?

종결은 시간제한의 특성이 있으므로 본래의 기간과 관계없이 발생할 수 있고, 목표 달성이 되지 않더라도 종결될 수 있다. 종결의 목표는 클라이언트가 직면한 문제를 스스로 해결할 뿐만 아니라 향후 예상되는 문제도 잘 해결해 갈 수 있는 자기효능감(self-efficacy)을 강화하고, 원조관계를 원만하게 마무리하는 데 있다(최덕경 외, 2012).

2) 종결에 대한 반응

(1) 긍정적인 종결반응

긍정적인 종결은 성취한 이득이 종결로 인한 상실감보다 크기 때문에 긍정적인 감정을 경험한다. 사회복지실천 과정을 통해 성취감과 자신감을 느끼게 된 클라이언트는 긍정적인 감정을 경험하게 되면서 다른 사람들과도 접촉하고 관계하면서 성장하게 된다(김영미 외, 2022).

(2) 부정적인 종결반응

개방적 서비스에서 직면하게 되는 종결반응을 보면 다음과 같다(김용환 외, 2022; 김영미 외, 2022; Levinson, 1977).

① 사회복지사에게 매달림

원조관계를 통한 의존심이 증가하여 전문적 관계에서 얻는 이득을 포기하지 못할 경우, 외부관계 및 활동에서 더 좋은 결과를 성취할 방법을 배우지 못한다. 이는 사회복지사를 통한 원조관계 자체를 관계와 활동의 대체물로 생각하여 계속 만나 달라고 요구하며 매달릴 수 있다.

사회복지사가 클라이언트에게 집착하지 않았는지, 클라이언트의 강점과 성장의 기회보다는 약점, 결함, 병리에만 초점을 둔 결과 어려움이 발생한 것이 아닌지 살펴봐야 하고(김용환 외, 2022), 사회복지사는 클라이언트에게 원조관계의 목표는 독립적으로 문제를 해결하는 것이었다는 것을 강조하고 종결에 대한 긍정적 의미를 부여함으로써 종결 불안을 줄이도록 노력한다.

② 과거 문제 재발

한동안 잘 조절되던 문제가 서비스 종결 시점에 이르러 다시 발생했음을 보고하는 경우이다. 이는 실제로 문제가 재발할 수도 있고, 클라이언트의 생각으로 재발하였다고 호소하거나 재발할 것이라고 믿는다. 과거 문제의 재발은 원조 과정에서 서비스나 사회복지사에게 의존성이 심화하였다는 것을 보여주는 현상으로 클라이언트의 불안 정도를 파악할 수 있는 반응이다(김영미 외, 2022). 그러므로 사회복지사는 클라이언트가 종결 이후의 삶과 관련된 두려움이나 불확실성이 있다는 것을 알고 문제에 초점을 두지 말고 대처하는 것이 중요하다. 사회복지사는 원조 과정을 진행하고, 그동안 획득한 자원, 장점을 강조해 자기 효율성, 즉 자기효능감을 높여준다.

③ 새로운 문제를 소개함

과거 문제 재발은 원조 과정에서 서비스나 사회복지사에게 의존성이 심화하였다는 것을 보여주는 것으로 클라이언트의 불안 정도를 파악할 수 있다(이경준 외, 2018). 종결이 가까워져 오는 시기에 혹은 종결 회기에 클라이언트가 새로운 스트레스나 문제를 호소하거나 말하지 않은 비밀이 있다고 하는 경우 종결에 대한 거부를 목적으로 사회복지사를 계속 만나기 위함일 수 있다. 사회복지사는 새로운 문제를 가볍게 다뤄서는 안 되지만 우선 그 문제를 다루기 전에 먼저 클라이언트의 감정을 탐색하여 공감하고, 그동안 이룬 성과(관계형성, 자원 확보, 만남을 갖기 전후의 변화)에 대하여 강조를 한 후, 만약 새로운 문제가 있는 것으로 파악되면 기존문제에 대한 평가와 종결 과정을 거친 후에 재사정의 절차를 진행하도록 한다(김영미 외, 2022).

④ 사회복지사를 대체할 사람을 찾음

사회복지사를 대신하고 그 상실을 보상해 줄 수 있는 대상을 찾는 그것은 의존심을 지속하려는 욕구 때문이므로 클라이언트가 자신의 역할을 인식하도록 돕고 그 결과가 어떻게 될지 생각해 보도록 한다(조미숙 외, 2020).

3) 사후관리(follow-up)

사후관리를 통해 사회복지사는 클라이언트가 성취한 성과를 잘 유지하고 발전시켜 나가는지 아니면, 획득한 기술이나 자원으로 클라이언트의 욕구나 문제가 발생했는지 클라이언트의 변화 유지와 강화를 모색할 수 있다. 사후관리는 종결단계 후 일정 기간(1~6개월 사이)이 지난 클라이언트가 잘 적응하고 있는지 변화의 유지 정도를 점검하는 것이다.

사회복지사는 종결 이후에도 클라이언트에게 계속 관심이 있다는 것을 보여줌으로써 클라이언트가 변화를 지속시킬 동기를 제공하게 된다. 필요한 경우 사회복지사는 직접 가정을 방문하거나 메일 또는 전화 등으로 진행할 수도 있고, 클라이언트가 원한다면 추가 서비스를 제공할 수도 있다. 사후관리는 지속적인 관심을 받고 있다는 지지감을 클라이언트에게 부여함으로써 종결 시 긍정적인 개입의 효과를 유지하는 데 도움을 주게 된다(조미숙 외, 2022).

사회복지사 1급 기출 및 예상문제

01 종결단계에서 사회복지사의 과업으로 옳지 않은 것은? (20회)

① 사후관리 계획 수립
② 목표 달성을 위한 서비스 제공
③ 클라이언트 변화 결과에 대한 최종확인
④ 다른 기관 또는 외부 자원 연결
⑤ 종결에 대한 클라이언트 반응 처리

해설 목표 달성을 위한 서비스 제공은 개입단계의 과업이다. 성공적인 종결을 위한 사회복지사의 과업으로는 목표 유지와 강화계획 수립으로 성취된 목표를 유지 강화하고 계속하여 성장할 수 있도록 계획을 세우는 것 등이 있다.

정답 ②

02 종결단계에서 취해야 할 사회복지사의 활동에 관한 설명으로 옳은 것은? (13회)

① 클라이언트의 변화를 촉진한다.
② 클라이언트와의 접촉빈도를 줄여간다.
③ 클라이언트를 위해 서비스를 조정한다.
④ 클라이언트를 대변하여 자원을 확보한다.
⑤ 개입의 효과를 평가하기 위해 기초선 자료를 수집한다.

해설 간접적 개입에서 사회복지사의 역할은 중개자, 옹호자, 중재자, 해석자, 자원의 제공자가 있다.
① 개입단계에서의 행동이다.
③, ④ 개입단계(간접적 개입)에서의 행동이다.
⑤ 평가단계에서의 행동이다.

정답 ②

03 사후관리(follow-up service)에 관한 설명으로 옳지 않은 것은? (13회)

① 개입 과정 중에 수시로 실시한다.
② 클라이언트의 적응 상태를 확인한다.
③ 문제가 있는 경우 재개입할 수 있다.
④ 클라이언트의 변화 유지에 도움이 된다.
⑤ 종결로 인한 클라이언트의 충격을 완화해 준다.

해설 ① 사후관리는 종결 후에 1~6개월이 지났을 때 클라이언트가 잘 적응하고 있는지를 확인하는 비공식적으로 수행하는 단계이다. 따라서 개입 과정 중에 수시로 실시한다는 내용은 옳지 않다.

정답 ①

04 종결단계의 사회복지사 과업으로 옳지 않은 것은? (17회)

① 클라이언트가 이룬 성과를 확인한다.
② 종결에 의한 클라이언트의 상실감에 공감한다.
③ 클라이언트의 감정을 이해하고 있음을 전달한다.
④ 클라이언트의 비언어적 메시지에 민감하게 반응한다.
⑤ 종결에 대한 클라이언트의 부정적 감정은 다루지 않는다.

해설 ⑤ 종결단계에서 그동안 사회복지사에게 의존하던 클라이언트는 종결로 인한 이별을 겪으면 그 이별을 누구와도 대체할 수 없는 사람을 상실한 것으로 생각한다. 사회복지사는 클라이언트가 느낄 수 있는 상실과 분노와 같은 부정적 감정을 주의 깊게 다루어야 한다. 그러므로 분리와 이별을 두려워하는 클라이언트에게 사회복지사는 종결 이후에도 계속 관심이 있다는 것을 보여줌으로써 클라이언트의 변화를 지속시킬 동기를 제공하며, 필요한 경우 클라이언트에게 추가 서비스를 제공할 수도 있다. 이러한 과정은 직접 가정을 방문하거나 메일 및 전화 등을 통해 안심시킬 수 있다.

정답 ⑤

Chapter > 14

사례관리

사례관리는 복합적이고 다양한 욕구가 있는 복지대상자인 재가 장애인, 누워만 있는 노인, 알코올중독자, 만성정신장애인, 정신질환자, 발달장애 아동과 가족 등을 대상으로 필요한 서비스를 체계적으로 연계하여 삶의 질을 향상시키는 사회복지실천방법이다. 사례관리는 학자마다 또는 서비스를 제공하는 기관마다 다를 수 있지만 가장 핵심적인 실천 과정은 한국사례관리학회에서 분류한 5단계인 초기단계, 사정단계, 계획단계, 실행단계, 평가 및 종결단계이다.

이 장에서는 사례관리의 주요 과정인 다섯 가지 과정을 흐름에 맞추어 차례로 이해하도록 한다. 또한, 사례관리의 과정을 자세히 이해하기 위해 사례관리의 등장 배경과 이론적 기반, 사례관리 과정, 그리고 사례관리의 역할 등을 중심적으로 파악하도록 한다.

제1절 사례관리의 이론적 기반

1. 사례관리의 등장 배경

사례관리(case management)는 대인 서비스 분야에서 가장 활발히 사용되고 있는 실천 분야 중 하나로 만성적, 복합적이고 장기적인 문제로 인해 여러 종류의 도움을 동시에 필요로 하는 클라이언트에게 사례관리자가 지속해서 책임을 지고 종합적인 서비스를 연계하여 제공하려는 방법이다. 사례관리는 1980년대 이후 미국, 영국, 캐나다 등에서 정신장애인을 비롯하여 노인, 아동, 장애인과 같은 다양한 대인 서비스 영역에서 주목받아 왔다(Rothman, 1991). 우리나라에서 사례관리는 1990년대부터 사회복지사, 간호사, 심리학자 및 다른 전문가에 의해 다양하게 정의되고 있으며, 보호관리, 관리보호, 보호조정, 사례조정, 연속보호조정, 연속보호, 서비스 통합, 서비스 조정 등의 다양한 용어로 사용되고 있다(류명원, 2006; Kane, 1993; Weil & Karls, 1985).

사례관리는 전통적인 사회복지실천이 오랫동안 개인과 집단, 가족을 중심으로 한 개별사회사업, 집단사회사업, 지역사회복지 등 대부분 분절된 형태로 진행되어 사회사업실천의 한계로 인한 새로운 중심철학으로 등장하게 되었다.

사실 미국에서는 이미 1946년 제정된 「정신보건법」에 따라 정신건강서비스를 국가가 아닌 주 단위의 정책으로 규정하는 등 중앙정부의 지방분권화가 나타나고 있었고, 1963년 「지역사회 정신건강센터 건립법」의 제정에 이어 탈시설화에 박차를 가한 것은 주로 경제적 요인 때문이었다(최영민 외, 2015). 백년이 넘어 낡은 대규모 정신병원의 유지보수, 재건축 비용과 한번 입원하면 사망 시까지 머물게 되는 환자들에 대한 24시간 보호 감독에 필요한 인건비 등이 사회적 부담으로 작용하였기 때문에 그 막대한 비용을 획기적으로 절감하는 정책이 요구되었다(최영민 외, 2015; 양옥경, 1996).

1960년대부터 탈시설화가 진행됨으로써 지역사회 차원에서 각종 서비스를 조정하고 보호하려는 시도와 함께 미국에서는 1970년대 후반 만성 정신장애인을 위해 지역사회 내에서의 재활을 지원하기 위한 사회적 접근방법 중 하나로 사례관리 서비스가 시작되었다(장성배 외, 2023). 정신보건, 발달장애, HIV와 AIDS에 걸린 사람들을 위한 서비스, 장기보호 노인을 위한 서비스, 이주민 서비스, 아동복지와 같은 휴먼서비스 분야에 보다 확산하였고(NASW, 김만두 외 감수·역, 1999), 노인복지, 장애인복지, 정신보건복지 분야 등 지역사회복지 분야에서 복합적인 욕구를 갖는 서비스 대상자가 증가하여 사례관리의 필요성이 나타났다.

사례관리가 1980년대 들어 케이스워크보다 진보된 하나의 방법론으로 활용되기 시작한 것은 다음과 같은 역사적 배경을 갖는다(김용환 외, 2018 재인용; 정순둘, 2005; Rothman, 1991; Moxley, 1989; Ashley, 1988).

1) 탈시설화(deinstitutionalization) 영향

탈시설화는 사례관리의 필요성이 강조된 가장 중요한 요인이다. 탈시설화란 지금까지 살아온 가정과 지역사회에서 분리되어 대규모 수용시설이나 병원에 입원한 클라이언트가 시설 생활에서 탈피해 다시 가정과 지역사회로 돌아오는 것을 말한다(한국사례관리학회, 2012; Moxley, 1989). 미국은 1963년 「지역사회 정신보건 사업법」의 제정으로 지적장애인과 정신장애인을 대단위 수용시설에서 퇴소시켜 지역사회로 돌려보내는 탈시설화 정책을 폈다. 이로 인해 이전과 달리 많은 정신장애인을 대규모의 병원이나 시설에 입원시키지 않고 지역사회 내에서 관리하고 치료하는 서비스가 증가하게 되었고, 재가 서비스를 강조하는 지역사회 정신보건 운동이 전개되었다.

이전의 대규모 수용시설의 서비스 제공은 시설 거주 수용자들을 가장 중요한 환경체계라고 할 수 있는 가족과 지역사회와 격리하기 때문에 지역사회 환경과의 상호작용을 단절시키고 지역사회로의 복귀를 어렵게 만드는 문제가 발생했다(김용환, 2018). 또한, 시설수용은 거의 모든 서비스가 지리적, 행정적으로 집중되어 있어서 각 클라이언트에 대한 별도의 서비스 관리가 필요치 않았다(양옥경 외, 2022). 결과적으로 가족과 지역사회로의 복귀가 거의 불가능하게 되었으며, 국가가 막대한 비용부담을 떠안게 되는 문제를 일으키게 되었다(김용환 외, 2022).

그러나 탈시설화의 영향으로 지역사회를 중심으로 한 복지서비스 제공이 강조됨에도 불구하고 이들이 대규모 시설에서 지역사회에 거주하게 되자 그동안 지역사회에서 존재한 보호체계들이 분산되어 있어 클라이언트가 지속해서 서비스를 제공하지 못하였다. 스스로 관리가 어려운 만성 정신장애인들은 지역사회에 분산된 지지체계에 대한 조정과 통합이 필요했다. 또한, 기관마다 보유하고 있는 자원이나 수혜 자격요건이 달라서 이들을 통합적으로 관리하는 전문직의 필요성이 대두되었다. 특정 분야를 중심으로 전문화된 역할뿐만 아니라 복합적 욕구를 가진 클라이언트를 중심으로 다양한 서비스를 지속적이고 체계적으로 관리하는 사회복지사의 역할이 필요하게 된 것이다(정순둘, 2008).

2) 복잡하고 분산된 서비스체계의 통합

탈시설화의 영향으로 가정과 지역사회로 복귀한 클라이언트는 지역사회를 기반으로 그들의 복합적인 욕구가 증가하는 반면, 기존 사회복지서비스는 단편화·분절화되어 있어 이에 대응방안이 절실하였다(김혜영 외, 2020). 특히 서비스 전달체계가 공공부문에서 민간부문으로 이양되면서 서비스 간 조정을 감당할 역할장치가 없어지게 되었다. 민간기관은 클라이언트와 관련된 서비스 기관 간의 조정능력이 부족하므로 지역사회와 지역사회기관과의 연계가 잘 이루어지지 못하고 기관의 서비스 내용도 제대로 파악하지 못하는 경향이 있었다. 또한, 서비스망이 점차 복잡해지고 분산됨으로써 서비스가 중복되거나 연계성을 갖지 못하므로 클라이언트가 각각의 서비스마다 다른 기관을 접촉해야 하는 불편을 줄 뿐 아니라 서비스에 접근하는 데도 어려움이 발생했다. 따라서 이러한 문제점을 해결하고 클라이언트의 복합적 욕구를 만족하기 위해 사례관리가 필요하게 되었다(양옥경 외, 2022; 양옥경 외, 2002). 즉, 지역 기반의 통합사례관리는 대부분의 사회복지기관에서 운영하는 기관 중심의 사례관리 틀을 벗어나 협력기관들의 공동개입과 역할분담을 통해 수요자 중심의 맞춤형 서비스가 이루어질 가능성이 크다. 이러한 통합사례관리 체계가 적절히 기능하기 위해서는 지역 기반의 서비스 전달망을 중심으로 개별가구가 가진 서비스 수요자의 복합적인 욕구를 전문적으로 조정하는 지역관리체계가 필요하다(홍선미 외, 2010).

3) 클라이언트와 그 가족에게 부과되는 과도한 책임

지역사회 내의 적절한 환경자원의 미비로 클라이언트와 그 가족에게 과중한 책임을 부담시키고 과도한 스트레스를 발생시키게 되었다. 즉, 서비스를 발굴하는 데에서부터 접수하고 연계하는 등 사회서비스 과정 전반에서 과도한 책임을 떠안게 된 것이다. 따라서 클라이언트와 그 가족들이 자원을 개발하고 연결할 수 있도록 돕는 서비스 기능이 필요하게 되었다(양옥경 외, 2022).

4) 다양한 문제와 욕구를 가진 클라이언트의 증가

의학의 발달과 생활수준의 향상으로 평균수명이 연장되고, 또한, 탈시설화 정책으로 지역사회에서 함께 살아가야 할 사람들이 점차 증가하였으며, 복합적 욕구를 가진 인구 역시 증가하였다. 또한, 사회복지실천현장에서 장애가 있는 사람(지적장애, 정신장애, 지체장애 등) 또는 자립이 어려운 노인, 실업률 증가,

빈곤 확장 등으로 인한 여러 가지 복잡하고 다양한 어려움을 가진 사람 등 누군가의 도움이 필요한 요보호 대상자가 급속도로 증가하였다(권진숙 외, 2009). 결국, 이러한 문제를 가진 클라이언트가 지역사회에서 살아가는 데 필요한 서비스를 조직하고 통합하여 그 욕구를 충족시킬 수 있는 활동이 필요하게 되었다.

5) 서비스 비용 억제와 서비스 전달의 효과 극대화

1970년대 복지국가 위기논쟁을 불러일으킨 국가 재정위기는 정부의 공공지출 규모에 대한 우려를 낳았으며, 공공지출의 삭감을 통한 정부의 역할 축소를 가져왔다.

이에 각국은 국가의 지출 규모를 줄이기 위해 보건정책과 사회적 서비스 정책의 방향을 전환해야 하는 시점에 놓이게 되었으며, 그 결과 지역사회 보호가 공식적인 정책과제로 대두되었다(현외성 외, 2012). 지역사회 보호는 지역사회 내에서 가족 또는 이웃과 더불어 건전하고 안정된 생활을 영위할 수 있도록 정신적, 신체적 이유로 혼자서 일상생활을 수행하기에 어려움이 있는 노인 또는 저소득 가정과 장애인에게 필요한 각종 서비스를 제공하여 지역사회 일원으로 성장할 수 있도록 돕는 것을 말한다.

이는 지방분권화의 경향으로 클라이언트에게 지원되는 서비스 비용에 대한 효과를 높이고, 서비스 간의 중복을 피하기 위한 모니터링과 서비스 계획을 관리하며, 서비스 전달의 효과성을 최대화할 수 있는 전문기술을 요구하였다. 이러한 상황에서 전통적인 실천이 아닌 비용 효과적인 지역사회 보호의 실천이 요구되는데, 한정된 재원에서 서비스의 효과를 최대화하고, 서비스 비용을 억제하는 노력이 나타나게 되었다.

2. 이론적 기반

사례관리는 전통적인 사회사업 방법론과 전혀 다른 새로운 실천 형태가 아니라, 통합적 모델로서 특정 대상 집단을 위한 직접 서비스 및 지역사회실천에서 서비스를 합한 것으로 미시적이고 거시적인 실천 모두를 포함한다.

사례관리는 클라이언트에게 좀 더 포괄적이고 지속적인 서비스를 제공한다는 측면에서 그 의미를 찾을 수 있다. 따라서 개인에 대한 실천과 지역사회에 대한 실천 등의 통합기능을 가지고 있어 사회복지실천의 전통적인 방법을 통합적으로 적용하는 사회복지실천의 하나라고 할 수 있다.

구체적으로 사례관리는 단편적이고, 분산된 지역사회의 자원관리와 조정 등의 간접적 서비스를 비롯해 클라이언트의 환경체계를 사정하여 다양한 욕구를 만족시키는 서비스와 연계하는 직접적 서비스도 제공하여야 한다. 따라서 사례관리는 인간을 둘러싼 환경체계에 관한 종합적인 사정이 가능한 체계이론, 생태체계이론 등이 주요 이론적 배경이 된다. 사례관리자는 사례관리의 효율성을 높이기 위해 충분한 지식이 필요할 뿐만 아니라 사정 시에는 생태도 등 다양한 사정 도구를 활용하여 종합적인 사정을 할 수 있어야 한다.

3. 사례관리에 대한 정의

사례관리는 만성적이고 복합적인 욕구(need)가 있는 클라이언트에게 지역의 다양한 자원과 서비스를 통합적으로 제공하려는 실천방법이다. 라이프와 쇼어(Raiff & Shore, 1993)는 사례관리에 대한 아주 보편적이고 공통적인 기능적 정의는 초기 클라이언트 아웃리치와 관계 형성, 필요한 서비스와 프로그램, 자원 등에 대한 사정과 진단, 서비스 전략 개발, 클라이언트를 서비스와 지역사회 자원들과 연계, 클라이언트의 욕구들이 통합적으로 다루어질 수 있도록 하는 노력의 수행과 조정, 그리고 클라이언트와 서비스의 적절성을 모니터링하고 평가하는 기능 등을 포함한다고 보았다(도광조 외, 2011; Schaedle, 1999). 1970년대 미국의 정신보건 영역에서 활용되기 시작한 사례관리는 탈시설화와 복지예산 감축, 복합적 욕구를 지닌 클라이언트 증가 등의 영향으로 주요한 사회복지실천방법으로 활용되기 시작하였다(한국사례관리학회, 2012). 사례관리는 시대와 상황에 따라 그 성격이 변화하면서 정의도 다양하게 제시되어 왔다. 사례관리에 대한 대표적인 정의를 정리하면 다음 [표 14-1]과 같다.

▼ **표 14-1 사례관리의 정의**

주요 학자	사례관리 정의
존슨 (Johnson, 1983)	클라이언트가 적절한 서비스를 받게 하는 것으로 서비스의 방법은 사회복지사가 책임을 지고, 클라이언트를 다양한 서비스체계에 연결해 문제를 해결하는 것이다.
전미 사회복지사협회 (NASW, 1984)	서비스 전달체계의 요소들을 연결하고 조정하는 것을 통하여 개인의 보호를 위한 욕구를 충족시킬 수 있는 포괄적인 프로그램을 확실히 제공할 수 있도록 하기 위한 하나의 기제이다.
목슬레이 (Moxley, 1989)	복합적이고 장기적이며 다양한 욕구가 있는 클라이언트를 대상으로 하며, 복합적 욕구를 가진 클라이언트의 개별적인 상황에 따른 원조 계획을 세우는 것이 특징이다. 특히 사례관리는 서비스와 자원을 이용하고 접근하는 데 있어서 자신의 자원, 가족, 친구, 이웃 등의 비공식적 자원과 공식적인 자원을 연계하고 조정하는 서비스체계이다. 따라서 사례관리는 가능한 한 가장 효율적인 방법으로 전달되는 서비스 및 지원이 되도록 하고, 동시에 서비스의 효과성을 증진하도록 하는 것이다.
바커와 인타글리아타 (Barker & Intagliata, 1992)	클라이언트 옹호, 서비스 조정, 자원 통제, 서비스 구매 등의 통합적이고 효율적인 개입을 통해 기관이 클라이언트를 책임지는 활동이다.
벨류와 밍크 (Ballew & Mink, 1996)	여러 사람의 원조자로부터 동시에 도움이 필요한 다양한 문제가 있어 삶이 만족스럽지 못하거나 생산적이지 못한 사람들을 돕는 하나의 과정으로, 이용 가능한 자원망과 이 자원을 이용할 수 있는 클라이언트의 자신감이 중요하다.

주요 학자	사례관리 정의
쿠마 (Kumar, 2000)	클라이언트 욕구에 대한 사정, 계획, 조정, 전달과 모니터링을 통해 서비스 통합을 달성하기 위한 전문적 서비스 실천 과정이다.
사례관리자격위원회 (Mullahy & Jenson, 2000)	사정, 계획, 실행, 조정, 모니터 그리고 클라이언트의 건강 욕구를 충족하는 데 필요하고, 삶의 질과 비용-효과적인 성과들을 촉진하기 위해 의사소통과 자원을 활용하는 대안과 서비스를 평가하는 협력적인 과정이다.
권진숙과 박지영 (2008)	생태체계 관점을 기반으로 만성적이고, 복합적인 문제를 가진 개인 및 가족과 함께 일하면서 그들과 자원 제공자의 기능을 향상해 환경 속에서 자신에게 필요한 서비스와 자원을 스스로 획득하고, 사회적 기능을 원활히 수행할 수 있도록 돕는 통합적인 접근방법이다. 사례관리자는 임상 및 치료적 측면과 행정, 특히 조정 및 옹호의 측면에 관심을 둔다.
한국사회복지관협회 (2012)	삶의 전 영역에 걸쳐 장기적이고 복합적인 욕구를 가진 주민을 대상으로 욕구를 해결하고, 사회적 기능을 촉진 · 회복 · 유지 · 향상하기 위해 서비스와 자원을 연계하거나 직접 제공하여 최적의 서비스를 제공하는 통합적 실천방법이다.
한국사례관리학회 (2012)	복잡하고 장기적인 욕구를 가진 클라이언트와 가족의 사회적 기능 회복을 위해 서비스 운영체계를 확립하고, 체계적 사정과 다양한 자원 활용을 통해 지속적 효과적인 서비스를 제공하는 통합적 실천방법이다.

출처: 한국사례관리학회(2012).

[표 14-1]과 같이 학자별로 조금씩 다른 의미를 부여하고 있지만, 여러 견해를 종합하여 포괄적 의미로서의 사례관리의 특성을 볼 수 있다. 사례관리는 지역사회의 다양한 사회적 서비스나 지지를 활용하고, 자원의 효율적인 연계와 조정에 관심을 두며, 클라이언트에 대한 통합적이고 장기적인 서비스를 제공하는 데 초점을 둔다(김나진, 2008).

4. 사례관리의 목적

사례관리의 목적은 서비스 수요자인 클라이언트가 직면한 욕구를 해결하기 위하여 직접적·간접적 서비스를 충분히 제공하고 클라이언트를 지역사회의 자원과 연결함으로써 클라이언트가 사례관리자의 도움 없이도 자원들과 연결을 유지할 수 있도록 하는 것이다(김경섭 외, 2012). 또한, 비공식적 지원체계(가족, 친족, 친구 등)와 공식적 지원체계(국가 및 공공기관)가 보유하는 각종 자원을 통합하는 기능이다(Moore, S. T, 1990).

우드사이드와 맥클램(Woodside & McClam, 2006)은 사례관리의 목적을 여섯 가지로 제시하고 있다.

첫째, 보호의 연속성이다. 쉽게 해결될 수 없는 만성적이고 복합적인 욕구가 있는 중증 장애인 등의 경우는 평생 보호를 받아야 할 필요가 있으므로 장기적인 자원이 필요한 경우가 많다. 그러므로 일정한 장소나 기간 동안 계속해서 서비스의 지속성을 보장하는 것이다.

둘째, 서비스의 통합성이다. 복합적이고 변화하는 클라이언트의 욕구 해결을 위해 통합은 서비스의 파편화와 중복을 감소시키고 제공된 서비스들의 상호작용을 촉진하므로 여러 기관의 서비스와 기능을 통합적으로 확보해야 한다.

셋째, 서비스의 접근성이다. 클라이언트는 자신이 활용할 수 있는 자원을 알아도 다양한 장애물로 인해 지역사회 내에 흩어져 있는 서비스는 기관이나 프로그램의 복잡성과 클라이언트의 지리적 한계, 서비스 구매력 한계, 서비스에 대한 정보 한계 등으로 인해 클라이언트에게 접근이 제한되는 때도 있다.

넷째, 사회적 책임, 즉 서비스의 책임성이다. 지역사회 내에서 다양한 기관이 각기 서비스를 제공할 때 복잡한 서비스 전달체계가 작동된다. 이때 서비스가 클라이언트의 욕구에 적합하고, 적절한 방식과 시기에 제공됨과 동시에 중복되지 않도록 관리하며, 클라이언트에게 제공될 수 있도록 책임성을 다하는 것이다.

다섯째, 클라이언트의 역량 강화이다. 사례관리 목적은 클라이언트가 직면한 장애를 극복할 수 있도록 직접 또는 간접 서비스를 충분히 제공하여 클라이언트가 사례관리자의 도움 없이 다양한 자원과 연결을 유지할 수 있도록 하는 것이다.

여섯째, 평가이다. 사례관리에서 평가란 과정과 성과 그리고 과정의 질에 대해 사정하는 것으로, 이는 사례관리 전 과정을 통해 수행된다. 이때 평가의 초점은 사례관리가 적절히 제공되는지의 여부, 클라이언트의 변화 만족, 서비스의 통합, 서비스와 성과의 질이다(권진숙 외, 2016).

5. 사례관리의 구성요소

사례관리를 구성하는 요소로서 일반적으로 사례관리를 해야 하는 대상자(클라이언트), 클라이언트의 욕구를 충족시키는 사회자원, 사례관리자, 사례관리가 진행되는 구체적인 과정과 사례관리 활동이 조정되는 사례관리 기관으로 나눌 수 있다.

1) 사례관리 대상자(클라이언트)

사례관리 대상자는 사회를 구성하는 개인, 가족, 집단, 지역사회로 매우 다양하고 광범위하다. 보통 클라이언트로 불리는 대상자는 복지 서비스에서 사용되는 보편적인 용어이다(장성배 외, 2023). 과거 사례관리서비스의 대상인 클라이언트는 주로 고령자, 정신보건 및 장애부문에서 진행되었지만, 점차 장기적이고 만성적인 서비스를 필요로 하는 대상이 증가하고 지역사회를 기반으로 하는 포괄적인 서비스로 요구가 커졌다(이경준 외, 2018). 즉, 아동서비스 분야, 정신보건 영역, 재가복지 영역, 성장발달장애 영역, 노인복지 영역, 직업재활, 가족서비스 분야 등으로 확장되는 추세에 있다(현외성 외, 2012).

2) 사회적 자원

사회자원은 인적·물적 서비스를 제공하고 지원하는 다양한 차원의 공급주체를 말한다.

이들 중에는 가족 구성원, 친척, 친구, 동료, 이웃, 자원봉사자 등과 같은 비공식 섹터(sector)와 행정이나 법인 등의 공식 섹터가 있다. 이러한 여러 가지 공급 주체에 따른 사회자원을 대상자가 활용하고, 각 사회자원의 장점을 살려서 대상자에게 자원을 제공, 욕구를 충족시키기 위한 서비스이다. 이와 같은 사회자원을 표로 나타내면 다음 [표 14-2]와 같다.

▼ 표 14-2 사회자원체계

사회자원체계								
공식적 자원				비공식적 자원				
기업	행정	의료, 사회복지법인	지역단체	자원봉사자	이웃	친구	친척	가족

출처: 류명원(2005).

3) 사례관리자

사례관리자는 사례관리체계를 구성하는 가장 핵심적인 요소로 클라이언트와 서비스체계 간을 연결하고 다른 서비스 제공자들과 협력하여 클라이언트에게 보호의 연속성을 보장해 주고, 나아가 클라이언트가 가장 높은 수준의 사회적, 경제적, 신체적 통합을 달성하도록 보장하는 것이 사례관리자의 역할이다. 사례관리자는 클라이언트에게 접근성과 책임성을 보장하면서 그들이 적절하게 조정된 연속적인 보호를 받을 수 있게 하려고 계획자, 중개자, 조정자, 점검자, 평가자, 교사, 지도감독자, 행정가, 경계 범주자 및 옹호자의 역할을 수행한다. 또한, 서비스 제공자와 클라이언트 또는 서비스 제공자들 사이의 갈등과 분쟁을 해결하는 상담자, 분쟁조정자와 문제해결자의 역할을 수행하며, 클라이언트를 위한 다양한 자원을 개발하거나 동원하는 자원개발자 및 지역사회 조직가의 역할을 수행하기도 한다(류명원, 2005 재인용).

4) 사례관리 기관

사례관리 기관이란 지역사회에서 권위를 가지고 일정한 표적 인구집단에 서비스의 체계적인 통합을 보장하는 조직이나 기관을 말한다. 이러한 기관은 서비스 제공자들을 결속시키는 일련의 공식적인 계약이나 협정 및 법률을 바탕으로 클라이언트에 대한 서비스의 통합과 조정을 행하며, 사례관리자가 그들의 역할을 효과적으로 수행할 수 있도록 서비스체계의 안정성을 보장하고, 새로운 서비스 제공자를 개발하기도 한다(류명원, 2005 재인용).

사례관리자가 클라이언트 수준에서 서비스를 조정하고 통합하는 역할을 수행하는 사람이라면, 체계 및 조직 수준에서의 서비스 조정과 연계를 책임지는 주체는 사례관리 기관이다. 탈시설화 이후 지역사회 기반 서비스 전달에 다양한 기관들이 참여함에 따라 이들 서비스 공급 기관들을 조정, 관리할 핵심 기관의 필요성이 증대되었다(김영수, 2008).

서비스의 통합, 조정을 효율적으로 달성하기 위해 사례관리 기관은 한 지역사회 내에 하나의 기관으로 존재하는 것이다. 그래서 사례관리 기관은 일명 그 지역사회 내에서 핵심 기관(core agency)으로 지칭된다(이주헌, 2004 재인용).

6. 사례관리의 기본적 가치와 개입원칙

1) 사례관리의 기본적 가치(김용환 외, 2022)

사례관리는 사회복지실천의 고유한 지식과 기술, 가치에 기반한 방법으로 사회복지사가 제공하는 사례관리는 기관이나 조직의 욕구보다는 클라이언트의 욕구를 충족시키기 위해 사용되어야 함을 이해하는 것이 중요하다. 진정한 사례관리는 체계 중심이 아닌 인간 중심, 즉 클라이언트 중심이 되어야 한다. 사례관리의 가장 기본적인 가치는 각각의 클라이언트는 존엄성을 가지고 있고 만족스러운 삶을 누리기 위한 자신의 노력에 대해 지지를 받을 자격이 있다는 것에서 출발한다.

사례관리는 다음과 같은 가치를 반영해야 한다.

첫째, 기본권리에 대한 존중이다. 모든 사람은 자신이 삶의 목적을 성취하고 문제를 해결하고 인간으로서 잠재력을 실현하기 위한 도움이 될 수 있는 자원이나 서비스에 대한 동등한 접근 기회를 얻는다.

둘째, 사회적 책임감이다. 가족, 교육, 정부, 사회복지 같은 사회제도를 인본주의적으로 만들고 인간의 욕구에 반응하도록 만들어야 한다.

셋째, 자기결정에 대한 지지이다. 인간의 다양성을 존중하고 클라이언트 자신이 내린 결정에 대해 존중해 준다.

2) 사례관리의 개입원칙

사례관리 전문가의 책임수용을 언급하면서, 사례관리를 위한 클라이언트와 복잡한 서비스 공급 및 전달체계에 대한 연계 활동을 통해 클라이언트가 적절한 서비스를 받을 수 있도록 보장하고, 이를 책임지는 것이 사례관리의 기본 원칙임을 강조하였다(이경준 외, 2018; 서혜석, 2008; Johnson & Rubin, 1983). 따라서 사례관리의 개입원칙은 다음과 같다(Gerhart, 1990).

(1) 서비스의 개별화

클라이언트의 독특한 신체적·정서적·사회적 상황에 따라 클라이언트 각자의 욕구에 맞는 차별화된 서비스를 제공해야 한다. 특히 클라이언트 개인마다 서로 다른 욕구와 강점이 있으므로 서비스 계획도 이에 맞추어 수립해야 한다.

(2) 서비스 제공의 포괄성

클라이언트의 다양한 욕구가 여러 분야에서 충족될 수 있도록 자원과 지원체계를 개발, 연결, 조정하며 서비스가 제대로 전달되는지 점검해야 한다.

(3) 클라이언트의 자기결정권

클라이언트의 다양한 자원과 서비스에 대해 선택할 자유를 최대화하고 클라이언트의 자기결정권을 보장하는 것을 말한다. 이는 클라이언트가 가능한 자립할 수 있도록 돕는 데 초점을 두고 지나친 보호를 하지 않는 것을 말한다.

(4) 서비스의 지속성(연속성)

사례관리자가 클라이언트의 욕구를 점검하여 클라이언트가 삶의 현장에서 잘 적응할 수 있도록 지속해서 서비스를 제공해야 한다.

(5) 서비스의 연계성

사례관리는 복잡하게 분리된 서비스 전달체계를 원활하게 연결해야 한다. 지역사회의 여러 기관에 분산되어 있는 서비스 정보를 클라이언트가 적절한 서비스를 받을 수 있도록 의뢰, 조정, 통합을 통해 서비스를 연계하는 것을 말한다.

▼ **표 14-3 서비스 연계 의뢰서**

서비스 연계 의뢰서

성명		생년월일		성별	남 □ 여 □
장애명(등급)		수급여부	□ 수급 □ 차상위 □ 일반 □ 기타( )		
주소				연락처	
클라이언트 상태	1. 의뢰 경위 2. 사례 개요 [가족력/가정환경] [주거환경] [소득과 재산 사항] [건강상태] 3. 문제 4. 욕구사항				
서비스 이용 이력					
의뢰사유					
의뢰서비스					
의뢰일시	년 월 일		기관명		
의뢰기관 전화번호	전화: 팩스:		담당자명	(서명)	

(6) 서비스의 접근성

사례관리자는 클라이언트의 욕구에 맞는 서비스에 쉽게 접근하여 이용할 수 있도록 원조해야 한다. 클라이언트의 인종, 성별 또는 계층 등을 이유로 이용자격과 절차에서 어려움을 겪지 않고 쉽게 이용할 수 있도록 서비스 접근성을 증대해 주어야 한다.

(7) 서비스의 체계성

사례관리자는 유사한 서비스 간 중복을 줄이고 서비스의 비용을 효율적으로 관리하기 위한 서비스와 자원들을 조정함으로써 서비스의 체계성을 증진한다(김영미 외, 2022). 이를 위한 공식적 지원체계뿐만 아니라 비공식체계인 가족 또는 친구, 친척과 같은 지원체계를 통합하고 기능을 연결하여 다양한 지원체계 지지망을 구축해야 한다.

7. 사례관리자의 역할수행(박인희, 2013)

사례관리자는 사례관리체계를 구성하는 가장 핵심적인 요소로, 클라이언트와 서비스체계를 연결하고 다른 서비스 제공자들과 협력하여 클라이언트에게 보호의 연속성을 보장하며, 나아가 클라이언트의 사회적, 경제적, 신체적 안녕을 보장하는 일차적인 책임을 진다(김나진, 2008).

사례관리자의 기능은 크게 직접적 서비스 기능과 간접적 서비스 기능으로 구분된다. 직접적 서비스 기능은 사례관리자가 클라이언트를 대상으로 직접 서비스를 제공하는 전문적 실천을 수행하는 것을 말하며, 간접적 서비스 기능은 클라이언트의 욕구 충족을 위해 환경체계를 변화시키는 것과 관련된 활동을 의미한다(한국사례관리학회, 2012).

▼ 표 14-4 사례관리자 역할에 대한 학자별 분류

분류 기준	학자	역할	
실천 과정에 따라	황성철 (1995)	사정, 사례계획, 서비스 연계, 점검, 옹호	
기능에 따라	정순둘 (2005)	행정가	중개인, 계획가, 지역사회 조직가, 서비스 조정자
		임상 실천가	문제해결자, 옹호자, 서비스 모니터, 기록 유지자, 평가자, 상담가
	권진숙 · 박지영 (2008)	직접적 기능	이행자, 교육자, 안내자 · 협조자, 진행자, 정보전문가, 지원자
		간접적 기능	중계자, 연결자, 조정자, 옹호자, 협동자, 협의자
		통합적 기능	상담가 · 교육자, 조정자, 옹호자
	한국 사례관리학회 (2012)	직접적 기능	지지, 문제해결 능력 강화
		간접적 기능	조정, 연계, 옹호
모든 클라이언트, 기관에 공통 적용	로스만 (Rothman, 1991)	연속적 기능	사례발견, 의뢰, 접수, 사정, 목표설정, 계획, 자원확인, 연계, 점검, 재사정, 평가
		간헐적 기능	조정, 상담, 치료, 옹호

출처: 박인희(2013) 각 문헌에 기초하여 재구성.

Part 03 사회복지실천의 과정

제2절 사례관리의 실천 과정

사회복지실천에서 사례관리는 다양한 문제와 복잡한 욕구들로 인해 여러 종류의 도움을 동시에 필요로 하는 클라이언트에게 전문적인 지식과 기술을 가진 사회복지사가 종합적인 서비스를 연계해 제공하려는 실천방법이다. 또한, 복합적인 욕구를 가진 사람들의 사회적 기능 수행과 복지 향상을 돕기 위해 공식적, 비공식적 활동 간의 연결망(network)을 조직하고 유지하여 계획된 목적을 성취하는 것이다(이경준 외, 2018; 엄명용 외, 2000; 오봉욱 외, 2013b 재인용).

사례관리 과정은 학자마다 내용 면에서는 큰 차이를 나타내지 않는다. 사례관리 과정은 일반적으로 스타인버그와 카터(Steinberg & Carter, 1983)는 사례관리 과정을 사례발견, 사전 적격심사, 접수를 포함한 가입, 사정, 목표설정 및 서비스 기획과 능력 조성, 보호 계획의 수행, 재사정, 종결 및 관계 유지로 기술하고 있고, 로스만(Rothman, 1991)은 기관에의 접근(의뢰 및 대외추적), 사정 및 목표설정, 개입계획 또는 자원확인, 클라이언트 연결, 모니터링 및 재사정, 그리고 결과평가의 6단계를 일직선상에 놓인 하나의 과정이라기보다는 순환적인 시간 연속 과정 속에서 이루어지는 것으로 제시하였다(김영수, 2008 재인용). 사례관리 과정은 학자마다 어느 정도 차이는 있지만, 본 교재에서는 사례관리의 주요 과정을 [표 14-5] 사례관리 과정과 같이 한국사례관리학회에서 분류한 5단계인 초기단계, 사정단계, 계획단계, 실행단계, 평가 및 종결단계로 구분하고자 한다.

▼ 표 14-5 사례관리 과정

Steinberg & Cater (1983)	사례발굴 → 사정 목표설정과 서비스 계획 → 보호 계획 실행 → 점검
Moxley (1989)	사정 → 서비스 계획 → 개입(실행) → 모니터링(점검) → 검토 및 평가
Kaplan (1990)	사례확인 → 사정과 기획 → 조정과 의뢰 → 서비스의 실행 → 점검, 평가, 재사정
Rothman (1991)	기관에 대한 접근 → 접수 → 목표설정(사정) → 계획수립, 자원확인 → 클라이언트와의 연결(개입) → 점검과 재사정 → 결과평가
Kirst-Ashman & Hull (2002)	사정 → 기획 → 실행 → 점검 → 평가 → 종결
Maguire (2002)	초기사정 → 욕구 사정 기획 → 연결과 조정 → 점검과 지지 → 요약과 평가, 강화, 신뢰, 종결
한국사례관리학회 (2011)	초기단계 → 사정단계 → 계획단계 → 실행단계 → 평가 및 종결단계
권진숙과 박지영 (2008)	초기과정 → 사정과정 → 개입계획 → 조정과 점검 → 평가와 분리
장인협과 우국희 (2001)	인테이크 → 사정 → 계획수립 → 실행 → 점검 및 재평가 → 평가 및 종결
엄명용 (2000)	사례개발, 접수 → 사정 → 기획 → 개입 및 조정 → 점검 및 옹호 → 평가
나동석 (1995)	대상자 확보 → 인테이크 → 서비스 계획 → 직접적 상담 → 자원연결 → 평가

1. 사례관리 초기단계(이경준 외, 2018)

사례관리의 초기 과정은 사례발견과 아웃리치(outreach), 기관이나 가족, 지역사회, 조직, 교회, 경찰, 학교 등으로부터의 의뢰 및 스크리닝(screening), 접수, 계약하는 과정을 모두 포함한다. 즉, 사례를 발견하여 스크리닝하고 이를 확인하기 위해 클라이언트를 만나고 자료를 수집하는 과정을 말한다.

클라이언트가 사례관리 대상으로 적합한가를 스크리닝하는 것이 선행되어야 하고, 이때 기관과 적합하지 않으면 타 기관에 의뢰해야 한다. 사례관리에서는 잠재적 클라이언트를 적극적으로 발견하고 서비스를 제공하는 아웃리치가 강조된다(현외성 외, 2012; 이종복 외, 2008; 장인협 외, 2001).

1) 사례발견

사람들은 다양한 방법을 통해서 기관에 찾아온다. 사례관리 대상자가 직접 서비스를 신청하여 접수되거나 타인에 의해 의뢰, 기관의 공익광고나 안내책자 등 기관의 적극적인 아웃리치 등을 통해 이루어진다.

(1) 본인 요청(self-referral, 자발적 접촉)

클라이언트가 자발적으로 사례관리 기관을 방문 또는 전화로 서비스를 의뢰하는 것으로 사례관리가 시작되는 것을 말한다. 사례관리에서 클라이언트의 직접요청은 흔하지 않다. 대부분 아웃리치(직접 찾아 나서는 것) 또는 타인에 의해 의뢰되는 경우가 주를 이룬다. 그러나 클라이언트가 직접 서비스를 요청하는 경우는 문제해결의 과정 및 결과가 매우 긍정적이라 할 수 있다.

▼ 표 14-6 접수면접지

접수면접지

접수번호 : –

접 수 일 : 20 년 월 일

▸ 일반사항 접수면접자 :

이용자명		생년월일		성별		사 진
주 소						
전화번호		휴대전화번호		E-MAIL		
국가법대상	수급권자, 차상위, 의료보호(종), 일반저소득세대, 기타(직장, 지역)					
결혼사항		혈 액 형		직 업		
종 교				병 역	필 미필 무관	
최종학력		최종학교		전 공		
욕구사항						
장애인정 구분		주장애부위		부장애부위		
장애등록	등록	등록일자		장 애 명	급 호	
	미등록	추정장애				
중증여부		발생시기		발생시연령	세 개월	
중복장애		주장애원인		부장애원인		
진단기관				보 장 구		
현건강상태	질 환			약 복 용		

보호자성명		관계		연령		보호자학력		보호자직업	
비고									

▸ 가족사항

성명	생년월일	연령	관계	학력	직업	동거여부	연락처	기타
가족내장애/병력								
주양육자					가족 구성원 지지 및 수용 정도			
자녀와의 관계					가장 잘 따르는 가족			

▸ 가정환경

주　　택	□ 자가 □ 전세 □ 월세 □ 임대 □ 기타(　　　　　　)		주변환경	□ 아파트 □ 상가 □ 공장 □ 기타(　　　　　　)	
주택금액		주택평수		누구와 방 사용	
월 수 입		주수입원		월 지출	
생활정도	□ 상 □ 중 □ 하 □ 기타(　　　　　　)	비　　고			

▸ 개인사항

이용자 주요문제			
취미/여가선용		사 회 성	
강　점		친구관계	

▸ 사회환경

사회적관계망	
지역사회서비스 자원활용 정도	

▸ 진단력

진단내역	진단기간	진단기관 및 시설	진단내용	
진료 및 치료사항	교육 및 치료기간	치료기관 및 시설	교육 및 치료명	종결이유

▸ 교육력

구분	입학일자	졸업일자	학교명	졸업구분	적응도 및 기타

▸ 개인발달사–성인

<table>
<tr><td rowspan="3">기초학습 능력</td><td colspan="2">시 간</td><td></td><td colspan="2"></td></tr>
<tr><td colspan="2">돈계산</td><td></td><td>쓰 기</td><td></td></tr>
<tr><td colspan="2">셈하기</td><td></td><td>읽 기</td><td></td></tr>
<tr><td rowspan="6">일상생활 능력</td><td rowspan="3">신변 처리</td><td>외모/청결</td><td></td><td>일상생활</td><td></td></tr>
<tr><td>식사습관</td><td></td><td>용변처리</td><td></td></tr>
<tr><td>옷입고벗기</td><td></td><td>비 고</td><td></td></tr>
<tr><td>이동 능력</td><td>대중교통 시설</td><td></td><td>이용가능 정도</td><td></td></tr>
<tr><td rowspan="2">의사 소통 능력</td><td>말 하 기</td><td></td><td>말 알아듣기</td><td></td></tr>
<tr><td>대인관계</td><td></td><td>기 타</td><td></td></tr>
</table>

<table>
<tr><td rowspan="6">훈련 및 취업경력</td><td rowspan="3">훈련</td><td colspan="2">교육/훈련명</td><td colspan="2">기간</td><td>기관</td><td colspan="2">종결이유 및 자격취득여부</td></tr>
<tr><td colspan="2"></td><td colspan="2"></td><td></td><td colspan="2"></td></tr>
<tr><td colspan="2"></td><td colspan="2"></td><td></td><td colspan="2"></td></tr>
<tr><td rowspan="3">취업 경력</td><td>사업체명</td><td>소재지</td><td>맡은일</td><td>임금</td><td>근무기간</td><td>취업경위</td><td>퇴직사유</td></tr>
<tr><td></td><td></td><td></td><td></td><td></td><td></td><td></td></tr>
<tr><td></td><td></td><td></td><td></td><td></td><td></td><td></td></tr>
<tr><td>종합 소견</td><td colspan="8">〈행동 및 관찰내용, 소견 및 재활계획〉</td></tr>
</table>

출처: 하남시장애인복지관.

(2) 아웃리치(outreach, 사례관리자에 의한 직접 발굴)

아웃리치는 사례관리서비스 욕구가 있으나 서비스나 자원에 대한 정보가 부족하고 서비스의 접근성이 낮아 욕구의 충족을 위해 기관을 찾지 않는 잠재적 클라이언트들에게 서비스의 접근성을 높이도록 사회복지기관의 사회복지사가 직접 발굴하는 방법이다(Rothman, 1991). 아웃리치 방법으로는 교회, 노인회관, 동사무소 등지에 포스터나 간단한 인쇄물의 배포, 다양한 대중매체에의 광고, 공공장소에의 광고문 설치, 지역사회조직에서의 설명회, 가정방문 권유 등의 활동을 포함한다(이근홍, 1998). 이는 서비스 정보에 대한 접근이 어려운 에이즈 환자나 치매 노인과 가족 등 사회적인 낙인으로 인해 노출을 꺼리는 대상자, 서비스의 존재 여부를 알지 못하거나 정보에서 소외된 주민들이 아웃리치의 대상이 된다.

(3) 의뢰(referral)

의뢰는 초기 상담한 사회복지사가 필요한 서비스를 제공할 수 있는 기관, 자원 또는 전문가에게 클라이언트를 직접 연결해 주는 방법이다(이종복 외, 2023). 클라이언트에게 유용한 서비스 확인, 서비스의 참여 기회 제공, 클라이언트와 서비스 연결 잘 이루어졌는가를 확인하는 것을 포함한다(이종복 외, 2023).

의뢰는 공공기관에 의한 의뢰와 다른 기관과 타인에 의한 의뢰로 나눌 수 있다(이경준 외, 2018).

① 공공기관에 의한 의뢰

공공기관에 의한 의뢰는 시 · 군 · 구 또는 읍 · 면 · 동에서 지역 내 수급권자와 차상위계층 등 서비스가 필요한 잠재적 클라이언트를 발견하여 서비스가 제공될 수 있는 사회복지시설에 의뢰하는 것으로, 서비스 제공기관과 주민자치센터, 사회복지전담공무원과의 의뢰시스템이 지역사회 내에 잘 구축되어 있어야 한다.

② 다른 기관과 타인에 의한 의뢰

다른 기관과 타인에 의한 의뢰는 서비스 제공기관 간의 의뢰 및 클라이언트를 잘 알고 있는 이웃 주민이나 친척, 가족 등에 의한 의뢰를 말하는 것이다. 이 과정에서 클라이언트의 자기결정권과 서비스 이용에 대한 선택권을 클라이언트가 가질 수 있도록 하며, 비밀보장과 함께 서비스 정보제공에 대한 개방적 시스템이 지역사회에서 이루어질 수 있어야 한다.

▼ 표 14-7 서비스 의뢰서

<table>
<tr><td colspan="2" rowspan="2">서비스 의뢰서</td><td rowspan="2">결
재</td><td>담당</td><td>팀장</td><td>사무국장</td><td>관장</td></tr>
<tr><td></td><td></td><td></td><td></td></tr>
<tr><td>접수번호</td><td></td><td>성명/성별</td><td colspan="4">/ □ 남 □ 여</td></tr>
<tr><td>생년월일</td><td></td><td>장애
유형/등급</td><td colspan="4">/</td></tr>
<tr><td>주소</td><td></td><td>전화번호</td><td colspan="4"></td></tr>
<tr><td>의뢰서비스</td><td></td><td>의뢰부서</td><td colspan="4"></td></tr>
<tr><td>대상자
상황</td><td colspan="6">
▸ 가족사항(본인포함)
<table>
<tr><td>성명</td><td>연령</td><td>관계</td><td>학력</td><td>동거
유무</td><td>직업
(근무처)</td><td>현재건강상태
(질병/장애)</td><td>종교</td></tr>
<tr><td></td><td></td><td></td><td></td><td></td><td></td><td></td><td></td></tr>
<tr><td></td><td></td><td></td><td></td><td></td><td></td><td></td><td></td></tr>
<tr><td></td><td></td><td></td><td></td><td></td><td></td><td></td><td></td></tr>
<tr><td></td><td></td><td></td><td></td><td></td><td></td><td></td><td></td></tr>
</table>
▸ 건강 상황
장애/병력/진단 및 치료여부 등 기록(진단된 과거 병력 포함)

▸ 경제적 상황 등
□ 월수입________________원(주 소득원 :)
□ 보증금________________원
□ 자 산________________원(동산, 부동산)
□ 부 채________________원
</td></tr>
<tr><td>의뢰 사유</td><td colspan="6"></td></tr>
<tr><td colspan="7">대상자의 욕구 반영을 통한 전문적 서비스 지원을 위해
위와 같이 서비스를 의뢰하오니 협조하여 주시기 바랍니다.

20 년 월 일

담당자 : 팀 (인)</td></tr>
</table>

출처: 하남시장애인복지관.

▼ 표 14-8 서비스 의뢰 회신서

서비스 의뢰 회신서		결재	담당	팀장	사무국장	관장
접수번호		성명/성별	/			
생년월일		장애 유형/등급	/			
주소		전화번호				
의뢰서비스						
의뢰조치 결과						
대상자의 전문적 서비스 제공 및 효과적인 문제해결을 위해 상기와 같이 조치하였습니다. 20 년 월 일 담당자 : 팀 (인)						

출처: 하남시장애인복지관.

2) 스크리닝(screening)

스크리닝은 아웃리치, 의뢰, 자발적 기관방문 등의 사례발견을 통해 클라이언트와 초기접촉이 이루어지면 사례관리자는 클라이언트에 관한 기본적인 정보를 수집한다(이종복 외, 2023). 스크리닝은 사례발견을 통해 사례관리 서비스를 받을 적절한 자격이 있는지, 서비스 이용에 해당하는 적절한 특성이 있는지, 적극적으로 참여할 의지가 있는지 서비스의 적합성을 결정하는 것으로 사례관리 서비스의 클라이언트로 결정하는 과정은 최대한 3일을 넘기지 않는 것이 바람직하다(장인협 외, 2001). 이는 부적절한 의뢰와 서비스가 필요하지 않은 사람을 사정 이전에 판단함으로써 실질적으로 서비스가 필요한 클라이언트에게 신속한 서비스를 제공하기 위함으로 사례관리 서비스의 클라이언트로 결정하는 과정이다(이경준 외, 2018).

스크리닝의 기준이 되는 사항으로는 시설보호에 대한 욕구, 배우자나 중요한 타자의 상실로 인한 고통, 일상생활의 원조에서 비공식 지원체계의 불충분, 기관의 서비스 제공 빈도, 서비스를 제공할 수 있는 장소, 진료기록의 여부 등이 있다(이종복 외, 2023).

예를 들어, 클라이언트는 심한 지적장애를 앓고 있다. 앞니의 절반이 없는 등 치아 건강이 좋지 못하고, 비가 올 때마다 머리가 아파서 먹는 약을 제외하면 다른 질병은 없으나 치아가 초등학교 때 부딪혀서 부서지고 빠진 상태여서 치아 건강이 좋지 못함에도 치과를 가면 가슴이 두근거려서 치과 방문을 꺼린다.

첫째 아들이 지적장애 판정을 받을 정도로 인지와 발달이 좋지 못하고 둘째 아들과 셋째 아들도 또래 아이들보다 발육이 좋지 못하다.

▼ 표 14-9 스크리닝 결과 및 조치

스크리닝 판정	☐ 사례지원 욕구조사 ☐ 부서의뢰 ☐ 정보제공 ☐ 타 기관 의뢰 ☐ 개입부적합
조치결과	본 대상자는 심한 지적장애를 앓고 있다. 첫째 아들은 장애판정을 받을 정도로 인지와 발달이 좋지 않고, 둘째와 셋째 아들 또한 발육상태가 좋지 못한 한부모 가구원으로서, 저소득으로 인한 경제적 어려움과 자녀 양육에 어려움이 있다고 판단되어 잠재적 사례관리 대상자로 판정함.

3) 인테이크(intake)

사례발견 단계로 복합적인 문제나 욕구를 가진 클라이언트를 찾아내는 아웃리치, 사례관리 서비스의 적격성을 결정하는 스크리닝, 프로그램에 적절하지 않은 클라이언트에 대한 안내와 의뢰 등을 행하는 것을 모두 포함하는 과정이다. 인테이크 과정을 통하여 초기접촉이 이루어지면, 서비스 요청에 대한 정보를 수집하여 서비스의 욕구를 파악하여 기관의 사례관리 서비스 대상자로 적합성을 판정하기 위한 클라이언트에 대한 기본적인 정보를 수집하여야 한다(장인협 외, 2001). 이러한 과정을 인테이크(intake)라고 하며, 인테이크 과정에서 가장 중요한 것은 자료의 수집과 정리이다. 초기면접(인테이크)에서는 '초기면접지' 작성이 시행된다.

(1) 초기면접의 주요 기능

일반적으로 사례관리 실천 과정에서 초기면접 단계는 기본적으로 다음과 같은 세 가지 기능을 포함한다(홍선미 외, 2010).

첫째, 초기면접에서 클라이언트의 잠재적인 욕구를 파악한다. 초기면접 과정에서 가장 중요한 기능 중 하나는 바로 클라이언트의 복합적이고 다양한 욕구를, 클라이언트의 필요수준에 맞춰 파악하는 것이라 할 수 있다. 따라서 초기면접에서 다뤄져야 할 클라이언트 욕구파악은 다음과 같은 기능을 포함하도록 한다(Gurasansky et al., 2003).

① 클라이언트가 인지하고 있는 가장 주요한 욕구가 무엇인지 파악하는 것
② 클라이언트가 제시하는 욕구의 복합성과 심각성을 구분하는 것
③ 클라이언트 욕구에 따라 사례관리 대상자 수준(긴급, 집중, 단순의뢰)을 평가할 수 있는 것

둘째, 기관에서 제공하는 서비스를 통해 클라이언트의 욕구가 충족될 수 있는가에 대한 서비스와 클라이언트 욕구 간의 적합성 평가한다. 사례관리의

궁극적인 목적은 클라이언트의 욕구를 충족하고 문제를 해결하는 것이다. 그러므로 사례관리자는 초기면접에서 클라이언트의 욕구가 무엇인지 정확하게 파악해야 하는 동시에 클라이언트 욕구가 우리 기관에서 충분히 다루어질 수 있는지, 아니면 다른 어떤 기관으로 의뢰할 수 있는가를 정확하게 판단해야 한다.

셋째, 기관에 대한 정보를 클라이언트에게 제공하는 것이다. 기관에 대한 정보제공은 클라이언트가 우리 기관에서 어떤 서비스를 이용할 수 있고, 어떤 기대를 할 수 있는지, 우리 기관을 이용하여 현실적으로 자신이 어떻게 문제를 해결하고 욕구를 충족할 것인가에 대한 밑그림을 그릴 수 있도록 도울 수 있다.

인테이크에서 가장 중요한 것은 자료수집과 수집한 자료를 정리하는 것이다. 자료수집의 방법으로는 가정방문을 통해 주요 문제를 파악하며 대화를 통해 확인하는 것이 있다. 이때 면접상담을 원칙으로 하며 만약 면접상담이 어려운 경우 대리인 및 가족 등과 면접을 한다. 자료수집은 일반적으로 클라이언트의 신상에 대한 정보와 가족 및 구성원에 대한 정보, 경제 및 주거에 대한 정보, 건강 및 심리 · 사회적 상황에 대한 정보, 클라이언트의 사회적 관계에 대한 정보, 문제와 욕구에 대한 정보, 강점에 대한 정보를 수집한다(양정남 외 2009; 현외성 외, 2012).

▼ 표 14-10 **초기면접지**

<table>
<tr><td colspan="6" rowspan="2">초기면접지(Intake Sheet)</td><td rowspan="2">결
재</td><td>담당</td><td>팀장</td><td>사무국장</td><td>관장</td></tr>
<tr><td></td><td></td><td></td><td></td></tr>
<tr><td colspan="3" rowspan="4">사진</td><td colspan="3">상 담 일 자</td><td colspan="5"></td></tr>
<tr><td colspan="3">면 접 자</td><td colspan="5"></td></tr>
<tr><td colspan="3">기 록 자</td><td colspan="5"></td></tr>
<tr><td colspan="3">접 수 번 호</td><td colspan="5"></td></tr>
<tr><td>접수경로</td><td colspan="10">□ 대상자 요청(방법:) □ 타 기관 의뢰( )
□ 기관 내 의뢰( ) □ 이웃주민 의뢰( )
□ 사례관리자 발굴( ) □ 기타( )</td></tr>
<tr><td>상담방법</td><td colspan="10">□ 가정방문 □ 내방 □ 전화 □ 기타( )</td></tr>
<tr><td>상 담 자</td><td colspan="10">□ 본인 □ 가족( ) □ 기타( )</td></tr>
<tr><td>대상자 명</td><td colspan="2"></td><td>연령</td><td colspan="3"></td><td>성 별</td><td colspan="3">□ 남 □ 여</td></tr>
<tr><td rowspan="4">대 상 자
분 류</td><td colspan="2"></td><td>장 애 명</td><td colspan="3"></td><td>장애등급</td><td colspan="3"></td></tr>
<tr><td>장애등록
일 자</td><td colspan="2"></td><td>결 혼
사 항</td><td colspan="6">□ 미혼 □ 기혼 □ 사별 □ 이혼
□ 동거</td></tr>
<tr><td>경제상황</td><td colspan="9">□ 일반수급 □ 조건부수급 □ 차상위 □ 저소득 □ 일반</td></tr>
<tr><td>의료보장</td><td colspan="9">□ 의료보호1종 □ 2종 □ 직장의료보험 □ 지역의료보험</td></tr>
<tr><td>주 소</td><td colspan="10"></td></tr>
<tr><td>전화번호</td><td colspan="4"></td><td colspan="2">긴급연락처</td><td colspan="4"></td></tr>
<tr><td rowspan="4">가족사항</td><td>관계</td><td>성명</td><td>성별</td><td>연령</td><td>직업</td><td>동거여부</td><td>연락처</td><td colspan="3">비고</td></tr>
<tr><td></td><td></td><td></td><td></td><td></td><td></td><td></td><td colspan="3"></td></tr>
<tr><td></td><td></td><td></td><td></td><td></td><td></td><td></td><td colspan="3"></td></tr>
<tr><td></td><td></td><td></td><td></td><td></td><td></td><td></td><td colspan="3"></td></tr>
<tr><td>가구유형</td><td colspan="10">□ 부부가구 □ 부모자녀가구 □ 한부모가구 □ 조손가구 □ 독거노인가구
□ 소년소녀가구 □ 노인부부가구 □ 미혼부 · 모가구 □ 청장년1인 가구
□ 기타( )</td></tr>
<tr><td>경제상황</td><td>가계소득</td><td colspan="4">월 평균( )만원</td><td colspan="2">부채</td><td colspan="3">약 ( )만원</td></tr>
<tr><td>주거
소유형태</td><td colspan="10">□ 월세(보증 / 만) □ 전세(보증금) □ 자가
□ 국민임대( ) □ 무상임대 □ 기타( )</td></tr>
<tr><td>주거 형태</td><td colspan="10">□ 아파트 □ 연립주택 □ 단독주택 □ 다세대 □ 상가 □ 기타</td></tr>
<tr><td>난방 형태</td><td colspan="10">□ 도시가스 □ 기름보일러 □ 연탄 □ 지역난방 □ 기타</td></tr>
</table>

출처: 하남시장애인복지관.

▼ **표 14-11** 내부통합사례회의록

<table>
<tr><td rowspan="2">제   차 내부통합사례회의록</td><td rowspan="2">결재</td><td>담당</td><td>팀장</td><td>국장</td><td>관장</td></tr>
<tr><td></td><td></td><td></td><td></td></tr>
</table>

<table>
<tr><td>회의일시</td><td colspan="4"></td><td>장 소</td><td colspan="2"></td></tr>
<tr><td>참석자</td><td colspan="7"></td></tr>
<tr><td colspan="8">이용고객 정보</td></tr>
<tr><td>등록번호</td><td></td><td>성명</td><td></td><td>생년월일</td><td></td><td>성별</td><td>□ 남 □ 여</td></tr>
<tr><td>장애명(등급)</td><td></td><td>수급여부</td><td colspan="5">□ 수급자   □ 차상위   □ 일반</td></tr>
<tr><td>회의 구분</td><td colspan="7">□ 사정 회의 □ 서비스 계획 수정 및 보완 □ 서비스 점검 및 평가회의
□ 종결 회의 □ 기타( )</td></tr>
<tr><td>상정 사유</td><td colspan="7"></td></tr>
<tr><td rowspan="5">회의 내용</td><td colspan="7">➤ ○○○(초기면접 및 사회진단 참조)</td></tr>
<tr><td>기본사항</td><td colspan="6"></td></tr>
<tr><td>주된 욕구
(문제요인)</td><td colspan="6"></td></tr>
<tr><td>개입내용</td><td colspan="6"></td></tr>
<tr><td>논의사항</td><td colspan="6"></td></tr>
<tr><td>사례대상자 의견</td><td colspan="7"></td></tr>
<tr><td>결과 및 계획</td><td colspan="7"></td></tr>
<tr><td>슈퍼비전</td><td colspan="7"></td></tr>
</table>

출처: 하남시장애인복지관.

4) 계약

계약은 클라이언트의 문제를 해결하기 위한 구체적 서비스 계획에 대해 사례관리자와 클라이언트가 구두 약속 또는 서면 계약서를 작성하는 것이다(최종혁 외, 2010).

계약 내용에 포함되어야 할 내용은 사례관리자와 클라이언트가 각자의 역할, 책임, 기대, 수행할 업무의 목적, 개입방법 등을 서로 동의하고 문서나 구두를 통하여 공식화한다. 이는 사례관리자와 클라이언트 간에 협력적 공동노력의 과정에 의미를 두고 계약이 수립되어야 한다(정성배 외, 2023). 사회복지현장에서의 계약은 모든 사례관리 대상자와 될 수 있으면 서면으로 체결함을 원칙으로 하여야 한다(서면계약은 준비하기 위한 시간이 필요하지만, 구두계약은 불안정하며, 향후 논란의 소지가 많다). 그리고 계약서 작성 시 기관의 인적·물적 자원의 정도를 고려하여 서비스 제공이 가능한 범위 내에서 클라이언트의 욕구에 부응하여 계약한다(최종혁 외, 2010).

▼ 표 14-12 사례관리 서비스 동의서

사례관리 서비스 동의서

◎ ○○시장애인복지관은 귀하의 사회복지 욕구를 해결하기 위해 최선의 사례관리 서비스를 제공하도록 노력하겠습니다.

◎ 귀하와 합의된 내용 이외의 목적으로 개인적인 정보가 노출되지 않도록 하겠습니다.

◎ 모든 사례관리 내용은 귀하와의 합의로 진행하도록 하겠습니다.

○○○시 장애인복지관 사례관리자:____________(인)

◎ 본인은 귀 사례관리기관에 관한 소개와 사례관리 서비스의 과정 및 내용에 대한 설명을 충분히 듣고 이해했습니다. (　)

◎ 본인은 계획된 목표를 성취하기 위해 적극적으로 참여하고 협조하겠습니다. (　)

◎ 본인은 필요하면 사례지원에 필요한 각종 증명서류를 제공합니다. (　)

◎ 본인과 관련된 정보가 서비스의 질적 향상과 전문가 양성을 위한 교육 및 학문적 목적을 위해서 사용되는 것에 동의합니다. (　)

◎ 이용자의 서비스 조정 및 종결(중단) 사유

서비스 조정 사유	• 서비스 이용자에게 적절하지 않거나 서비스 제공 목적에 어긋날 때 • 서비스 이용자의 부적절한 서비스 요구가 있으면 • 이용자가 서비스를 원활히 참가하지 않을 경우
서비스 중단 사유	• 서비스 이용자가 서비스 중단 의사가 있을 경우 • 2개월 이상 연락이 끊기거나, 3개월 이상 다른 지역에 거주하여 서비스 제공이 불가능한 경우 • 타 기관과 서비스가 중복되었을 경우 • 이용자의 서비스 이용 시 수립했던 목적이 수립되어 서비스의 제공이 필요 없는 경우 • 기관의 방침에 어긋나는 행위를 하거나 서비스를 목적 이외의 활용하는 경우 • 기관의 여건에 의해 이용자의 종결이 필요한 경우
서비스 이용자 의무	서비스 이용자는 신상의 어려움이나 경제적인 변동이 있을 경우 복지관에 알려야 하며, 이용자의 어려움을 해결하기 위해 같이 노력하여야 한다.

이용자는 위 내용에 함께 동의하며, 성심으로 협력할 것을 약속합니다.

2021년　　월　　일

서비스 이용자 :　　　(인)　　보호자 :　　　(인)　　담당사회복지사 :　　　(인)

출처: 하남시장애인복지관.

클라이언트에게 서비스 제공 및 개입을 위한 계약서를 작성하게 되는데, 계약서는 우리 정서상 계약이라는 용어 자체가 익숙하지 않기 때문에 본 장에서는 '사례관리 서비스 동의서'라는 용어로 계약서를 대신하고자 한다.

2. 사례관리(case management) 사정단계

사례관리 실천 과정에서 목표 수립과 계획, 수행의 방향을 결정하는 가장 중요한 단계가 사정단계이다(홍선미 외, 2010). 사정단계는 접수 과정에서 수집된 자료를 통해 사례관리서비스를 대상으로 결정된 클라이언트들의 복합적인 욕구와 현존하는 문제, 현재의 기능, 생활상태, 그들의 장점과 잠재능력, 공식·비공식적 자원체계와 그들에 대한 지원능력 등에 관하여 전반적인 자료를 수집하고 종합적으로 분석하는 집중적이고 체계적인 과정이다(이종복 외, 2008).

사정은 세 가지 측면에서 매우 유용하다. 그것은 서비스의 적격성 여부 결정, 클라이언트의 욕구, 능력 및 잠재적인 자원의 확인, 클라이언트의 진행 과정을 평가하는 방법을 구체화하기 등이다(양옥경 외, 2022).

사정은 다음과 같은 분야에서 구체적으로 이뤄져야 하며, 세 분야에서 상호역동적으로 이뤄지되 각 분야가 꼭 시간적 순서에 따라 이뤄지는 것은 아니다(양옥경 외, 2022).

1) 욕구 및 문제 사정: 클라이언트의 욕구 및 해결해야 하는 문제들

사례관리자는 클라이언트와 함께 욕구 및 문제 목록을 만들고 이중 우선순위를 정한다.

2) 자원 사정: 클라이언트가 문제를 해결하는 데 있어서 유용하게 활용할 수 있는 자원들

중요한 문제들을 구체화한 이후에는 그 문제를 해결하는 데 도움이 되는 공식적·비공식적인 자원을 클라이언트와 함께 사정해야 한다. 여기에서 자원이란 우리가 삶을 지탱하고 성장과 발달을 계속하는 데 필요한 재화와 서비스를 제공하는 사람들 혹은 사회기관들을 말한다.

3) 장애물 사정: 클라이언트가 자원을 활용하는 데 있어서의 장애물들

클라이언트가 문제가 있고 이를 해결하기 위한 자원도 있지만, "왜 클라이언트들이 이를 적극적으로 활용하지 못하는가?"라는 질문이 있게 된다. 이것은 세 가지 형태의 장애물이 있기 때문인데, 그 세 가지는 외부장애물, 선천적인 무능력, 내부장애물로 구분한다.

(1) 외부장애물

클라이언트가 처한 환경에서 다음 사항 중 적어도 한 가지 이상이 부족한 상황에서 발생할 수 있다.

- 자원이 없거나 욕구를 충족시키기에는 부적합하다.
- 일반적으로 유용한 자원이지만, 어떤 클라이언트에게는 유용하지 않다.
- 유용한 자원이 있으나 정보, 교통수단, 아동보호 등의 부족으로 접근하기 어렵다.

(2) 선천적인 무능력

클라이언트의 통제 밖의 것으로 사회복지실천 과정에서 클라이언트와의 효과적인 의사소통과 적극적인 참여를 제한시키는 것이다. 예컨대 신체적·정신적 장애나 약물중독 등의 문제를 고려할 수 있다.

(3) 내부장애물

클라이언트가 가지고 있는 신념, 태도, 가치 등은 필요한 도움을 찾거나 받아들이는 방식인 행동 패턴을 결정짓는다. 예컨대 잘못된 신념 혹은 행동 패턴에는 비관주의, 비판주의, 운명 주의, 냉소주의가 있다.

▼ 표 14-13 욕구 조사표

욕구 조사표

접수번호		일시	
대상자명		장애명/등급	
작성자		유형	

욕구영역	영역별 문항	심 각 도			
		3	2	1	
안전 (학대 · 방임) (3문항 9점)	문항	아주 심함	중간	가벼움	점수
	1. 구타와 욕설, 폭력 등 신체적, 정서적 학대가 있다.				/9
	2. 신체적, 의료적, 교육적 방임이 있다.				
	3. 성폭력, 약물, 알코올 등의 위험이 있다.				
		3	2	1	
건강 및 심리 · 정서 (9문항 27점)	문항	아주 심함	중간	가벼움	점수
	1. 만성 · 희귀 · 난치성, 전염성 및 신체 질환이 있다.				/27
	2. 정신분열증, 정신질환 등의 정신장애가 있다.				
	3. 운동부족, 비만, 영양결핍 등 건강의 위험이 있다.				
	4. 자해(자살)의 위험이 있다.				
	5. 폭력적 성향이 있다.				
	6. 이성의 문제가 있다.				
	7. 정서상태가 불안정하거나 우울하다.				
	8. 일상생활에 있어 무기력하다.				
	9. 심리적인 스트레스로 일상생활 유지가 어렵다.				
		3	2	1	
가족관계 (3문항 9점)	문항	아주 심함	중간	가벼움	점수
	1. 가족 간의 갈등이 심각하다(부부, 부모, 고부, 형제 등).				/9
	2. 가족의 무관심이 있다.				
	3. 가족돌봄이 곤란하다(장애인, 노인, 아동 등).				
		3	2	1	
사회적 관계 (3문항 9점)	문항	아주 심함	중간	가벼움	점수
	1. 친인척과의 갈등 혹은 관계가 소원하다.				/9
	2. 이웃 간의 갈등 혹은 관계가 소원하다.				
	3. 직장, 학교 등 집단생활에 어려움이 있다.				

욕구영역	영역별 문항	심 각 도			
경제 (3문항 9점)	문항	3 아주 심함	2 중간	1 가벼움	점수
	1. 주거비, 난방비, 통신비, 의료비 등 체납으로 기초생활유지에 어려움이 있다.				/9
	2. 가정 내 부채가 체납되어 있다.				
	3. 대상자 및 가족 구성원 중 신용불량 및 파산 선고를 받았다.				
주거환경 (3문항 9점)	문항	3 아주 심함	2 중간	1 가벼움	점수
	1. 가정환경의 위생상태가 불량하다.				/9
	2. 주거의 안전상태가 불량하다(시설 낙후 등).				
	3. 주거가 외부환경의 위험요소에 노출되어 있다(우범지역, 화재 및 폭발 위험 등).				
교육 (2문항 6점)	문항	3 아주 심함	2 중간	1 가벼움	점수
	1. 읽기, 말하기, 계산 등 기초능력이 부족하다.				/6
	2. 특수교육 및 관련 지원이 필요하다.				
직업 (3문항 9점)	문항	3 아주 심함	2 중간	1 가벼움	점수
	1. 만성적인 실직상태이다.				/9
	2. 구직의 어려움이 있다.				
	3. 저임금, 비정규직 등의 열악한 근로 환경에 처해 있다.				
일상생활 (3문항 9점)	문항	3 아주 심함	2 중간	1 가벼움	점수
	1. 스스로 식사 및 용변처리가 어렵다.				/9
	2. 대상자의 자립 생활이 어렵다.				
	3. 스스로 대중교통 이용이 어렵다.				
사회복지사 평가	문항	4	3	2	1
	대상자 문제의 심각도				
주된 요구					
종합소견	-상기 내용 이외에 가족 관련 중요 문제와 욕구가 있으면 기록-				

항목별 점수 / 총 점 / 100점				
안전(/ 9)점	건강(/ 27)점	가족관계(/ 9)점	사회적 관계(/ 9)점	경제(/ 9)점
주거환경(/ 9)점	교육(/ 6)점	직업(/ 9)점	일상생활(/ 9)점	평가(/ 4)점

출처: 하남시장애인복지관.

3. 사례관리 개입계획과 실행

개입계획은 사정에서 수집한 정보를 바탕으로 확인된 욕구의 충족을 위한 목적 발전시키는 과정이며, 이를 위해 제공될 자원들을 연결해 나가는 과정에 대한 서비스 제공자와 서비스 이용자의 합의 과정이다. 또한, 개입계획은 개입목표 설정과 개입의 세부적인 계획이 수립되는 것이다. 즉, 개입계획은 대상자의 특성에 적합한 실천 과정을 구체적으로 문서화시킨 것이다(이경준 외, 2018; 현외성 외, 2012).

1) 개입계획

사정이 해결되어야 할 문제와 서비스의 목적을 확인하는 데 초점을 둔다면, 계획은 사정을 자세히 할 수 있도록 클라이언트의 욕구를 충족시킬 수 있는 적절한 수단의 실제적 선택에 사례관리의 초점을 둔다(이종복 외 2008; Challis & Davies, 1985).

(1) 목표설정

사례관리자의 판단에 따라 개입계획이 세워지면, 첫 단계로는 클라이언트의 문제해결을 위한 목표를 설정한다. 목표는 클라이언트가 요구하고 있는 욕구를 바탕으로 하며 대개 생활환경의 개선, 능력 향상, 지원체계 개발과 강화에 있다. 이러한 목표는 장단기로 구분하며 장기목표는 복합적인 문제들에 대한 최종 욕구 해결이고, 단기목표는 클라이언트가 현재 가지고 있는 문제해결에 대한 직접적인 목표가 된다. 사례관리자는 클라이언트가 직접 목표를 결정하게 하며, 명료하고 구체적으로 정해질 수 있도록, 또한 현실적으로 실현 가능한 목표가 정립되도록 도와야 한다.

(2) 서비스 계획의 수립

사정단계에서 수집된 자료를 바탕으로 목표가 결정되면 목표에 따른 서비스를 결정한다. 어떠한 정해진 목표를 달성하는 데 필요한 서비스가 언제, 어떤 방식으로 얼마 동안, 어느 정도 제공되어야 하는가에 관한 정보들을 문서로 만든 것이다. 즉, 사정에서 수집된 자료들을 근거로 작성된 욕구목록을 실행으로 옮기기 위한 전략을 수립하는 것으로 사례관리자와 클라이언트의 협력 속에 클라이언트의 적극적인 참여와 협조가 중요하다(김영미 외, 2022).

사례계획은 다음의 여섯 가지의 항목으로 구분할 수 있다(김기태 외, 2007).

첫째, 필요한 서비스에 대하여 우선순위의 영역을 명확히 설정한다.

둘째, 이러한 각각의 영역 내에서 클라이언트의 진행 과정을 평가하기 위해 사용될 수 있는 장단기의 구체적 측정 목표를 정한다.

셋째, 목표를 성취하기 위해 구체적 행동을 취한다. 즉, 사례관리자가 클라이언트의 변화를 가져오도록 취해야 할 행동으로 이러한 방법은 기술, 전략 또는 개입으로 불린다(이근홍, 1999).

넷째, 클라이언트가 의뢰되는 기관, 그리고 가능하다면 이러한 기관 내에서 접촉하게 되는 구체적인 개인을 정한다.

다섯째, 활동을 완결할 수 있는 실질적인 시간 계획을 수립한다.

여섯째, 서비스 활용과 전달에 잠정적인 방해물을 확인하고 이러한 문제에 대하여 가능한 해결책을 정한다. 이와 같은 항목들로 구성되는 사례계획은 클라이언트와의 협조 아래 이루어져야 하며 만약 클라이언트가 아동일 경우에는 그 가족과의 협의를 거쳐서 이루어져야 한다(Kirst-Ashman & Hull, 1999).

▼ **표 14-14** 사례관리 서비스 제공 계획서

<table>
<tr><td colspan="4" rowspan="2">사례관리 서비스 제공 계획서</td><td rowspan="2">결
재</td><td>담당</td><td>팀장</td><td>국장</td><td>관장</td></tr>
<tr><td></td><td></td><td></td><td></td></tr>
<tr><td>등록번호</td><td colspan="2"></td><td>작성일</td><td colspan="5"></td></tr>
<tr><td>성명</td><td></td><td>주민번호</td><td></td><td>사례관리자</td><td colspan="4"></td></tr>
<tr><td>성별</td><td>□ 남 □ 여</td><td>장애명(등급)</td><td></td><td>수급여부</td><td colspan="4">□ 수급 □ 차상위 □ 일반</td></tr>
<tr><td>주소</td><td colspan="3"></td><td rowspan="2">서비스
제공기간</td><td colspan="4" rowspan="2"></td></tr>
<tr><td>사례관리
수준</td><td colspan="3">□ 긴급 □ 집중 □ 일반
□ 서비스단순이용</td></tr>
<tr><td rowspan="4">단기 목표
(긴급/우선
개입 방향)</td><td colspan="2"></td><td rowspan="4">장기 목표
(최종
개입 방향)</td><td colspan="5"></td></tr>
<tr><td colspan="2"></td><td colspan="5"></td></tr>
<tr><td colspan="2"></td><td colspan="5"></td></tr>
<tr><td colspan="2"></td><td colspan="5"></td></tr>
</table>

<table>
<tr><td rowspan="2">서비스
우선순위</td><td rowspan="2">제시된 욕구</td><td rowspan="2">합의된 목표</td><td rowspan="2">서비스 계획
(빈도)</td><td colspan="2">담당기관(부서/담당)</td><td rowspan="2">개입기간</td></tr>
<tr><td>내부</td><td>외부</td></tr>
<tr><td>1</td><td></td><td></td><td></td><td></td><td></td><td></td></tr>
<tr><td>2</td><td></td><td></td><td></td><td></td><td></td><td></td></tr>
<tr><td>3</td><td></td><td></td><td></td><td></td><td></td><td></td></tr>
<tr><td>4</td><td></td><td></td><td></td><td></td><td></td><td></td></tr>
<tr><td>5</td><td></td><td></td><td></td><td></td><td></td><td></td></tr>
</table>

2) 사례관리 실행단계

서비스 실행의 단계는 사례관리자와 클라이언트가 상호 합의하여 세워진 개별화된 서비스 계획에 따라 결정한 문제해결을 구체적인 행동으로 실행하는 단계로서 이를 통해 의도하는 변화를 유발하는 단계이다(현외성 외, 2012). 이 실행단계에서의 초점은 클라이언트의 상황에 변화를 가져오기 위한 방향이다. 그러므로 계획 내에 포함된 다양한 서비스 제공과 협력적인 관계를 바탕으로, 서비스가 연결될 수 있도록 필요한 자원을 개발하거나 발굴, 연계하는 등의 노력을 하여야 하고, 서비스의 이용 가능성을 높이기 위한 옹호 활동과 변화의 지속성을 보장하기 위한 다양한 활동이 요구된다(Walsh, 2000).

(1) 장애 극복과 옹호

서비스를 적합한 시기에 적절히 제공하고 효율적으로 활용하기 위해서는 보호 계획의 수행 시 발생하는 장애를 극복할 필요가 있다. 그 장애에는 선천적 무능력 장애, 내부장애, 외부장애가 있다(이종복 외, 2023).

① 선천적 무능력

클라이언트를 통제할 수 있는 밖의 것으로 서비스 제공자와의 효과적인 의사소통에 제한을 초래할 수 있으므로 특수한 서비스 제공이 필요하다. 장애나 약물중독과 같은 것으로 전문가에 의한 진단적 사정과 서비스 계획의 자문을 구하고 유지 가능한 지원체계를 개발할 필요가 있다.

② 내부장애

클라이언트의 동기 부족, 낙인감, 불신 등 심리·사회적 문제로 그 본질을 확인하여 장애를 극복할 수 있는 자원을 연결하고 동원하는 방법이 필요하다.

③ 외부요인

자원의 결여, 자원의 부족, 자원에 대한 정보의 부족과 접근성의 결여, 서비스의 단편성과 불연속 등이 있다. 외부장애를 극복하려는 방법에는 권리적 옹호, 새로운 관계의 개선 등 적극적인 사회행동이 필요하다.

▼ 표 14-15 과정기록지

과정기록지

등록번호	00-00	성명	이○○	생년월일		성별	□ 남 □ 여
장애명(등급)		수급여부	□ 수급 □ 차상위 □ 일반				
주소		연락처					
지원내용							
날짜	제공시간	영역구분	내용	담당자	비고		

(2) 서비스 계획의 수행

클라이언트에 대한 장애가 점차 극복되면 사례관리자는 클라이언트의 환경에 맞게 보호 계획을 수행하게 되는데, 사례관리자는 클라이언트와 비공식 지원체계, 서비스 제공자 및 사례관리 기관과 함께 수행한다(이종복 외 2023; Steinberg & Carter, 1983). 이는 서비스 개입계획에 따라 사례관리자가 서비스 제공기관 및 자원체계와의 연계를 통해 안정적이고 지속해서 사례관리 대상자의 욕구 해결을 위한 실천에 개입하게 된다는 뜻이다.

(3) 서비스 조정

서비스 계획의 수행이 클라이언트에게 필요한 서비스를 연결하고 계획된 서비스가 제공되도록 하는 것이라면, 서비스 조정은 클라이언트의 목표성취를 위하여 다양한 원조자들이 참여하고 있으므로 각 원조자가 각자의 역할을 잘 수행할 수 있도록 클라이언트에게 제공되는 서비스를 적절히 배열, 정리하여 서비스의 효과성과 연속성을 보장할 수 있도록 돕고 지지하는 역할이다(이종복 외, 2023). 즉, 서비스 진행 과정에서 발생하는 상황에 따라 애초의 목표나 수행방법을 사례관리자는 사례관리 과정에서 여러 원조자와 서비스를 조정하여 클라이언트의 성과목표를 달성하도록 하는 것이다(홍선미 외, 2010).

(4) 자원 동원(홍선미 외, 2010)

자원이란? 사례관리의 중요한 구성요소 중 하나로 클라이언트의 다양한 욕구를 충족시켜 줄 수 있는 중요한 요소이다. 클라이언트의 욕구를 충족시키기 위해 요구되는 인력, 재정, 도구 등을 포괄한다. 인간의 욕구는 매슬로(Maslow)에 따르면 총 5가지의 욕구로 구분될 수 있다. 가장 기초적인 생존의 욕구에서부터 자아실현의 총 5단계의 욕구로 발전된다. 이렇듯 다양한 인간의 욕구는 복합적으로 나타나기도 하며, 매우 탄력적으로 시시각각 변화하기도 하다. 욕구의 변화무쌍한 속성에 시의적절하게 대응할 수 있는 자원을 연계하고 조정하는 역할이 필요하다.

공식적 서비스 및 자원을 동원하기 위해서는 첫째, 지역사회 서비스체계에 대한 풍부한 지식이 있어야 한다. 이를 위하여 지역사회 서비스에 대한 다양한 정책, 프로그램, 그리고 절차에 대하여 정확한 최근 정보를 보유하고 있어야 한다. 서비스나 자원과 관련된 법 혹은 정책의 허점들, 그리고 여러 다양한 서비스 옵션들의 비용과 편익에 대하여 파악하는 것이 필요하다.

둘째, 사례관리자는 서비스 기관과 조직에 대한 리스트를 확보해야 한다. 이때 각 기관이 제공하는 서비스의 내용, 자격요건, 그리고 그 서비스를 받기 위하여 그 센터에서 연락해야 할 사람 등을 함께 파악해 두어야 한다. 다음 [표 14-16]은 지역 자원을 목록화하기 위해 사용될 수 있는 예이다.

▼ **표 14-16 자원개발목록**

자원개발목록

연번	기관명	주소	대표전화	팩스번호	담당자명	등록일자	필요서류

셋째, 수집된 자원 및 서비스의 목록을 적절하게 분류할 수 있는 기준을 마련해 두어야 한다. 예를 들어, 인구집단별(노인, 여성, 장애인, 영유아 등), 그리고 서비스 내용별(교육, 의료, 보육, 고용 등)로 분류할 수 있다. 넷째, 자원 및 서비스에 대하여 정확하게 현재의 상태를 나타내 주는 정보를 늘 업데이트 하는 노력이 필요하다. 다섯째, 클라이언트에게 필요한 서비스라면 새롭게 개발하는 노력이 필요하다.

3) 점검(모니터링, Monitoring)

점검이란 계획에 따른 서비스와 자원의 전달 과정이 제대로 잘 이루어지고 있는지 클라이언트가 만족스러웠는지를 점검해 어떤 변화가 필요한가를 지속해서 알아보는 것이다. 즉, 서비스가 적절한가, 서비스의 질이 높은가, 서비스가 클라이언트의 욕구를 충족하고 있는가를 평가하는 것이다(정성배 외, 2023). 점검 방법은 가정방문, 지역사회 방문, 전화통화, 편지, 친구, 이웃, 관찰, 직원 간, 기관 간의 상담 등이 있다. 이 방법들은 사례관리자가 클라이언트, 클라이언트 가족, 다른 서비스 제공자와 규칙적인 만남을 유지하며(Holt, 2000) 지원체계의 서비스 전달과 실행을 확인하고 재사정을 실시하는 과정이다(이종복 외, 2023).

▼ 표 14-17 모니터링 기록지

모니터링 기록지

1. 이용자 의견조사　　　　모니터링유형: □ 방문 □ 유선

등록번호		성　명		모니터링 구분	□ 최초 □ 정기(회차)
사례관리자		조 사 자		작성일자	

1) 서비스 모니터링

문　항	매우 불만족	불만족	보통	만족	매우 만족
서비스 제공 일정 지키는 정도					
서비스 내용 정확성 및 충실도					
서비스 담당자에 대한 만족도					
기타(　　　　　　)					

2) 욕구 변화 모니터링

항목	구체적인 내용
욕구 변화	
환경 변화	

2. 서비스 일정 모니터링 및 서비스 종합계획

합의된 목표	목표대비 실행기간		목표대비 실행내용	목표실행 성취도(%)
	목표기간	실행기간		
모니터링 결과 반영	□ 서비스 유지 □ 서비스 계획 변경 □ 재사정 □ 종결			
담당자 소견 및 차후 계획				

출처: 하남시장애인복지관.

4) 재사정

사례관리는 서비스 계획 중에 지속적인 점검뿐만 아니라 일정한 간격을 두고 정기적인 주기에 따라 사례관리자는 욕구의 변화를 판단하기 위해서 정기적인 재사정을 수행해야 한다. 재사정은 클라이언트에게 제공되는 서비스의 적합성, 보호 계획 변화의 필요성과 변화방식을 결정하는 과정이다. 재사정은 서비스 계획의 적합성을 판단하는 것으로 이를 통해 서비스를 조정하거나 목표를 수정할 수 있다(이종복 외, 2008). 다시 말하면 재사정은 클라이언트의 욕구를 해결하기 위해 수립한 사례관리 계획의 변경, 즉 사례관리 계획의 수정을 의미한다. 사회복지사는 사례회의를 통해서 클라이언트와 기관, 그리고 자신의 능력 및 상황에 맞는 가장 적합한 방법으로 클라이언트의 욕구 해결과 관련된 결과 목적, 효과성, 만족도를 달성하고자 계획을 수립한다(최종혁 외, 2010).

▼ 표 14-18 재사정지

재사정지

진행일시	년 월 일					담 당 자			
등록번호		성명				주 민 등 록 번 호			
주 소						전 화 번 호			
가족사항	성명	생년월일	나이	관계	학력	직업	동거여부	연락처	장애 유무
재사정 유 형	□ 새로운 욕구가 발생 □ 긴급한 상황이 발생 □ 기타(연간사례관리,)				재사정 요 인	□ 대상자에 의한 요인 □ 기관과 사회복지사에 의한 요인 □ 자원과 환경에 의한 요인			
대상자 변화욕구	– 재사정이 필요하게 된 욕구나 상황								
서비스 제공 및 문제	– 제공된 서비스와 문제								
담당자 의 견									
재사정 결 과	□ 종결		□ 사례관리 재계획				□ 의뢰		
향후 개입 방향	목표	서비스 진행내용							
이용고객 의 견	________________는 본 평가결과에 대해 동의합니다. 20 . . . 본인(보호자) : (인) * 서비스 제공에 있어 문제 및 어려움이 있으면 서비스 이용자와 복지관의 상호 협의를 통하여 조정이 가능합니다.								

출처: 하남시장애인복지관.

4. 사례관리 평가와 종결

1) 사례관리 평가

사례관리를 통하여 달성된 목표를 평가하는 단계이다. 모니터링과 마찬가지로 평가 과정에서도 크게 두 가지 측면을 고려한다. 하나는 클라이언트 측면으로서, 클라이언트에게서 의미 있는 변화가 나타났는지, 바라던 목표대로 변화하였는지를 평가하는 것이다.

또한 평가는 사례관리자의 활동이 클라이언트의 삶에 어떠한 긍정적인 영향을 주었는가를 살펴보는 것을 의미한다(이종복 외, 2023). 다른 하나는 서비스 과정에 대한 평가로서, 서비스 지원계획대로 서비스 제공이 제대로 이루어졌는지를 평가하는 것이다. 평가를 통하여, 지속적인 사례관리가 필요한가 아니면 종결해야 하는가를 결정한다(홍선미 외, 2010). 또한, 사례관리자에 의해 형성되고 조정되는 서비스 계획, 구성요소, 활동들이 과연 시간을 투자할 만한 가치가 있었는지 또는 없는지를 측정하기 위해 이용되는 과정이라 할 수 있다(엄명용, 2000).

사례관리 평가는 클라이언트와 서비스체계 두 가지 측면에서 실시한다(이종복 외, 2023).

(1) 클라이언트 측면에서의 평가기준

제공된 서비스의 형태와 수준의 클라이언트 수용 가능성, 제공된 서비스의 적당성, 제공된 서비스 실천기준의 적합성, 의도한 결과 초래 여부, 클라이언트의 만족도, 한정된 서비스와 위기 클라이언트 전달 정보 등이 평가기준이 된다.

(2) 서비스체계 측면에서의 평가기준

클라이언트의 장·단기 목표 달성에 있어 서비스 계획의 적절성, 서비스 계획에 기술된 활동과 서비스 실행방법의 적절성, 클라이언트의 욕구 충족에 있어 서비스 계획의 적합성, 서비스 제공 기관의 정책과 프로그램의 클라이언트 욕구 충족의 기여 정도 등이 평가기준이 된다.

2) 사례관리 종결(홍선미 외, 2010)

종결은 사례관리 실천의 마지막 단계로서, 클라이언트에 대한 개입을 사례관리자가 종료하는 단계이다. 종결은 사례관리 과정을 통해서 목표가 달성되었거나 서비스가 클라이언트의 삶의 질 향상을 위해 필요하지 않거나 클라이언트의 중대한 변화로 인하여 사례관리 과정을 진행할 수 없는 경우에 서비스 제공을 중단하는 과정이다(이종복 외, 2023; 이근홍, 2008; Steinberg & Carter, 1983).

사례관리서비스 대상인 클라이언트들은 대개 장기보호를 필요로 하는 사람들이기 때문에 사례의 종결에 어려움이 있지만, 다음과 같은 경우에 서비스를 종결하게 된다(이종복 외, 2023; Steinberg & Carter, 1983).

① 클라이언트가 스스로 사례를 종결시킬 경우
② 주요한 서비스 제공자가 종결을 권고할 경우
③ 사례목표가 성취된 경우
④ 서비스 제공자 한 사람이 서비스의 책임을 포괄적으로 맡은 경우
⑤ 클라이언트가 보호시설에 입소하거나 사망한 경우
⑥ 타 지역으로 이주한 경우
⑦ 클라이언트가 사례관리자가 추천한 서비스가 비생산적이라고 주장하거나 추천한 서비스 계획을 거절하거나 다른 방법으로 자원을 낭비하거나 또는 기관의 신뢰성과 책임성을 위태롭게 할 정도로 비협조적인 경우
⑧ 클라이언트의 욕구가 충족되고 제기된 문제가 완화되며, 사례관리자가

클라이언트 스스로 서비스의 획득과 조정의 과업을 수행할 수 있다고 판단되는 경우

⑨ 클라이언트들 사이에 서비스의 획득과 조정의 과업을 수행할 수 있다고 판단되는 경우

⑩ 클라이언트들 사이에 서비스와 부족한 자원에 대한 우선순위를 정하여 욕구가 더 긴박한 사람을 위해 서비스를 계속 제공받을 수 있는 사람의 서비스를 철회할 필요가 있는 경우

▼ **표 14-19** 사례관리 종결 평가서(보고서)

<table>
<tr><td colspan="4" rowspan="2">사례관리 종결 평가서</td><td rowspan="2">결
재</td><td>담당</td><td>팀장</td><td>국장</td><td>관장</td></tr>
<tr><td></td><td></td><td></td><td></td></tr>
<tr><td colspan="2">등록번호</td><td></td><td>성명</td><td></td><td>사례관리자</td><td colspan="3"></td></tr>
<tr><td colspan="2">주　　소</td><td colspan="3"></td><td>연 락 처</td><td colspan="3"></td></tr>
<tr><td colspan="2">등 록 일</td><td></td><td>종 결 일</td><td colspan="5"></td></tr>
<tr><td rowspan="3">대
상
분
류</td><td>보호
구분</td><td colspan="7">□ 일반수급　□ 조건부수급　□ 자활특례　□ 차상위　□ 일반</td></tr>
<tr><td>대상
구분</td><td colspan="7">□ 아동　□ 청소년　□ 노인　□ 장애인(지체 · 정신 · 발달)
□ 성인　□ 기타(결혼이주민/북한이탈주민/외국인노동자/________)</td></tr>
<tr><td>의료
보장</td><td colspan="7">□ 의료보호 1종 □ 의료보호 2종 □ 직장의료보험 □ 지역의료보험</td></tr>
<tr><td colspan="2" rowspan="3">종결유형</td><td colspan="7">사　유</td></tr>
<tr><td colspan="3">□ 목표 달성
(당사자-사례관리자 합의)</td><td colspan="4">□ 목표 달성 중
(당사자-사례관리자 합의)</td></tr>
<tr><td colspan="7">□ 타기관이용　□ 거절이나 포기　□ 사망　□ 시설입소
□ 불성실한 참여　□ 이주　□ 기타 (　　　　　)</td></tr>
<tr><td colspan="2">경과보고</td><td colspan="7">□ 사례지원기간:

□ 장기목표 및 서비스 계획

□ 서비스 개입내용

□ 종결평가일:

□ 평가도구: 사례관리 평가지, 모니터링 기록지, 과정기록지</td></tr>
<tr><td colspan="2" rowspan="2">당사자 변화</td><td colspan="3">초기상황</td><td colspan="4">종결상황</td></tr>
<tr><td colspan="3"></td><td colspan="4"></td></tr>
<tr><td colspan="2">사례관리자
의견</td><td colspan="7"></td></tr>
<tr><td colspan="2">사후관리
계획</td><td colspan="7">□ 사후관리 기간:
□ 사후관리 방법:</td></tr>
<tr><td colspan="2">사례관리자</td><td></td><td>작성일</td><td colspan="2"></td><td>슈퍼바이저</td><td colspan="2"></td></tr>
</table>

출처: 하남시장애인복지관.

Part 03 사회복지실천의 과정

3) 사례관리 예시(하남시장애인복지관)

사례관리 개요

클라이언트는 울산에서 태어났다. 아버지가 일하다가 공사장에서 사망했고 어머니는 노숙인 남자친구를 집에 데려와서 소개했다가 이로 인한 말다툼으로 집을 나와 지금은 ○○시에서 9살, 8살, 6살 아들 셋과 더불어 살고 있다. 클라이언트는 우울증이 찾아와 집안일을 하지 못해 손을 놓다시피 해서 청소상태가 불량하고 바닥에 물품들이 널브러져 있으며 냉장고의 음식은 매우 부족한 상태이다. 클라이언트는 2020년 11월에 이혼하였지만, 이혼한 후에도 가끔 통화하면서 지내고 있다. 2015년부터 클라이언트를 관리해 오던 무한돌봄센터에서 2020년 12월에 ○○장애인복지관의 사례관리팀으로 의뢰가 들어왔다.

(1) 사정

① 클라이언트 인적사항

▼ **표 14-20 초기면접지**

초기면접지	결재	담당	팀장	사무국장	관장

사진	상 담 일 자	2021. ○○. ○○.
	면 접 자	○○○ 사회복지사
	기 록 자	○○○ 사회복지사
	접 수 번 호	

구분	내용
접수경로	□ 대상자 요청(방법:) ■ 타 기관 의뢰(무한돌봄센터) □ 기관 내 의뢰( ) □ 이웃주민 의뢰( ) □ 사례관리자 발굴( ) □ 기타( )
상담방법	■ 가정방문 □ 내방 □ 전화 □ 기타( )
상 담 자	■ 본인 □ 가족( ) □ 기타( )

대상자 명	○○○	연령	31세	성 별	□ 남 ■ 여
대 상 자 분 류		장 애 명	지적장애	장애등급	심한장애
	장애등록 일 자	2013. ○○. ○○.	결혼 사항	□ 미혼 □ 기혼 □ 사별 ■ 이혼 □ 동거	
	경제상황	■ 일반수급 □ 조건부수급 □ 차상위 □ 저소득 □ 일반			
	의료보장	■ 의료보호1종 □ 2종 □ 직장의료보험 □ 지역의료보험			
주 소	경기도 ○○시 ○○동				
전화번호		긴급연락처			

가족사항	관계	성명	성별	연령	직업	동거여부	연락처	비고
	아들	○○○	남	9	초등학생	○	–	심한 지적장애
	아들	○○○	남	8	초등학생	○	–	–
	아들	○○○	남	6	–	○	–	–

구분	내용
가구유형	□ 부부가구 □ 부모자녀가구 ■ 한부모가구 □ 조손가구 □ 독거노인가구 □ 소년소녀가구 □ 노인부부가구 □ 미혼부 · 모가구 □ 청장년1인가구 □ 기타( )
경제상황	가계소득: 월 평균(225)만원 / 부채: 약 (–)만원
주거 소유형태	□ 월세(보증 / 만) ■ 전세(보증금 LH임대주택 4,680천원) □ 자가 □ 국민임대( ) □ 무상임대 □ 기타( )
주거 형태	□ 아파트 □ 연립주택 □ 단독주택 ■ 다세대 □ 상가 □ 기타
난방 형태	■ 도시가스 □ 기름보일러 □ 연탄 □ 지역난방 □ 기타

② 가계도와 생태도

▼ 표 14-21 가계도와 생태도

가계도	생태도
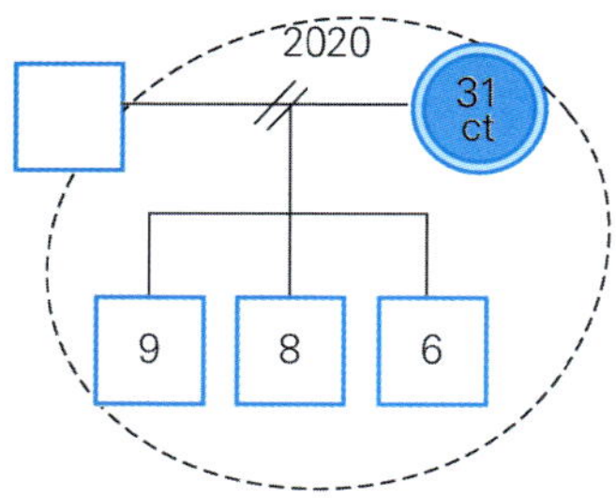	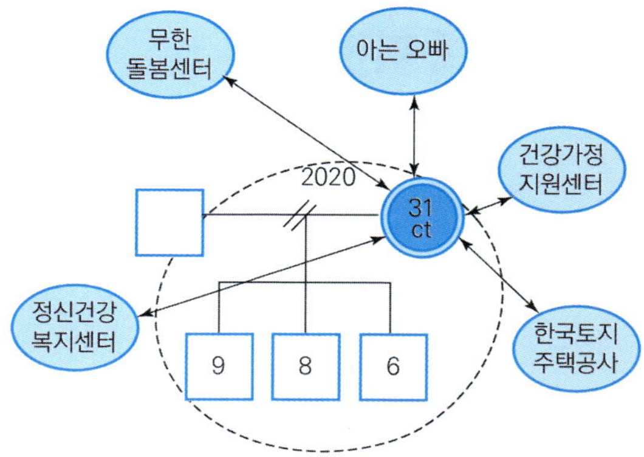

③ 개인력/가족력/가족관계(가계도에 의거하여 작성)

본 사례의 클라이언트는 현재 ○○시 ○○동에 거주하는 31세 여성으로서 형제는 없고 학력은 고등학교 졸업이다. 클라이언트는 1990년 10월 5일 ○○도에서 태어나 생활을 했으며, 아버지가 공사장에서 일하다 떨어져서 사망한 이후 10살 때 부산으로 이사와 어머니와 같이 거주하였다.

2010년 노숙을 하는 남자를 집으로 데려와 어머니에게 소개해 준 이후, 어머니와의 불화로 집을 나와서 첫 번째 남자와 노숙 생활을 시작하여 노숙인 무료급식센터에서 식사를 해결하였다. 그러다 보니 성희롱, 성추행 등의 위험 상황에 노출이 되었는데, 그 모습을 지켜본 ○○사회복지과의 도움을 받아 장애판정을 신청하였으며 심한 지적장애 판정을 받아 장애등록을 했다.

2011년 채팅으로 만난 파키스탄 남자가 자녀를 돌봐주겠다고 하여 같이 파키스탄 남자와 생활을 하다가 결혼을 했으나 몇 년도에 결혼을 했는지는 확인이 되고 있지 않다. 2012년 아이를 출산하였지만 부모가 누군지는 모른다고 한다. 2013년까지 부산에서 생활하다가 9월 경기도 용인으로 이사를 왔다.

2013년도에 둘째 아들, 2015년도에 셋째 아들을 출산하였으나 두 명 모두 ○○국적 남편과의 아이는 아니다. 2015년부터 2018년도까지 첫째 아들은 남편과 함께 ○○시의 ○○에서 생활을 하면서 본인과 떨어져 생활해서 사랑을 많이 주지 못하고 자라게 한 것 같다고 클라이언트는 말한다.

자녀들이 어린이집을 다니기 전까지는 본인이 자녀들을 보살폈고, 버스 타는 것을 좋아해서 자녀들과 함께 버스 타고 돌아다니는 일이 많았다. 자녀들이 어린이집을 등원할 나이가 되면서부터는 ○○시 소재의 24시간 ○○어린이집에 자녀들을 맡기고 주말에만 가정에서 같이 생활을 하였다. 하지만 어린이집이 경제 상황이 좋지 않아서 2021년도부터 문을 닫은 이후 셋째 아들은 ○○어린이집에 다니고 있다.

2018년 남편과 첫째 아들이 귀국하여 같이 생활하게 된 이후부터 불편한 점이 많았다고 한다. 남편이 이슬람교이기 때문에 ○○음식을 먹었으며, 문화 차이로 인한 불편함이 컸다. 가끔 남편의 가족들이 집에 찾아오면서 불편한 점을 많이 느꼈고, 이러한 문화 차이로 2020년 11월에 이혼하였으나 이혼한 후에도 가끔 통화하면서 지내고 있다.

첫째 아들과 둘째 아들은 ○○초등학교에 다니고 있으며 돌봄교실이 끝난 후 16시에 귀가를 하고, 셋째 아들은 어린이집에서 16시 정도에 귀가한다. 클라이언트는 자녀들을 모두 등원시키고 서울, 수원 등 단골집에서 점심을 해결하고 돌아온다. 하교 후에는 마트에서 반찬을 사서 자녀들의 저녁을 챙겨주고 클라이언트 본인은 보통 빵으로 식사를 해결한다.

④ **사회적 관계**(생태도에 의거하여 작성)

아는 오빠	○○시 ○○동에 거주하는 아는 오빠가 매주 금요일마다 방문하여 가정 일을 봐주고 있다. 밥을 해주고 빨래를 해주는 등 ct 가족이 생활하는 데 도움을 주고 있는 것으로 보인다.
무한돌봄센터	2015년부터 ct를 사례관리 대상자로 선정하여 관리해 오고 있다. 2020년 12월에 복지관으로 의뢰가 들어온다.
건강가정지원센터	2020년 남편과 이혼을 진행하면서 건강가정지원센터에서 이혼상담을 받은 경험이 있다.
정신건강복지센터	정신건강복지센터에서 ct의 우울증으로 인해 가정방문을 온 적이 있지만 코로나19 사태 이후 방문을 오고 있지는 않다.
○○토지주택공사	○○토지주택공사의 지원으로 ○○동 소재의 다세대주택에서 거주하고 있다. 2021년 5월에 계약만기가 되어 부동산에서 새로운 집을 알아봐 주고 있다.

⑤ 건강상황

클라이언트는 심한 지적장애를 앓고 있다. 앞니의 절반이 없는 등 치아 건강이 좋지 못하고, 비가 올 때마다 머리가 아파서 먹는 약을 제외하면 다른 질병은 없으나 치아가 초등학교 때 부딪혀서 부서지고 빠진 상태여서 치아 건강이 좋지 못함에도 치과를 가면 가슴이 두근거려서 치과 방문을 꺼린다.

첫째 아들이 지적장애 판정을 받을 정도로 인지와 발달이 좋지 못하고 둘째 아들과 셋째 아들도 또래 아이들보다 발육이 좋지 못하다.

⑥ 경제상황

[수입]	[지출]
• 4인 가족 기초생활수급비 146만 원 • 장애연금 42만 원 • 아동수당 20만 원 • 주거급여 18만 원	• 식비 • 교통비 • 핸드폰비 • 관리비 및 공과금 • 피복비

⑦ 주거상황

가구와 가전제품의 청소상태가 불량하고 바닥에 물품들이 널브러져 있다. 냉장고에 음식이 부족하고 ct가 집안일을 잘 해내지 못한다.

⑧ 대상자 욕구

활동 지원서비스를 신청하여 가사지원에 대한 욕구가 있다. 활동 지원서비스와 더불어서 양육서비스에 대한 부분도 권유해 보았지만, 아이들과 함께 살면서 본인이 양육하고 싶어 하는 욕구가 있어 거절당했다. 봉사자를 동원한 집 청소를 권유하였을 때, 청소에 대한 욕구를 보였다. 집 전세 계약이 2021년 5월에 만료되기 때문에 다른 전셋집을 부동산에서 알아봐 주고 있다.

⑨ 종합의견

ct는 외부인이 가정방문을 하는 것을 꺼리고 있다. 지속적인 관계를 통해서 ct와의 라포 형성이 중요해 보인다. 라포 형성이 먼저 이루어진다면 자녀들의 올바른 케어를 위한 양육서비스 지원 독려가 필요하다.

ct가정의 생계비는 225만 원 수준으로 4인 가족이 생활하는 데 무리가 없다고 판단된다. 그러나 자녀들이 고학년으로 진학하면서 양육비에 대한 부담이 커질 것이다. ct는 금전관리가 되지 않아 보이기 때문에 지속적인 교육을 통한 경제관념 확립이 필요하다.

(2) 서비스 계획

▼ **표 14-22** 사례관리 서비스 제공 계획서

사례관리 서비스 제공 계획서	결재	담당	팀장	국장	관장

등록번호	20-00522	성 명	○○○	생년월일	○○○○. 10. 05.
성 별	□ 남 ■ 여	장애명(등급)	지적장애(심함)	수급여부	■ 수급 □ 차상위 □ 일반
주 소	경기도 ○○시 ○○동			서비스 제공기간	2021.○○.01.~ 2021.○○.31.
사례관리수준	□ 긴급 ■ 집중 □ 일반 □ 서비스단순이용				

단기 목표		장기 목표	
	1. 가계부를 통한 수입 및 지출 관리		1. 고정 수입 및 지출 관리를 통해 올바른 경제관념 확립
	2. 가사활동 지원 및 자녀 양육 교육		2. 자녀 양육 및 가사활동 독립 수행
	3. 의료비 지원을 통한 치과 치료 진행		3. 건강관리 필요성 인지
	4. 올바른 성관계를 위한 성 심리 상담		4. 올바른 이성 관계 형성

우선 순위	제시된 욕구	합의된 목표	서비스 계획 (빈도)	담당(기관(부서)/담당) 내부	담당(기관(부서)/담당) 외부	개입 기간
1	취업 및 금전 관리	취업 연계 및 금전 교육	– 직업 평가를 통해 Ct 성향에 맞는 일자리 연계(○○○보호작업장) – 핸드폰 가계부 어플을 통해 수입 및 지출 수시 관리할 수 있도록 안내	직업재활 지원팀 (현장 중심 직업재활센터) /지역복지 인권지원팀	○○지역 자활센터 /○○고용복지 플러스센터	3 개월
2	가사 활동 지원	활동지원 서비스 연계	활동지원서비스 이용이 가능한지 ○○동 행정복지센터에 문의 및 장애정도 · 수급자격 심사	통합기능 지원팀	○○동 행정복지센터	2 개월
3	치과 치료	치과치료비 지원	치과 치료비 지원 사업 신청을 통해 Ct 치과 치료 서비스 연계	지역복지 인권지원팀	○○대학교 치과병원 장애인 구강진료센터	12 개월
4	성 심리 상담	유관기관과 연계하여 성관계 중독에 관하여 상담 진행	성 심리 상담을 통해 성관계 중독 치료 및 올바른 이성 관계 형성을 위한 성 심리 상담 진행	지역복지 인권지원팀	○○성폭력 상담소	6 개월

사회복지사 1급 기출 및 예상문제

01 사례관리의 목적에 해당하는 것을 모두 고른 것은? (20회)

㉠ 서비스의 통합성 확보
㉡ 서비스의 접근성 강화
㉢ 부호의 연속성 보장
㉣ 사회적 책임성 제고

① ㉠, ㉡　　② ㉡, ㉣　　③ ㉠, ㉢, ㉣
④ ㉡, ㉢, ㉣　　⑤ ㉠, ㉡, ㉢, ㉣

해설 모두 사례관리의 목적에 해당한다.
사례관리는 원조 주체가 사회복지 욕구를 가진 대상자에게 사회생활을 기능이나 복지 혜택을 최대한 향유할 수 있도록 공식적 지원체계인 국가 또는 공공기관과 비공식적 지원체계인 가족, 친족 또는 친구 등 네트워크를 조직 · 조정하여 서비스의 통합성과 접근성을 확보하고 서비스 전달의 효과성과 효율성을 향상하게 시키는 데 그 목적이 있다.

정답 ⑤

02 사례관리의 특성에 관한 설명으로 옳지 않은 것은? (13회)

① 자원체계 간 연결, 조정 등의 활동을 한다.
② 투입과 과정에 대해 평가를 한다.
③ 클라이언트 욕구에 초점을 두어 기관 내 서비스로 한정하지 않는다.
④ 공적 책임을 강화하기 위해 비공식적 지지망의 활용을 최소화한다.
⑤ 임상적 욕구를 가진 클라이언트에게는 치료적 상담을 한다.

해설 ④ 사회복지실천에서 사례관리는 다양한 문제와 복잡한 욕구들로 인해 여러 종류의 도움을 동시에 필요로 하는 클라이언트에게 전문적인 지식과 기술을 가진 사회복지사가 종합적인 서비스를 연계해 제공하려는 실천방법이다. 또한, 복합적인 욕구를 가진 사람들의 사회적 기능수행과 복지 향상을 돕기 위해 공식적, 비공식적 활동 간의 연결망(network)을 조직하고, 유지하여 계획된 목적을 성취하는 것이다. 그러므로 사례관리는 공공자원이나 민간자원을 적극적으로 활용하는 것으로 공식적 지지망과 비공식적 지지망을 최대화한다.

정답 ④

03 사례관리의 원칙으로 옳지 않은 것은?

① 사례관리자는 클라이언트의 인종, 성별, 계층 등을 이유로 이용자격 및 절차 등에서 어려움을 겪지 않고 서비스를 쉽게 이용할 수 있도록 원조해야 한다.
② 시간의 경과에 따라 변화하는 클라이언트의 욕구에 대해 지속해서 사정하고 서비스를 제공해야 한다.
③ 클라이언트의 개별적인 욕구와 상황에 맞는 맞춤형 서비스를 제공한다.
④ 클라이언트의 다양한 욕구가 여러 분야에서 충족될 수 있도록 서비스를 제공해야 한다.
⑤ 클라이언트를 위해 전문가 주도의 구조화된 서비스를 제공한다.

해설 ⑤ 복합적인 욕구를 가진 사람들의 사회적 기능수행과 복지 향상을 위해 공식적, 비공식적 활동 간의 연결망(network)을 조직하고, 공식적 지지망과 비공식적 지지망을 최대한 활용하는 사회복지실천에 기초하는 것으로, 클라이언트를 위해 전문가 주도의 구조화된 서비스를 제공한다는 것은 맞지 않는다.

정답 ⑤

04 사례관리의 등장 배경으로 옳은 것을 모두 고른 것은? (13회)

㉠ 지역사회 보호 필요성 증가
㉡ 분산된 서비스의 조정기능 부재
㉢ 사회적 지원망의 중요성 강조
㉣ 만성적이고 복합적인 문제를 가진 클라이언트의 증가

① ㉠, ㉡, ㉢　② ㉠, ㉢　③ ㉡, ㉣
④ ㉣　⑤ ㉠, ㉡, ㉢, ㉣

해설 ㉠, ㉡, ㉢, ㉣ 모두 사례관리의 등장 배경으로 옳은 내용이다.

정답 ⑤

참고문헌

[국내문헌]

강문희 · 박경 · 강혜련 · 김혜련(2011). **가족상담 및 심리치료**. 서울: 신정.

강병철 · 유용식 · 조미숙 · 현영렬(2015). **최신 사회복지실천의 이해**. 서울: 동문사.

강병철 · 유용식 · 조미숙 · 현영렬(2015). **사회복지실천의 이해**. 서울: 동문사.

강선경 · 오세숙 · 최원석(2009). **사회복지실천론**. 서울: 동문사.

강선경 · 최원석(2012). **사회복지실천의 이해**. 경기: 양서원.

강영숙 · 정영교 · 홍미경 · 임웅재(2019). **지역사회복지론**. 서울: 동문사.

고미영(2003). "구성주의적 사회복지 실천에서의 이해와 질문". **교수논총, 14**, 7-33.

고수현(2012). **지역사회복지론**. 경기: 양서원.

곽미정 · 박선태 · 윤선영 · 이용환(2017). **가족복지론**. 서울: 동문사.

곽병찬(2004). 게임 중독 학생의 행동수정을 위한 행동 계약 모형 개발. 한국교육대학교 석사학위논문.

국방부 www.mnd.go.kr

권구영 · 고은숙 · 김용민 · 박봉정 · 진혜경 · 최은정(2008). **사회복지실천론**. 서울: 학지사.

권중돈 · 김동배(2009). **인간행동과 사회환경**. 서울: 학지사.

권진숙 · 김상곤 · 김성천 · 박지영 · 유명이 · 유서구 · 이기연 · 조현순(2009). 인천광역시 복지기관사례 관리실천을 위한 매뉴얼연구보고서. **인천광역시복지기관협회 사례관리연구회**.

권진숙 · 김성천 · 유명이 · 이기연 · 조현순 · 함철호(2019). **사례관리전문가교육:실무자기초과정**. 서울: 학지사.

권진숙 · 박지영(2008). **사례관리의 이론과 실제** 서울: 학지사.

권진숙 · 신혜령 · 김정진 · 김성경 · 박지영(2006). **가족복지론**. 경기: 공동체.

권진숙 · 김상곤 · 김성경 · 김성천 · 김혜성 · 민소영 · 박선영 · 박지영 · 백은령 · 유명이 · 유서구 · 이기연 · 조미숙 · 조현순 · 황성철(2012). **사례관리론: 한국사례관리학회편**. 서울: 학지사.

권진숙 · 박지영(2009). **사례관리의 이론과 실제**. 서울: 학지사.

길귀숙 · 강희숙 · 오영훈 · 오하나 · 유진희 · 제미자 · 현영렬(2021). **사회복지실천론**. 경기: 양서원.

길귀숙 · 강희숙 · 이재호 · 천덕희 · 김상곤 · 오영훈 · 현영렬(2011). **사회복지실천론**. 경기: 양서원.

김경섭 · 김성철 · 김태식 · 김현호 · 양경희 · 오미희 · 임봉호 · 조현상 · 황희숙(2012). **지역사회복지론**. 경기: 양서원.

김경호(2010). **사회복지실천론**. 경기: 양서원.

김기태(2007). **사회복지실천론**. 경기: 공동체.

김기태 · 김수환 · 김영호 · 박지영(2007). **사회복지실천론**. 경기: 공동체.

김기태 · 김수환 · 김영호 · 박지영(2008). **사회복지실천론**. 경기: 양서원.

김기태 · 김수환 · 김영호 · 박지영(2009). **사회복지실천론**. 경기: 공동체.

김나진(2008). 사례관리자에 대한 폭력노출 위험에 대한 연구: 서울시 · 경기도 지역정신보건센터를 중심으로. 숭실대학교 대학원 석사학위논문.

김만두(1992). **케이스워크 관계론**. 서울: 홍익제.

김만두 · 김융일 · 박종삼 · 대표감수(1999). **사회복지대백과사전1**. 서울: 나눔의집. NASW. "Encyclopedia of Social Work". 19th Edition. 1995. nasw press.

김범수 · 신원우(2009). **지역사회복지론**. 경기: 공동체.

김범수 · 신원우(2010). **지역사회복지론**. 경기: 공동체.

김수연 · 김득성(1993). 부부의 응집 및 적응과 의사소통의 관계. **한국가정관리학회지**, 11, 30-39.

김영국(2012). 지역사회복지관 사례관리자의 사례관리수행 영향 요인에 관한 연구. 위덕대학교 사회복지대학원 석사학위논문.

김영미 · 양숙자 · 박선녀 · 김서연 · 황윤희 · 하경해 · 김명겸 · 박숙경(2022). **사회복지실천론**. 서울: 동문사.

김영수(2008). 지역사회복지관의 사례관리 개선방안에 관한 연구: 인천지역 종합사회복지관을 중심으로. 인하대학교 행정대학원 석사학위논문.

김용태(2000). **가족치료이론**. 서울: 학지사.

김용환 · 김승돈 · 박선애 · 안외자 · 양정안 · 오정옥(2013). **사회복지실천론**. 서울: 동문사.

김용환 · 김승돈 · 박선태 · 박지유 · 안외자 · 이덕희(2022). **사회복지실천론**. 서울: 동문사.

김용환 · 김승돈 · 안외자 · 양정안 · 박선태 · 최연진(2017). **사회복지실천의 이해**. 서울: 동문사.

김용환 · 김승돈 · 안외자 · 양정안 · 박선태 · 최연진(2018). **사회복지실천의 이해**. 서울: 동문사.

김유숙(2000). **가족상담**. 서울: 학지사.

김유숙(2002). 가족치료. 서울: 학지사.
김윤재 · 김재경 · 박스잔 · 강성자(2016). 지역사회복지론. 서울: 동문사.
김융일(2001). 사회복지사의 권익향상. 월간복지동향 제38호(15).
김융일 · 조흥식 · 김연옥(1995). 사회사업실천론. 경기: 나남출판.
김융일 · 조흥식 · 김연옥(2005). 사회사업실천론. 경기: 나남출판.
김융일 · 조흥식 · 김연옥(2000). 사회복지실천론. 경기: 나남출판.
김융일 · 조흥식 · 김연옥 · 황숙연(2009). 사회복지실천론. 경기: 나남출판.
김익균 · 박은미 · 이정남(2009). 가족복지론. 서울: 동문사.
김재호(2006). 초등학생의 가족체계와 자기효능감 및 진로태도성숙의 관계. 서울대학교 대학원 박사학위논문.
김정진(2008). 농촌 청소년의 자살생각에 영향을 미치는 요인. 사회과학연구, 24(4), 77-102.
김지혜(2010). 청소년의 정서지능, 가족의 응집성 및 적응성이 청소년의 또래관계에 미치는 영향. 성균관대학교 대학원 석사학위논문.
김춘경 · 이수연 · 이윤주 · 정종진 · 최웅용(2016). 상담학사전. 서울: 학지사.
김혜숙 · 나임순 · 김현경(2012). 사회복지실천기술론. 서울: 학지사.
김혜영(2011). 요양보호사의 직무만족에 영향을 미치는 요인 -전라남도 지역을 중심으로. 사회복지연구, 42(4), 35-59.
김혜영 · 석말숙 · 최정숙 · 김성경(2010). 사회복지실천론. 경기: 공동체.
김혜영 · 석말숙 · 최정숙 · 김성경(2012). 사회복지실천론. 경기: 공동체.
김혜영 · 석말숙 · 최정숙 · 김성경(2014). 사회복지실천론. 경기: 공동체.
김혜영 · 석말숙 · 최정숙 · 김성경(2020). 사회복지실천론. 경기: 공동체.
김효선 · 김녹현 · 이경희 · 이우언 · 조성욱 · 최영자 · 황동섭(2019). 사회복지실천론. 경기: 공동체.
나동석 · 서혜석(2009). 사회복지실천론. 경기: 양서원.
남기정 · 정성욱 · 조성희(2010). 사회복지실천 기법과 지침. 서울: 나눔출판.
남세진 · 조흥식(1995). 한국사회복지론. 서울: 나남.
남세진 · 조흥식(1997). 집단지도방법론. 서울: 서울대학교출판부.
남연희 · 박영국 · 도기봉(2012). 사회복지실천론. 경기: 공동체.
도광조(2008). 사회복지실천론. 경기: 양서원.
도광조 · 동양대학교사회복지학과(2011). 지역사회복지관 통합사례관리실천 기반의 현실과 과제 -대구·경북지역을 중심으로-. 사례관리연구, 2(1), 1-29.
류명원(2006). 한국 재가노인복지의 사례관리모형에 관한 연구. 원광대학교 대학원 박사학위논문.
맹영임(2001). 가족체계와 심리적 독립 수준 및 진로미결정의 관계. 홍익대학교 대학원 박사학위논문.
박경일 · 김경호 · 서화정 · 윤숙자 · 이명현(2010). 사회복지학강의. 경기: 양서원.
박미은(2005). 군사회복지사 제도의 입법화 방향과 쟁점. 군사회복지사 도입을 위한 공청회자료집.
박미은(2005). 군사회복지사제도 도입의 필요성과 전망. 한국사회복지협의회 (계간) 사회복지, (164).
박석돈(2004). 사회복지개론. 서울: 삼우사.
박세정 · 손명희(2008). 사회복지실천론. 서울: 창지사.
박영희(1993). 사회복지실천과 윤리. 서울: 한울아카데미.
박인희(2013). 수퍼비전 내용이 사회복지사의 사례관리 역할수행에 미치는 영향: 가치와 원칙의 내용을 중심으로. 숭실대학교 대학원 석사학위논문.
박지영 · 배화숙 · 엄태완 · 이인숙 · 최희경(2010). 함께하는 사회복지의 이해. 서울: 학지사.
박태영 · 채현탁(2014). 지역사회복지론. 경기: 정민사.
박희서(2010). 청소년의 인터넷 중독 영향요인과 대처방안에 관한 연구 -생태체계적 관점을 중심으로-. 한국컴퓨터정보학회, 15(8).
방미진 · 황영희(2011). 사회복지실천론. 서울: 나눔의집.
배태순(2010). 입양가족의 개방입양 경험에 대한 질적 사례연구. 한국사회복지연구회, 41(2), 5-34.
백은령 · 김기룡 · 유영준 · 이명희 · 최복천(2010). 장애인가족지원. 경기: 양서원.
백은령 · 김선아 · 양숙미 · 엄미선 · 윤철수(2007). 사회복지실천론. 서울: 대왕사.
백은령 · 김선아 · 양숙미 · 엄미선 · 윤철수(2008). 사회복지실천론. 서울: 대왕사.
백은령 · 김선아 · 양숙미 · 엄미선 · 윤철수(2009). 사회복지실천론. 서울: 대왕사.
보건복지부(2018). 2018년 노숙인 등의 복지사업 안내(www.mohw.go.kr).
보건복지부(2019). 2020 노인복지시설 현황.
보건복지부(2020). 2020 사회복지관 운영관련 업무처리 안내.
보건복지부(2020). 2021년 전국 정신건강사업 안내(보건복지부).
사회복지교육연구센터(2010). 지역사회복지론. 서울: 나눔의 집.
사회복지교육연구센터(2013). 사회복지실천론. 서울:나눔의 집.
서보준 · 김우호 · 이지복(2021). 사회복지실천론. 경기: 양서원.
서혜석 · 이대식 · 조장래 · 정향숙 · 이영희 · 곽의향 · 김미혜 · 박우진 · 조상임(2008). 사례관리-

임상사례중심으로-. 경기: 양서원.
설진화(2009). 사회복지실천기술론. 경기: 양서원.
성정현 · 여지영 · 우국희 · 최승희(2004). 가족복지론. 경기: 양서원.
송성자(1990). 일반체계이론을 근거로 한 한국 부부관계 행동유형에 관한 조사연구. 한국사회복지학, 16, 102-131.
송성자(1995). 가족과 가족치료. 경기: 법문사.
신성자 · 고유나 · 권신혜 · 김수정 · 박용권 · 성회자 · 이현정 · 전보경 · 정숙희 · 최은지(2000). 사회복지실천기술론. 경기: 양서원.
양옥경(1996). 지역사회 정신건강: 닫힌 시설에서 열린 사회로. 서울: 나남출판.
양옥경(2001). 가족개념에 관한 대학생의 의식 연구. 한국가족복지학, (7), 175-199.
양옥경(2001). 가족관계 측정을 위한 척도개발 연구. 한국가족복지학, (8), 117-145.
양옥경 · 김소희(2001). 사회보장법에 나타난 가족주의 연구. 사회과학연구논총, (6), 65-91.
양옥경 · 김미옥 · 최영민〈프로마 월시 지음〉(2002). 가족과 레질리언스. 경기: 나남출판.
양옥경 · 김정진 · 서미경 · 김미옥 · 김소희(2000). 사회복지실천론. 경기: 나남출판.
양옥경 · 김정진 · 서미경 · 김미옥 · 김소희(2003). 사회복지실천론. 경기: 나남출판.
양옥경 · 김정진 · 서미경 · 김미옥 · 김소희(2004). 사회복지실천론. 경기: 나남출판.
양옥경 · 김정진 · 서미경 · 김미옥 · 김소희(2006). 사회복지실천론. 서울: 나남출판.
양옥경 · 김정진 · 서미경 · 김미옥 · 김소희(2010). 사회복지실천론. 경기: 나남출판.
양옥경 · 김정진 · 서미경 · 김미옥 · 김소희(2011). 사회복지실천론. 경기: 나남출판.
양옥경 · 김정진 · 서미경 · 김미옥 · 김소희(2022). 사회복지실천론. 경기: 나남출판.
양옥경 · 김정진 · 서미혜 · 김미옥 · 김소희(2005). 사회복지실천의 이해. 서울: 학지사.
양옥경 · 김혜영(2001). 가족의식을 통해 본 가족정책의 방향: 기혼여성을 중심으로. 가족과 문화, 13(2), 29-55.
양옥경 · 현경자 · 노충래(2002). 여성과 사회복지. 서울: 이화여대출판부.
양정남 · 권구영 · 김화선 · 최은정 · 한혜경(2009). 사례관리. 경기: 양서원.
양정남 · 권구영 · 최은정 · 김영란 · 최용민 · 조준(2008). 복지기관 여가프로그램 분석 및 기회. 서울: 청목.
양정남 · 최선령(2003). 사회복지실천론. 경기: 양서원.
양정남 · 최선령(2007). 사회복지실천론. 경기: 양서원.
양정남 · 최선령(2008). 사회복지실천론. 경기: 양서원.
엄명용 · 김성천 · 오혜경 · 윤혜미(2000). 사회복지실천의 이해. 서울: 학지사.
엄명용 · 김성천 · 오혜경 · 윤혜미(2002). 사회복지실천의 이해. 서울: 학지사.

엄명용 · 김성천 · 오혜경 · 윤혜미(2006, 2009). 사회복지실천의 이해. 서울: 학지사.
엄명용 · 김성천 · 오혜경 · 윤혜미(2011). 사회복지실천의 이해. 서울: 학지사.
엄명용 · 김성천 · 오혜경 · 윤혜미(2011). 사회복지실천론. 서울: 학지사.
엄명용 · 노충래 · 김용석(2008). 사회복지실천기술의 이해. 서울: 학지사.
엄명용 · 노충래 · 김용석(2015). 사회복지실천기술의 이해. 서울: 학지사.
오봉욱(b) · 한주빈 · 전수미 · 이효순 · 정치상 · 최종복 · 최세영 · 전동일(2013). 사회복지실천기술론. 서울: 동문사.
오혜경 · 윤혜미 · 엄명용(2011). 사회복지실천의 이해. 서울: 학지사.
우구희 · 성정현 · 좌현숙 · 장연진 · 최승희(2021). 사회복지실천론. 서울: 신정.
윤대원(2007). 사회복지 실천의 윤리적 의사결정에 관한 연구. 동아대학교 교육대학원 석사학위논문.
윤현숙(2001). 사회복지실천기술론. 서울: 동인.
이경남 · 김인숙 · 김현주 · 박은주 · 서화정 · 이순영 · 이찬희 · 조윤득 · 허영숙(2008). 사회복지실천론. 서울: 학지사.
이경준 · 오봉욱 · 박선아 · 하태선 · 김상용 · 김경숙(2020). 제3판 사회복지실천론. 서울: 동문사.
이경준 · 오봉욱 · 박선아 · 하태선 · 전대성 · 이정미(2018). 사회복지실천론. 서울: 동문사.
이광재(2019). 사회복지실천론. 경기: 정민사.
이근홍(1998). 케이스 매니지먼트. 서울: 대학출판사.
이근홍(2006). 사회복지실천 개별관리. 경기: 공동체.
이근홍(2008). 케어매니지먼트. 경기: 공동체.
이문행(1994). 가족기능성이 자녀의 대인관계 성향에 미치는 영향. 이화여자대학교 대학원 석사학위논문.
이상호 · 최경화 · 김재열 · 안성의 · 유인애 · 황성식 · 석재은(2010). 사회복지실천론. 서울: 신정.
이영분 · 김기환 · 윤현숙 · 이원숙 · 이은주 · 최현미 · 홍금자(2001). 사회복지실천론. 서울: 동인.
이영실 · 나임순(2011). 가족복지론. 경기: 양서원.
이영실 · 나임순 · 임원균 · 신준옥 · 조명희 · 홍성희(2014). 사회복지실천론. 경기: 양서원.
이영실 · 나임순 · 정명희 · 황희숙 · 최정자(2010). 사회복지실천론. 경기: 양서원.
이영실 · 오동록 · 김병 · 임승희 · 김한태 · 조명희 · 고은주 · 이찬영(2021). 사회복지실천론. 경기: 양서원.
이영실 · 유영달 · 조명희 · 홍성희 · 고은주(2016). 정신건강론. 경기: 창지사.
이영실 · 윤대중 · 강윤경 · 임정문 · 김성철(2011). 가족복지론. 경기: 양서원.
이영실 · 이현우 · 강윤정 · 신화식 · 최정자 · 김경례 · 강성철 · 김지철(2010). 가족치료. 경기: 양서원.

이영실 · 정명희 · 나임순 · 최정자(2014). 사회복지실천론. 경기: 양서원.

이영주 · 이예종 · 이용환 · 이재모 · 이준상 · 장세철 · 황성하(2010). 사회복지실천론. 경기: 교육과학.

이윤로(2007). 사회복지실천기술론. 서울: 학지사.

이윤로(2008). 사회복지실천기술론. 서울: 학지사.

이종복 · 이권일 · 김화순 · 오은정(2008). 사례관리의 이론과 실천. 경기: 창지사.

이종복 · 이성순 · 김재열 · 김현희 · 정명희 · 홍은미 · 이형진 · 조윤희(2012). 다문화사회의 이해와 복지. 경기: 양서원.

이종복 · 전남련(2011). 사회복지실천론(제3편). 경기: 학현사.

이종복 · 전남련 · 김덕일(2006). 사회복지실천론. 경기: 학현사.

이종복 · 전남련 · 김덕일(2007). 사회복지실천론. 경기: 학현사.

이종복 · 전남련 · 김덕일(2010). 사회복지실천론. 경기: 학현사.

이주헌(2004). 재가노인을 위한 사례관리 유형개발과 그 효과성 검증에 관한 연구. 성균관대학교 사회복지대학원 석사학위논문.

이준우 · 이화옥 · 임원선(2006). 사례와 함께 하는 사회복지실천론. 경기: 인간과복지.

이철수(2009). 사회복지학사전. 경기: Blue Fish.

이현경(2010). 임상장면에서의 가족상담과 치료: 이론과 실제. 경기: 양서원.

이희(1995). 정신요법. 서울: 일조각.

임병우(2003). 영국과 미국의 노인을 위한 지역사회보호에서 케어매니지먼트 비교. 한국노년학회, 23(4), 85-98.

임은희(2004). 사회복지실천론. 서울: 학지사.

임은희(2005). 사회복지실천론. 서울: 학지사.

임정문 · 김숙경 · 나직균 · 이승현 · 한현지(2018). 가족복지론. 서울: 동문사.

장성배 · 장연식 · 조승석 · 김학재 · 맹두열(2023). 사회복지 사례관리의 이론과 실제. 경기: 창지사.

장수미 · 최정숙 · 박형원 · 김주현 · 홍현미라 · 이혜경 · 이영선 · 한인영(2010). 사회복지실천기술론. 서울: 학지사.

장인협(1999). 사회복지실천론(중): 제너럴리스트(통합편). 서울: 서울대학교출판부.

장인협 · 우국희(2001). 케어케이스매니지먼트. 서울: 서울대학교출판부.

장인협 · 이윤로(1999). 사회복지실천론. 서울: 서울대학교출판부.

장인협 · 정영순(편역)(1986). 사회복지방법론. 서울: 수문사.(Compton, B. R., & Galaway, B. (eds.) Social Work Process. Homewood, Ⅲ.: The Dorseyt Press.)

장인협 · 오정수(1984). **아동 · 청소년 복지론**. 서울: 서울대학교출판부.
전귀연(1993). 청소년이 지각한 가족 응집성, 가족 적응성 및 가족체계 유형이 청소년의 적응에 미치는 영향. 경북대학교 대학원 박사학위논문.
전재일(1981). 사회사업 실제의 통합적 접근방법에 관한 연구. **사회복지연구소**, (10), 141-237.
전재일 · 이종복 · 조운희 · 이준상 · 이애재 · 이성희(2003). **사회복지실천론**. 서울: 형설.
전재일 · 이준상(1998). **사회복지실천의 이해**. 서울: 사회복지개발연구원.
정문자 · 송성자 · 이영분 · 김유순 · 김은영(2008). **해결중심단기치료**. 서울: 학지사.
정문자 · 정혜정 · 이선혜 · 전영주(2007). **가족치료의 이해**. 서울: 학지사.
정문자 · 정혜정 · 이선혜 · 전영주(2018). **가족치료의 이해**. 서울: 학지사.
정성배 · 장연식 · 조승석 · 김학재 · 맹두열(2023). **사회복지 사례관리의 이론과 실제**. 경기: 창지사.
정순둘(2005). **사례관리실천의 이해: 한국적 경험**. 서울: 학지사.
정순둘(2005). **사례괸라실천의 이해**. 서울: 학지사.
정순둘(2008). **사례관리실천의 이해**. 서울: 학지사.
정원철(2005). **사회복지상담**. 경기: 양서원.
정은(2009). **가족상담: 모델과 사례**. 서울: 창지사.
제석봉 · 이윤주 · 박충선 · 이수용(2006). **사회복지상담심리학**. 서울: 학지사.
조미숙 · 유용식 · 현영렬(2018). **사회복지실천론**. 서울: 동문사.
조상윤 · 서대석 · 오봉욱(2008). **사회복지사 1급 수험서: 사회복지실천론**. 서울: 와이드프로.
조흥식 · 오승환 · 박현선 · 공계순 · 신영화 · 우국희 · 성정현 · 오세란 · 이상균 · 황숙연 · 이용표 · 유채영 · 김혜련 · 조성희(2000). **사회복지실천분야론**. 서울: 학지사.
조휘일 · 강정숙 · 권순미 · 권현진 · 김경희(2005). **사회복지실천기술론**. 경기: 학현사.
최경화 · 김재열 · 유인애 · 석재은 · 황성식 · 안성의 · 이형진(2010). **사회복지실천기술론**. 서울: 신정.
최규련(2008). **가족상담 및 치료**. 서울: 학지사.
최금해 · 오정아 · 홍기순(2010). **사회복지실천론**. 서울: 파란마음.
최덕경 · 이서영 · 이무영(2013). **사회복지실천론**. 경기: 공동체.
최덕경 · 이혜자 · 이무영 · 정혜선 · 박경애 · 김민경(2012). **사회복지실천론**. 경기: 공동체.
최명민 · 정병오(2015). Foucault의 계보학을 활용한 사례관리에 대한 비판적 고찰. **한국사회복지학, 67**(4), 301-324.
최선화(2006). **풀어쓴 사회복지실천기술**. 경기: 공동체.
최선화(2020). **풀어쓴 사회복지실천기술**. 경기: 공동체.

최선희(2019). 정신건강사회복지사의 직무에 관한 질적 연구. 위덕대학교 대학원 박사학위 논문.

최일섭 · 이창호(1993). **사회계획론**. 서울: 나남.

최종혁 · 김미혜 · 김성천 · 임지영 · 손지혜 · 조준배 · 이방미 · 김성윤 · 김익환 · 오동준(2010). **사회복지관 프로그램 매뉴얼 지역사회보호사업-사례관리실천매뉴얼-**. 서울시복지재단 2009-사업지원-31. www.welfare.seoul.kr.

최해경(2009). **사회복지실천론**. 서울: 학지사.

최혜지 · 김경미 · 정순둘 · 박선영 · 장수미 · 박형원 · 배진형 · 박화옥 · 안준희(2013). **사회복지 실천론**. 서울: 학지사.

한국사례관리학회(2011). 사례관리전문가 양성 실무자 기초 교육자료집.

한국사례관리학회(2012). **사례관리론**. 서울: 학지사.

한국사례관리학회(2012). 2012년 제5회 한국사례관리학회 춘계학술대회: 복지서비스 환경변화와 사례관리: 사회복지적 대응.

한국산업안전공단(2007). 스트레스이완요법-보건분야 교육자료(교육홍보 2007-75-529).

한현지 · 박지유 · 오승환 · 이송희 · 이용환 · 김우호(2020). **사회복지실천기술론**. 서울: 동문사.

허남순(2007). **사회복지실천 이론과 기술**. 서울: 나눔의 집.

허남순 · 한인영 · 김기환 · 김용석(2004). **사회복지실천이론과 기술**. 서울: 나눔의 집.

허정철 · 조혜정 · 류동수 · 노길희(2012). **사회복지실천론**. 경기: 지식공동체.

허정철 · 조혜정 · 류동수 · 노길희(2019). **사회복지실천론**. 경기: 지식공동체.

현외성 · 정재욱 · 마은경 · 이은정 · 문정란 · 김용환 · 강환세 · 박선애 · 정민화(2012). **사회복지 사례관리론**. 경기: 공동체.

홍선미 · 김문근 · 하경희 · 김수영 · 김병수(2010). 정신장애인의 지역사회 적응을 위한 실태조사: 기초생활보장: 주거권을 중심으로. 서울: 한신대학교 산학협력단, 국가인권위원회.

홍선미 · 김상곤 · 민소영 · 박지영 · 한소정 · 성은미(2010). 무한돌봄센터 사례관리 교육교재 I -경기복지재단 연구보고시리즈 2010-5-1. 서울: 한학문화.

홍현미라 · 김가율 · 민소영 · 이은정 · 심선경 · 이민영 · 윤민화(2015). **지역사회복지론**. 서울: 학지사.

홍현미라 · 김가율 · 민소영 · 이은정 · 심선경 · 이민영 · 윤민화(2010). **지역사회복지론**. 서울: 학지사.

황성철(1995) 사례관리 실천을 위한 모형개발과 한국적 적용에 관한 연구. **한국사회복지학, 27**, 275-304.

황철수(2009). **사회복지실천론**. 경기: 양서원.

[국외문헌]

Alexander, C. A. (1977). Social work practice: A university conception. *Social Work, 22*(5), 407-414.

Anderson, H., & Goolishian, H. (1992). The client is the expert: A not knowing approach to therapy. In S. McNamee & K. J. Gergen(ed.), *Therapy as social construction*. London; Stage.

Anthony, K., & Sewell, S. (1988). *With head, heart and hand: Dimensions of community building*. Brisbane: Boolarong Publications.

Ashley, A. (1988). Case management: The need to define goals. *Hospital and Community Psychiatry, 39*, 499-500.

Ashman, K., & Hull, Jr. (1993). *Understanding generalist practice*. Chicago: Nelson-Hall Publishers.

Atthowe, J. M. (1973). Token economies come of age. *Behavior Therapy, 4*, 646-654.

Baker, R. L. (1987). *The social work dictionary*. Silver Spring, Maryland: NASW.

Ballew, J. R., & Mink G. (1996). *Case management in social work: Developing the professional skills needed for work with multiproblem clients*. Springfield, IL: Charles C. Thomas Publisher, Ltd.

Barker, R. L. (1995). *The social work dictionary*. Washington, D.C, NASW Press.

Bartlett, H. M. (1970). *The common base of social work practice*. Washington, D. National Association of Social Workers Inc.

Beavers, W. R., & Voeller, M. N. (1983). Family models: Comparing and contrasting the Olson Circumplex Model with the Beavers Systems Model. *Family Process, 22*, 85-97.

Bertalanffy, L. (1968). *General system theory and human relations*. New York: Braziller.

Biestek, F. P. (1957). *The casework relationship*. Illinois: Royola University Press.

Bisman, C. (1994). *Social work practice: cases and principles*.

Bisman, C. (2004). Social work values: The moral core of the profession. *The British Journal Of Social Work, 34*(1), 109-123.

Boehm, W. (1959). *The social casework method in social work education*.

Bogo, M. (2006). *Social work practice: case and principles*. Belmont Ca: Brooks/Cole.

Borden, W. (1992). Narrative perspectives in psycho-social intervention following adverse life events. *Social Work, 37*(2), 135-141.

Bowen, M. (1975). Family Therapy After Twenty Years. In S. Arieti, (Ed.), *American Handbook of Psychiatry, Vol 5*, 2nd edn. NY, Basic Books. Repr. in M. Bowen, 1978(see below).

Bowen, M. (1978). *Family therapy in clinical practice*. NY and London, Jason Aronson.

Bronfenbrenner, U. (1979). *The ecology of human development: Experiments by nature and design*. Gambridege, Mass: Harvard University Press.

Brown, J. A. (1992). *Handbook of social work practice*. Springfield Ill.: Charles C. Thomas.

Buckley, W. (1967). *System and entities*. NJ: Prentice-Hall.

Challis, D., & Davies, B. P. (1985). Long-term care for the elderly: The community care scheme. *British Journal of Social Work, 15*, 563-579.

Chavkin, A. (2020). A family in crisis: A family systems theory approach to Arthur Miller's "I don't need you any more". *The Arthur Miller Journal, 15*(2), 141-162(22 pages). Published By: Penn State University Press.

Compton, B. R., & Galaway, B. (1975). *Social work processes - The Dorsey series in sociology*.

Compton, B. R., & Galaway, B. (1979). *Social work processes*. Illinois: The Dorsey Press. Homewood.

Compton, B. R., & Galaway, B. (1989). *Social work process*. Belment, CA: Wadsworth Publishing Co.

Compton, B. R., & Galaway, B. (1994). *Social work processes* (5th ed). Pacific Grove, CA: Brooks/Cole.

Compton, B. R., & Galaway, B. (1999). *Social work processes* (6th ed.) Pacific Grove, CA: Brooks/Cole.

Congress, Elaing P. (1999). *Social work values and ethics*. Wadsworth/Thomson Learning.

Congress. E. (1999). *Social work values and ethics: Identifying and resolving professional dilemmas*. Thomson Learning.

CSWE (1994). First Joint Symposium on Curriculum Development for Specialization in Advanced Social Work Programs at the University of California, Berkeley.

Daley, J. G. (1999). *Social work practice in the military*. New York: The Haworth Press.

Dolgoff, R., Feildstein D., & Skolnik, L. (1997). *Understand social welfare*. NY: Longman.

Dolgoff, R., Lowenberg., & Harrington, D. (2005). *Ethical decisions for social work practice*. Itasca, IⅡ.∴ Cengage Learning.

Gabo, P., & Grinnell, R. M. (1994). *Evaluation and quality improvement in the human services*. Boston: Allyn & Bacon.

Galvin, M., & Brommel, B. J. (1986). *Family communication: Cohesion and change*, 2nd Edition. Scott: Foresman and Company.

Garvin, C. D., & Seabury, B. A. (1997). *Interpersonal practice in social work: Promoting competence and social justice*, 2nd ed. Boston: Allyn and Bacon.

Gerhart, U. C. (1990). *Caring for the chronic mentally ill*. Itasca, IL: Peacock.

Germain, C. B., & Gitterman. A. (1980). *The life model of social work practice*. New York: Columbia University Press.

Goldstein, C. C. (1973). *Social work practice: A unitary approach*. Columbia: University of South Carolina Press.

Goldstein, E., & Noonan, M. (1999). *Short-term treatment and social work: An integrative perspective*. New York: Free Press.

Gursansky, D., Harvey, J., & Kennedy, R. (2003). *Case management: Policy, practice, and professional business* (Paperback). New York: Columbia University Press.

Hamilton, G. (1940). *Theory and practice of social casework*. New York: Columbia University Press.

Hamilton, G. (1951). *Theory and practice of social casework,* second edition. Columbia University Press.

Hartman, A., & Laird, J. (1983). *Family-centered social work practice*. New York: Free.

Hepworth, D. H., & Larsen, J. A. (1990). *Direct social work practice: Theory and skills* (3th ed.). Pacific Grove, CA: Brooks/cole publishing.

Hepworth, D. H., & Larsen, J. A. (1993). *Social work practice* (4th ed.). Pacific Grove, Ca: Brooks/Cole Publishing Company.

Hepworth, D. H., & Rooney, R. (2002). *Direct social work practice: Theory and skills* (6th ed). Pacific Grove: Brooks/Cole Publishing, co.

Hepworth, D. H., Rooney, G. D., Strom-Gottfried, K., & Larson, J. A. (2006) *Direct social work practice: Theory and skills* (7th ed). Pacific Grove: CA: Brooks/Cole

Publishing, Co.

Hepworth, D. H., Rooney, R. H., Rooney, G. D., Strom-Gottfried, K. S., & Larsen J. (2010). *Direct social work practice: Theory and skills* (8th ed.). Thomson: Brooks/Cole.

Hepworth, D., & Larsen, J. A. (1986). *Direct social work practice: Theory and skills*. Chicago: Dorsey.

Hepworth, D., Rooney, R., & Larsen, J. (1997). *Direct social work practice* (5th ed.). California: Brooks/Cole.

Hollis. F. (1972). *Casework: A psychosocial therapy* (second edition). New York, Random House.

Hutchins, D. E., & Vaught, C. C. (1997). *Helping relationships and strategies* (3rd ed.). Thomson Brooks/Cole Publishing Co.

Ivan Boszormenyi-Nagy., & Geraldine M. S. (1973). *Invisible loyalties: Reciprocity in intergenerational family therapy*.

Johnson, I. C. (1998). *Social work practice: A generalist approach* (2nd ed.). Needham Heights, MA: Allyn and Bacon.

Johnson, I. C., & Yanca, S. J. (2007). *Social work practice: A generalist approach* (9th eds). Pearson Education Inc.

Johnson, L. C. (1989). *Social work practice* (3th ed.) Massachusetts: Allyn and Bacon.

Johnson, L. C. (1995). *Social work practice* (3th ed.). Massachusetts: Allyn and Bacon.

Johnson, L. C., & Yanca, S. J. (2001). *Social work practice: A generalist approach*. Allyn and Baco.

Johnson, L. C., & Yanca, S. J. (2004). *Social work practice: A generalist approach* (8th ed.) Boston: Pearson Education. lnc.

Johnson, P. J., & Rubin, A. (1983). Case management in mental health: A social work Domain?. *Social work, 28*(1).

Jones, S., & Butman, R. (1991). *Modern psychotherapies: A comprehensive christian appraisal*.

Jurkovic, G. J. (1997). *Lost childhoods: The plight of the parentified child*. NY: Brunner/Mazel.

Kane, R. A. (1993). Uses and abuses of confidentiality. In R. A. Kane and A. L. Caplan(ed.) *Ethical conflicts in the management of home care: The case manager's dilemma* (pp.147-158). New York: Springer.

Kazdin, A. E. (1994). *Behavior modification in applied settings* (6th ed.). Pacific Grove, California: Brooks/Cole.

Kirst-Ashman, K., & Hull, G. (2006). *Understanding generalist practice*. (4th ed.). CA: Brooks/Cole Publishers.

Kirst-Ashman, K., & Hull, G. Jr. (2009). *Understanding generalist practice*, 5th eds. Belmont, CA: Brooks/Cole Cengage Learning.

Kirst-Ashman, K., & Hull, G. Jr. (2012). *Understanding generalist practice* (5th ed.). Belmont, CA: Brooks/Cole Cengage Learning.

Kirst-Ashman, K., & Hull, G. H. Jr. (1999; 1993). *Understanding generalist practice*. Chicago: Nelson-Hall Publishers,

Kirst-Ashman, K., & Hull, G. H. Jr. (2008). *Understanding generalist practice* (5th ed.). Belmont, CA: Brooks/ Cole Cengage Learning.

Kirst-Ashman, K., & Hull, G., Jr. (2002). *Understanding generalist practice* (3rd ed.), Pacific Grove, CA: Brooks/Cole.

Kumar, S. (2000). *Multidisciplinary approach to rehabilitation*. Butterworth Heinemann.

Lee, J. (1994). *The empowerment approach to social work practice*. New York: Columbia University Press.

Levinson, H. (1977). Termination of psychotherapy: Some salient issues. *Social Casework, 58*(8), 480-489.

Levy, C. (1973). The value base of social work. *Journal of Education for Social Work*, 9(1), 34-42.

Lindemann, E. (1944). Symptomatology and management of acute grief. *The American Journal of Psychiatry, 101*, 141-148.

Lowenberg F. M., & Dolgoff, R. (1988). *Ethical decisions for social work practice*. IL: F. E. Peacock.

Lowenberg, F., & Dolgoff, R. (1996). *Ethical decision for social work practice*. F. E. Peacoick Publisgers, Inc.

Madanes, C., & Haley, J. (1977). Dimensions of family therapy. *Journal of Nervous and Mental Disease, 165*(2), 88–98.

Maguoire, L. (2007). *Clinical social work: Beyond generalist practice with individual, group and families*. Wadsworth Pub Co.

Marcus, G. F. (1938). Social case work and mental health. *Families in Society: The Journal of Contemporary Social Services, 19*(4).

McDermott, F. E., (ed.). (1975). *Self-Determination in social work*. London: Routledge and Kegan Paul.

Miley. K. K., O'Melia, M., & Dubois, B. L. (1995). *Generalist social work practice: An empowering approach*. Needham Heights, MA: Allyn and Bacon.

Miley. K. K., O'Melia, M., & Dubois, B. L. (2016). *Generalist social work practice: An empowering approach* (8ed.). London: Pearson.

Minahan, A. (1981). Introduction to special issues: Purposes and objectives of social work revisited. *Social Work, 26*(1).

Minuchin, S. (1974). *Families and family therapy*. Cambridge: Harvard Univ. Press.

Moore, S. T. (1990). A social work practice model of case management: The case management grid. *Social Work, 35*(5). Silver Spring, MD: National Association of Social Workers, Inc.

Moxley, D. P. (1989). *The practice of case management*. CA: Sage Publications Inc.

Moxley, D. P., & Buzas, L. (1989). Perceptions of case management services for elderly people. *Health and Social Work, 14*(3), 196-203.

Murdock, G. P. (1949). *Social structure*. New York.

NASW (1958). Working Definition of Social Work Practice, reprinted in Donald Brieland, Historical Overview. Social Work, Sep., P. 344.

NASW (1971, 1980). *Encyclopedia of social work*. New York: Author.

NASW (1973). *Standard for social service manpower*. Washington D.C.: The Association.

NASW (1980). Code of Ethics of the National Association of social workers(as adopted by the 1979 nasw delegate assembly, effective july a, 1980)

NASW (1995). *Encyclopedia of social work*. Washington, D.C: NASW Press.

NASW (1996). NASW Standards for Social Work Case Management, National Standards of Practice for Case Management.

NASW (1999). **사회복지대백과사전**. (김만두, 김융일, 박종삼 등 역). 나눔의 집. (원서출판 1995)

National Association of Social Workers. (1984). Standards and guidelines for social work case management for the functionally impaired. Silver Spring, MD: National Association of Social Workers, Inc. Professional Standards, No.12.

Northen, H. (1982). *Clinical social work*. New York: Columbia University Press.

Northen, H. (1995). *Clinical social work: Knowledge and skills* (2nd ed.). New York: columbia University Press.

O'Connon, G. G. (1988). Case management: system and practice. *Social Case Work, 69*, 97-106.

Olson, D. H. (1986). Circumplex Model Ⅶ: Validation Studies an FACES Ⅲ. *Family Process, 25*(September), 337-351.

Olson, D. H. (1988). Family types, family stress, and family satisfaction: A family development perspective, In David M. Klein and Joan Aldous. (1988), *Social stress and family development*. N. Y.; London, The Guilford press.

Olson, D. H., Porter, J., & Lavee, Y. (1985). FACES Ⅲ; Family Social Science. University of Minnesota, St. Paul, Minnesota, 1985.

Olson, D. H., Russell, C. S. & Sprenkle, D. H. (1983). Circumplex model of marital and family systems: Theoretical update.

Papell, C. P., & Pothman, B. (1966). Social group work models: Possession and heritage. *Jounal of Education for Social Work, 2*(2), 66-77.

Patton, Q. M. (1987). *How to use qualitative methods in evaluation*. Newbury Park, London, New Dehli: Sage Publications.

Perlamn, J. E. (1978). *The myth of marginality*. University of California Press.

Perlman, H. H. (1957). *Social casework: A problem solving process*. Chicago: University of Chicago Press.

Perlman, H. H. (1978). *Relationship: The heart of helping people*. Chicago: University of Chicago Press.

Pincus, A., & Minahan, A. (1973). *Social work practice: Model and method*. Itas-ca, IL: Peacock Publishers.

Raiff, N. R., & Shore, B. K. (1993). *Advanced case management: New strategies for the Nineties*. Newbury Park, Cal: Sage Publication.

Reamer, F. G. (1993). The concept of paternalism in social work. *Social Service Review, 57*, 254-271.

Reamer, F. G. (1993). *The philosophical foundations of social work*. New York: Columbia University Press.

Reamer, F. G. (1999). *Social work values and ethics*(Foundations of Social Work

Knowledge Series). New York: Columbia University Press.

Reid, P. Nelson. (1992). The social function and social morality of social work: A utilitarian perspective. In P. N. Reid and P. R. Popple(ed.), *The moral purposes of social work*. Chicago: Nelson-Hall.

Reid, W. J., & Epstein, L. (1972). *Task-centered casework*. NY: Columbia University press.

Rescher, N. (1969). *Many-valued logic*. New York: McGraw-Hill.

Richmond, M. E. (1922) *What in social casework?* New York: Russell sage Foundation.

Romanyshyn, J. M. (1971). *Social welfare: charity to justice*.

Rose, S. M., & Moor, V. I. (1995). *Case management: Encyclopedia of social work*(19th ed.). NASW press.

Rose, S. M., and Moore, V. L. (1995). Case management. In R. L. Edwards and J. G. Hopps(Eds.), *Encyclopedia of social work*(19th ed., pp. 335-340). Washington, DC: NASW Press.

Rothman, J. (1968). Three models of community organization practice. National conference on social welfare, social work practice, 1968. New York: Columbia University Press.

Rothman, J. (1991). A model of case management: Toward empirically based practice. *Social Work, 36*(6).

Rothman, J. (1996). The interweaving of community intervention approaches. *Journal of Community Practice, 3*(3/4), 69-99.

Rothman, J., Erlich, J., & Tropman, J. (2001). *Strategies of community intervention: Macro practice* (6th ed.). Itasca.

Rubin, A. (1985). Practice effectiveness: More grounds for optimism. *Social Work, 30*(6), 469-475.

Satir, V. (1964). *Conjoint family therapy*. Palo Alto, CA: Science and Behavior Books.

Satir, V. (1967). *Conjoint family therapy* (2nd ed.). Palo Alto, CA: Science and Behavior Books.

Satir, V. (1972). *People making*. Palo Alto, CA: Science and Behavior Books.

Satir, V. (1983). *Conjoint family therapy* (3rd ed.). Palo Alto, CA: Science and Behavior Books.

Satir, V. (1988). *The new people making*. Palo Alto, CA: Science and Behavior Books.

Satir, V., Banmen, J., Gerber, J., & Gomori, M. (1991). *The Satir model*. Palo Alto, CA: Science and Behavior Books.

Satir, V., Stachowiak, L., & Taschman, H. A. (1975). *Helping families to change*. NewYork, NY: Tiffany.

Schaedle, R. W. (1999). *Critical ingredients of intensive case management: Judgements of researchers/administrators, program managers and case managers.* City University of New York.

Schulman, L. (1992). *The skills of helping individuals, families, and groups* (3rd) ed.). Itasca. IL: Peacock Publishers.

Sheafor, B. W., Horejsi, C. R., & Horejsi, G. A. (1991). *Techniques and guidelines for social work practice* (2nd ed.). Allyn and Bacon.

Sheafor, B. W., Horejsi, C. R., & Horejsi, G. A. (1997). *Techniques and guidelines for social work practice* (4th ed.). Boston : Allyn and Bacon.

Sheafor, B., & Horejsi, C. R. (2008). *Technique and guidelines for social work practice* (8th ed.). Pearson Education, Inc.

Shulman, L. (1992). *The skills of helping: Individuals, families, and groups* (3rd ed.). IL: Peacock Publishers.

SSI (1991). Care Management and Assessment, practitioners' guide, SWSG.

Steinberg, R. M., & Carter, G. W. (1983). *Case management and the elderly*. Lexington, assachusetts, Lexington Books. Journal. www.wismed.org./wmj/mayjune99/ mayjne99 sherman.htm.

Steinberg, R. M., & Carter G. M. (1983). *Case management and the elderly*. Lexington, assachusetts, Lexington Books.

Stuart, R. B. (1971). Behavioral contracting with families of delinquents. *Journal of Behavior Therapy and Experimental psychiatry, 2*, 1-11.

Thyer, B. A. (2008). Evidence-based macro practice: Addressing the challenges and opportunities. *Journal of Evidence-Based Social Work, 5*, 453-472.

Timberlake, E. M., Farber, M. Z., & Sabatino, C. S. (2002). *The general method of social work practice: McMahon's generalist perspective*. Boston, MA: Pearson Ally and Bacon.

Toseland R. W., & Rivas, R. (1995). *An introduction to group work practice*. Boston: Allyn and Bacon.

Toseland, R. (1981). Increasing access: Outreach methods in social work practice. *Sage Journals, 62*(4).

Towle, C. (1947). The training of the social worker for child guidance. In E. Harms (Ed.), *Handbook of child guidance* (pp. 372-390).

Varley, Barbara K. (1968). Social work values: Changes in value commitments from admission to MSW Graduation. *Journal of Education for Social Work, 4*, 67-85.

Walsh. J. (2000). Clinical case management with persons having mental illness. Wadsworth Publishing Company.

Weil, M., & Karls, J. (1985). Historical origins and recent development, in Marie(ed) *Case management in human service practice*. Jossey-Bass Publishers, p. 19.

Wells, C. A. (1981). General and particular needs. *Journal of Advanced Nursing, 6*(6).

Wilensky, H., & Lebeaus, C. N. (1965). *Industrial society and social welfare*. NY: Russell Sage Foundation.

Woodside, M., & McClam, T. (2006). *Generalist case management: A method of human service delivery* (3rd ed.). Belmont, CA: Thomson Brooks/Cole.

Zastrow, C. (1987). *Social work with groups*. Chicago: Nelson-Hall.

Zastrow, C. (1995). *The practice of social work* (5th ed.). Pacific Grove: Brooks/Cole publishing.

Zastrow, C. (1999). *The practice of social work* (6th ed.). Pacific Grove: Brooks/Cole Publishing Company.

Zastrow, C. (2004). *Introduction to social work and social welfare*. Belmont, CA: Thomson and Brooks/Cole.

AUTHOR 저자소개

송한용

호원대학교 사회복지학과 교수

사회복지학 박사(Ph.D)

현) 광주시 청소년육성위원회위원

현) 광주시 보육정책심의위원

전) 서울특별시 성북강북교육지원청 교장공모제심사위원

〈대표 저서〉

사회복지실천론(2015). 공저, 에듀컨텐츠휴피아

인간행동과 사회환경(2017). 공저, 동문사

사회복지실천론(2022). 공저, 동문사

김영미

호원대학교 사회복지학과 교수

사회복지학 박사(Ph.D)

현) 광주시 보훈기금운용심의위원

전) 한국보육진흥원 다문화컨설턴트

전) 학대피해아동쉼터 선정위원회위원

〈대표 저서〉

사회복지실천론(2015). 공저, 에듀컨텐츠휴피아

인간행동과 사회환경(2017). 공저, 동문사

사회복지실천론(2022). 공저, 동문사

주옥인

호원대학교 아동복지학과 교수
사회복지학 박사(Ph.D), 교육학 박사(Ph.D)
전) 사회보장정보원 사회서비스 현장평가위원

〈학술지 및 저서〉
지역사회서비스 노인돌봄 바우처의 이용자 만족도 영향 요인분석
– 연세대학교 빈곤문제 국제개발 연구원 –
사회복지실천론(2022). 공저, 동문사

김미선

호원대학교 아동복지학과 외래교수
동원대학교 사회복지과 겸임교수
현) 하남시 사회복지협의회 사무국장
현) 하남시의회 윤리심사위원회 자문위원
현) 한국사회복지협의회 전국푸드뱅크 운영자문위원

〈조사연구지〉
하남시 1인가구 중 · 장년층 실태 및 욕구조사(2019년)
하남시 사회복지종사자 직무만족도 향상을 위한 조사연구(2021년)

사회복지실천론 개정판

초　판 1쇄 발행 / 2022년 2월 25일
개정판 1쇄 발행 / 2023년 8월 18일

공저자 / 송한용 · 김영미 · 주옥인 · 김미선
발행인 / 이　중　수
발행처 / **동　문　사**

서울특별시 서대문구 홍제원 1길 12
(홍제동 137-8)
Tel: 02)736-3718(대), 736-3710, 3720
Fax: 02)736-3719
등록번호: 1974.04.27. 제9-17호
가격: 24,000원

ISBN: 979-11-6328-541-0(93330)
E-mail: dong736@naver.com
www.dongmunsa.com